Noam Chomsky
Wege zur intellektuellen
Selbstverteidigung

Trotzdem

Noam Chomsky – Wege zur intellektuellen Selbstverteidigung

Medien, Demokratie und
die Fabrikation von Konsens

Herausgegeben von Mark Achbar

Aus dem Englischen von
Helmut Richter

Trotzdem

Für Marjorie, Ben und Francine Achbar

Noam Chomsky – Wege zur intellektuellen Selbstverteidigung
Medien, Demokratie und die Fabrikation von Konsens
Herausgegeben von Mark Achbar
Aus dem Englischen von Helmut Richter
Aktualisierte und erweiterte Ausgabe

Originalausgabe
Manufacturing Consent
Noam Chomsky and the Media
Black Rose Books, Montreal 1994
© Necessary Illusions, 1994

Für die deutschsprachige Ausgabe
© Trotzdem Verlagsgenossenschaft, Grafenau 2001
Alle Rechte vorbehalten
Deutsche Erstausgabe:
Trotzdem Verlag, Grafenau und Marino Verlag, München 1996

Gesamtherstellung dm druckmedien gmbh, München
Printed in Malta by Interprint Limited.

Trotzdem Verlagsgenossenschaft
Postfach 11 59
71117 Grafenau
Tel.: 07033 - 44 273
Fax: 07033 - 45 264
trotzdemusf@t-online.de
www.txt.de/trotzdem

ISBN 3-922209-88-2

Inhalt

Einführung 7
Projektablauf 10

Der Mensch Noam Chomsky

Frühe Einflüsse 42-48, 62-63
Wendepunkt Vietnam 32, 63-68
Seine Rolle 19, 192-193, 206-208

Die Medien

Gedankenkontrolle 16, 18, 40-42, 49-51
Das Propagandamodell 51-61, 78
Der Golfkrieg 69-77
Fallstudie Kambodscha / Osttimor 91-115
Kürze als strukturelle Einschränkung 147-160
»Noam Chomskys Sport-Rap« 88-90
Die Kabale der Verschwörungsgegner 58-60, 131
Die Medien in Media 80-82, 132-133
Alternativ-Medien 198-203

Der Linguist Noam Chomsky

Grundannahmen 21, 23, 27
Der Schimpanse Nim Chimpsky 20
Der (Nicht-)Zusammenhang mit der Politik 28-29

Die Gesellschaftsordnung

Bildungswesen 157-158
Anarchismus und Libertärer Sozialismus 33-34, 215-217
Widerstand und kritische Analyse 192-196

Kritik aus den Medien

William F. Buckley (TV, »Firing Line«) 66-67
David Frum (Washington Post) 116
Jeff Greenfield (TV, »Nightline«) 146-149
Karl E. Meyer (New York Times) 54-55, 85, 106, 108-111
Peter Worthington (Ottawa Sun) 162

Sonstige Kritik aus der Eliteschicht

Frits Bolkestein (Verteidigungsminister) 128-131, 175, 178, 180

Michel Foucault (Philosoph) 29-31

Yossi Olmert (Professor) 186-188

John Silber (Universitätspräsident) 139-144

Tom Wolfe (Schriftsteller) 59

N. N. (Student) 134

L'affaire Faurisson, eine zählebige Kampagne 175-191

Der Nahe Osten

Die Rechte der Palästinenser 117, 119-120

Nach dem Abkommen von Oslo 121-123

Mittelamerika

Die Invasion Panamas 74-75

Nicaragua 150

El Salvador 119, 139-144

Der Film und das Buch

Chomskys Reaktionen 9, 86

Widmung für Emile de Antonio 229-231

Chronologie der Entstehung des Films 232-233

Die Macher des Films und des Buchs 234

Dank 235

Personen-, Orts- und Namensregister 236-240

Noam Chomsky: Ein Portrait 241

Auswahlbibliographie 242

Einführung

Anfang der 80er Jahre war ich in der Friedens- und Anti-Atomkraft-Bewegung aktiv. Daher erweckte 1985 eine Vortragsankündigung über den »Weg zum globalen Krieg« meine Aufmerksamkeit. Der Redner hieß Noam Chomsky; mir war zwar der Name geläufig, nicht aber die von ihm vertretenen Ansichten.

Der langgestreckte, eichenvertäfelte Vortragssaal der Universität Toronto war überfüllt. Ich hatte kaum mein Aufnahmegerät neben dem Rednerpult gestartet, als der Vortragende auch schon mit einer mächtigen Laudatio eingeführt wurde. Beifall, Chomsky ging ans Pult, und jetzt wurde es ernst. Alle 45 Minuten wendete ich hastig die Kassette oder legte eine neue ein – nur kein Wort verpassen!

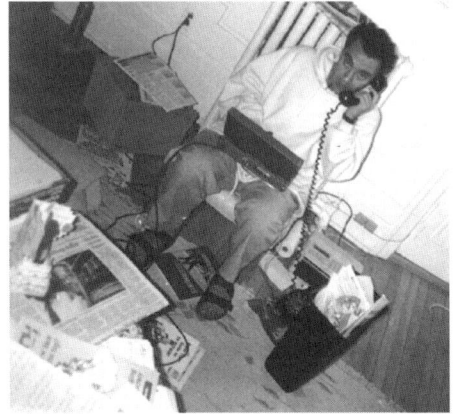

An diesem Abend wurde meine politische Haltung von Grund auf und unabänderlich neu fixiert, von diesem Mann mit der unaufgeregten Stimme, einer etwas düsteren Ironie und einem Faktenwissen, wie ich es noch bei niemandem erlebt hatte. Als er fertig und der wohl minutenlang anhaltende Applaus verklungen war, versuchte ich etwas schüchtern, an den freundlich wirkenden Redner heranzukommen, zusammen mit einigen anderen, die an den zweieinhalb Stunden noch nicht genug hatten. Einen Augenblick lang sprach keiner auch nur ein Wort. Ich brach das ehrfürchtige Schweigen und drängte mich mit meinem Mikrofon in seine persönliche Sphäre. Es war das erstemal, und wie viele Male sollten noch folgen! Ich fand mich einem toleranten, einfühlsamen Menschen gegenüber, der sich geduldig dazu bereit erklärte, seine Spur in der Magnetschicht meiner Kassette – und in meinem Verständnis des Machtmißbrauchs in der Welt – zu hinterlassen.

Meine Frage war nicht gerade elegant formuliert, aber Chomsky erfaßte sofort, was ich meinte, und seine Antwort bewegte sich – aber das wurde mir erst später klar – auf einem Niveau, als ob ihn ein Geschichtswissenschaftler für die BBC interviewt hätte. Was mich sofort beeindruckte, war das völlige Fehlen jeglicher Art von Herablassung. In diesem Augenblick zeigte sich mir zum erstenmal überdeutlich, was ich noch häufig erleben und im Film dokumentieren sollte: Chomskys Glaube an die sogenannten einfachen Menschen und an ihre Fähigkeit, zu verstehen, wovon er spricht, und danach zu handeln. Er predigt seine egalitäre Weltanschauung nicht nur, er sucht sie wirklich zu leben.

Zwei Jahre lang hörte ich mir die Kassetten von jenem Abend wieder und wieder an. Ich suchte nach Chomsky in den Medien – jedoch vergeblich. Zwar konnte man seine Bücher auftreiben, wenigstens in den »richtigen« Buchhandlungen, aber präsent war er eigentlich nirgends.

Endlich, im Jahre 1987, folgte Chomsky einer Einladung von Dimitrios Roussopoulos (Verleger des »Black Rose Books«-Verlags), einen Vortrag an der Concordia-Universität in Montreal, wo ich damals lebte, zu halten. Auch dieses Mal war der Saal zum Bersten voll. Neben mir saß Terri Nash, der damals gerade mit seinem Film *If You Love This Planet* (nach einem Vortragstext der Anti-Atom-Aktivistin Helen Caldicott), einen Oscar gewonnen hatte und in Schulen und TV-Programmen sehr erfolgreich war. »Vielleicht kann ich ja für Noam das tun, was Terri für Helen geschafft hat«, ging es mir durch den Sinn.

Wie der dazugehörige Film, so soll auch dieses Buch zu den entsprechenden Werken von Chomsky, Edward S. Herman und anderen hinführen sowie auf diverse Organisationen aufmerksam machen. Es enthält zunächst die vollständige Abschrift des Tonteils des Films, ergänzt um einige zum jeweiligen Thema passende Passagen aus weiteren Quellen; meistens handelt es sich dabei um andere Texte, Vorträge oder Interviews von Chomsky, die dem Leser zusätzliche Erkenntnisse vermitteln und in ihm oder ihr vielleicht Neugier auf die Quelle selbst erwecken.

Als wir Chomsky baten, unseren ersten Entwurf zu beurteilen, brachte er Bedenken gegen die vorgesehene Darstellungsform an. Obgleich doch schon mehrere Vortragssammlungen, Interviews usw. von ihm gedruckt vorlagen, bezweifelte er zu meiner Überraschung, daß die Wiedergabe gesprochener Rede einen Gedankengang ebensogut vermitteln könne wie schriftlich konzipierte Artikel oder Bücher. »Veröffentlicht werden üblicherweise sehr sorgfältig formulierte Textversionen, und dies ist bei weitem vorzuziehen«, schrieb er uns. Beigefügt waren acht eng getippte Seiten mit – durchaus wertvollen – Verbesserungsvorschlägen für das Buch, von denen wir einige wörtlich abgedruckt haben.

Natürlich sind Chomskys Schriften präziser und detaillierter als die improvisierte Rede dies sein kann, aber sie sind gleichzeitig auch viel komplexer, voller Verweise, selbst grammatisch sehr kompliziert aufgebaut, und sie setzen häufig ein umfangreiches Vorwissen voraus. Chomsky kann seine Ideen einfach und dennoch mit beeindruckender Klarheit formulieren, so daß viele Menschen gerade beim Nachlesen seiner mündlichen Äußerungen Zugang zu seinem Denken gewinnen. Davon zeugt auch der Erfolg seiner bislang publizierten Vortrags- und Interviewtexte. Ich meine, beide Ausdrucksformen haben ihren eigenen Wert und verstärken sich gegenseitig.

Chomsky hatte auch ein ungutes Gefühl über die »Personalisierung«, wie etwa der nachfolgend wiedergegebene Auszug aus einem Interview mit ihm zeigt. Hieraus erwuchs den Filmemachern – also Peter Wintonick und mir – ein Dilemma, vor dem wir dann auch bei dem Buch standen. Es erschien uns unmöglich, in dem Film eine Trennlinie zwischen dem Menschen Chomsky und seinen Ideen einerseits und seiner persönlichen Lebensgeschichte, aus der sich diese Ideen herausbildeten, andererseits zu ziehen. Wir wollten das auch gar nicht. Unser Kriterium war stets: Ist ein biographisches Ereignis von Belang für Chomskys politischen Werdegang?

Wir suchten eine Lösung für dieses Problem vermittels des selbstreferentiellen Stils des Films – wozu auch Chomskys eigene Vorbehalte, die Irrelevanz des Persönlichen betreffend, zählen. Als er 1970 im niederländischen Fernsehen auftrat, erklärte er, er sei »eigentlich ein Gegner dieses Hochstilisierens von Menschen in der Öffentlichkeit, die dann geradezu wie Stars behandelt werden und deren rein persönliche Züge mit Bedeutungen befrachtet werden.« Andererseits zeigt der Film, daß ein Vortrag vor Massenpublikum das Persönliche nicht unabdingbar ausschließen muß. Wie ernst jemand seine Werte nimmt, zeigt sich in seinen Taten, und im Falle Chomskys kann man aus seinem Vorbild sehr viel lernen. Und deshalb haben wir sein Handeln in den Film, und also in das Buch, übernommen. Seine persönlichen Erlebnisse sind bedeutsam – nicht weil es seine sind, sondern weil wir sie sozusagen metaphorisch auf unsere eigenen Erfahrungen übertragen können.

Der Film untersucht nicht nur Chomskys Überlegungen die Medien *betreffend*, sondern auch sein Verhältnis *zu* ihnen, wobei sich zwischen den USA und dem Ausland große Unterschiede zeigen. Man kann in seinen Erfahrungen eine Fallstudie dafür erblicken, wie in einer Gesellschaft die Medien mit abweichenden Stimmen umgehen. Auch wenn wir ihn nicht gewählt haben, so spricht er doch für die vielen unter uns, die das Gefühl nicht loswerden: Wenn nicht einmal er sich Gehör verschaffen kann, wie soll es dann uns gelingen?

Der Film nutzt mehrere simultane Kommunikationskanäle. Die verschiedenen optischen, akustischen und musikalischen Tricks und Techniken sollen dem Betrachter die gerade stattfindende Manipulation bewußt machen, einschließlich einer Personalisierung, die die Konventionen der kommerziellen Medien und der herkömmlichen Dokumentarfilme ironisch verletzt. Chomsky nimmt in seinen Schriften gelegentlich sarkastisch den Tonfall seiner Gegner an; wir haben versucht, es ihm in der vielschichtigen Sprache des Films gleichzutun. Wer den Film schon kennt, sollte sich dessen bewußt sein – und die anderen sollten nach Mitteln und Wegen suchen, ihn anzusehen.

Mark Achbar

Eleanor Levine
Wie Sie sagten, haben Sie sich diesen Dokumentarfilm über Sie, mit dem Titel *Manufacturing Consent*, nicht angesehen. Warum nicht? Wollen Sie das noch nachholen?

Chomsky
Ich habe ihn nicht gesehen, und ich will's auch nicht. Dafür gibt es mehrere Gründe, auch persönliche. Ich mag mich einfach nicht selbst hören oder sehen, weil ich dann sofort darüber nachsinne, was ich alles hätte anders machen sollen. Aber es gibt auch noch tieferliegende Gründe. Ich habe die größten Probleme, mit dem ganzen Projekt zurechtzukommen. Nehmen wir nur diese Sache mit der Personalisierung von Sachfragen. Ich weiß, sie haben sich viel Mühe gegeben; und doch hinterläßt der Film diesen Eindruck – die Rezensionen haben es mir gezeigt. Das ist aber genau die falsche Zielrichtung.

Schon dieser Filmtitel – *Manufacturing Consent*. Er ist dem Titel eines Buches entlehnt, das Edward Herman und ich geschrieben haben. Wenn Sie das Buch nun in die Hand nehmen, dann werden Sie sehen, daß sein Name an erster Stelle genannt ist. Darauf hatte ich ausdrücklich bestanden. Wir geben sonst bei unseren gemeinsamen Büchern unsere Namen in alphabetischer Folge an, und da kommt meiner mit C vor seinem mit H. Aber in diesem speziellen Fall wollte ich seinen Namen vorn sehen, ganz einfach deshalb, weil das Buch überwiegend von ihm stammt. Ja, und was nun über den Film geschrieben wird, bezieht sich auch zum größten Teil auf sein Werk. Hier steckt schon der Haken: Wir haben alles in Kooperation geschaffen, und da sollte man nichts personalisieren und mit einem Einzelnen verbinden.

Warum nun der Film überhaupt – na ja, ich vermute es mal, ich hab' ihn ja nicht gesehen ... also ich hielt damals an verschiedenen Orten Vorträge. Aber warum tue ich das? Weil überall im Land, ja überall auf der Welt viele, viele Menschen sich jeden Tag damit abmühen, sich weiterzubilden, sich zu engagieren, Basisstrukturen aufzubauen. Sie sind es, die etwas bewirken. Sie brauchen aber eine Stimme, die für sie spricht, und diese Aufgabe übernehme ich gern. Gut, mir macht's Spaß und für sie ist es auch nicht schlecht. Aber sie stehen an der Front, sie tun die Arbeit, nicht ich. Bloß, der Film hinterläßt so einen Eindruck – wissen Sie, ich erhalte dann so Briefe von Leuten, die mich fragen: Wie kann ich Ihrer Bewegung beitreten? Ich weiß ja, die Filmemacher wollten diesen Eindruck nicht vermitteln, aber irgendwie ergibt sich das automatisch aus dem Medium. (...)

Wenn nun aber der Eindruck entsteht, es gäbe da einen Anführer oder Sprecher oder sonst jemanden, der die Sache organisiert und vorantreibt, dann ist das die absolut falsche Botschaft. Man glaubt zu hören: Folgt eurem Führer. Was man wirklich vernehmen sollte, ist: Nehmt euer Leben selbst in die Hand.

Movie Guide, 16.04.1993

DER PROJEKTABLAUF

Zu Beginn des Films äußert Chomsky die Vermutung, wir müßten wohl »500 Stunden Film« aufgenommen haben, bis *Manufacturing Consent* endlich fertig war. Was ihm wie 500 Stunden voller Lampen, Kameras und Mikrofonen erschien, waren etwa 120 Stunden Film. Wir verwendeten überwiegend das 16-mm-Format, aber da unsere ästhetische Medienregel lautete: Schieß mit allem, was du gerade zur Hand hast, machten wir auch Aufnahmen mit Betacam, 3/4", 1/2" und 8mm Videoband. Einmal verwerteten wir sogar eine Kassette aus einer Überwachungskamera. Etwa ein Drittel der 120 Stunden sind Archivbild- und Tondokumente aus ca. 185 verschiedenen Quellen.
Die ersten Aufnahmen den Film entstanden am 25. September 1987 vor der Convocation Hall der Universität Toronto, in der Chomsky einen Vortrag halten sollte. Es gab dort eine Gegendemonstration von Vietnamesen, die Band 1 des Buches von Chomsky und Herman aus Protest verbrannten – ein flammendes Zeugnis für die Durchschlagskraft dieses Werkes und für die Mittel, zu denen manche Leute greifen, um es zu unterdrücken. Unsere Kameras haben dann Chomskys Vorträge, Diskussionen und Begegnungen mit Medienvertretern vier Jahre lang begleitet. Ich sage ausdrücklich »unsere Kameras« und nicht »wir«, denn es kam vor, daß sie die Reise ohne uns machten. So waren wir beispielsweise nicht in Japan, als Chomsky dort den angesehenen Kyoto-Preis verliehen bekam. Der Verzicht fiel uns schwer, aber wir konnten uns den Trip nicht leisten und mußten am Ende eine Truppe vor Ort per Fax dirigieren. In einem anderen Fall erhielten Freunde aus Washington, die über Videotechnik verfügten, die Möglichkeit, die Amtseinführung von George Bush aus erster Hand einzufangen und uns die Aufnahmen dann zukommen zu lassen.

Aber wir kamen doch ziemlich viel herum in unserem Bemühen, mit Chomskys aufreibenden Terminverpflichtungen einigermaßen Schritt zu halten; wir besuchten 23 Städte in 7 Ländern. Wir brachten ihn schließlich so weit, daß er, sobald unsere surrenden Kameras ihn einmal nicht auf irgendeinem Flughafen begrüßten, sich am falschen Ort wähnte. Alles in allem benötigten wir fünf Jahre für den Film. Die Liste derer, denen wir Dank schulden, umfaßt mehr als 300 Personen und Organisationen. Sehr bald verwarfen wir den Gedanken, die Zuschauer durch einen Kommentator an die Hand nehmen zu lassen. Chomsky, so meinten wir, könne für sich selbst sprechen, und indem wir ihn seine Argumente in seinen eigenen Worten vortragen ließen, würde die Subjektivität des Films stärker hervortreten. Ein Extrakt aus Interviews, Vorträgen und Medienbegegnungen bildet das theoretische und informatorische Rückgrat des Films und dient als auditives Sprungbrett zu visuellen Expeditionen in die Medien und ihre Mechanismen. Fragen, die Chomsky von Interviewern oder aus dem Publikum gestellt wurden, setzten wir ein, um die Wendungen des Films zu neuen Themenkreisen einzuleiten. Einige Statements stammen von anderen Aktivisten sowie von Kritikern und Kommentatoren.
Bei der Vorbereitung wie auch bei der Realisierung von *Manufacturing Consent* strebten wir ein demokratisches Vorgehen unter Einbezug anderer Beteiligter an. Schnitt und Montage waren mit zahlreichen Probevorführungen vor Publikum verbunden, so daß nicht weniger als 600 Menschen dazu beitrugen, dem Film seine endgültige Form zu verleihen. Jeder von ihnen konnte sich dadurch motiviert fühlen, daß es auch auf seine Meinung ankommen würde.
Obgleich das Material einen Zeitraum von 25 Jahren abdeckt, brauchten wir es nicht in zeitlicher Folge anzuordnen – dank Chomskys konsistenter Gedankenwelt und Vortragstechnik. So ließen wir uns weniger von visueller Kontinuität leiten als vielmehr von Ideenlinien, Themen, Übergängen sowie vom Gefühls- und Erzählzusammenhang bei der Verknüpfung einzelner Szenen. Menschen können Informationen am besten aufnehmen, wenn sie ihnen durch unterschiedliche Kanäle angeboten werden: durch das Auge, das Ohr, durch Texte, Berichte, metaphorisches Material usw. Durch Synthese vieler verschiedener Filmstile versuchten wir, dem Film eine Wirkung auf all diesen Ebenen zu verschaffen, dabei aber stets einen gewissen humoristischen Geist durchscheinen zu lassen.
Manufacturing Consent ist ein selbstreflektierender Film über die Medienwelt, der das Bewußtsein, hier finde eine nur indirekte Vermittlung statt, durch den Einsatz diverser audiovisueller Techniken verstärken möchte. Dabei brachten wir nicht nur das technische Personal und die Ausrüstung ins Bild, sondern wir verwendeten auch Animation, Dramatisierung und Kontextverschiebung. Einige Szenen projizieren wir auf dem riesigen Schirm einer scheinbar einem Science Fiction-Alptraum entstammenden Medien»landschaft«, auf dem normalerweise radikale Experimentalfilme vor dem Hintergrund eines hypermodernen Einkaufsparadieses laufen. Dieser Schirm, »die größte fest in einem Einkaufszentrum installierte Videowand«, dient uns als Elektronengehirn, das den Ablauf des Films steuert. Was Chomsky explizit in Worte faßt – die Frage, wie Menschen mit unkonventionellen Ideen ankommen oder wie sie marginalisiert werden – versuchen wir zu vermitteln, indem wir ihn im Kontext einer ungewöhnlichen Umgebung auftreten lassen.
Durch die Perspektive des Mediums im Medium suchen wir die Prozesse der medialen Konstruktion sichtbar zu machen, immer in der Hoffnung, beim Betrachter den Sinn für das kritische Engagement zu schärfen.

TEIL 1

Denkverbote in der demokratischen Gesellschaft

Die den Menschen
die Augen ausstachen
zeihen sie jetzt
der Blindheit

John Milton (1642)

ERIN MILLS TOWN CENTRE,
ERIN MILLS, ONTARIO, KANADA

Kelvin Flook
Drei – zwei – eins: Die zweite. Guten Morgen. Willkommen im Erin Mills Town Centre, dem Haus mit der weltweit größten, fest in einem Einkaufszentrum installierten Videowand. Mein Name ist Kelvin Flook und ich werde heute den ganzen Tag lang Ihr Gastgeber hier auf EMTV sein. Ganz besonders herzlich begrüßen möchte ich bei dieser Gelegenheit das Aufnahmeteam von »Necessary Illusions«. Wir haben heute eine erstklassige Folge von Fernsehprogrammen für Sie vorbereitet, also steigen wir gleich mal ein.

Kelvin Flook ist Schauspieler und Moderator bei Erin Mills Television (EMTV), einer nonstop laufenden Videoinstallation aus 264 Bildschirmen. Diese bedeckt 4 Wände und ist das Herz des Einkaufszentrums »Erin Mills Town Centre« westlich von Toronto. Wenn Flook nicht gerade Ausschnitte aus *Manufacturing Consent* abspielt, bringt er gewöhnlich Werbespots für Geschäfte im Einkaufszentrum, Sportberichte, am Ort aufgenommene Modeschauen, samstags vormittags auch Zeichentrickfilme für die Kleinen, um sie während der Einkäufe ihrer Eltern zu beschäftigen.

NECESSARY ILLUSIONS

Mark Achbar und Peter Wintonick waren zusammengenommen schon mehr als dreißig Jahre als Medienproduzenten tätig gewesen, als sie sich 1985 kennenlernten und ihre geistige Übereinstimmung konstatierten, vor allem in ihrer Sorge über Militarismus und Umweltzerstörung sowie über die Rolle der großen Medien bei der Aufrechterhaltung der einschlägigen Mythen. Da sie einen Bedarf an Alternativmedien zur Verbesserung dieser Situation erkannten, gründeten sie eine Organisation, deren Ziele sich aus dieser Sorge ableiteten. Im Jahre 1989 stieß Francis Miquet dazu.

ZIELE

- **In der Öffentlichkeit den kritischen Sinn für die Macht und die Rolle der großen Medien und ein Gefühl für die Möglichkeiten alternativer Medien, dem entgegenzuwirken, entwickeln.**
- **Freie und kreative Ausdrucksmöglichkeiten auf allen Medientypen fördern und sichern.**
- **Einzelpersonen und Gruppen bei der Herstellung von Medienprodukten zur Förderung des gesellschaftlichen Fortschritts unterstützen.**
- **Strategien zur Vermehrung unabhängiger Produktionen entwickeln und anwenden.**
- **Durch neuartige alternative Verbreitungs- und Vorführmethoden neue Hörer- bzw. Zuschauerschichten erschließen.**
- **In der eigenen Tätigkeit einen demokratischen, kooperativen, egalitären und hierarchiefreien Arbeitsprozeß entwickeln.**

VIDEOWAND DES EINKAUFSZENTRUMS

Marci Randall Miller interviewt Noam Chomsky im Radiosender KUWR, Laramie, Wyoming, USA

Marci Randall Miller
Wie lange haben die beiden eigentlich an diesem Dokumentarfilm gearbeitet?

Chomsky
Oh Gott, wie lange die daran gearbeitet haben – also ich weiß es nicht, aber wenn ich irgendwo hinkomme, sind sie immer schon da.

Marci Randall Miller
Sie sind mit dabei, oder wie?

Chomsky
Sie waren in England, sie waren in Japan – wirklich überall. Sie müssen wohl mittlerweile 500 Stunden Film haben.

Marci Randall Miller
Wow! Wetten daß sie am Ende mit einem echten Knaller herauskommen?

Chomsky
Ich kann mir nicht vorstellen, wer jemanden eine Stunde lang reden hören möchte, aber ich denke, die werden schon wissen, was sie tun.

VOR DEM WEISSEN HAUS, WASHINGTON

Peter Wintonick geht mit einem riesigen Stielmikrofon auf eine Gruppe von Schülern zu

Peter Wintonick
Na, wo kommt ihr denn her?

Die Schüler
Florida.

Peter Wintonick
Florida?

Die Schüler
Ja, von der Golfküste.

Peter Wintonick
Ihr redet ja wie im Chor.

Die Schüler
(Kichern)

Peter Wintonick
Wir drehen hier einen Film über Noam Chomsky. Weiß irgend jemand, wer Noam Chomsky ist?

Die Schüler
Neee ...

Groß ist die Zahl der Autoren, die sich fragen, ob irgend jemand zur Kenntnis nimmt, was sie schreiben.
Dieses Problem hat Professor Noam Chomsky, die führende linguistische Autorität des MIT, nicht. Aus einer kürzlich durchgeführten Auswertung von drei verschiedenen Zitat-Indices ergab sich, daß Professor Chomsky in den Veröffentlichungen der letzten 20 Jahre zu den am häufigsten zitierten Personen gehört.
Im *Arts and Humanities Citation Index* ist er mit seinen 3874 Zitaten zwischen 1980 und 1992 der meistzitierte lebende Autor und steht insgesamt an achter Stelle, direkt hinter dem berühmten Psychologen Sigmund Freud und noch vor dem Philosophen Georg Wilhelm Friedrich Hegel.
Er befindet sich dort wirklich in bester Gesellschaft. Die zehn im genannten Zeitraum meistzitierten Autoren waren: Marx, Lenin, Shakespeare, Aristoteles, die Bibel, Platon, Freud, Chomsky, Hegel, Cicero.
Und das ist noch nicht alles. Im *Social Science Citation Index* der Jahre 1972-1992 wird Professor Chomsky 7449 mal zitiert – auch hier wahrscheinlich der meistzitierte Lebende, allerdings ist diese Auswertung noch nicht abgeschlossen. [Theresa Tobin hat die Statistiken für 40 der wichtigsten Autoren in den Sozialwissenschaften ausgewertet, sie könnte aber nach eigener Aussage noch jemanden übersehen haben. Bislang hat aber niemand ihr Ergebnis korrigiert]. Außerdem weist er im *Science Index* der Jahre 1974-1992 insgesamt 1619 Zitate auf.

»Das bedeutet, quer über die Fachgebiete wird er sehr stark gelesen und werden seine Arbeiten in den Forschungen verwendet,« resümiert Theresa A. Tobin, Bibliothekarin im Humanities-Bereich, die die Zahlen ermittelt hat, und fügt hinzu: »Man konnte fast meinen, niemand könne einen Fachaufsatz schreiben, ohne Noam Chomsky zu zitieren.«
Aus Tech Talk, Bd. 36, Nr.27, MIT, 15.04.1992

Im Eingangsraum seines Büros hat Chomsky ein Poster von Bertrand Russell aufgehängt, das ein Zitat trägt: »Mein Leben wurde von drei ganz einfachen, aber unbezähmbaren Leidenschaften beherrscht: Von dem Verlangen nach Liebe, der Suche nach Wissen und einem unerträglich starken Mitgefühl mit der leidenden Menschheit.«

Nach Aussage seiner Sekretärin hat Chomsky bis zum Jahre 1993 insgesamt 72 Bücher geschrieben. Die letzte Auflage seiner Bibliographie (die dritte, die gebunden erschienen ist) enthält über 700 Eintragungen. Etwas mehr als die Hälfte behandeln politische Themen.
Noam Chomsky, A Personal Bibliography 1951-1986, zusammengestellt von E. F. Konrad Koerner und Matsuji Tajima unter Mitarbeit von Carlos P. Otero (John Benjamins, 1986)

Ich bezweifle, daß sie [die Zitatindizes] auch nur annähernd stimmen können. Und falls sie stimmen, wären sie ohne Bedeutung (Man stelle sich vor, was es bedeutet, daß Marx, Lenin, Mao und Castro in Zitatindizes der westlichen Literatur hohe Ränge einnehmen). Und falls sie stimmen und etwas aussagen, dann wären sie für jedes hier behandelte Thema irrelevant. Nehmen wir eine wirklich wichtige Persönlichkeit des 20. Jahrhunderts: Bertrand Russell, der sicher zu den Meistzitierten gehören müßte, wenn diese Ränge etwas aussagten. Sind seine Ansichten über die nukleare Abrüstung nur dann wichtig, wenn er oben rangiert? Hier werden genau die falschen Schlußfolgerungen suggeriert. – NC

RADIO KUWR, LARAMIE, WYOMING, USA

Marci Randall Miller
Guten Tag allerseits und willkommen bei «Wyoming Talk». Unser heutiger Gast ist der bekannte Intellektuelle Noam Chomsky, den ich hiermit bei uns begrüße.

Chomsky
Ich freue mich, hier zu sein.

Marci Randall Miller
Ich glaube, Sie sind vor allem nach Wyoming gekommen, um über »Denkverbote in einer demokratischen Gesellschaft« zu diskutieren. Nehmen wir mal an, ich bin Lieschen Müller und sage: »Also, wir haben doch eine demokratische Gesellschaft, was meinen Sie denn mit Kontrolle, mit ›Denkverboten‹? Ich bilde mir meine Meinung doch selbst. Ich entscheide doch über mein eigenes Schicksal.« Was würden Sie antworten?

Chomsky
Ja nun, ich würde ihr raten, sich doch mal genauer anzuschauen, wie die Medien arbeiten, wie die PR-Branche arbeitet, daß man schon seit einer Ewigkeit darüber nachsinnt, wie sich die demokratische Öffentlichkeit an den Rand drängen und unter Kontrolle halten läßt. Aber vor allem sollte sie darauf achten, was schon alles an Belegen darüber vorliegt, wie die großen Medien, die die nationalen Themen bestimmen – also die überregionale Presse, das Fernsehen usw. – wie die also bestimmen, welche Meinungen geäußert werden, welche Informationen an die Öffentlichkeit kommen, welcher Quellen sie sich bedienen, usw. Wenn Lieschen das tut, dann wird sie in Bezug auf unser demokratisches System einige Überraschungen erleben.

Die Public-Relations-Branche setzt gewaltige Geldmittel ein, um »dem amerikanischen Volk die wirtschaftlichen *facts of life* beizubringen« und so ein für die Geschäftswelt günstiges Klima zu schaffen. Ihr obliegt es, das »allgemeine Denken« zu steuern, die »einzige ernsthafte Gefahr, der sich unser Unternehmen gegenübersieht«, wie es bereits vor 80 Jahren ein AT&T-Manager formulierte.
Necessary Illusions S. 16. Siehe auch den Hinweis auf *The Clinton Vision* auf S. 162 dieses Buches.

Eine Studie der *Trilateral Commission* über die »Regierbarkeit der Demokratien« von 1975 kommt zu dem Ergebnis, daß die Medien zu einer »nicht unwichtigen neuen Machtquelle« geworden sind, was auch einen »Überschuß an Demokratie« bedeutet, der im Inland »die Autorität der Regierung beeinträchtigt« und folglich »im Ausland den Einfluß der Demokratie sinken läßt«. Nach Ansicht der Kommission rührt diese allgemeine »Demokratiekrise« daher, daß bislang marginalisierte Bevölkerungsschichten sich organisieren und ihre Forderungen energischer vorbringen und daß die entsprechende Überlastung des Demokratieprozesses dessen Funktionieren gefährdet. Die Studie spricht sich daher für mehr »Mäßigung in der Demokratie« aus, um den Demokratieüberschuß abzubauen und so die Krise zu meistern.
Die obigen Zitate stammen aus *The Crisis of Democracy: Report on the Governability of Democracies to the Trilateral Commission*, von M. P. Crozier, S. J. Huntington und J. Watanuki (New York Unversity 1975); *Necessary Illusions* S. 2-3.

Die *Trilateral Commission* wurde 1973 eingesetzt und erhielt die Aufgabe,
1) die Zusammenarbeit zwischen Nordamerika, Westeuropa und Japan (also den sogenannten höchstentwickelten Regionen) durch den Kontakt zwischen prominenten Privatpersonen zu fördern;
2) für ihre Mitgliedsländer eine Innen- und Außenpolitik zu entwickeln;
3) »das internationale System zu erneuern«, um die nach dem Zweiten Weltkrieg entstandene globale Machtstruktur gerechter zu machen.

Den Anstoß zur Bildung der Kommission lieferte David Rockefeller, der damit die Hoffnung verband, in ihr würden »die größten Geister der Menschheit sich den Problemen der Zukunft zuwenden«. Die Kommission umfaßte ursprünglich 180 Mitglieder, war aber bis 1980 bereits auf 300 Köpfe angewachsen.

Quelle: *Trilateralism; The Trilateral Commission and Elite Planning for World Management*, Hrsg. Holly Sklar (Black Rose Books 1980)

HINWEIS: Zur Vermeidung von Wiederholungen sind alle bibliographischen Daten über die von Noam Chomsky und Edward S. Herman verfaßten Bücher nur in der Literaturübersicht aufgeführt.

MALASPINA COLLEGE, NANAIMO, BRITISH COLUMBIA, KANADA

Gary Bauslaugh
(Studienleiter des Malaspina College)
Ich begrüße euch alle zu unserer heutigen Vortragsveranstaltung. Vor einigen Jahren schrieb die *New York Times Book Review* über Professor Chomsky: »Gemessen an der Kraft, der Spannweite, der Originalität und dem Einfluß seiner Gedanken könnte man Noam Chomsky als den bedeutendsten Intellektuellen der Gegenwart bezeichnen.« Professor Noam Chomsky bitte.

Chomsky
Ich kann zwar nur eine schwarze Wand sehen, aber ich denke doch, daß dahinter einige Leute sitzen. Ich kann euch leider nicht in die Augen sehen, ich sehe euch halt nicht, bloß etwas Schwarzes. Vielleicht sollte ich zuerst mal etwas klarstellen, was man nie liest: Diese Passage über «der Welt bedeutendsten Intellektuellen» usw. stammt aus einem Klappentext eines meiner Verlage. Man muß bei solchen Sachen auch immer ganz genau hinsehen *(Gelächter)*, denn wenn man die betreffende Stelle mal nachliest, dann findet man zwar diesen Satz tatsächlich in der *New York Times*, aber es geht dann weiter: «Wenn das stimmt, wie kann er dann so schlimme Sachen über die amerikanische Außenpolitik schreiben?» – und dieser Satz wird nie zitiert. Wenn es allerdings diesen zweiten Satz nicht gäbe, müßte ich mich fragen, ob ich irgend etwas falsch mache. Das ist kein Witz. Es stimmt schon, daß der Kaiser keine Kleider anhat, nur mag der Kaiser das überhaupt nicht gern hören, und seine Schoßhunde, z. B. die *New York Times*, finden es auch nicht so gut, wenn man den Mund aufmacht.

»**Gemessen an der Kraft, der Spannweite, der Innovation und dem Einfluß seiner Gedanken könnte man Noam Chomsky als den bedeutendsten Intellektuellen der Gegenwart bezeichnen. Er ist allerdings auch ein unangenehm zwiespältiger Intellektueller. Auf der einen Seite findet sich ein umfangreiches Opus voller umwälzend neuer und extrem spezialisierter linguistischer Erkenntnisse, wovon vieles nur dem professionellen Linguisten oder Philosophen zugänglich ist; auf der anderen Seite steht eine ebenso reichhaltige Sammlung politischer Schriften, die von jedem, der des Lesens mächtig ist, verstanden werden können, aber oftmals ärgerliche Vereinfachungen bieten. Das ›Chomsky-Problem‹ besteht darin, zu erklären, wie diese beiden Bereiche zueinander passen.«**

The New York Times Book Review, 25.02.1979

AUS »A WORLD OF IDEAS«, PBS TV, USA (1988)

Bill Moyers
Guten Abend. Ich bin Bill Moyers. Was ist gefährlicher – der dicke Knüppel oder die dicke Lüge? Beide sind schon von der einen oder anderen Regierung gegen das eigene Volk eingesetzt worden. Heute abend will ich mich mit einem Mann unterhalten, der darüber nachgedacht hat, wie man die Entstehung der Lüge verfolgen kann. In seinen Augen ist die Propaganda in einer Demokratie das, was in einer Diktatur die Gewalt ist. Aber er hat den Glauben an die Kraft des gemeinen Volkes, für die Wahrheit einzutreten, noch nicht verloren.
Sie haben gesagt, wir seien in einem Spinnennetz unablässiger Täuschung gefangen und lebten in einer indoktrinierten Gesellschaft, in der die elementarsten Wahrheiten problemlos unter den Teppich gekehrt werden können. Was wären denn zum Beispiel solche elementaren Wahrheiten?

Chomsky
Nun, zum Beispiel die Tatsache, daß wir in Südvietnam eingefallen sind. Oder die Tatsache, daß wir es sind, die Fortschritte in der Abrüstung verhindern oder jedenfalls jahrelang verhindert haben. Oder die Tatsache, daß unser Militär – also nicht ausschließlich, aber doch weitgehend – einen Mechanismus darstellt, durch den die Allgemeinheit unfreiwillig die Hochtechnologiebranche subventioniert. Wenn man die Menschen direkt darum bitten würde, würden sie es ablehnen; also muß man sie durch Täuschung dazu bringen. Es gibt noch viele derartige Wahrheiten, aber wir machen sie uns nicht klar.

Die Frage nach der Legitimität der amerikanischen Intervention ist zum einen eine grundsätzliche Frage, zum andern betrifft sie den Charakter des amerikanischen Krieges. Im Grundsatz erscheint es mir völlig klar, daß wir weder das Recht noch die Fähigkeit besitzen, uns mit militärischen Mitteln in die inneren Angelegenheiten Indochinas einzumischen. Dieser Grundsatz hat sogar Gesetzeskraft. Das »oberste Gesetz des Landes« (in diesem Fall repräsentiert durch die Charta der Vereinten Nationen, also einen gültigen Vertrag) läßt in dieser Hinsicht keine Zweideutigkeiten zu. Es legt fest, daß eine gewaltsame Intervention nur mit Zustimmung des Sicherheitsrats oder in »kollektiver Selbstverteidigung« gegen einen bewaffneten Angriff zulässig ist.
Wer also argumentiert, daß die amerikanische Intervention nicht im technischen Sinne kriminell ist, muß beweisen, daß wir in einer kollektiven Selbstverteidigung Südvietnams gegen einen bewaffneten Angriff aus dem Norden agieren. Nun zeigen aber die Akten eindeutig, daß die amerikanische Intervention zeitlich lange vor jeglicher Einmischung Nordvietnams erfolgte und stets ein weit größeres Ausmaß als diese hatte, wie sogar das Pentagon zugibt (...)
Es gibt zahlreiche Dokumente, die unbestritten und meines Erachtens schlagend belegen, daß die USA hier nicht etwa in kollektiver Selbstverteidigung gegen einen bewaffneten Angriff handeln, sondern daß sie Anfang 1965 ihre schon länger andauernde gewaltsame Intervention in Vietnam zu einer regelrechten Invasion Südvietnams ausweiteten; der Grund war der Sieg der Nationalen Befreiungsfront im internen Bürgerkrieg, errungen trotz kräftiger (illegaler) direkter amerikanischer Einmischung.
Die Fürsprecher der amerikanischen Politik bringen häufig vor, juristische Fragen seien zu komplex für Laien und sollten besser den Experten überlassen bleiben. Wer jedoch hier die Argumente pro und contra genau studiert, findet nur wenige Divergenzen juristischer Art. Was zur Debatte steht, sind historische Fakten, insbesondere die Frage: Stehen die USA in kollektiver Selbstverteidigung gegen einen bewaffneten Angriff Nordvietnams? In dieser Sache kann sich auch der Laie ein Urteil bilden, und kein verantwortungsbewußter Bürger wird davor zurückscheuen, nur weil irgend jemand befürchtet, die Angelegenheit sei für sein Verständnis zu esoterisch. Es sind genügend Dokumente verfügbar, die – wie ich glaube – klarmachen, daß der amerikanische Krieg auch im streng technischen Sinne ein Verbrechen ist.
Aus Chomskys *Essay On the Limits of Civil Disobedience*, **enthalten in der Essaysammlung** *The Berrigans*, **Hrsg. William Van Etten Casey SJ und Philip Nobile, S. 39-41 (Avon Books 1971) (siehe hier Seite 152)**

Das Militär der USA ist im wesentlichen ein von der Regierung garantierter Absatzmarkt für Hochtechnologieprodukte (...) Es ist kein konservatives Programm, ganz im Gegenteil. Reagans Programm bestand darin, den Staatsanteil am staatskapitalistischen System mit klassischen Mitteln auszuweiten (...) Praktisch bedeutet dies, daß durch Interventionen der Regierung die Nachfrage nach Waffen und Hochtechnologie steigt, wodurch ein Schub ausgelöst wird (...) Wirtschaftlich gesehen ist dies eine äußerst schädliches Verfahren; zwar wird die Produktion angeregt, aber um den Preis einer großen Verschwendung. Also müssen wir dafür sorgen, daß auch unsere Konkurrenten ihre Wirtschaft etwa ebenso stark schädigen wie wir unsere, denn andernfalls würde es schwierig für uns (...) Japan ist so ein Rivale, Europa gleichfalls. Wir können nicht zulassen, weiterhin diese Art von kostspieliger Ankurbelung der Wirtschaft zu betreiben, wenn wir gleichzeitig im Welthandel

Bill Moyers
Glauben Sie an die Vernunft der Menschen? Ich meine damit, sind Sie ein ...

Chomsky
Aber klar glaube ich an die Cartesische Vernunft. Ich glaube, daß die Menschen die Fähigkeit besitzen, den sie umgebenden Betrug zu durchschauen, aber sie müssen sich schon darum bemühen.

Bill Moyers
Es scheint irgendwie nicht zusammenzupassen, wenn man einen Mann aus dem Elfenbeinturm des MIT, einen Gelehrten, einen angesehenen Linguisten, so verständnisvoll über das gemeine Volk reden hört.

Chomsky
Ich meine aber, daß die Wissenschaft – jedenfalls auf meinem Gebiet – gerade zu den entgegengesetzten Schlußfolgerungen führt. Aus meinen eigenen Forschungen über die Sprache und die menschliche Erkenntnisfähigkeit ergibt sich als allererstes, daß die einfachen Menschen über eine beachtliche Kreativität verfügen. Allein daß die Menschen miteinander sprechen können – ganz alltäglich, nichts irgendwie Kompliziertes – deutet auf sehr tiefliegende kreative Züge im Menschen hin, die ihn vor allen anderen, uns bekannten biologischen Systemen auszeichnen.

konkurrenzfähig sein wollen (...) Wir stecken unsere Ressourcen in die Waffenproduktion, und diese Ressourcen fehlen dann bei den Dingen, die man verkaufen kann und mit denen Konsumnachfrage befriedigt werden kann (...) Wenn unsere Ingenieure an einer neuen Technik arbeiten, um eine Rakete 3 Millimeter näher ans Ziel zu bringen, und gleichzeitig die japanischen Ingenieure an besseren Kleincomputern und ähnlichen Sachen arbeiten, dann können Sie sich ja denken, wie das ausgeht (...) Das japanische System ist auf den kommerziellen Markt ausgerichtet (...) Unser System hingegen arbeitet ganz anders, es ist ja das Pentagon-System. Einen kommerziellen Nutzen hat es bestenfalls zufällig (...) Entscheidend ist, daß es hier überhaupt nicht um eine militärische Bedrohung geht – in keiner Weise.
Aus einem Interview mit Stephen W. White und Elaine Smoot in *National Forum*, nachgedruckt in *Language and Politics* S. 350-353. Siehe auch *Deterring Democracy* S. 91

Nach Angaben der Produzentin, Gail Pellett, liefen nach der ersten Ausstrahlung dieses Interviews mehr Bitten um den gedruckten Text ein als bei jeder anderen der über 50 Folgen der Serie »A World of Ideas«.

Als mir das US-Fernsehen einmal wirklich etwas Zeit zum Reden ließ (in der Bill Moyers Show), gab es eine Flut von Zuschauerpost, an die 1000 Briefe, wie es hieß, jedenfalls wohl mehr als man irgendwann sonst bekommen hatte. Von Freunden, die häufig in der Öffentlichkeit auftreten, höre ich dasselbe (vor allem von Alex Cockburn und Howard Zinn). Offensichtlich hungern die Menschen geradezu nach allem, was von dem immer stärker doktrinär eingezwängten ideologischen Gerüst abweicht und die Fragen aufgreift, von denen sie sich wirklich betroffen fühlen, die aber aus der öffentlichen Diskussion weitgehend ausgeschlossen bleiben.
Unglücklicherweise sind wir nur wenige, die diese Wünsche erfüllen können, und diese wenigen werden mit Einladungen überhäuft. Ich selbst kann nicht mal einen Bruchteil davon annehmen und bin gewöhnlich schon Jahre im voraus ausgebucht. Die »Linksintellektuellen« (oder wie man sie bezeichnen soll) sind entweder in unverständliche postmoderne Exerzitien versponnen (meiner Meinung nach überwiegend unsinnige) oder sie reden nur gegenseitig aufeinander ein. Und natürlich steht der größte Teil der »Intellektuellengemeinde« auf die eine oder andere Weise im Dienste der Macht. So ist hier eine gähnende Lücke aufgerissen, was sich meines Erachtens gerade heute besonders bemerkbar macht.
Noam Chomsky am 09.12.92 in einem Brief an John Schoeffel

AUS »THE JOURNAL«, CBC TV, KANADA (1975)

Ansager
Heute abend: Wissenschaftler sprechen zu Tieren – aber antworten die auch? »The Journal« mit Barbara Frum und Mary Lou Findley.

Barbara Frum *(Moderatorin)*
Die Wissenschaft unternimmt ernsthafte Versuche, mit Tieren zu kommunizieren.

Reporter
Hier sehen Sie Nim Chimpsky. Nim, der etwas ironisch nach dem großen Linguisten Noam Chomsky benannt wurde, war in den siebziger Jahren die große Hoffnung der Tier-Kommunikatoren. Vier Jahre lang unterrichteten Petitto und andere ihn in der Zeichensprache, doch am Ende kamen sie zu dem Schluß, es hätte keinen Zweck. Nim konnte zwar um Dinge bitten, aber das war auch schon fast alles.

Laura Ann Petitto
Ich hätte mich ja liebend gern mit Nim unterhalten, um herauszufinden, wie er die Welt sieht. Er hat es mir aber nicht verraten. Dabei haben wir ihm jede Möglichkeit dazu gegeben.

Laura Ann Petitto ist Associate Professor an der McGill University in Montreal. Als sie mit Nim zusammenzog, war sie 18; sie blieb dreieinhalb Jahre bei ihm. Das Projekt Nim wurde von der Regierung mit mehreren Millionen Dollar gefördert.
Nim stellte die Wissenschaftler vor eine Herausforderung: Einerseits verfügen Schimpansen über beeindruckende kommunikative und kognitive Fähigkeiten. Andererseits gelingt es ihnen nicht, bestimmte Schlüsselfunktionen der menschlichen Sprache zu meistern, selbst wenn man es ihnen ermöglicht, ihre Unfähigkeit zum Hervorbringen von Sprachlauten zu umgehen – etwa indem man ihnen eine Art natürlicher Zeichensprache beibringt. Petitto leitete aus dieser Unstimmigkeit die Hypothese ab, die Menschen verfügten vielleicht über etwas *Besonderes*, und zwar *zusätzlich* zum Sprech- und Hörmechanismus an sich und *zusätzlich* zu unserer allgemeinen Fähigkeit zur kognitiven Symbolverarbeitung. Aufgrund der Erkenntnisse, die sie an Nim gewonnen hatte, stellte Petitto die verbreiteten Hypothesen über den menschlichen Spracherwerb in Frage, vor allem die, nach denen im menschlichen Gehirn keine Veranlagung für Sprache existieren sollte. Petitto entdeckte, daß gehörlose Kleinstkinder, auf die mittels Zeichensprache »eingeredet« wird, mit ihren Händen »lallen« wie normal hörende Kinder dies während des Spracherwerbs verbal tun – eine überraschende Erkenntnis, ist doch das Steuerzentrum für die (zeichensprechenden) Hände in einem anderen Bereich des Gehirns lokalisiert als das Zentrum für die (verbal sprechende) Zunge. Weiterhin fand sie heraus, daß normal hörende Kinder, die man im Alter zwischen 6 und 24 Monaten sowohl mit verbaler als auch mit Zeichensprache konfrontierte, keine Bevorzugung des Sprechens erkennen ließen, sondern beide Sprachformen so lernten, als ob sie zwei Sprachen parallel lernten. Petitto zu der Studentenzeitung *McGill News*: »Warum zogen diese Kinder, die sowohl der Zeichensprache als auch der Wortsprache ausgesetzt waren, nicht die Wortsprache vor? Das läßt darauf schließen, daß sie nicht nach der Sprache an sich suchten, sondern nach der Struktur, die innerhalb der Sprache verschlüsselt war.« Petittos weitere Untersuchungen konzentrierten sich darauf, die grundlegenden Gehirnmechanismen sowie die Umweltfaktoren zu identifizieren, durch die der Spracherwerb ausgelöst wird. Kürzlich hat sie eine Theorie formuliert, derzufolge dem menschlichen Gehirn ein biologischer »Strukturerkennungsmechanismus« angeboren ist, wodurch Kleinstkinder eher für bestimmte Aspekte der Struktur natürlicher Sprachen empfänglich sind als für das verbale Sprechen an sich. Nach dem Auslaufen des Projekt Nim wurde Nim Chimpsky und drei seiner Brüder zu einer Primatenkolonie in Norman, Oklahoma, geschickt, wo er den Rest seiner Erdentage verbringen sollte. Entgegen der Vereinbarung lieferte die Primatenkolonie die vier Schimpansen an das Krebsforschungsinstitut in New York, wo man sie für Tierversuche einsetzte. Petitto und ihre Kollegen hatten keine Ahnung davon, bis ihnen ein Journalist aus Norman einen Tip gab. Sofort erwirkten sie ein gerichtliches Verbot weiterer Versuche. Dieses kam jedoch zu spät für Nims Brüder, die bereits zu krank waren und starben.
Nim selbst fand eine neue Heimat bei Cleveland Amory, einem Tierrechtler in Texas.
Mehr über die Arbeit von Laura Ann Petitto in *Science* März 1991.

AUS »THIRD EAR«, RADIO BBC-3, LONDON

Jonathan Steinberg *(Historiker an der Universität Cambridge)*
Noam Chomsky, Sprachtheoretiker und politischer Aktivist, hat eine ungewöhnliche Karriere hinter sich. Ich kenne nichts Vergleichbares in der jüngeren amerikanischen Geschichte, und wenige Beispiele aus anderen Zeiten oder Ländern. Er hat das Gebiet der Linguistik buchstäblich umgepflügt. Und gleichzeitig ist er zu einem der konsequentesten Kritiker der Machtpolitik in all ihren proteusartigen Verkleidungen geworden. Es scheint, daß diese beiden Karrieren – die des Gelehrten und die des Propagandisten – einander wechselseitig befördern. Im Jahre 1957 veröffentlichte er *Syntactic Structures* und initiierte damit das, was viele als die Chomskysche Revolution der Linguistik bezeichnen. Gleich einem Kopernikus unserer Tage zeigte Chomsky eine radikal neue Sichtweise auf die Theorie der Grammatiken auf. Chomsky erarbeitete die formalen Gesetze einer universellen Grammatik, aus denen die speziellen Regeln der lebenden und überhaupt aller natürlichen Sprachen sich abgeleitet haben. Dies führte ihn später zu der Auffassung, diese Systeme seien dem Menschen angeboren und gehörten zu den charakteristischen Zügen seiner biologischen Art; sie seien letztlich dem menschlichen Geist genetisch so einprogrammiert wie eine Maschinensprache einem Computer.

Sprache – was ist das? Wie erlernen und wie benutzen wir sie?
Die herkömmliche Erklärung der Sprache, wie überhaupt allen menschlichen Wissens, wurde vor 300 Jahren von den Empiristen präsentiert. Demnach entspringt alles Wissen der Erfahrung. Philosophen des 17. und 18. Jahrhunderts haben es formuliert, etwa John Locke, der den Geist als ein »leeres Zimmer« bezeichnete, oder David Hume, der mit Nachdruck feststellte, daß »alle Naturgesetze und alle körperlichen Aktivitäten uns ausnahmslos nur durch Erfahrung zugänglich« seien. Mit dem Wort »Erfahrung« wollte er ausdrücken, daß unser gesamtes Wissen uns nur durch unsere Sinne zuwächst, also durch das, was wir hören, sehen oder berühren.

Ein Kind – so würde ein Empirist sagen – lernt die Sprache wie eine Gewohnheit. Seine Eltern wiederholen ein Wort wieder und wieder, und schließlich spricht das Kind es ihnen nach. Ist die Nachahmung richtig, lächeln die Eltern; bei einem Fehler runzeln sie die Stirn und sprechen den Satz noch einmal vor. Und so beginnt das Kind zu sprechen – sagen die Empiristen.

Chomsky wendet sich leidenschaftlich gegen diese Ansicht: »Diese empiristische Sichtweise auf das menschliche Denken ist bei uns so tief verwurzelt, daß sie geradezu einem Aberglauben gleicht.« In seiner Theorie geht er so weit, für jede der rund 4000 bekannten Sprachen dieselben, genetisch determinierten Grundeigenschaften zu postulieren; er nennt sie »invariante Eigenschaften«, »linguistische Universalelemente« oder »universelle Grammatik«. Sie gelten für alte und neue Sprachen, unabhängig von den Personen oder den Umständen des Sprachgebrauchs.

Nach Chomskys Meinung »kennt« ein Kind die Grundelemente der Sprache, bevor das erste Wort über seine Lippen kommt; mit Hilfe dieser Grundstrukturen lernt es die Grammatik seiner eigenen Sprache. Natürlich ist dem Kind nicht die Beherrschung einer bestimmten Sprache angeboren. Es muß zunächst sehr viel lernen und kann alle Feinheiten der Sprache erst erfassen, wenn es physisch und emotional gereift ist. Wie Chomsky betont, bildet sich »die Kenntnis einer Sprache aus dem Zusammenspiel von angeborenen Strukturen des Geistes mit Reifungsprozessen und in Wechselwirkung mit der Umgebung«.

Zwei Beobachtungen auf sprachlichem Gebiet liegen Chomskys Theorien zugrunde. Die erste besagt, daß eine Grammatik ein Grundwissen darstellt, über das alle Benutzer der Sprache verfügen. Die zweite hält fest, daß unser Sprachgebrauch im Grunde kreativ ist. Zwar können uns jederzeit Fehler unterlaufen – vielleicht sind wir müde, verwirrt oder in Hast – aber jeder normale Mensch besitzt dieses gemeinsame Wissen; Chomsky nennt es »Spachkompetenz«. Das heißt, wir können einen noch nie zuvor gehörten Satz hören, seinen Sinn erfassen und auch beurteilen, ob er grammatisch korrekt ist oder nicht.

Diejenigen, die ein Kind das Sprechen »lehren«, liefern ihm relativ spärliche sprachliche »Informationen« dieser Art, und doch entwickelt das Kind in kürzester Zeit beträchtliche linguistische Fähigkeiten. Hierbei wird ein weiterer Aspekt der Kreativität sichtbar: Wir können – theoretisch – eine unendliche Anzahl von Sätzen hervorbringen, die noch nie gesprochen wurden. Und wenn wir sprechen, dann in der Regel zusammenhängend und situationsgemäß. »Diese Kreativität«, bemerkt Chomsky, »zeigt sich in dem Reichtum, der Komplexität und der enormen Spannweite dessen, was man aussprechen kann. Also: Wir haben die Freiheit, zu sagen, was wir wollen; wir können sagen, was wir denken; und wir können denken, was wir wollen.«

Aus »The Chomskyan Revolution« von Daniel Yergin, *The New York Times Magazine,* **3.12.1972**

ROYAUMONT, FRANKREICH (1975)

Aus einer Debatte zwischen Chomsky und Jean Piaget während einer mehrtägigen Veranstaltung unter Beteiligung anderer Psychologen und Philosophen

Chomsky
Mein Ansatz scheint mir im allgemeinen ziemlich einfach und unkompliziert zu sein – und doch richtig. Ich will vielleicht mal die Tafel benutzen.
Natürlich muß sich niemand für diese Frage interessieren. Mich jedenfalls interessiert sie. Unter diesem Blickwinkel ist die interessante Frage: Wie sieht der Anfangszustand aus? Das heißt, wie ist in dieser Hinsicht die Natur des Menschen beschaffen?

Die Diskussion mit Piaget und anderen wurde zwar nicht gefilmt, aber glücklicherweise auf Video aufgenommen. Dies ist der organisatorischen Arbeit von Rhonda Hammer zu verdanken, die an der University of Windsor Kommunikationswissenschaft unterrichtet. Die insgesamt 24 Stunden umfassende Videoaufnahme wird an der Laval-Universität in Quebec aufbewahrt.

Wenn ich es richtig verstanden habe, geht Piaget davon aus, daß die kognitive Entwicklung eine Reihe von Stadien durchläuft, von denen jedes einzelne einen weitgehend einheitlichen Charakter besitzt. Auf jeder Stufe sind also die Prinzipien, die in einem bestimmten Bereich (etwa dem sprachlichen) herrschen, dieselben wie in einem anderen Bereich (etwa dem des Problemlösens). Es stellen sich nun zwei Fragen: 1) Trifft dies zu? 2) Wie gelangt ein Kind von einer Stufe zur nächsten? Was nun (1) angeht, so scheinen die wissenschaftlichen Beobachtungen diese Annahme zu widerlegen. Wenn wir die Grundlagen des Sprechens nehmen, so ist uns kein Analogon dazu in anderen kognitiven Bereichen bekannt; dennoch und trotz allem, was wir wissen, darauf zu bestehen, daß die Sprachentwicklung ein Spiegelbild der sensomotorischen Fähigkeiten darstelle, ist purer Dogmatismus (…) Im Hinblick auf (2) meine ich, die Genfer Schule steht – selbst wenn man eine Reihe von »kognitiven Stadien« für möglich hielte – vor dem selbstgestellten Dilemma, wie sich denn die Übergänge vollziehen. Ein Übergang ereignet sich entweder infolge neuer Informationen (was man bestreitet) oder aus einem inneren Reifeprozeß heraus (was man ebenfalls bestreitet). Eine andere Möglichkeit sieht aber auch niemand (…)
Was wir bis jetzt wissen, scheint mir darauf hinzudeuten, daß das Sprechen sich auf einem intern determinierten Pfad entwickelt und daß dabei interne Mechanismen des Sprachsystems ins Spiel kommen, welches also in dieser Hinsicht Analogien zu einem physischen Organ aufweist. Wie beim visuellen und bei anderen Systemen, so erfolgt auch hier die Entwicklung in Wechselwirkung mit der umgebenden Welt. Wir müssen uns das Detailwissen erarbeiten und die Grundregeln herausfinden und natürlich dies alles mit den physischen Gehirnmechanismen verknüpfen.
Aus einer schriftlichen Antwort auf Fragen von Dr. Celia Jacubowicz, abgedruckt in *Language and Politics* S. 384-385

Diese »Debatte« über Piaget ist irrelevant. Erstens ist sie nicht filmisch dokumentiert und zweitens war es überhaupt keine »Debatte«. Vielmehr hat Harvard University Press das so zusammengestückelt, sehr zum Ärger (und unter heftigstem Widerspruch) der Konferenzteilnehmer, auch von mir – nur um den Verkauf des Buches zu fördern. – NC
Gemeint ist hier das Buch *Language and Learning: The Debate Between Jean Piaget and Noam Chomsky*, Hrsg. Massimo Piatelli-Palmaroni (Harvard University Press 1979)

Jean Piaget (1896-1980), ein Schweizer Psychologe, wurde durch seine Beiträge zur Kinderpsychologie bekannt, vor allem durch seine Theorie der kognitiven und der Intelligenzentwicklung. Demnach läuft die Entwicklung in genetisch determinierten Schritten in immer derselben Reihenfolge ab. Wie Piaget gezeigt hat, denken Kinder anders als Erwachsene und sind häufig nicht in der Lage, logische Begründungen zu verstehen. Er schrieb auch über die Anwendung der Dialektik und des Strukturalismus auf die Verhaltensforschung und bemühte sich um eine Synthese von Physik, Biologie, Psychologie und Epistemologie. Unter seinen Büchern finden sich *Das Erwachen der Intelligenz beim Kinde* und *Die Entwicklung der physikalischen Mengenbegriffe beim Kinde*.
Quelle: *The Concise Columbia Encyclopedia*, 1983

AUF EINEM SCHULHOF
IN MONTREAL, KANADA

Mira Burt-Wintonick, die sechsjährige Tochter von Christine Burt und Peter Wintonick, liest ihrem Vater vor

Mira Burt-Wintonick
Hieraus nun erklärt sich ... die ...

Peter Wintonick
... erstaunliche ... Versuch mal das nächste Wort.

Mira Burt-Wintonick
f.e.r.t.i.g.k.ee.i.tee

Peter Wintonick
... Fertigkeit ...

AUS »THIRD EAR«

Jonathan Steinberg *(im Off)*
Hieraus nun erklärt sich die erstaunliche Fertigkeit, mit der Kinder die Regeln der natürlichen Sprache, so schwierig sie auch sein mögen, unglaublich schnell lernen, und zwar aufgrund von unvollkommenen und häufig sogar fehlerhaften Beispielen.

Mira Burt-Wintonick
... schwer ...

Peter Wintonick
... schwierig ...

Mira Burt-Wintonick
... schwierig ...

Peter Wintonick
Das ist ein schwieriges Wort. Du weißt doch, was »schwierig« heißt? Daß etwas schwierig ist.

Was weiß unser Geist, wenn er eine Sprache kennt, und wie kommt er an dieses Wissen? In Verfolgung dieser Frage entwickelte Chomsky ein Regelsystem zur Generierung grammatischer Sätze. Das hatten schon andere Linguisten getan, auch Zelig Harris, Chomskys Lehrer. Chomsky jedoch bediente sich der Mathematik und der formalen Logik; seine sogenannte generative Grammatik übertraf an Strenge und Spannweite alle Vorläufer.

Durch den Einsatz dieses Instrumentariums konnte Chomsky zeigen, daß die Sprache weit komplexer ist, als man bisher vermutet hatte – seiner Meinung nach zu komplex, um vollständig gelernt zu werden. Um beispielsweise den Satz »Der Mann ist hier« in einen Ja-Nein-Fragesatz zu verwandeln, setzt man einfach das Verb vor das Subjekt: »Ist der Mann hier?« Wie steht es aber mit dem etwas komplizierteren Satz »Der Mann, der groß ist und humpelt, ist hier«? Man könnte ja vermuten, daß ein Kind, welches gerade das einfachere Muster gelernt hat, nun das erste »ist« nach vorn ziehen und sagen würde: »Ist der Mann, der groß und humpelt, ist hier?« Chomsky zufolge machen aber Kinder niemals diesen Fehler, sondern verlegen stets das *Hauptverb*, nicht das erste Verb, an den Satzanfang.

Wie Chomsky betont, ist diese Regel ziemlich subtil und auch schwierig als linguistische Formel oder als Computerprogramm auszudrücken. Und doch können Kinder sie anwenden, ohne jemals explizit darüber unterrichtet worden zu sein.

John Horgan: »Free Radical: A Word (or Two) about Linguist Noam Chomsky«, *Scientific American Mai 1990*

In Chomskys jüngstem Modell (...) figuriert eine universelle Grammatik als eine Menge einfacher Prinzipien, aus deren Wechselwirkung miteinander und mit den Eigenschaften von Wörtern die gesamte Komplexität der Sprache entsteht. Der Theorie liegt auch ein noch mächtigeres Lexikon oder Wörterverzeichnis zugrunde. Nach Chomsky bestimmt der Eintrag eines Wortes im Lexikon nicht nur seinen Klang und seine syntaktische Rolle (Verb, Nomen, Präposition usw.), sondern auch gewisse Kernelemente seiner Bedeutung. So verlangt etwa das Wort »schlagen« die Angabe sowohl des Handelnden wie dessen, der die Handlung empfängt. Chomsky geht sogar so weit zu behaupten, das Kernwissen über die meisten Worte existiere vor aller Erfahrung. Er schreibt: »Der Begriff ›klettern‹ stellt nur einen Teil davon dar, wie wir eine uns zugängliche Erfahrung bereits interpretieren können, bevor wir diese Erfahrung real gemacht haben.«

Nach Chomsky besteht die allen Sprachen zugrundeliegende universelle Grammatik aus derartigen Prinzipien. Er vergleicht die Sprache mit einem kompliziert verdrahteten Schaltkasten – die Wurzelbegriffe (»root concepts«) und die grammatikalischen Grundregeln – wobei die Einstellung der Schalter durch die Erfahrung vorgenommen wird. Im Chinesischen nehmen sie bestimmte Stellungen ein, im Englischen eben andere. Aber die Grundlage dessen, wie Begriffe und Syntax ineinandergreifen, ist in beiden Fällen dieselbe.

Aus David Berrebys Rezension des Buches *The Linguistic Wars* **von Randy Allen Harris (Oxford University Press 1994) in** *The Sciences* **Jan/Feb 1994**

AUS »ENGLISH STREET«, KBS TV, KYOTO, JAPAN

Chomsky
Denn falls unser Geist wirklich eine leere Schiefertafel wäre, die nur von der Erfahrung beschrieben würde, dann wären wir allerdings arm dran. Also drängt sich die Hypothese auf, daß unsere Sprache das Ergebnis eines automatisch ablaufenden genetischen Programms ist. Gut, es gibt natürlich die verschiedenen Sprachen; aber die scheinbare Variationsbreite unter ihnen ist nur oberflächlich.
Wenn eines feststeht, dann doch dies: Die Menschen sind nicht genetisch für eine bestimmte Sprache vorprogrammiert. Lassen Sie ein japanisches Baby in Boston aufwachsen – es wird Bostoner Englisch sprechen. Wenn Sie mein Kind hier in Japan erziehen, spricht es Japanisch. Da ist es doch nur logisch, daß alle Sprachen im wesentlichen dieselbe Grundstruktur aufweisen müssen.

Die erste Kritik der Schwachstellen der behavioristischen Psychologie findet sich in Chomskys umfangreicher Besprechung von Skinners *Verbal Behavior in Language* **(Bd. 35 1959, S. 26-58). Diese wurde auch vielfach nachgedruckt, so etwa in** *The Structure of Language: Readings in the Philosophy of Language,* **Hrsg. J. A. Fodor und J. J. Katz (Prentice-Hall 1964) oder – mit einer lesenswerten Vorbemerkung aus Chomsky Feder – in** *Readings in the Psychology of Language,* **Hrsg. L. A. Jakobovits and M. S. Mirion (Prentice-Hall 1967). Diese Rezension sollte eine erhebliche Wirkung entfalten (für manche läutete sie dem Behaviorismus das Totenglöcklein).**
Carlos P. Otero in *Noam Chomsky: Critical Assessments* **(Routledge 1993).**

> Wir Wissenschaftler müssen versuchen herauszufinden, was genau diese Grundlagen sind, auf denen die Sprachbeherrschung sich unter bestimmten Bedingungen so entwickelt, wie es geschieht. Ich bin übrigens sicher, daß dies auch für andere Aspekte der menschlichen Intelligenz gilt, für Erkenntnis- und Interpretationsmechanismen, für die ethische und ästhetische Urteilsfähigkeit usw.

Falls die Menschen wirklich unbeschränkt formbare plastische Wesen sind, ohne innere geistige Strukturen und ohne angeborene kulturelle oder soziale Bedürfnisse, dann sind sie auch ein geeignetes Ziel für eine »Verhaltensformung« seitens staatlicher Autoritäten, Konzernmanagern, Technokraten oder Zentralkomitees. Alle, die sich noch einen Rest von Vertrauen in die Menschheit bewahrt haben, werden hoffen, daß dies nicht zutrifft; sie werden diejenigen dem Menschen innewohnenden Züge zu bestimmen suchen, die den Entwicklungsrahmen für die Intelligenz, das ethische Bewußtsein, die kulturelle Potenz und das Teilhaben an einer freien Gemeinschaft bieten (...) Ich denke, ein besseres Verständnis dieser Dinge können wir nur erreichen, wenn wir einen einschneidenden und radikalen Bruch mit einem Großteil unserer heutigen Sozial- und Verhaltenswissenschaften vollziehen (...)

Aus den Grundlagen der Skinnerschen »Wissenschaft« erfahren wir nichts darüber, wie sich eine Kultur aufbaut (wir erfahren dort ohnehin so gut wie nichts) – womit nicht gesagt sein soll, daß uns Skinner über seine Absichten völlig im Dunkeln ließe. Seiner Meinung nach muß nämlich »die Steuerung einer Gesamtbevölkerung an Spezialisten übertragen werden – also an Polizisten, Priester, Eigentümer, Lehrer, Therapeuten usw. nebst den entsprechenden Durchsetzungsinstrumenten und Gesetzestafeln.« (*Beyond Freedom and Dignity* S. 155).
(...) Nehmen wir die Redefreiheit. Gemäß Skinners Methode sollte zwar eine Beeinflussung des gesprochenen Wortes durch direkte Bestrafung vermieden werden, es darf aber ohne weiteres dadurch beeinflußt werden, daß man beispielsweise die guten Jobs für diejenigen reserviert, die genau das äußern, was die Kulturbestimmer für angebracht halten (...) Indem wir den Menschen genaue Regeln für das liefern, was sie sagen müssen, um durch Beförderung »verstärkt« zu werden, machen wir sogar »die Welt sicherer« und dienen so dem Ziel der behavioristischen Technik (*Beyond Freedom and Dignity* S. 74 u. 81).

Aus »Psychology and Ideology«, *Chomsky Reader* S. 154, einer erweiterten Fassung von Chomskys Besprechung von B. F. Skinners *Beyond Freedom and Dignity* (Alfred A. Knopf 1971), die ursprünglich in *The New York Review of Books* vom 30.12.71 erschien.

Denken wir noch einmal an das Menschenkind: In seinem Kopf beherbergt es irgendeinen Mechanismus, von dem abhängt, welche Art von Sprache es erlernen kann. Es macht einige Erfahrungen und kennt dann sehr rasch die Sprache, die sich mit den Erfahrungen verknüpft. Dies ist nun ein völlig normaler Vorgang, also ein Beweis normaler Intelligenz – und ist doch eine äußerst kreative Handlung.

Sollte einmal ein Marsbewohner diesen Prozeß verfolgen, in dem – aufbauend auf einer lächerlich geringen Datenmenge – dieses riesige, komplexe, ausgeklügelte Wissenssystem erworben wird, er müßte darin einen ungeheuren Erfindungs- und Schöpfungsakt erblicken. Ich bin sicher, er würde dieser Leistung denselben Rang zuweisen wie etwa dem Aufstellen eines Lehrsatzes der theoretischen Physik aufgrund der einem Physiker zugänglichen Daten. Da nun aber unser hypthetischer Marsbewohner feststellen würde, daß jedes normale Kind diesen schöpferischen Akt meistert, und alle auf dieselbe problemlose Weise, wohingegen unsere Genies Jahrhunderte benötigt haben, um den kreativen Schritt von der Beobachtung zur wissenschaftlichen Theorie zu tun – so würde dieser Marsmensch den rationalen Schluß ziehen, daß die Struktur des mit der Sprache erworbenen Wissens eine innere Eigenschaft des menschlichen Geistes sein muß, im Gegensatz zur Struktur der Physik, die im Denken des Menschen nicht so direkt angelegt ist. Unser Gehirn ist nicht so konstruiert, daß daraus beim Betrachten der Erscheinungen in der Welt um uns herum die theoretische Physik hervorquillt, die wir dann nur noch niederschreiben müssen. So ist unser Geist nicht gestaltet.

Aus *Reflexive Water: The Basic Concerns of Mankind*, Hrsg. Fons Elders (Souvenir Press 1974) S. 155

Colorless green ideas sleep furiously

AUS «THIRD EAR»

Jonathan Steinberg
Die Auswirkungen dieser Lehren sind wie eine Flutwelle über die Psychologie, die Erziehungswissenschaften, die Soziologie und Philosophie, über die Literaturkritik und die Logik hinweggefegt.

Chomsky
Und so ist aus einem einzigen linguistischen Beispiel, nämlich dem Satz »Colorless green ideas sleep furiously« fast eine Industrie hervorgegangen; er hat den Anstoß für Gedichte, Musik, Debatten usw. geliefert.

Howard Lesnik
Dies ist ein hochinteressanter Satz – zeigt er doch, daß sich Syntax und Semantik, daß sich Form und Bedeutung voneinander trennen lassen. »Colorless green ideas sleep furiously.« Scheinbar ohne Sinn und Zusammenhang, und hört sich doch an wie ein englischer Satz. Liest man ihn rückwärts – furiously sleep ideas green colorless – dann klingt es überhaupt nicht englisch.

Chomsky
Ja, und daran sehen wir, daß die Struktur eines Satzes nicht nur davon bestimmt wird, ob er eine Bedeutung hat oder nicht (…)

Howard Lesnik
Damit ein Satz, strukturell gesehen, ein englischer Satz ist, scheint es nicht besonders darauf anzukommen, was die Worte bedeuten oder ob sie zusammen einen Sinn ergeben, sondern nur darauf, daß ihre Anordnung den Regeln der Syntax gehorcht.

Aus *The Human Language*, einer Reihe von einstündigen Filmen über »The menschliche Sprache: Was sie ist und wie sie funktioniert«

Die Struktur eines Satzes wird nicht nur davon bestimmt, ob er eine Bedeutung hat oder nicht.

VERLAG »SERPENT'S TAIL« LONDON

Chomsky wird von Mitarbeitern der Zeitschrift Radical Philosophy *interviewt*

Jonathan Rée
In den fünfziger und sechziger Jahren bestand die Brücke von Ihrer theoretischen zu Ihrer politischen Arbeit wohl im Angriff auf den Behaviorismus. Aber der ist doch inzwischen out – jedenfalls sieht es so aus. Wo ist denn nun der Zusammenhang zwischen Linguistik und Politik bei Ihnen geblieben?

Chomsky
Hm, diesen Zusammenhang habe ich immer ... also um die Wahrheit zu sagen, ich hab' da eigentlich nie einen besonderen Zusammenhang gesehen.

NOS TV, NIEDERLANDE (1971)

Chomsky
Ich wäre auch sehr froh, wenn es mir gelänge, zwischen meinen eigenen anarchistischen Überzeugungen auf der einen Seite und andererseits dem, was ich – wie ich glaube – über das Wesen der menschlichen Intelligenz aufzeigen oder zumindest erahnen kann, intellektuell befriedigende Verbindungen zu entdecken. Aber ich schaffe es einfach nicht, überzeugende Querverbindungen zwischen diesen beiden Bereichen herauszufinden. Allenfalls lassen sich einige schwache Berührungspunkte finden.

David Barsamian
Sie werden bei Vorträgen und Interviews immer wieder gebeten, eine Brücke von Ihrer Linguistik zu Ihrer Politik zu schlagen. Ich werde Ihnen diese Frage jetzt nicht stellen. Mich interessiert eher, warum diese Frage jedesmal kommt.

Chomsky
Das ist eine interessante Frage. Es gibt wohl zwei Gründe dafür. Der eine beruht auf der Annahme, man könne nicht einfach nur ein Mensch sein wollen. Man kann sich nicht bloß deshalb bei einem Völkermord engagieren, weil man Völkermord ablehnt; es muß noch was anderes dahinterstecken. Und dann wird unterstellt, man könne über eine Sache nur reden, wenn man ein Experte dafür ist. So kommt es zu zahlreichen Rezensionen, gerade auch positiven, von linken Aktivisten, die ein Buch von mir mit den Worten kommentieren: Herrgott, was für eine phantastische Propagandaanalyse, wie er da mittels der Linguistik die Ideologie dekonstruiert, oder ähnlich. Ich weiß nicht mal, was »dekonstruieren« bedeutet, und anwenden kann ich dieses Wort erst recht nicht.
Chronicles of Dissent S. 269

Student
Professor Chomsky, was erwidern Sie Ihren Kritikern, die Ihre Sozialkritik in Frage stellen, weil Sie ja ein Linguist sind?

Chomsky
Sie sollten nicht darauf achten, ob ich etwas als Linguist sage oder in einer anderen Eigenschaft. Sie sollten sich fragen, ob es sinnvoll ist. Sie könnten mich ebensogut als Linguisten anzweifeln, weil ich kein ausgebildeter Linguist sei – was sogar stimmt. Ich habe keine professionelle Ausbildung in der Linguistik; ich habe nicht die üblichen Vorlesungen besucht. Deshalb lehre ich ja am MIT; an einer normalen Universität wäre ich nie angekommen. Das ist gar nicht so witzig. Ich habe keine ordentliche Fachausbildung genossen. Dem MIT war das egal; dort kam es nur darauf an, ob ich recht oder unrecht hatte. Denn das ist eine naturwissenschaftliche Hochschule. Was auf dem Diplom steht, interessiert die Leute dort nicht. Ich habe wirklich eine sehr ungewöhnliche Laufbahn hinter mir. Ich habe keine offiziellen Examina durchlaufen. Und doch sind meine Arbeiten überall verbreitet.
Es ist schon eine merkwürdige Frage. Als ob es einen Beruf »Gesellschaftskritiker« gäbe, und um einer sein zu dürfen, müsse man erst die entsprechenden Vorbedingungen erfüllen.
Aus einer öffentlichen Diskussion im Anschluß an eine Podiumsdiskussion an der Universität von Wyoming

Michel Foucault
Kreativität ist nur innerhalb eines Regelsystems möglich. Ich habe nun ein Problem – und da stimme ich mit Chomsky nicht ganz überein – wenn er diese Beschränkungen irgendwo im Geist oder in der Natur des Menschen verortet. Ich frage mich, ob sich dieses einschränkende Regelsystem, das eine Wissenschaft erst ermöglicht, nicht vielmehr außerhalb des menschlichen Geistes finden ließe, in gesellschaftlichen Strukturen, in Produktionsbedingungen, im Klassenkampf usw.

Chomsky
Wenn es, wie ich glaube, zutrifft, daß der Drang nach schöpferischem Arbeiten oder schöpferischem Forschen, überhaupt nach schöpferischer Freiheit ohne die einschränkende Willkür institutioneller Zwänge, ein grundlegendes Element der menschlichen Natur ist, dann folgt daraus selbstverständlich, daß eine anständige Gesellschaft diesem menschlichen Grundzug ein Maximum an Betätigungsmöglichkeiten eröffnen müßte. Unter dem Anarchosyndikalismus verstehe ich ein föderiertes, dezentrales System freier Assoziationen einschließlich ökonomischer und gesellschaftlicher Institutionen. Und ein derartiges System ist meiner Meinung nach die richtige Organisationsform für eine technisch fortgeschrittene Gesellschaft, in der die Menschen nicht in die Rolle von Werkzeugen oder von Rädchen im Getriebe gepreßt werden müssen.

Ich glaube, in der gegenwärtigen Epoche bietet unser technisches Niveau uns enorme Möglichkeiten zur Abschaffung repressiver Institutionen (...) Man hört oft die Meinung, aufgrund des technischen Fortschritts müßten wir die Herrschaft über die Institutionen zwangsläufig einer kleinen Managergruppe übertragen. Das ist völliger Blödsinn. Die Automatisierung kann zu allererst mal die Menschen von einem Berg stupider Arbeit entlasten und ihnen so die Freiheit für anderes verschaffen. Computer ermöglichen einen extrem schnellen Informationsfluß. Alle könnten über weitaus mehr relevante Informationen als bisher verfügen. Demokratische Entscheidungen könnten unmittelbar von allen Betroffenen herbeigeführt werden (...) Natürlich wird diese Technik in Wirklichkeit nicht hierfür eingesetzt, sondern für destruktive Ziele.
Aus einem Interview mit der *New Left Review*, **abgedruckt in** *Language and Politics*, S. 147.

Der französische Philosoph Michel Foucault (1926-1984) erforschte mit einem »genealogischen« und »archäologischen« Ansatz die Geschichte der Sexualität sowie die Institutionen Gefängnis, Irrenanstalt und Krankenhaus. In den im Zuge der »Aufklärung« entstandenen neuen Wissenschaften und Institutionen erblickte er den Wissensaspekt der Macht und in der modernen Gefängnisaufsicht vermittels des »Panopticon« die gleiche Technik, mit welcher der moderne Staat die gesamte Gesellschaft beherrscht. Im Gegensatz zum monarchischen Staat, der seine Untertanen mit brutaler Gewalt kontrolliert, bedarf seiner Meinung nach der noch relativ junge »demokratische« Staat eines sublimierten, verinnerlichten Zwangs, um diese Aufgabe zu erfüllen.
James McGillivray

Siehe auch *Reflexive Water: The Basic Concerns of Mankind*, Hrsg. Fons Elders (Souvenir Press 1974) S. 193-194

Chomsky

(...) Es besteht keine gesellschaftliche Notwendigkeit mehr dazu, Menschen im Produktionsprozeß als mechanische Glieder zu behandeln. Dieser Zustand kann und muß überwunden werden, durch eine Gesellschaft der Freiheit und des freien Zusammenschlusses, und dort wird der Schöpferdrang, der meiner Meinung nach in der menschlichen Natur angelegt ist, sich auf vielfache Weise verwirklichen können (...)

Fan Elders (Moderator)

Herr Foucault, wenn Sie diese Worte von Herrn Chomsky hören, glauben Sie dann, man könne unsere Gesellschaft überhaupt als demokratisch bezeichnen?

Michel Foucault

Nein, ich glaube nicht im geringsten, daß man unsere Gesellschaft als demokratisch ansehen kann *(lacht)*. Wenn man unter Demokratie die tatsächliche Ausübung der Macht durch eine Bevölkerung versteht, die weder in sich gespalten noch hierarchisch in Klassen gegliedert ist, dann sind wir klarerweise noch weit von der Demokratie entfernt. Es ist doch überdeutlich, wir leben unter einer Klassendiktatur, also in der Macht einer Klasse, die sich unter Einsatz von Gewalt durchsetzt, mögen sich diese Gewaltinstrumente auch in Verfassungen und Institutionen verkörpern. Insoweit kann von einer Demokratie bei uns keine Rede sein (...) Zugegeben, ich kann nicht definieren - und schon garnicht konkretisieren - wie ein ideales Funktionsmodell unserer wissenschaftlich-technischen Gesellschaft aussehen soll (...) In einer Gesellschaft wie der unsrigen sehe ich die eigentliche politische Aufgabe darin, das Wirken von Institutionen zu kritisieren, die nur scheinbar neutral und unabhängig sind – sie derart zu kritisieren und anzugreifen, daß die politische Gewalt, die sich in ihnen seit jeher im Verborgenen betätigt hat, ihre Tarnkappe einbüßt. Und dann kann man sie bekämpfen.

Diese Kritik und dieser Kampf sind für mich von zentraler Bedeutung, und dafür gibt es mehrere Gründe. Zunächst deswegen, weil die politische Macht viel weiter reicht als man allgemein vermutet. Es gibt Zentren, aber es gibt auch unsichtbare, kaum bekannte Stützpunkte; und wirkliche Ausdauer und Härte beweist sie vielleicht gerade dort, wo man es nicht erwartet hätte. Vielleicht genügt es nicht, einfach festzustellen, daß hinter der Regierung oder dem Staatsapparat eine herrschende Klasse steht; man muß vielmehr die Ansatzpunkte, die Orte und Formen der Herrschaftsausübung identifizieren. Diese Herrschaft ist nicht einfach nur der politische Ausdruck der ökonomischen Ausbeutung – sie ist das Instrument und weitgehend auch die Vorbedingung dafür. Das eine läßt sich nur beseitigen, indem das andere vollständig aufgedeckt wird. Wenn man diese Stützpunkte der Klassenmacht nicht erkennt, dann läuft man Gefahr, sie fortdauern zu lassen, und dann kann es uns passieren, daß sich diese Klassenmacht auch nach einem scheinbar revolutionären Vorgang von neuem etabliert.

Chomsky

Ja, da stimme ich sofort zu, nicht nur in der Theorie, sondern auch in der Praxis. Es gibt also zwei intellektuelle Aufgaben. Die eine, über die ich gerade sprach, liegt darin, die Vision einer kommenden gerechten Gesellschaft zu erschaffen, eine – wenn Sie wollen – humanistische Gesellschaftstheorie, die möglichst in einem tragfähigen und humanistischen Begriff vom Wesen oder von der Natur des Menschen gründet. Das ist also die eine Aufgabe.

Die andere besteht darin, ganz klar den Charakter von Macht, Unterdrückung, Terror und Zerstörung in unserer eigenen Gesellschaft verstehen zu lernen. Das schließt natürlich auch die von Ihnen erwähnten Institutionen ein und ebenso die zentralen Institutionen jeder Industriegesellschaft, also die Wirtschafts-, Handels- und Finanzinstitutionen und seit neuestem vor allem die großen multinationalen Konzerne, denen wir übrigens in diesem Moment gerade sehr nahe sind [gemeint ist der Philips-Konzern in Eindhoven].

Dies sind im Grunde die Institutionen der Unterdrückung, des Zwangs und der autokratischen Herrschaft, und sie sind nicht neutral, ganz gleich was sie sagen. Gut, wir leben in einer Demokratie des Marktes; das muß man aber im Licht ihrer autokratischen Macht sehen, und dazu gehört auch die spezielle Form der autokratischen Kontrolle, die in einer egalitären Gesellschaft aus der Herrschaft über die Kräfte des Marktes resultiert.

Genau diese Fakten müssen wir also verstehen – mehr noch, wir müssen sie bekämpfen. Ja, ich glaube, unser politisches Engagement, in das wir den Hauptteil unserer Energie investieren, muß in jedem Fall auf diesem Feld liegen. Ich möchte hier garnicht persönlich werden, aber meine eigenen Aktivitäten liegen jedenfalls dort, und das gilt wohl auch für alle anderen.

Und doch wäre es jammerschade, wenn wir darüber eine etwas abstraktere philosophische Aufgabe beiseiteschieben würden, nämlich einen Zusammenhang zwischen einem Menschenbild der Freiheit, Würde und Kreativität und anderen menschlichen Grundzügen herzustellen sowie diesen mit dem Modell einer Gesellschaftsstruktur in Beziehung zu setzen, in der diese Grundzüge sich entfalten und in der die Menschen ein sinnerfülltes Leben führen können.

Und wenn wir dann wirklich an eine soziale Transformation oder Umwälzung denken, dann wäre es natürlich absurd, wenn wir das Ziel, das wir anstreben, im einzelnen darstellen wollten; aber über die Richtung, die wir einschlagen, sollten wir doch einiges wissen, und das erfahren wir vielleicht aus einer solchen Theorie.

Foucault
Ja, aber lauert hier nicht eine Gefahr? Sie sagen doch, es gibt eine bestimmte Natur des Menschen, und dieser werden von der heutigen Gesellschaftsordnung das Recht und die Möglichkeit verweigert, sich zu entfalten (...) Das sagten Sie doch wohl.

Chomsky
Ja.

Foucault
Doch wenn man so vorgeht, riskiert man dann nicht, diese Natur des Menschen – die gleichzeitig ideal und real ist und die bislang unterdrückt und verborgen war – nur unter Rückgriff auf unsere Gesellschaftsordnung, auf unsere Zivilisation, auf unsere Kultur zu definieren? (...) Wie die Natur des Menschen beschaffen ist, kann man nur schwer sagen. Besteht hier nicht die Gefahr, in die Irre geführt zu werden? (...)

Chomsky
(...) Sicherlich ist unser Menschenbild begrenzt, ist zum Teil gesellschaftlich bedingt, ist durch unsere charakterlichen Schwächen und durch die Schranken unserer Geisteskultur beeinträchtigt. Und doch ist es von entscheidender Bedeutung, zu wissen, welche unerreichbaren Ziele wir dadurch verfolgen, daß wir einige der erreichbaren anstreben. Wir müssen also die Kühnheit besitzen, zu spekulieren und Gesellschaftstheorien auf bruchstückhaftes Wissen zu bauen und gleichzeitig für die Möglichkeit, ja die erdrückende Wahrscheinlichkeit offen zu sein, in mancher Hinsicht weit daneben zu liegen (...)

Foucault
(...) Ich will hier mal etwas den Nietzscheaner spielen. Ich denke also, schon die Idee der Gerechtigkeit ist in Wirklichkeit eine erfundene und wurde in den verschiedenen Gesellschaftsformen als Instrument einer bestimmten politischen und ökonomischen Macht eingesetzt, oder auch als Waffe gegen diese Macht. Aber ich meine jedenfalls, der Begriff der Gerechtigkeit an sich dient in einer Klassengesellschaft der unterdrückten Klasse als Anspruch und als Begründung für eben diese.

Chomsky
Da bin ich anderer Meinung.

Foucault
Und ich bin auch nicht sicher, ob wir uns in einer klassenlosen Gesellschaft noch dieses Gerechtigkeitsbegriffs bedienen würden.

Chomsky
Hier möchte ich nun wirklich widersprechen. Meiner Meinung nach gibt es so etwas wie ein absolutes Fundament – also wenn Sie jetzt zu sehr nachbohren würden, käme ich in Schwierigkeiten, denn beschreiben kann ich es nicht – das im letzten aus grundlegenden Eigenschaften des Menschen besteht, und hierin gründet auch der »wahre« Gerechtigkeitsbegriff. Ich halte es für voreilig, all unsere Rechtssysteme als bloße Systeme der Klassenunterdrückung zu charakterisieren. Zwar glaube auch ich, daß sie Klassenunterdrückungssysteme und andere Unterdrückungselemente enthalten; aber ihnen wohnt auch ein tastendes Suchen nach wahrhaft menschlichen, wertvollen Vorstellungen von Gerechtigkeit, Anstand, Liebe, Freundschaft und Sympathie inne, und diese halte ich für real (...)

Foucault
Hab' ich Zeit für eine Antwort?

Elders
Ja.

Foucault
Wieviel? Denn ...

Elders
Zwei Minuten [*Foucault lacht*]

Foucault
Also ich muß sagen, das ist jetzt ungerecht [*allgemeines Gelächter*].

Chomsky
Absolut richtig.

Foucault
Nein, in dieser kurzen Zeit will ich nicht anworten. Ich möchte nur sagen, über dieses Problem der menschlichen Natur – auf die Theorie reduziert – liegen wir nicht im Streit.
Vielmehr entstanden die Meinungsverschiedenheiten bei der Diskussion der Probleme von Menschenbild und Politik. Auch wenn Sie anderer Meinung sind, niemand kann mich daran hindern, zu glauben, daß all diese Begriffe von menschlicher Natur, von Gerechtigkeit, von der innersten Selbstverwirklichung der Menschen – daß sie alle im Rahmen unserer Zivilisation aufgestellt wurden, nach der Art unseres Wissens und unserer Philosophie, und daß sie demzufolge einen Bestandteil unseres Klassensystems darstellen. Und so bedauerlich das auch sein mag: Man kann nicht mit diesen Begriffen einen Kampf beschreiben oder rechtfertigen, der im Prinzip die Fundamente unserer Gesellschaft umstürzen muß. Für diese Extrapolation kann ich einfach keine historische Rechtfertigung sehen. Genau das ist der Punkt.

Chomsky
Ganz klar.

Reflexive Water: The Basic Concerns of Mankind, Hrsg. Fons Elders (Souvenir Press 1974) S. 170-187

AUS »THIRD EAR«

Jonathan Steinberg
Seit den sechziger Jahren vertritt Noam Chomsky eine ausgeprägt rationalistische und libertäre Richtung des Sozialismus. Wo immer er den Mißbrauch der Macht entdeckt, kritisiert er ihn. Seine Kritik, durch die er sich äußerst unbeliebt gemacht hat, richtete sich ebenso gegen die amerikanische Politik, gegen die Unterwürfigkeit der Intellektuellen und gegen die Fehlentwicklungen im Zionismus wie gegen die Verzerrungen in den Medien und die Selbsttäuschungen in den herrschenden Ideologien.

AUS »MIT PROGRESSIONS« (1969)

Chomsky spricht auf den Stufen des MIT in Cambridge (USA) zu einer Gruppe von Studenten, unter ihnen Michael Albert, der Herausgeber des Z Magazine

Chomsky
Unter den liberal-progressiven Regierungen der sechziger Jahre war es der Club der akademischen Intelligenz, der den Krieg in Vietnam und andere, allerdings kleinere Aktionen plante und in die Tat umsetzte. Diese spezielle Gemeinschaft sollten wir gerade hier im MIT ins Auge fassen. Denn euch allen steht es natürlich frei, dieser Gemeinschaft beizutreten – ja, ihr werdet geradezu dazu gedrängt und eingeladen. Es existiert ein starker Anreiz, euch dieser Gemeinschaft aus technischer Intelligenz, Waffenkonstrukteuren, Aufstandsbekämpfungs-Experten und anderen praktischen Planern des amerikanischen Weltreichs anzuschließen. Die Verführung ist wirklich sehr stark.

Mir fällt ein Buch ein von Norman Podhoretz, einem rechtsstehenden Publizisten. Darin beschuldigt er uns Akademiker innerhalb der Friedensbewegung der Undankbarkeit, weil wir gegen die Regierung arbeiten, obwohl wir doch ihre Geldmittel annehmen. Hierin spiegelt sich ein äußerst aufschlußreiches Bild vom Staat, praktisch ein faschistisches Staatsverständnis. Der Staat ist euer Herr und Meister, heißt es, und wenn der Staat etwas für euch tut, dann müßt ihr auch nett zu ihm ein. Dieses Prinzip liegt dem zugrunde. Der Staat bestimmt also über dich, du bist sein Sklave; und sollte er mal nett zu dir sein und dir etwas zukommen lassen, dann mußt du aber auch nett zu ihm sein, andernfalls bist du undankbar. Man muß festhalten, daß dies die genaue Gegenposition zur Theorie der Demokratie ist, derzufolge wir die Herren sind und der Staat unser Diener ist. Nicht der Staat ist es, der uns etwas zukommenläßt, sondern das Volk; der Staat ist nur ein Instrument. Aber dieses eigentliche Demokratieverständnis ist so weit von unseren Vorstellungen entfernt, daß wir häufig dazu neigen, auf solche faschistischen Ideen hereinzufallen (…)
Aus einem Interview mit David Barsamian, *Language and Politics* **S. 747**

Eine andere Frage ist, wie ich das MIT ertragen kann. Manche behaupten, jeder Radikale solle sich von repressiven Institutionen fernhalten – eine Logik, die ich noch nie verstanden habe. Nach dieser Logik hätte Karl Marx seine Studien nicht im Britischen Museum betreiben dürfen, in diesem Symbol des bösartigsten Imperialismus auf der Welt; dort, wo alle Schätze aufgehäuft lagen, die das Weltreich seinen Kolonien entrissen hatte. Ich meine, Karl Marx tat völlig recht daran, dort zu arbeiten. Es war richtig, daß er die Hilfsmittel, überhaupt die liberalen Werte derselben Zivilisation, die er zu überwinden trachtete, gegen diese nutzte. Und das gilt auch in diesem Fall, denke ich.
Reflexive Water: The Basic Concerns of Mankind, S. 195

BÜRO IM MIT, CAMBRIDGE, MASSACHUSETTS, USA

Chomsky
Jamie, das hier ist mit der Post gekommen.

(zu einem wartenden Studenten)
Komme sofort.

(betritt das Büro, bemerkt, daß das Filmteam, die Scheinwerfer usw. immer noch da sind)
Mein Gott, die sind ja immer noch mit ihren Kameras ...

David Barsamian
(Chef einer unabhängigen Radiostation)
OK? Dann wollen wir anfangen. In Ihrem Essay Language and Freedom schreiben Sie: »Jede gesellschaftliche Handlung muß von einer Vision der zukünftigen Gesellschaft beflügelt werden.« Ich habe mich gefragt: Welche Vision der zukünftigen Gesellschaft beflügelt denn Sie?

Chomsky
Nun, ich habe meine eigenen Vorstellungen davon, wie eine Gesellschaft der Zukunft aussehen sollte; ich habe das auch veröffentlicht. Ganz allgemein gesprochen denke ich, wir sollten nach Erscheinungsformen der Herrschaft und der Autorität suchen und dann deren Legitimität hinterfragen. Sicher, manchmal sind sie legitim, etwa wenn es ums Überleben geht. Ich will zum Beispiel nicht sagen, daß die Herrschaftsformen, die hier während des zweiten Weltkriegs ... also wir hatten doch im Grunde ein totalitäres System, und unter Kriegsbedingungen hielt ich das schon zu einem gewissen Grade für gerechtfertigt. Es gibt auch einige andere Arten [von Zwängen]. Zum Bei-

Hierdurch würde ein Angriff auf die Grundstruktur des Staatskapitalismus geführt. Ich denke, das geht in Ordnung. Das wird nicht mehr lange auf sich warten lassen.

spiel die Beziehungen zwischen Eltern und Kindern – die erfordern auch einen gewissen Druck, der sich zuweilen rechtfertigen läßt.

Aber jede Art von Zwang und Kontrolle bedarf eben der Rechtfertigung. Und die meisten sind überhaupt nicht zu rechtfertigen. In der Geschichte der menschlichen Zivilisation ist es zu manchen Zeiten möglich gewesen, einige Zwänge in Frage zu stellen, andere wiederum nicht. Die letzteren sind vielleicht zu tief verwurzelt, oder man wird sie gar nicht gewahr, usw. Also versucht man, wenn es dazu kommt, diejenigen Autoritäts- und Herrschaftsformen zu identifizieren, die verändert werden können, die keine Legitimation besitzen, die häufig sogar den fundamentalen Menschenrechten entgegenstehen oder jedenfalls dem, was man darunter und unter den Grundsätzen der menschlichen Natur verstehen möchte. Schön. Und was ist z.B. heutzutage das Wichtigste? Einiges wird ja schon angegangen – etwa von der feministischen Bewegung. Anderes von der Bürgerrechtsbewegung. Aber eine ganz wichtige Sache nimmt niemand ernsthaft ins Visier, und die bildet gerade den Kern des Herrschaftssystems: Das ist die private Verfügungsgewalt über die Ressourcen. Hierdurch würde ein Angriff auf die Grundstruktur des Staatskapitalismus geführt. Ich denke, das geht in Ordnung. Das wird nicht mehr lange auf sich warten lassen.
Fortsetzung dieses Interviews rechts

Ausgehend von dem, was wir heute erblicken, wünsche ich mir für die Zukunft eine Gesellschaft, in der sich dieser Prozeß fortsetzt, in der es immer mehr Freiheit und Gerechtigkeit gibt, immer weniger Fremdbestimmung und immer mehr Mitwirkung aller.

Die Revolutionen des 18. Jahrhunderts sind noch nicht vollendet. Schon die Texte des klassischen Liberalismus sprechen von der Lohnsklaverei, davon, daß die Menschen nur unter Zwang arbeiten dürfen anstatt aus eigenem Antrieb und daß sie den Arbeitsprozeß nicht bestimmen können. Hier liegt der Kern des klassischen Liberalismus. Aber das ist alles vergessen; es muß wieder zum Leben erweckt werden. Das ist ganz realistisch. Hierdurch würde ein Angriff auf die Grundstruktur des Staatskapitalismus geführt. Ich denke, das geht in Ordnung. Das wird nicht mehr lange auf sich warten lassen. Wir müssen nicht einmal besonders neuartige Ideen dazu entwickeln. Viele Gedanken wurden schon im 18. Jahrhundert geäußert, selbst in den klassischen liberalen Werken und später dann zumindest in den libertären Flügeln der sozialistischen und der anarchistischen Bewegung. Hier geht es um äußerst aktuelle Fragen, und denen sollten wir uns stellen. Unter diesem Blickwinkel sieht die Vision der künftigen Gesellschaft so aus, daß wir über die Produktion, die Investitionsentscheidungen usw. bestimmen. Wir: Das meint die Wohngemeinden, die Betriebe, die Personalräte der Betriebe, der Hochschulen oder der sonstigen Organisationen – föderative Strukturen, die die Dinge innerhalb eines weiteren Rahmens integrieren. Diese Vorstellungen sind sämtlich umsetzbar, vor allem in einer industriell fortgeschrittenen Gesellschaft. Die kulturelle Basis dafür ist noch sehr begrenzt, aber sie kann geschaffen werden. Dieses Bild zeigt allerdings nur einen Teil der Zukunftsgesellschaft; auch andere Hierarchie- und Autoritätsformen müssen abgeschafft werden. Bisher gab es entweder den Staatskapitalismus, wie wir ihn ja gut kennen, oder den Staatsbürokratismus à la Sowjetunion mit einer bürokratisch-militärischen Managerelite, die ganz totalitär von oben herab die Wirtschaft kontrolliert. Dieses System bricht nun zum Glück gerade zusammen. Unser eigenes System wird derzeit von innen heraus nicht infragegestellt; dies müßte aber geschehen. Ein Bild der zukünftigen Gesellschaft, die daraus entsteht, läßt sich immer zeichnen.

AUS »JOURNALISM« (1940)

Sprecher
Das Alphabet hat nur 26 Buchstaben. Doch mit diesen 26 magischen Symbolen werden Tag für Tag Millionen von Wörtern geschrieben.

AUS »DEMOCRACY'S DIARY« (1948)

Sprecher
Nirgendwo sonst sind die Menschen so abhängig vom gedruckten Wort, um an Informationen zu gelangen. Nichts bleibt dem amerikanischen Zeitungsleser lange verborgen. Zwar kommt unser tägliches Morgenblatt unauffällig daher; aber bis es auf der Türschwelle liegt, wie es überhaupt dort hinkommt – dahinter verbirgt sich eine der wichtigsten Seiten des Journalismus.

GEORGETOWN UNIVERSITY, USA

Chomsky
Zur Rolle der Medien in der Demokratie gibt es eine Lehrmeinung. Sie hatte z. B. der Oberste Bundesrichter Powell im Sinn, als er feststellte, die Medien seien unverzichtbar dafür, daß die Medien die Politik wirksam kontrollieren kann. Damit kommt zum Ausdruck, daß in einer Demokratie freier Zugang zu Informationen, Medien und Gedanken herrschen muß – das gilt für das gesamte Geistesleben.

AUS »DEMOCRACY'S DIARY« (1948)

Eine gesunde Demokratie ist darauf angewiesen, daß keine einzige Phase der Regierungstätigkeit dem scharfen Auge der Presse entgeht. Unsere Reporter werden auf Sachen angesetzt, die von schicksalhafter Bedeutung für manchmal alle Länder sind. Im Ersten Verfassungszusatz heißt es, daß der Kongreß

»Journalism« wurde als Teil der Serie »Your Life Work« von Vocational Guidance Films Inc. hergestellt. Die *American Archives of the Factual Film* haben hunderte solcher Filme gesammelt

»Democracy's Diary« entstand im Auftrag der *New York Times*. Im Innenbereich der *New York Times* wurden bisher nur ganz wenige Filme gedreht, denn man trifft dort bei der Zulassung von Filmteams anscheinend eine besonders strenge Auswahl. Bei öffentlichen Führungen sind Kameras verboten. Wir konnten unseren Zuschauern einige seltene Einblicke in die Festung *New York Times* verschaffen. Wie wir dort Zutritt erhielten, steht auf S. 85

kein Gesetz verabschieden darf, das die Freiheit der Presse beeinträchtigen würde. Und der Oberste Amtsinhaber öffnet persönlich die Türen des Weißen Hauses für die Journalisten.

UNIVERSITY OF WYOMING, LARAMIE

Chomsky

Man sollte aber nicht vergessen, daß es auch die gegenteilige Meinung gibt. Diese gegenteilige Meinung ist sogar in unserer Kultur weit verbreitet und tief verwurzelt. Sie führt auf die Ursprünge der modernen Demokratie zurück, nämlich zur Englischen Revolution im 17. Jahrhundert, die – wie fast alle Revolutionen – eine komplizierte Sache war. Es gab einen Machtkampf zwischen dem Parlament, das vor allem den Landadel und die Kaufmannschaft vertrat, und den Royalisten, hinter denen andere Teile der Eliten standen. Und dieser Kampf wurde ausgefochten. Aber wie es in vielen Revolutionen so geht, an denen das Volk beteiligt ist, gab es auch hier viel Unruhe im Volk, die sich gegen alle derartigen Gruppen richtete. Manche Volksbewegungen stellten alles in Frage – das Verhältnis zwischen Herren und Knechten, überhaupt das Recht auf Herrschaft, alles mögliche. Viele radikale Ideen wurden veröffentlicht, es gab ja seit kurzem die Druckerpresse. Dies nun war für die Eliten beider Parteien beunruhigend. Ein zeitgenössischer Historiker hat sich 1660 dazu geäußert. Er kritisierte die radikalen Demokraten, die das forderten, was wir als Demokratie bezeichnen würden, weil sie die Menschen so neugierig und so arrogant gemacht hätten, daß diese nie mehr die Demut zeigen würden, sich unter ein bürgerliches Regiment zu beugen.

In seiner Verurteilung der Radikaldemokraten, die während der Englischen Revolution im 17. Jahrhundert damit gedroht hatten, »in der Welt das unterste zuoberst zu kehren«, beklagt sich im Jahre 1661 der Historiker Clement Walker:

Sie haben alle Mysterien und Geheimnisse der Regierung (...) vor die Plebs hingeworfen (wie Perlen vor die Säue), und haben die Soldaten und das Volk gelehrt, genau hineinzuschauen und jegliche Regierungsmacht auf die Grundsätze der Natur zurückzuführen. Dadurch haben sie die Menschen so neugierig und so arrogant gemacht, daß diese nie mehr die Demut zeigen werden, sich unter ein bürgerliches Regiment zu beugen.

Necessary Illusions S. 131-132.
Siehe auch »**The Bewildered Herd and its Shepherds**« in *Deterring Democracy* S. 357

In Zuge der Englischen Revolution [des 17. Jahrhunderts] kam es zu Diskussionen und Kämpfen über einige politische Grundsatzfragen. Dies führte dazu, daß diejenigen, die das Feudalsystem niedergehalten hatte, nun die offene Bühne betraten (...)
Wenn wir über mehr als drei Jahrhunderte hinweg auf die Vorgänge jener Zeit zurückschauen, stellen wir mit Erstaunen – und mit tiefer Befriedigung – fest, daß viele der grundlegenden Fragen, über die wir heute noch debattieren, schon damals von einer Gruppe von Männern und Frauen aufgeworfen und streitbar vertreten wurden, die sich Levellers nannten. Ihnen gelang die strukturierte Formulierung von Verfassungsprinzipien, auf die sich später die französischen und amerikanischen Revolutionäre berufen sollten (...) Noch beachtlicher waren die Diggers, oder »Wahren« Levellers, die in klaren Umrissen einen demokratischen Sozialismus entwarfen, eingeschlossen die Forderung nach gemeinschaftlichem Eigentum an Grund und Boden, nach Gleichberechtigung der Frau, nach einem dem Volk verantwortlichen Parlament und nach öffentlicher Versorgung im Gesundheits- und im Schulwesen.
Aus *Britain's First Socialists: The Levellers, Agitators and Diggers of the English Revolution* von Fenner Brockway (Quartet Books 1980) S. ix-x

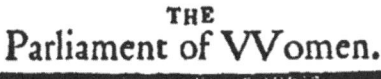

Die Levellers forderten Demokratie nicht nur für die Gesellschaft, sie wandten sie auch auf ihre eigene Organisation an – abermals ungewöhnlich im fernen 17. Jahrhundert, einer Zeit, da das tägliche Leben autoritär und bürokratisch geprägt war (…) Erstaunlich war das Tempo, das jeder Bereich der Partei bei seiner Tätigkeit vorlegte. Da wurden Petitionen im Untergrund gedruckt, dann 10.000 Unterschriften innerhalb von zwei Tagen gesammelt und am dritten Tag im Parlament vorgelegt; da wurden laufend Streitschriften der Anführer aus den Gefängnissen geschmuggelt, heimlich gedruckt und weitgestreut verteilt (…); da mobilisierte man zu aktuellen Anlässen binnen weniger Stunden gewaltige Demonstrationszüge (…)

Die Diggers vertraten ihre sozialistischen Prinzipien nicht nur, sie setzten sie auch in die Tat um (…) Nach jeder Landbesetzung wurden egalitäre Gemeinschaften gebildet; jeder arbeitete, alles wurde geteilt. Tapfer trotzten sie den Überfällen durch Gangster, die die Grundbesitzer gedungen hatten, weil diese erbost darüber waren, daß das Gemeindeland, das sie für ihre Viehzucht an sich gerissen hatten, für alle dasein sollte (…) Am Ende unterlagen sie dem Staat und den Gerichten.
Britain's First Socialists **S. 145-151**

Die Radikaldemokraten der Englischen Revolution des 17. Jahrhunderts vertraten die Ansicht: »Die Welt wird niemals gut sein, solange unsere Gesetze von Rittern und Edelleuten gemacht werden, die ihren Rang allein der Furcht verdanken; die uns nur unterdrücken, aber die Sorgen des Volkes nicht kennen. Es wird erst dann gut um uns stehen, wenn wir ein Parlament von Landleuten wie wir haben, die unsere Bedürfnisse kennen.« Doch das Parlament und die Prediger hatten eine ganz andere Vision: »Wenn wir vom Volke sprechen, dann meinen wir nicht die verwirrte und sittenlose Volksmasse.« Nach der entscheidenden Niederlage der Demokraten stellte sich, wie eine Flugschrift der Levellers es ausdrückte, nur noch die Frage, »wessen Sklaven die Armen sein werden«, die des Königs oder die des Parlaments.
Necessary Illusions **S. 23; Zitate aus** *The World Turned Upside Down* **von Christopher Hill (Penguin 1984) S. 60, 71**

GEORGETOWN UNIVERSITY, WASHINGTON

Chomsky
Nun liegt dieser weitverbreiteten Doktrin ein ganz bestimmter Demokratiebegriff zugrunde. Demokratie ist ein Spiel für die Eliten, aber nicht für die ignorante Masse; die muß man marginalisieren, ablenken und unter Kontrolle halten – selbstverständlich zu ihrem eigenen Besten.
Dieselben Grundsätze galten auch in den nordamerikanischen Kolonien.
Das Diktum der Gründerväter der amerikanischen Demokratie lautete, in den Worten John Jays: »Das Volk, dem das Land gehört, sollte es auch regieren.«
Ich denke, heutzutage ist bei den Eliten die gegenteilige Auffassung vom geistigen Leben, von den Medien usw. die herrschende Norm; alles andere sind rhetorische Phrasen.

STUDENTENRADIO »AMERICAN FOCUS«, WASHINGTON

Elizabeth Sikorovsky
Hier ist Washington, und dies ist der Intellektuelle, Buchautor und Linguist Noam Chomsky. Was will denn dieser Buchtitel besagen: *Manufacturing Consent?*

Chomsky
Also der Titel ist einem Buch von Walter Lippmann entlehnt, das er so um 1921 geschrieben hat. Er beschreibt dort etwas, das er die »Fabrikation eines Konsenses« nennt, und erblickt darin eine »Revolution der demokratischen Praxis«. Es läuft auf eine Steuerungstechnik hinaus. Seiner Meinung nach ist dies auch nützlich und notwendig, weil näm-

Niemand wird wohl bestreiten können, daß die Konsensproduktion ziemlich weit entwickelt werden kann. Wie die Öffentliche Meinung eigentlich entsteht – dieser Vorgang ist sicherlich noch komplexer, als es hier erscheinen mag, und die manipulativen Möglichkeiten, die jedem, der die Sache einmal verstanden hat, offenstehen, liegen auf der Hand.
Das Herbeiführen von Konsens ist keineswegs eine junge Kunst. Sie ist schon sehr alt und galt eigentlich mit dem Aufkommen der Demokratie als ausgestorben. Sie ist aber nicht ausgestorben. Sie ist vielmehr technisch sehr verbessert worden, stützt sie sich doch heute auf Analysen statt auf Faustregeln. Und so hat die psychologische Forschung, im Verein mit der modernen Kommunikationstechnik, der Demokratie eine neue Wendung gegeben. Hier findet eine Revolution statt, die viel bedeutsamer ist als jede ökonomische Machtverschiebung.
Die Generation, die heute an den Schalthebeln sitzt, hat es erlebt, daß aus der Überredung eine bewußte Kunst und ein anerkanntes Organ der Volksregierung geworden ist. Auch wenn niemand von uns auch nur im geringsten die Konsequenzen daraus abschätzen kann, so kann man wohl ohne Risiko prophezeien, daß das Wissen, wie man Konsens schafft, jede politische Überlegung verändern und jede politische Prämisse beeinflussen wird (...) Es zeigt sich, daß dann, wenn es um die Welt außerhalb unserer direkten Einflußmöglichkeit geht, wir uns nicht auf Intuition, Gewissen oder zufällig gerade vorzufindende Meinungen verlassen können.
Public Opinion von Walter Lippmann (Free Press 1965; erstmals erschienen 1922) S. 158

Ich denke, die Lehren, die wir daraus ziehen sollten, sind einigermaßen klar geworden. Da es an den Institutionen und an der Bildung fehlt, durch die uns die Welt um uns herum so gut vermittelt werden könnte, daß die Wirklichkeit der Gesellschaft sich überdeutlich gegen die ichbezogenen Meinungen abzeichnen würde, entgeht das Gemeinwohl der Öffentlichen Meinung fast vollständig; es kann infolgedessen nur einer Klasse von Spezialisten anvertraut werden, deren persönliche Interessen über den Tellerrand hinausreichen. Diese Klasse ist bar jeder Verantwortung, denn sie handelt auf der Grundlage von Informationen, über die die Allgemeinheit nicht verfügt, und in Situationen, deren sich diese garnicht bewußt wird, und sie ist nur für die erzielten Ergebnisse rechenschaftspflichtig.
Public Opinion S. 195

Walter Lippmann (1889-1974) war politischer Philosoph und Journalist. Seine Schriften begleiten fast 6 Jahrzehnte lang ununterbrochen und scharfsichtig das öffentliche Leben in den USA. Ein solches Maß an Gelehrsamkeit, wie er es in die Diskussion und Analyse der gesellschaftlichen und politischen Probleme einbrachte, hatte es bis dahin im amerikanischen Journalismus noch nicht gegeben. Während seines gesamten Berufslebens bewahrte er sich seine unabhängige und kritische Haltung zu den Vorgängen im In- und Ausland, wobei er, obwohl kompromißlos den Grundsätzen der Demokratie verpflichtet, doch ein feines Gespür für die pragmatischen Grenzen realer politischer Situationen besaß. Er war zweifellos einer der tiefgründigsten und kultiviertesten Zeitungsleute, die es je gab (...)
In den zwanziger Jahren kreiste Lippmanns Denken um das Verhältnis von Wissen und

lich »das Gemeinwohl« – also die Dinge, die alle betreffen – von der Allgemeinheit »nicht begriffen« werden können. Die Allgemeinheit kann eben nicht mit ihnen umgehen. Sie müssen daher einer, wie er es nannte, »Klasse von Spezialisten« vorbehalten bleiben.

Meinen in der Massengesellschaft. Als einer der ersten Gesellschaftswissenschaftler erkannte er die zunehmende Kluft zwischen den Stereotypen, mit denen die Menschen ihre politische Umgebung wahrnehmen, und den komplexen Realitäten der modernen Gesellschaft. Die Nachrichtenmedien – so Lippmann – reißen diese Kluft noch weiter auf, indem sie lieber vorgefilterte, vereinfachte und überzeichnete politische Episoden verbreiten, als die Fakten und Querverbindungen zu erklären, die hinter diesen Ereignissen stehen. Lippmann entwickelte Zweifel, ob man dem Bürger überhaupt in ausreichendem Maße die objektiven Kenntnisse vermitteln könne, deren es für eine Selbstregierung im Sinne Jeffersons bedarf. Lippmann schlug ein systematisches Zusammenwirken zwischen Beamten, politischen Entscheidungsträgern und Detailexperten vor. Die Aufgabe der Bürger bestünde darin, die Entscheidungsprozesse dieser gutinformierten Herrscher zu überwachen. In seinen Büchern *Liberty and the News*, *Public Opinion* und *The Phantom Public* demonstriert Lippmann seinen Pessimismus bezüglich der Vereinbarkeit der Demokratie mit den sozialen Bedingungen der modernen Gesellschaft. In *An Enquiry into the Principles of the Good Society* stellt er das Prinzip des von Eigeninteressen freien Staatsmanns vor, als Heilmittel gegen die Auswüchse der Mehrheitsherrschaft und als Gegengift zu den Gefahren des Elitarismus.
Alan Waters in *Thinkers of the Twentieth Century* (St. James Press 1987)

DAS INGENIEURMÄSSIGE VORGEHEN

Hierunter soll einfach nur verstanden werden, daß man an die Aufgabe, die Menschen zur Unterstützung von Ideen und Plänen zu bewegen, wie ein Ingenieur herangeht – indem man sich nämlich ausschließlich auf eine gründliche Kenntnis der Situation und auf die Anwendung wissenschaftlicher Grundsätze und bewährter Verfahren verläßt. Jeder Einzelne, jede Organisation ist im Grunde auf Zustimmung durch die Allgemeinheit angewiesen, sieht sich also vor das Problem gestellt, diese Zustimmung zu einem Plan oder Ziel systematisch aufzubauen (...) Der systematische Aufbau von Konsens ist das Herzstück des demokratischen Prozesses – die Freiheit, Vorschläge überzeugend präsentieren zu können. Die Rede-, Presse-, Petitions- und Versammlungsfreiheit, also die Freiheiten, die den Konsensaufbau ermöglichen, gehören zu den wertvollsten Verfassungsrechten der Vereinigten Staaten (...)

Man kann heute die Bedeutung des systematischen Konsensaufbaus gar nicht hoch genug veranschlagen, betrifft er doch praktisch jeden Lebensbereich. Für gesellschaftliche Belange eingesetzt, zählt er zu den wertvollsten Mitteln, um das effiziente Funktionieren der modernen Gesellschaft sicherzustellen (...) Jeder verantwortungsbewußte politische Führer, der seine gesellschaftlichen Ziele erreichen will, muß daher unablässig die Möglichkeit subversiver Gegenaktionen im Auge behalten. Er muß seine Kraft dafür einsetzen, das operationelle Knowhow des Konsensaufbaus zu erlangen, um im Interesse aller seine Gegner auszumanövrieren.
Aus »The Engineering of Consent« von Edward Bernays, in *Annals of the American Academy of Political and Social Science*, März 1947, S. 114-115. Siehe auch *Necessary Illusions* S. 16-17

GEORGETOWN UNIVERSITY, WASHINGTON

Chomsky
Beachten Sie bitte, daß dies dem üblichen Demokratieverständnis diametral entgegensteht. Eine Version verdanken wir dem hoch angesehenen Ethiker und Theologen Reinhold Niebuhr, der großen Einfluß auf die maßgebenden Politiker seiner Zeit ausübte.
In seinen Augen »liegt die Rationalität bei den kühlen Beobachtern«, während der »beschränkte Durchschnittsmensch« nicht der Vernunft folgt, sondern dem Glauben. Dieser naive Glauben wiederum verlangt nach »notwendigen Illusionen und gefühlsbetont übertriebenen Vereinfachungen«; der Mythenschöpfer liefert sie und hält damit den gemeinen Mann bei der Stange.

Bei gesellschaftlichen Auseinandersetzungen benötigt jede Seite Kampfmoral. Kampfmoral aber erwächst aus den richtigen Dogmen und Symbolen sowie aus emotional aufreizenden Vereinfachungen.
Diese sind mindestens so wichtig wie wissenschaftliche Genauigkeit. Eine Arbeiterklasse, die sich restlos auf die »experimentellen Methoden« unserer heutigen Lehrer verließe, könnte sich niemals die Freiheit von den herrschenden Klassen erkämpfen. Ihr Glaube an die gerechte Sache und den absehbaren Sieg muß stärker sein, als eine wertfreie Wissenschaft ihr zugestehen würde – nur so kann sie der Macht der Starken energisch genug die Stirn bieten.
Reinhold Niebuhr, *Moral Man and Immoral Society: A Study in Ethics and Politics* (Charles Scribner's Sons 1960; zuerst 1932 erschienen) S. xv-xvi

Reinhold Niebuhr hielt Vorlesungen über Theologie. Sein Verdienst um eine gesunde Weltkirche lag vor allem darin, daß er die Theologiestudenten auf ihre gesellschaftliche Verantwortung vorbereitete. Vier Jahrzehnte lang lehrte er Christliche Sozialphilosophie am Union Theological Seminary in New York (…) Er bestand zwar unverändert auf der traditionellen Trennung von Staat und Kirche in den USA, erwartete jedoch von seinen Studenten, daß sie sich im Rahmen ihres kirchlichen oder weltlichen Berufs aktiv dafür engagieren würden, an soziale Probleme mit dem christlichen Blick für den Menschen und seine Geschichte heranzugehen (…)
Nach dem Zweiten Weltkrieg waren seine Gedanken zu internationalen Fragen, vor allem zur Außenpolitik der USA, unter den Menschen, die über Außenpolitik nachdachten, weit verbreitet. George Kennan bemerkte dazu in einer Betrachtung der sogenannten »realistischen« Richtung in der Außenpolitik: »Er war unser aller Vater.« Er kritisierte die Allmachts- und Unschuldsphantasien der USA und drängte darauf, daß die USA stattdessen ihre Macht in der Nachkriegswelt verantwortungsbewußt gebrauchen sollten.
Ronald Stone in *Thinkers of the Twentieth Century* (a. a. O.)

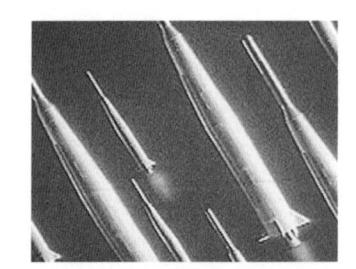

AMERICAN UNIVERSITY, WASHINGTON

Chomsky
Es wäre naiv anzunehmen, Indoktrinierung vertrage sich nicht mit Demokratie. Sie ist vielmehr – nach Meinung dieser ganzen Denkschule – ein Wesenszug der Demokratie.
Die Sache ist doch so: In einem Militärstaat, einem Feudalstaat oder einem, wie wir das heute nennen, totalitären Staat kommt es nicht darauf an, was die Leute denken. Man kann ihnen eins mit dem Knüppel über den Kopf geben, man hat ihr gesamtes Tun unter Kontrolle.
Wenn aber ein Staat über keine Knüppel mehr verfügt, wenn man das Handeln der Menschen nicht mehr gewaltsam beeinflussen kann und wenn ihre Stimme vernehmbar ist, dann hat man ein Problem. Unter diesen Umständen können sie so neugierig und so arrogant werden, daß sie nicht mehr so demütig sind, sich unter eine bürgerliche Herrschaft zu beugen – also muß die Kontrolle sich auf das Denken der Menschen erstrecken.
Den Ausweg, der hierzu gewöhnlich eingeschlagen wird, pflegte man in ehrlicheren Zeiten Propaganda zu nennen. Fabrikation eines Konsenses. Schaffung notwendiger Illusionen. Es ist immer dasselbe – entweder man marginalisiert die Allgemeinheit, oder man versetzt sie auf die eine oder andere Weise in Apathie.

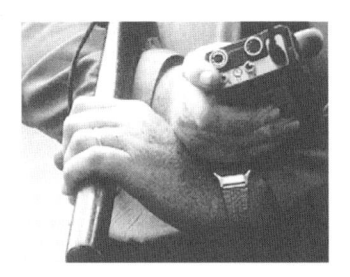

KYOTO-PREIS FÜR GRUNDLAGENWISSENSCHAFT, JAPAN (1988)

Prestige und Volumen ($ 350.000) des Kyoto-Preises sind mit dem Nobelpreis verglichen worden. Die Inamori-Stiftung vergibt nur drei derartige Preise. Chomsky wurde für seine Leistungen in der Grundlagenwissenschaft geehrt.

Japanischer Übersetzer *(kommentiert die Diaschau zur Preisverleihung)*
Avram Noam Chomsky wurde 1928 als Ältester von 2 Brüdern in Philadelphia, USA, geboren. Als jüdisches Kind bekam er den Antisemitismus seiner Zeit zu spüren. Beide Eltern lehrten Hebräisch; ihn selbst faszinierte die Literatur schon in jungen Jahren, er las amerikanische und englische Literatur sowie Übersetzungen französischer und russischer Klassiker. Besonders interessierte ihn ein Buch seines Vaters über die Grammatik des mittelalterlichen Hebräisch. Wenn er sich an seine Kindheit erinnert, sieht er sich auf dem Sofa zusammengerollt und im Lesen versunken, neben sich bis zu 12 Bücher aus der Leihbibliothek. Seine Frau heißt Carol; sie haben 3 Kinder.

NOS TV (1971)

Chomsky
Ich möchte meiner Frau und meinen Kindern ungern einen Lebensstil aufzwingen, den sie sich selbst nicht ausgesucht haben, nämlich im Licht der Öffentlichkeit und des Medieninteresses zu stehen. Wirklich, ich will sie davor bewahren. Der zweite, eher grundsätzliche Punkt liegt darin, daß ich ein Gegner dieses Hochstilisierens von Menschen in der Öffentlichkeit bin, die dann geradezu wie Stars behandelt werden und deren rein persönliche Züge mit Bedeutungen befrachtet werden.

Der Antisemitismus ist ein anderer geworden – jedenfalls seit meiner Jugend. In dem Viertel von Philadelphia, wo ich aufwuchs, waren wir praktisch die einzige jüdische Familie (...) in einem irisch und deutsch geprägten, überwiegend katholischen Milieu. Dort war der Antisemitismus äußerst real. Wenn ich einkaufen gehen wollte, konnte ich nur bestimmte Wege nehmen, wenn ich nicht verprügelt werden wollte. Das war in den späten dreißiger Jahren, und die Leute in dem Viertel waren ganz offen für die Nazis. Ich kann mich an Bierparties erinnern, als Paris gefallen war – solche Sachen. Es war zwar nicht mit dem Leben unter Hitler vergleichbar, aber doch unangenehm genug. In dem Viertel, in dem ich aufwuchs, herrschte ein wirklich militanter Antisemitismus – auch später noch. Auch in Harvard war der Antisemitismus noch spürbar, als ich Anfang der 50er Jahre dort hinkam. Damals gab es dort nur ganz wenige jüdische Professoren. Sie tauchten hier und da auf, waren aber noch sehr dünn gesät. Die Eliteeinrichtungen erlebten noch die Nachwehen einer langen Periode des weiß-angelsächsisch-protestantischen Antisemitismus.

All dies hat sich in den letzten dreißig Jahren radikal verändert. Zweifellos gibt es immer noch Antisemitismus, aber wohl mehr so wie andere Vorurteile auch. Ich glaube nicht, daß er stärker ausgeprägt ist als etwa die Ablehnung von Italienern oder Iren. Das aber bedeutete einen Umschwung binnen einer Generation, wie ich ihn eben selbst erlebt habe und wie er quer durch die Gesellschaft sichtbar geworden ist.

Aus »**Israel, the Holocaust, and Anti-Semitism**« in *Chronicles of Dissent* S. 96

James Peck
Sie haben mal irgendwo gesagt: »Es spricht manches dafür, daß wir über das, was einige ›den vollwertigen Menschen‹ nennen, durch die Literatur aller Zeiten ein tieferes Verständnis gewinnen, als wissenschaftlicher Forschergeist sich jemals erhoffen konnte.«

Chomsky
Richtig, und ich glaube auch daran. Ich gehe sogar noch weiter: Es ist so gut wie sicher. Nur: Wenn ich zum Beispiel das Wesen Chinas und seiner Revolution verstehen will, dann muß ich gegenüber literarischen Darstellungen vorsichtig sein. Sehen Sie, als Kind habe ich zum Beispiel *Rickshaw Boy* gelesen, und das hat mich natürlich beeinflußt, wirklich ungeheuer beeindruckt. Es liegt schon so weit zurück, daß ich mich an nichts mehr erinnern kann – nur an die Wirkung. Zweifellos haben sich bei mir – wie bei jedem Menschen – durch das viele Lesen die Einstellungen verändert und der Blick geschärft; da gab es die hebräische Literatur, die russische Literatur usw. Aber letzten Endes muß man die Welt doch im Licht anderer Quellen sehen – solcher, die man beurteilen kann. Die Literatur kann meine Phantasie anregen und mein Verständnis vertiefen, aber die Fakten, aus denen ich meine Schlußfolgerungen ziehen und erhärten kann, kann sie nicht liefern.

Aus einem Interview in *The Chomsky Reader* S. 3-4, das noch weitere aufschlußreiche Hintergrundgedanken Chomskys enthält.

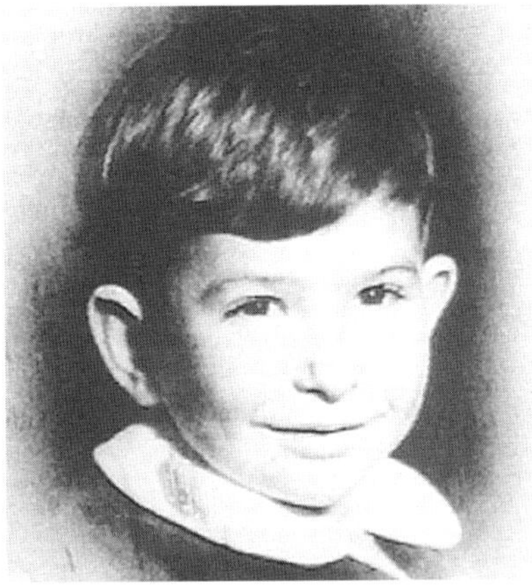

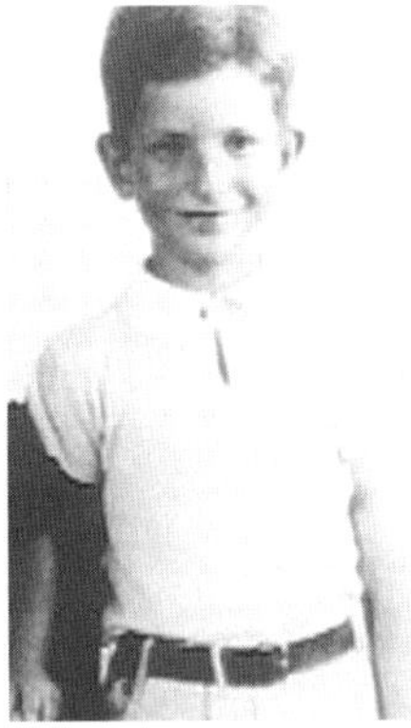

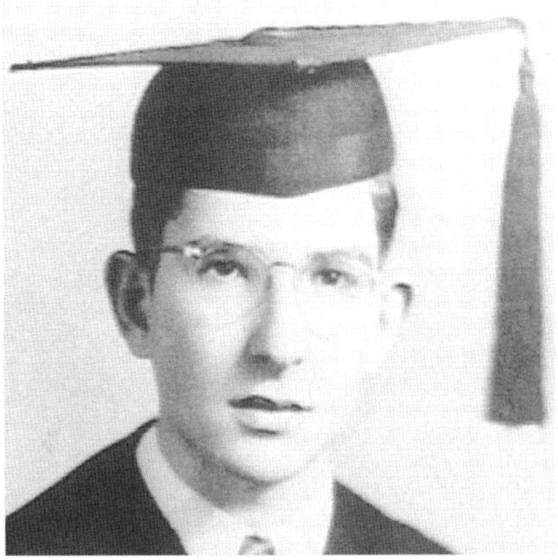

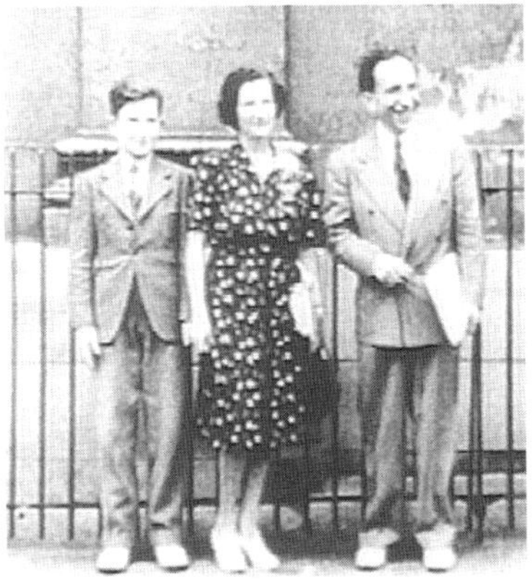

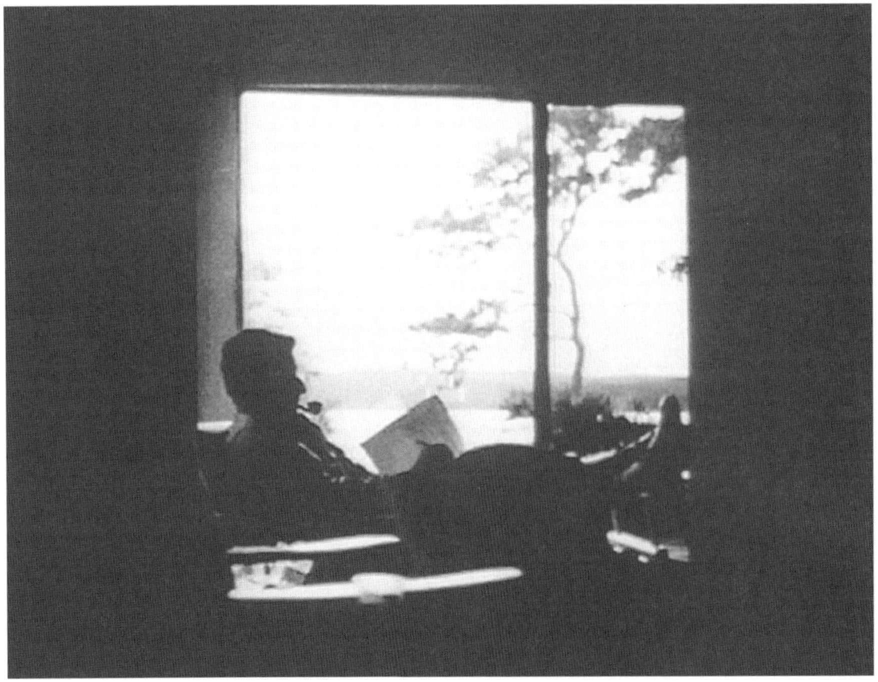

EMPFANGSRAUM IN LARAMIE

Tontechnikerin
Empfangsraum die erste.

Junge Frau
Sie haben gesagt, Sie wären genauso wie wir. Sie sind zur Schule gegangen, haben einen guten Abschluß gemacht und … Wie kam es dann dazu, daß Sie, na ja, daß Sie kritisch wurden und Unterschiede bemerkten – wie kam es zu diesem Wandel?

Chomsky
Nun, jeder unterliegt ja in seinem Leben allen möglichen ganz persönlichen Faktoren. Vor allem wuchs ich während der Weltwirtschaftskrise auf, das dürfen Sie nicht vergessen.

ROWE CONFERENCE CENTER, ROWE, MASSACHUSETTS, USA

Chomsky
Es war nun so, daß meine Eltern beide noch Arbeit hatten, was ziemlich ungewöhnlich war. Sie lehrten Hebräisch an der Schule und konnten zur unteren Mittelklasse gerechnet werden. Bei ihnen drehte sich alles um ihr Judentum. Ums Hebräische, um die damalige Lage in Palästina und so weiter. In diesem Milieu bin ich aufgewachsen. Das heißt also, ich lernte Hebräisch, ich ging auf eine hebräische Schule, wurde Hebräischlehrer, ging auf ein hebräisches College; ich hatte Jugendgruppen, leitete hebräische Ferienlager, alles was es so gab. Ich gehörte zu dem Zweig der zionistischen Bewegung, der voll für einen binationalen Sozialismus, die jüdisch-arabische Zusammenarbeit und andere schöne Ziele eintrat.

Ich kann mich erinnern – da kamen Leute an die Tür, die verkauften Lumpen. Ich sah die Verzweiflung dieser Menschen, ihre Erniedrigung. Als Kind habe ich Hitler im Radio gehört. Er zielte genau auf diese Underdogs ab.
In Philadelphia mußte ich einmal mit ansehen, wie die Polizei streikende Textilarbeiterinnen vor der Fabrik zusammenschlug. Ich sehe es noch vor mir, wie sich diese Frauen ihre Kleider vom Leibe reißen in der Hoffnung, die Polizisten würden Scham empfinden und von ihnen ablassen. Sie haben aber weitergeprügelt.
Also über Underdogs wußte ich sehr früh Bescheid.
Aus »Conversations« von Marian Christy im *Boston Globe* **31.05.89**

Am Straßenrand stehen Männer mit Schildern »Biete Arbeit gegen Essen«. Das erinnert mich an die dunkelsten Tage der großen Depression, und doch gibt es einen wichtigen Unterschied zu damals: Obwohl die jetzige Rezession lange nicht so schlimm ist, scheint die Hoffnungslosigkeit viel tiefer zu sein. Zum erstenmal in der Geschichte der Industriegesellschaft ist das Gefühl verbreitet, daß keine Besserung zu erwarten ist und daß es keinen Ausweg gibt.
Year 501: The Conquest Continues S. 281

Chomsky veranstaltete im Rowe Conference Center mit ca. 60 Personen ein dreitägiges Frage-und-Antwort-Seminar. Diese ausgreifende Diskussion wurde von Wintonick und Achbar festgehalten; die 7 Bänder umfassende Aufnahme ist bei *Alternative Radio* erhältlich. Zu den Reaktionen einer Teilnehmerin siehe S. 223.

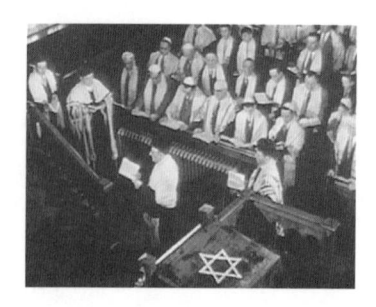

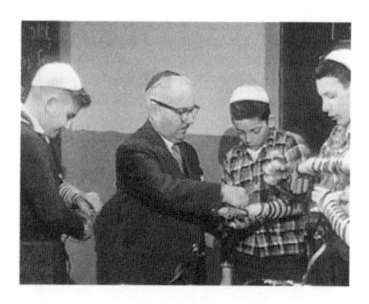

BÜRO IM MIT

David Barsamian
Was haben Ihre Eltern denn dazu gesagt, als Sie sich in einen Zug gesetzt haben und nach New York gefahren sind, um sich dort in den anarchistischen Buchläden der Vierten Avenue herumzudrücken und sich mit Ihren Verwandten aus der Arbeiterklasse zu unterhalten?

Chomsky
Die hatten nichts dagegen. Ich kann mich natürlich in meinen Kindheitserinnerungen täuschen, aber – die Familie strebte ja auseinander. Wie in so vielen jüdischen Familien gingen die Interessen auch hier in ganz verschiedene Richtungen. Da gab es die Ultra-Orthodoxen. Dann gab es Intellektuelle, sehr radikal, assimiliert und an der Arbeiterklasse orientiert. Und zu diesen fühlte ich mich natürlich hingezogen. Es war eine höchst lebendige intellektuelle Kultur. Vor allem war es eine Kultur der Arbeiterklasse mit deren Wertvorstellungen. Solidarität, Sozialismus, solche Dinge. Es herrschte, wenn auch unbestimmt, das Gefühl vor, es würde schon irgendwann besser werden.
Was ich damit meine, ist: Wir lebten in einer Struktur, waren von Institutionen umgeben, wußten zu kämpfen, uns zu organisieren, Dinge zu bewirken – alles irgendwie Hoffnungszeichen.

UNIVERSITY OF WYOMING, LARAMIE

Chomsky
Und dann hatte ich das Glück, auf eine Versuchsschule zu gehen, so eine vom Dewey-Typ, die wirklich gut war. Sie wurde von der Universität betrieben. So etwas wie Konkurrenz gab's da gar nicht, sowas wie gute oder schlechte Schüler. Also ich meine das ganz wörtlich – der ganze Begriff »Guter Schüler« blieb mir fremd, bis ich auf die High School – in meinem Fall die akademische High School – kam und plötzlich entdeckte, daß ich ein guter Schüler war. Ich hab' die High School gehaßt, weil ich da alles tun mußte, was eben dort nötig war, um aufs College zu kommen. Aber vorher war es eigentlich ein freies, recht offenes System. Na ja, es gab noch 'ne Menge anderer Sachen – aber vielleicht war ich auch nur zu kritisch.

Wenn ich mich zu erinnern suche, was ich damals erlebt habe, so ist da nur ein dunkler Fleck. Aber so ist es wohl immer mit der Schulzeit. Da wird reglementiert und befohlen, teils sogar regelrecht indoktriniert, und im Ergebnis entstehen falsche Überzeugungen. Aber für noch schlimmer halte ich die Art und Weise, wie unabhängiges, kreatives Denken unterdrückt und blockiert wird, wie man für Hierarchie und Konkurrenz sorgt, wie man Höchstleistungen fordert – d. h. man soll nicht so gut sein, wie man kann, sondern man soll besser sein als der andere. Natürlich sind nicht alle Schulen gleich, aber durchweg sieht es wohl so aus. Notwendig ist das alles nicht, denn die Schule, die ich besuchte, war beispielsweise überhaupt nicht so.

Meiner Meinung nach könnte man die Schule ganz anders aufziehen. Wichtig wäre das schon, nur fürchte ich, eine auf autoritäre hierarchische Institutionen gegründete Gesellschaft würde wohl kaum längere Zeit ein derartiges Schulsystem tolerieren.
Aus einem Interview mit James Peck in *The Chomsky Reader* **S. 6**

Das Erziehungsziel (...) kann doch nicht darin liegen, die Entwicklung des Kindes auf ein vorbestimmtes Ziel hin zu steuern. Ein solches Ziel müßte ja willkürlich und autoritär festgelegt werden. Erziehung müßte sich vielmehr vornehmen, dem sich entfaltenden Lebensprinzip seinen eigenen Weg zu öffnen; sie müßte diesen Prozeß durch Empathie, Ermunterung und Herausforderung fördern, und sie müßte eine vielseitige Umgebung dafür schaffen.

Mit dieser humanistischen Erziehungsauffassung sind natürlich einige Annahmen über die innere Natur des Menschen verbunden, vor allem über die zentrale Rolle des kreativen Antriebs. Sollten diese Annahmen, obwohl angemessen umgesetzt, sich als unzutreffend erweisen, dann wären diese speziellen Schlußfolgerungen zur pädagogischen Theorie und Praxis eben nicht bewiesen. Sollten sie aber richtig sein, dann müssen wir einen großen Teil unserer modernen Bildungspraxis in Frage stellen.
Aus »Toward a Humanistic Conception of Education« in: Walter Feinberg u. Henry Rosemont (Hrsg.), *Work Technology and Education: Dissenting Essays in the Intellectual Foundations of American Education* **(University of Illinois Press 1975)**

John Dewey: Philosoph, der mit seinen pädagogischen Schriften im 19. und frühen 20. Jahrhundert Neuland betrat. Er begründete den philosophischen Pragmatismus. Seine Ideen beeinflußten das Erziehungswesen weltweit und sind auch heute noch wirksam, vor allem im Grundschulbereich. Seine Theorien legte er in seinen Werken *School and Society* (1889), *The Child and the Curriculum* (1902) und *Democracy and Education* (1916; dt. Demokratie und Erziehung) dar.
Quelle: *Encyclopedia Britannica* 1990

A. NOAM CHOMSKY
Der unsterbliche 110. Jahrgang hätte keinen besseren Schüler als »Chum« hervorbringen können. Auf allen Wissensgebieten stand er in unserer Schule in vorderster Reihe. Viele der Jüngeren werden bezeugen können, welch ausgezeichneter Tutor er war. Als Tutorenpräsident konnte er seine organisatorischen Fähigkeiten unter Beweis stellen. Darüber hinaus war er auch in vielen Clubs aktiv. Seine gefällige Art hat ihn bei allen, die mit ihm zu tun hatten, beliebt gemacht. Wir gehen gewiß nicht fehl, wenn wir »Chum« eine brillante Forscherkarriere in der Chemie prophezeien.
The Odyssey, Oak Lane Country Day School 1945

AUS »THIRD EAR«

Jonathan Steinberg
Mich als Historiker hat Ihre lange Besprechung des Buches *Spanish Civil War* von Gabriel Jackson fasziniert. Das ist wirklich ein respektables Stück Geschichtswissenschaft; da steckt ein Haufen Arbeit drin, ich kann das beurteilen. Wann finden Sie eigentlich die ...

Chomsky
Sie wollen wissen, wann ich diesen Artikel geschrieben habe?

Jonathan Steinberg
Ja, wann war das?

Chomsky
Den habe ich Anfang der vierziger Jahre geschrieben, da war ich so etwa zwölf. Meinen allerersten Artikel schrieb ich für die Schülerzeitung, nachdem Barcelona gefallen war. Ich beklagte darin den Aufstieg des Faschismus im Jahre 1939.

Was mein frühes Interesse am Spanischen Bürgerkrieg angeht, so muß da wohl irgendwas durcheinandergeraten sein. Ich soll also in einem BBC-Interview gesagt haben, ich hätte die Grundlagen dafür bereits in der Schülerzeitung gelegt. Habe ich das wirklich so gesagt? Falls ja, würde es nicht stimmen; aber vielleicht ist ja auch im Zuge des Interviews etwas verwechselt worden. Soweit ich mich erinnern kann, war es so, daß ich nach dem Fall von Barcelona in der Klassenzeitung einen Artikel schrieb, der heute wohl nur mit dem allergrößten Glück wieder aufzutreiben sein dürfte. Das war also Anfang 1939. Etwa ab 1941 fuhr ich regelmäßig nach New York (mit der Bahn natürlich) und trieb mich in den Antiquariaten auf der Vierten Avenue herum oder im Büro der Anarchistenzeitschrift »Freie Arbeiterstimme«, unter anderem. Dort stieß ich auf Veröffentlichungen über alle möglichen Themen, so auch über die Anarchisten im spanischen Bürgerkrieg. Aber davon kann nichts in dem Schülerartikel von 1939 zu finden sein; der behandelte die drohende Ausbreitung des Faschismus, wofür der Fall von Barcelona nur das jüngste Beispiel darstellte. Zwar haben mich linkslibertäre Ideen schon damals fasziniert, aber mehr erfuhr ich über den Anarchismus in Spanien erst Anfang der vierziger Jahre aus den entsprechenden Berichten.
Chomsky in einem Brief vom 10.09.91 an Mark Achbar

Gemeint ist die Besprechung »Objectivity and Liberal Scholarship« im *Chomsky Reader* S. 83-120 (aus *American Power and the New Mandarins*)

Zu den sehr aufschlußreichen Vorurteilen, denen die offizielle Geschichtsschreibung über den Spanischen Bürgerkrieg unterliegt, vgl. auch »Objectivity and Liberal Scholarship« im *Chomsky Reader* S. 83-120 (aus *American Power and the New Mandarins*)

Chomsky schreibt: »*Grand Camouflage* von Burnett Bolloten war ein wichtiges Werk, unverzichtbar für jeden, der sich mit dem Spanischen Bürgerkrieg beschäftigt. Seine neueste Arbeit, *The Spanish Revolution*, ist womöglich noch bedeutender.«
Zitiert in *Radical Priorities* S. 244

ROWE CONFERENCE CENTER

Chomsky
Ich glaube übrigens, einer der Menschen, die mich am meisten beeinflußt haben, war ein Onkel von mir, der es selbst nie weiter als bis zur vierten Klasse gebracht hatte. Er hatte eine bewegte Vergangenheit: erst kriminell, dann bei der Linken politisch aktiv, alles mögliche. Weil er nun aber einen Buckel hatte – es gab damals eine Art Hilfsprogramm für Körperbehinderte – bekam er einen Zeitungsstand in New York. Einige hier sind doch bestimmt aus New York. Kennt jemand den Kiosk an der 72. Straße?

Frau
Ja, ich!

Chomsky
Sie kennen den also? Sehen Sie, dort habe ich meine politische Bildung erhalten. 72. Straße – man kommt da aus der U-Bahn hoch, und alle laufen in Richtung 72. Straße. Und auf der Seite gab es zwei florierende Zeitungsstände. Es gab aber noch zwei andere Stände an der Rückseite. Bloß, da hinten kommt nie jemand hoch, und genau dort lag sein Stand *(Lachen)*. Und doch war da immer viel los; er war ein heller Kopf, es gab viele Emigranten und so – das war ja in den dreißiger Jahren. Also dort hing immer ein Haufen Leute herum. Besonders abends war es so eine Art literarisch-politischer Salon. 'Ne Menge Typen stehen herum, reden, diskutieren, und dazwischen ich mit meinen 11, 12 Jahren, und mein größter Kick war, im Zeitungsstand den Verkäufer zu spielen.

KUOW (HÖRERRADIO), SEATTLE

Ross Reynolds
In *Manufacturing Consent* schreiben Sie, die wichtigste Funktion der Massenmedien in den USA sei es, die Öffentlichkeit zur Unterstützung derjenigen Sonderinteressen zu bewegen, welche die Regierung und den privaten Sektor beherrschen. Welche Interessen sind denn das?

Chomsky
Also, wenn man verstehen will, wie ein Gesellschaftssystem funktioniert – unser eigenes oder jedes andere – dann muß man als erstes herausfinden, wer in welcher Position darüber entscheiden kann, wie es zu funktionieren hat.

UNIVERSITY OF WYOMING, LARAMIE

Chomsky
Die einzelnen Gesellschaftssysteme unterscheiden sich voneinander, aber in unserer Gesellschaft liegen die wesentlichen Entscheidungen über das, was hier ablaufen soll – Investitionen, Produktion, Distribution usw. – in den Händen eines Netzwerks aus großen Konzernen, Multis und Finanzunternehmen. Diese stellen auch die Inhaber der wichtigsten Regierungsämter. Ihnen gehören die Medien; sie können die eigentlichen Entscheidungen fällen. Sie besitzen geradezu übermächtige Gewalt über unser Leben – also über das, was in der Gesellschaft passiert. Sie beherrschen das Wirtschaftsleben, schon prinzipiell und auch noch durch die Gesetze. Da sie alle Ressourcen kontrollieren und überall ihre Interessen durchsetzen wollen, unterliegt unser politisches und ideologisches System äußerst scharfen Beschränkungen.

BÜRO IM MIT

David Barsamian
Wir reden hier über die Fabrikation eines Konsenses. Wessen Konsens wird denn da fabriziert?

Chomsky
Zunächst geht es da um zwei Gruppen. Wir können später mehr ins Detail gehen, aber grob besehen wendet sich die Propaganda an zwei Zielgruppen. Da ist einmal das, was manche Leute als die politische Klasse bezeichnen. Diese umfaßt die ca. 20 Prozent der Bevölkerung, die gebildet sind, sich ausdrücken können und einen gewissen Einfluß auf die Entscheidungen ausüben. Von denen wird erwartet, daß sie am Leben der Gesellschaft in irgendeiner Weise partizipieren – sei es als Manager, sei es als Kulturschaffende wie z. B. Lehrer, Schriftsteller usw. Sie gehen vermutlich auch zur Wahl, sie spielen eine Rolle im Wirtschaftsleben, in der Politik oder der Kultur. So, und deren Beitritt zu dem Konsens ist von entscheidender Bedeutung. Diese Gruppe muß also ganz heftig indoktriniert werden. Bleiben noch die restlichen 80 Prozent der Bevölkerung. Die sollen vor allem gehorchen und nicht nachdenken oder sich um irgend etwas kümmern – sie sind es allerdings, die meistens die Zeche bezahlen müssen.

Bereits im Jahre 1947 stellte ein PR-Spezialist des US-Außenministeriums fest, daß »clevere Öffentlichkeitsarbeit sich immer lohnt«. Die öffentliche Meinung »ist nicht von allein nach rechts gedriftet, sondern sie wurde – ganz geschickt – nach rechts bewegt (...) Die ganze Welt ist nach links gewandert, hat Arbeiterparteien an die Regierung gebracht und liberale Gesetze verabschiedet – einzig die USA sind zu einem Gegner der Arbeiterbewegung und des sozialen und wirtschaftlichen Wandels geworden.«
Necessary Illusions S. 31

AUS »TV DINNER« (OFFENER KANAL), ROCHESTER, NEW YORK, USA

Ron Linville
Also, Professor Chomsky – Noam: Sie haben ein Modell skizziert, von den Filtern, die die Propaganda passieren muß, ehe sie die Öffentlichkeit erreicht. Könnten Sie die mal kurz umreißen?

Chomsky
Es ist im Grunde eine Institutionsanalyse der wichtigsten Medien, aber wir nennen es ein Propagandamodell. Wir reden dabei in erster Linie von den überregionalen Medien, also von denen, die sozusagen die Themen setzen, nach denen sich die übrigen mehr oder weniger richten, soweit sie sich überhaupt mal mit nationalen oder internationalen Angelegenheiten befassen.

Wer die Argumente, die das Propagandamodell stützen, genauer kennenlernen will – jedenfalls besser, als dieses Buch oder der Film es vermitteln kann – der möge sie in *Manufacturing Consent* und in *Necessary Illusions: Thought Control in Democratic Societies* nachlesen. Zwar spiegeln alle politischen Veröffentlichungen von Chomsky und Herman das Modell wider, doch wird nicht immer so explizit Bezug darauf genommen wie in den beiden genannten Büchern.

Ein Propagandamodell

Die Massenmedien dienen als System zur Übermittlung von Symbolen und Botschaften an die breite Masse. Sie sollen amüsieren, unterhalten und informieren, und sie sollen jedem diejenigen Werte, Glaubenssätze und Verhaltensregeln einflößen, die ihn in die institutionellen Strukturen der Gesellschaft integrieren. In einer Welt konzentrierten Reichtums und heftiger Klassenkämpfe bedarf es zu dieser Rolle einer systematischen Propaganda.

Solange die Macht über ein Land in der Hand einer staatlichen Bürokratie liegt, wird schon durch die monopolistische Medienkontrolle – häufig noch durch eine offizielle Zensur verstärkt – deutlich, daß die Medien den Zielen der herrschenden Elite dienen. Wo aber die Medien sich in Privatbesitz befinden und es keine formelle Zensur gibt, da ist das Wirken eines Propagandasystems viel schwieriger zu verfolgen – ganz besonders, wenn die Medien miteinander konkurrieren, in regelmäßigen Abständen Mißstände in der Regierung oder im Big Business anprangern, sich also massiv als Vorkämpfer für das Recht der freien Rede und überhaupt für die Interessen der Gemeinschaft in Szene setzen. Dabei bleibt verborgen (und wird in den Medien auch nie angesprochen), daß dieser Kritik enge Grenzen gezogen sind und daß die Mittel, durch deren Einsatz man Zugang zu den Privatmedien gewinnen und ihr Verhalten beeinflussen kann, extrem ungleich verteilt sind.

Ein Propagandamodell faßt diese ungleiche Verteilung von Macht und Reichtum ins Auge und ebenfalls die vielfältigen Auswirkungen dieser Ungleichheit auf die Interessengebiete und die Themenauswahl der Massenmedien. Das Modell zeichnet die Wege nach, über die Kapital und Macht in die Lage versetzt werden, das jeweils Druckbare herauszusieben, abweichende Meinungen an den Rand zu drängen und es der Regierung und den vorherrschenden Privatinteressen zu ermöglichen, ihre Botschaft an den Mann und an die Frau zu bringen. Die wichtigsten Komponenten unseres Propagandamodells oder »Nachrichtenfilter«-Sets sind:

(1) die Größe der wichtigsten Mediengesellschaften, die Konzentration und das Vermögen ihrer Eigentümer, sowie ihre Gewinnorientierung
(2) die Werbung als Haupteinnahmequelle der Massenmedien
(3) die Abhängigkeit der Medien von den Informationen, die ihnen von der Regierung, der Wirtschaft und den von diesen Machtzentren alimentierten und approbierten »Experten« geliefert werden
(4) »Flak« als Mittel zur Disziplinierung der Medien
(5) »Antikommunismus« als nationale Religion und als Kontrollmechanismus.

Diese Komponenten wirken zusammen und verstärken sich gegenseitig. Das primäre Nachrichtenmaterial muß eine Folge von Filtern durchlaufen, bis der gesäuberte, für druckbar erachtete Rest übrigbleibt. Es sind diese Komponenten, die die Grundsätze für Diskurs und Interpretation festlegen und die definieren, was überhaupt einen Neuigkeitswert besitzen soll. Aus ihnen erklären sich auch die Gründe und die Abläufe regelrechter Propagandafeldzüge.
Aus »A Propaganda Model« in *Manufacturing Consent* S. 1-2*)

*) Mit der Literaturangabe *Manufacturing Consent* ist im folgenden stets das Buch *Manufacturing Consent: The Political Economy of the Mass Media* von Herman und Chomsky gemeint. Buch oder Film *Manufacturing Consent: Noam Chomsky and the Media* sind stets komplett angegeben.

RADIO KUOW, SEATTLE

Chomsky
Also die Elitemedien, das sind die, die sozusagen die Themen setzen. Das heißt, die *New York Times*, die *Washington Post*, die großen TV-Kanäle usw. Die bestimmen den allgemeinen Rahmen, und die lokalen Medien passen sich dann dieser Struktur mehr oder weniger an.

ABC TV NEWS, NEW YORK

Mann (spricht ins Telefon)
Hier World News.

Direktor
Es heißt in diesem kurzen Ausschnitt, daß es da einen Brückenkopf gibt ...

Redakteur
Ich denk' schon, daß wir's schaffen könnten; wir haben eine Minute insgesamt, also bei 35 ...

Nachrichtenleiter
Hier ist der entscheidende Ausschnitt für uns – also unserer.

Peter Jennings
Ich liebe diesen Ausschnitt.

Nachrichtenleiter
Also ich ... ich meine, Peter ...

Peter Jennings
Ich denke, 6:28 ist prima.

Nachrichtenleiter
Ja, aber ich glaube ... ich glaube ... ich denke, sechs ist ein guter Anfang.

Dieses Insidergespräch wurde aus dem Abfall von Aufnahmen montiert, die bei ABC News für *The World Is Watching* gemacht wurden – einen außergewöhnlichen einstündigen Film, der das Propagandamodell in Aktion zeigt.
Die Filmemacher erhielten die einmalige Chance, innerhalb der ABC TV News ungehindert filmen zu dürfen. Sie begleiteten ein Filmteam in Nicaragua und dokumentierten gleichzeitig die redaktionelle Bearbeitung im ABC-Nachrichtenraum in New York.
Vgl. auch: R. V. Ericson, P. M. Baranek, J. B. L. Chan, *Visualizing Deviance: A Study of News Organization* (University of Toronto Press 1987)
Diese Untersuchung stützt sich auf ausgedehnte Feldstudien in Radio- und Zeitungsbetrieben. Sie analysiert, wie die Journalisten einer Meldung ihren Neuigkeitswert zuordnen und dadurch einen erheblichen Einfluß auf die gesamtgesellschaftlichen Werte ausüben. Nach Meinung der Autor/inn/en liegt der Kern einer Nachricht in ihrer Relevanz für die Kontrolle abweichenden Verhaltens. Wie die Untersuchung zeigt, fällt für die Medien unter das Verdikt »Abweichung« auch jede Verletzung dessen, was der gesunde Menschenverstand glaubt, sowie jedes Verlassen der von der Bürokratie vorgegebenen Wege.

Sendeleiter
Noch zweieinhalb Minuten bis zur Sendung; noch 45 Sekunden.

Chomsky *(im Off)*
Hierzu bedienen sie sich der verschiedensten Methoden: die Auswahl der Themen, die Nennung von Problempunkten, das Hervorheben bestimmter Gesichtspunkte, das Filtern von Informationen, die Festlegung, bis zu welchen Grenzen die Debatte sich erstrecken darf. Sie bestimmen, sie wählen aus, sie gestalten, sie kontrollieren, sie beschränken – alles im Dienste der Interessen der herrschenden gesellschaftlichen Eliten.

Peter Jennings *(auf Sendung)*
Derzeit richten sich besonders aufmerksame Blicke auf die fünf mittelamerikanischen Staaten.

AUS »DEMOCRACY'S DIARY« (1948)

Sprecher
Hier ist «Democracy's Diary». Hier können wir aus Triumphen und Katastrophen lernen, aus dem wechselnden Webmuster des Lebens. Hier ist der große Journalismus – Zeugnis der Vergangenheit, Führer durch die Gegenwart und Schlüssel zur Zukunft.

AUS »PAPER TIGER TV« (OFFENER KANAL), NEW YORK (1978)

Chomsky
Die *New York Times* ist bestimmt die wichtigste Zeitung der USA, vielleicht sogar der ganzen Welt. Die *New York Times* spielt eine enorme Rolle dabei, wie unsere Welt von den politisch aktiven, gebildeten Schichten wahrgenommen wird. Aber die *New York Times* hat noch eine spezielle Rolle, und ich denke, ihre Redakteure empfinden das wohl auch als schwere Bürde, daß nämlich die *New York Times* in einem gewissen Sinn Geschichte bewirkt.

Als der Film im New Yorker Film Forum Premiere hatte, druckte die *New York Times* diese Besprechung. Im Datenteil, wo Mitwirkende, Spieldauer usw. aufgeführt sind, brachte die Zeitung es fertig, Noam Chomskys Namen im Filmtitel wegzulassen, so daß dieser lautete »MANUFACTURING CONSENT AND THE MEDIA«. Um 3 Uhr früh des Erscheinungstags machte Mark Achbar das Blatt auf seinen Freudschen Ausrutscher aufmerksam; der Nachtredakteur versuchte, den Fehler in den noch nicht gedruckten Exemplaren zu beheben. Nach mehreren Telefonanrufen der Vertriebsfirma *Zeitgeist Films* druckte die *New York Times* am nächsten Tag eine Berichtigung.

Ob man ihm zustimmt oder nicht, Chomskys Interpretation der Verhältnisse in den USA hat einiges für sich: Die Regierung richtet sich vor allem nach den Wünschen der Minderheit von Bürgern, die zur Wahl gehen – übrigens auch eine der Kernaussagen in John Kenneth Galbraiths neuestem Buch *The Culture of Contentment*. Chomsky betrachtet es als seine Mission, das Wahlvolk aus dem Schlaf zu rütteln und zu aktivieren.
Aus einer Rezension von *Manufacturing Consent: Noam Chomsky and the Media* von Vincent Conby in *New York Times* 17.03.93

AUS »DEMOCRACY'S DIARY« (1948)

Sprecher

Was vor Jahren passiert ist, hängt vielleicht mit dem zusammen, was morgen eintritt. In der Bibliothek der *Times* werden Millionen Ausschnitte aufbewahrt, indexiert, verfügbar gehalten. Ein unbezahlbares Archiv der Ereignisse und der Menschen, die sie ausgelöst haben.

PAPER TIGER TV

Chomsky

Geschichte ist also das, was man in den Archiven der *New York Times* findet; wer wissen will, was passiert ist, der geht zur *New York Times*. Wenn also die Geschichte passend zurechtgeformt werden soll, dann ist es ganz wichtig, daß bestimmte Sachen dort vorkommen und andere nicht, daß bestimmte Fragen gestellt und andere übergangen werden, und daß die Dinge in einen ganz bestimmten Rahmen gestellt werden. Na, und in wessen Interesse wird die Geschichte in dieser Weise zurechtgeformt? Die Antwort dürfte wohl nicht allzu schwer fallen.

BEI DER *NEW YORK TIMES*

Karl E. Meyer *(Leitartikler)*

Wie die Menschen hierbei im einzelnen zu ihren Entscheidungen kommen, ist erheblich geheimnisvoller als Sie glauben würden, wenn Sie nur *Manufacturing Consent* gelesen hätten. Sie kennen doch den Spruch über die Gesetzgebung: Gesetzgebung ist wie Wurstmachen – je weniger man darüber weiß, desto besser schmeckt sie einem. Und genau so ist es in unserem Metier.

»DIE ZEITSCHRIFT FÜR WAHRHEITSGEMÄSSE BERICHTERSTATTUNG«

Lies Of Our Times

Willkommen bei *Lies Of Our Times*, der Monatszeitschrift für Medienkritik. »Our Times« – das ist die Zeit, in der wir leben, es ist aber auch die *New York Times*, meistzitiertes Nachrichtenmedium der USA, die Zeitung, die Geschichte schreibt. Und »Lies« meint nicht nur die direkte Unwahrheit; dazu zählen Vernachlässigung von Themen und Heuchelei ebenso wie irreführendes Hervorheben und unausgesprochene Voraussetzungen – also all die Einseitigkeiten, von denen die Berichterstattung geprägt ist. Unser kritisches Material stammt von über hundert Korrespondenten – darunter neben Medienkritikern auch Wissenschaftler, Journalisten, Literaten und politische Aktivisten. Wir haben auch einige der Gruppen, die für Menschenrechte und Allgemeininteressen eintreten, um Unterstützung gebeten; sie sollen uns von ihrem Umgang mit den Medien berichten. Besonders aufmerksam werden wir verfolgen, welche Presseerklärungen, Artikel- und Kommentarentwürfe sowie Leserbriefe in den Massenmedien nicht zum Zuge gekommen sind. Sie, unsere Leserinnen und Leser, bitten wir herzlich, uns an Ihren Erfahrungen mit den Medien teilhaben zu lassen – wobei Sie sich natürlich nicht nur auf die *New York Times* beschränken sollten.
Zweifellos können wir die Flut von Lügen und Verzerrungen in den Medien nur gerade ein wenig anzapfen. Wir hoffen aber doch, daß *Lies Of Our Times* mit den Jahren zu wesentlich mehr Wahrheit in der Berichterstattung beitragen wird.
Lies Of Our Times Januar 1990

Karl E. Meyer stammt aus Wisconsin. Seine Doktorarbeit in Princeton behandelt die Politik der Loyalität. Nach 15 Jahren bei der *Washington Post* wechselte er zur *New York Times*. Er ist auch Autor mehrerer Bücher.

Meyer wurde gefragt, ob die Redaktionsleitung der *New York Times* einer Diskussion mit Noam Chomsky zustimmen und diese abdrucken würde; er lehnte jedoch von vornherein ab. Eine leitende Redakteurin von *Newsweek* wiederum meinte auf dieselbe Frage höflich, wir sollten es doch mal bei *Time* versuchen.
Ende der sechziger Jahre vermittelte Harrison Salisbury einmal ein Treffen zwischen Chomsky und einigen Redakteuren der *New York Times*. Wie Chomsky berichtet, »wollten diese Leute nur über Linguistik reden, aber es gelang mir doch, einige Fragen darüber einzuschmuggeln, warum sie die Bombardements in Laos totschweigen.«

Gesetzgebung ist wie Wurstmachen – je weniger man darüber weiß, desto besser schmeckt sie einem. Und genauso ist es in unserem Metier.

Wenn Sie mal in so eine Konferenz hineinhorchen könnten, wo festgelegt wird, was auf die Seite 1 kommt und was nicht, dann hätten Sie bestimmt den Eindruck, hier würde über ganz wichtige Fragen leichtfertig und oberflächlich entschieden. In Wirklichkeit ist der Zeitdruck so enorm – das Zeug muß raus – daß man zu einer Art Stenographie greift. Man muß ja die Zeitung jeden Tag voll kriegen.

Karl E. Meyer
Merkwürdigerweise gibt es da so eine Art Spiegelbild, indem Chomsky genau mit Reed Irvine vom rechten Rand des Spektrums übereinstimmt; der sagt nämlich haargenau dasselbe wie er über den suggestiven Einfluß der Presse, darüber, wie die großen Medien die – ich zitiere – »Themen setzen«, auch so eine beliebte Wortblase unserer Tage. Natürlich erblickt Reed Irvine darin eine linke Verschwörung, durch die dem amerikanischen Volk liberale Ideen zu nationalen und internationalen Fragen übergestülpt werden sollen. Und ich meine, hier wie dort liegt darin wirklich eine Beleidigung der Intelligenz der Menschen, die solche Nachrichten vernehmen.

Filter: Flak dient der Disziplinierung der Medien

Unter Flak versteht man negative Reaktionen auf Äußerungen oder Programme der Medien. Flak kann in Form von Briefen oder Telegrammen erfolgen, per Telefon, durch einstweilige Verfügungen, Prozesse, Parlamentsreden, Gesetzentwürfe, oder sonstige Beschwerde-, Druck- oder Strafmittel (…)
Flak – vor allem wenn sie Geld kostet und als Drohung wirksam sein soll – können nur die praktizieren, die über Macht verfügen (…) Die Flak der Mächtigen kann direkt oder indirekt auftreten. Zur direkten Variante gehören Briefe oder Anrufe aus dem Weißen Haus an Dan Rather oder William Paley *[CBS-Größen]*, oder das FCC *[Federal Communications Commission, US-Behörde für Funk und Fernsehen]*, die den TV-Sender um Dokumente ersuchen, die einer bestimmten Sendung zugrundeliegen, oder aufgebrachte Werbeagenten oder Sponsoren verlangen von den Medienchefs Sendezeit für eine Gegendarstellung oder drohen Vergeltungsaktionen an. Die Mächtigen können aber auch indirekt auf die Medien einwirken: Sie können sich in ihren Kreisen (etwa bei ihren Aktionären oder Angestellten) über die Medien beklagen, sie können entsprechende Annoncen placieren, sie können rechtslastige Überwachungs- oder Analyseoperationen finanzieren, die sich gegen die Medien richten. Schließlich können sie Wahlkampagnen finanzieren und damit solchen konservativen Politikern zur Macht verhelfen, die ihrem Ziel, den Medien möglichst jeden Gedanken an Abweichung auszutreiben, direkt dienlich sein werden (…)
Obgleich die Flakmechanismen die Medien pausenlos aufs Korn nehmen, werden sie von diesen stets gut behandelt. Sie erfahren respektvolle Aufmerksamkeit, während ihre Propagandarolle und ihre Verpflichtung auf die übergeordneten Zielvorstellungen ihrer jeweiligen Organisation kaum jemals erwähnt oder analysiert werden.
Manufacturing Consent S. 26-28

Der Medienkritiker Reed John Irvine (geb. 1922) ist seit 1971 Präsident der konservativen Organisation »Accuracy in Media« und seit 1985 Chefredakteur des *AIM Report*. Er ist Mitglied im Verband der Zeitungs- und Rundfunkkommentatoren sowie Verfasser zweier Bücher – *Media Mischief and Misdeeds* **(1984) und** *Profiles of Deception* **(1990, zusammen mit Cliff Kincaid).**
Von 1963 bis 1977 war Irvine internationaler Finanzberater, von 1951 bis 1963 als Wirtschaftswissenschaftler Mitglied im Zentralbankrat des *Federal Reserve System* **in Washington.**
Quelle: *Who's Who in America* 47. Auflage 1992

AIM wurde 1969 gegründet und erlebte in den 70er Jahren einen spektakulären Aufstieg. Die Einnahmen stiegen von 5.000 Dollar im Jahre 1971 auf 1,5 Mio Dollar Anfang der 80er Jahre; sie stammen hauptsächlich von Großunternehmen, Firmenstiftungen und reichen Erben. Mindestens acht Ölgesellschaften unterstützten AIM in den frühen 80ern, und es ist beeindruckend, wieviele Bereiche der Wirtschaft unter den Sponsoren vertreten sind. AIM dient dazu, den Medien Dampf zu machen und Druck auf sie auszuüben, damit sie den Vorgaben der Wirtschaft folgen und für eine knallharte rechte Außenpolitik eintreten. AIM drängt die Medien, sich für Kommunistenjagden zu begeistern, und prangert ihre angeblichen Unterlassungssünden an, sobald sie sich einmal nicht an die außenpolitische Linie halten. So werden sie darauf konditioniert, bei jeglichem Verstoß gegen die Normen der rechten Vorurteile mit Ärger (und mit Kosten) zu rechnen (…)
Manufacturing Consent S. 27-28

GEORGETOWN UNIVERSITY, WASHINGTON

Chomsky
Damit keine Verwirrung entsteht: All dies hat nichts mit der jeweiligen liberalen oder konservativen Grundeinstellung zu tun. Das Propagandamodell besagt, daß bei den Medien sowohl der liberale als auch der konservative Flügel – was immer das besagen mag – innerhalb desselben Systems von Annahmen agiert.

AMERICAN UNIVERSITY, WASHINGTON

Chomsky
Um gut zu funktionieren, sollte das System sogar eine liberale Färbung haben oder wenigstens diesen Eindruck erwecken. Denn gerade wenn es scheinbar eine liberale Färbung hat, konditioniert es das Denken nur um so wirkungsvoller.
In anderen Worten, wenn die Presse *wirklich* so aufsässig, so progressiv, also so schlimm ist – wie kann ich denn da noch weiter gehen wollen? Sie sind doch schon so extrem kritisch gegenüber der Macht, daß jeder, der noch darüber hinausgehen wollte, den Boden unter den Füßen verlieren müßte. Daraus folgt, daß die Grundannahmen, die bei den liberalen Medien gelten, sakrosankt sind – weiter geht's nicht. Und an dieser Stelle wäre dann das gut funktionierende System auch nicht unparteiisch. Die Medien wären dann praktisch das Sprachrohr für die Botschaft: Bis hierher und nicht weiter.

In beiden Wahlkämpfen, 1980 und 1984, bezeichnete die Reagan-Regierung die Demokraten als »die Partei der Sonderinteressen«, was ja etwas Schlechtes sein muß, sind wir doch alle gegen Sonderinteressen. Schaute man aber genauer hin und erkundigte sich, um wessen Sonderinteressen es dabei ginge, dann wurden sie aufgezählt: Frauen, Arme, Werktätige, Jugendliche, Alte, ethnische Minderheiten – strenggenommen die gesamte Bevölkerung. Eine Gruppe fehlte allerdings bei den Sonderinteressen: die Konzerne. Den Wahlreden zufolge lag hier selbstverständlich kein Sonderinteresse vor, vertreten diese doch nach ihren eigenen Maßstäben das Gesamtinteresse der Nation. Denkt man es also zu Ende, dann vertritt das Volk Sonderinteressen, die Konzerne aber das Gesamtinteresse; und weil jeder für das Gesamtinteresse und gegen Sonderinteressen ist, werden diejenigen unterstützt und gewählt, die gegen das Volk eingestellt sind und für die Konzerne arbeiten.
Hier haben wir ein typisches Beispiel dafür, wie das Denken durch eine ganz bewußte Auswahl und Uminterpretation von Begriffen manipuliert wird – nur damit es den Menschen schwer wird zu verstehen, was in der Welt vorgeht.
Chronicles of Dissent S. 48

Hier eine nützliche Faustregel: Wer etwas über das Propagandasystem erfahren will, der schaue sich die Kritiker und ihre *stillschweigenden Annahmen* genau an. Beinahe immer finden sich hier die Lehren der Staatsreligion.
Aus »The Manufacture of Consent«, abgedruckt im *Chomsky Reader* S. 126

Einige grundlegende Aussagen des außenpolitischen Diskurses:
· **Die Außenpolitik der USA wird von der »Sehnsucht nach Demokratie« und überhaupt den besten Absichten geleitet** (…)
· **Gewalt kann nur zur Selbstverteidigung angewendet werden** (…) Folglich ist, wer Widerstand leistet, ein Aggressor, selbst im eigenen Land.
· **Kein Land hat gegen die USA ein Recht auf Selbstverteidigung** (…)
· **Die USA haben das natürliche Recht darauf, ihren Willen durchzusetzen – falls möglich und nötig auch mit Gewalt.**

Man muß diese Lehrsätze nicht eigens verkünden; es genügt, in regelmäßigen Abständen den bewundernswerten Edelmut unserer Ziele zu preisen. Nein, man geht einfach stillschweigend davon aus, daß sie gelten. Sie umreißen die Grenzen des Diskurses – für diejenigen, die die richtige Ausbildung genossen haben, sogar die Grenzen dessen, was überhaupt gedacht werden kann.
Necessary Illusions S. 59

Der Vortrag vom 16.04.89 an der American University wurde auch über den Sender *C-Span* ausgestrahlt. *C-Span* ist ein Info-Kanal, der für ungekürzte politische Berichterstattung bekannt ist.

AUS »TV DINNER«

Chomsky
Wir fragen nun: Was würde man von diesen Medien erwarten, wenn man relativ einleuchtende Marktverhältnisse ohne Fremdeinflüsse annimmt? Schaut man auf ihre Produkte, dann findet man einige besonders wichtige Einflußfaktoren. Und diese bezeichnen wir als Filter. Ein Beispiel hierfür sind die Besitzverhältnisse. Wem gehören diese großen Medien, die die Themen setzen – was sind sie letztlich? Was für gesellschaftliche Institutionen? Also in erster Linie sind es Großbetriebe, wirklich riesige Unternehmen. Darüber hinaus sind sie in noch größeren Konzernen bis hin zu Multis eingebunden oder gehören denen ganz – z. B. Westinghouse, General Electric usw.

Filter: die Größe und Gewinnorientierung der maßgeblichen Medien sowie die Konzentration und das Vermögen ihrer Eigentümer

Es gibt Menschen, die Macht haben. Es gibt Menschen, denen das Land gehört, und die sorgen dafür, daß sie die Kontrolle darüber nicht verlieren.

IN NANAIMO

Student
Ich würde gern mal wissen, wie die Eliten das machen, daß sie die Medien kontrollieren ... ich meine ...

Chomsky
Das ist so, als ob man fragt: Wie kontrollieren die Eliten General Motors? Warum wird diese Frage nicht gestellt? Nun, General Motors ist eine Institution der Eliten. Sie brauchen sie gar nicht zu kontrollieren – sie gehört ihnen ja.

Student
Bloß, ich meine, auf anderer Ebene, so wie ... wissen Sie, ich arbeite in der Studentenzeitung mit. Ich meine, die Reporter und so.

Chomsky
Die Eliten kontrollieren nicht die Studentenzeitungen. Aber ich kann dir eines sagen: Ihr braucht in eurer Studentenzeitung nur einmal irgend etwas Unkonventionelles zu riskieren, dann habt ihr sofort die ganze hiesige Geschäftswelt auf dem Hals, und die Universität erhält Drohungen. Gut, vielleicht nimmt überhaupt niemand Notiz von euch, das kann auch passieren. Aber sobald ihr an einen Punkt kommt, wo man doch von euch Notiz nimmt, kommt der Druck. Denn es gibt nun mal Menschen, die Macht haben. Es gibt Menschen, denen das Land gehört, und die sorgen dafür, daß sie die Kontrolle darüber nicht verlieren.

AUS »A WORLD OF IDEAS« (1988)

Bill Moyers
Was sagen Sie dazu?

Tom Wolfe (*Schriftsteller*)
Das ist wieder die ... na ja, die alte Verschwörungstheorie. Da steht in einem Raum so ein Tisch mit einem großen Tuch drauf und drum herum sitzt ein Haufen Kapitalisten und zieht die Fäden. Solche Räume gibt es nicht – ich sag's nicht gern, Noam Chomsky.

Bill Moyers
Sie selbst gl... – also Sie sind anderer Meinung, oder?

Tom Wolfe
Ich halte das für den größten Quatsch, den ich je gehört habe. An den Universitäten ist das ja jetzt die große Mode. Es ist wirklich absoluter Blödsinn und sicher nur eine Mode. In gewisser Weise denken die Intellektuellen hier wie die Pfarrer – ich meine damit, sie glauben an den Bösen irgendwo.

Am 22. und 27. Juli 1993 war Chomsky eine Stunde lang Studiogast in der Reihe »Posner & Donahue« des Senders CNBC. Nachdem ihm der nebenstehende Ausschnitt aus einem Gespräch zwischen Tom Wolfe und Bill Moyers vorgespielt worden war, sagte er:

Chomsky
Ja, dem stimme ich zu. Sehen Sie, es wäre wirklich idiotisch zu glauben, wir hätten in den Vereinigten Staaten ganz oben eine Kabale, die die Fäden in der Hand hält. Das hieße ja, es ginge da zu wie in der Sowjetunion. Die Sache liegt völlig anders, und deshalb sage ich ja das genaue Gegenteil davon (...) Wie kann Wolfe oder sonst jemand meinen, ich hätte von Verschwörung gesprochen? In Wirklichkeit fühlt sich die Klasse der Kommissare durch jede analytische Bemerkung über die Struktur unserer Institutionen derartig bedroht, daß sie nicht einmal mehr die Worte richtig aufnimmt.

Posner
Gehört Tom Wolfe auch zur Klasse der Kommissare?

Chomsky
Ja natürlich. Auch er versteht ja nicht einmal mehr die Worte. Wenn ich also sage, es gibt da oben keine Kabale, dann versteht er, daß es eine gibt.

Posner
Aber meinen Sie nicht auch, daß er die Worte nur deshalb nicht hören kann, weil er so fest an das glaubt, was ihm beigebracht worden ist? Weil dies hier für ihn Demokratie und Freiheit ist? Genauso war es doch bei den vielen Menschen, die wie ich in der Kommunistischen Partei waren und die zutiefst an die Lehre geglaubt haben und sich nur unter Schmerzen davon freimachen konnten (...) Meinen Sie nicht, es gibt viele ehrliche Menschen, darunter auch Tom Wolfe, die fest daran glauben, daß ...

Chomsky
Nein, ich stelle doch nicht in Frage ...

Posner
... daß er nicht zur Klasse der Kommissare gehört. Daß er eben doch seine Ideale hat.

Chomsky
Moment mal – Wissen Sie, Sie be ...

Posner
Und Sie gefährden diese Ideale.

Chomsky
Stimmt. Wissen Sie, Sie beschreiben das, was ich in der Sowjetunion als die Kommissarsklasse bezeichnen würde. Also die Leute, die ganz fest daran geglaubt haben (...) bis hinauf zu den Redakteuren der *Prawda*. Angenommen, Sie könnten denen in die Seele schauen – wie viele absolute Zyniker wären wohl darunter?

Posner
Nicht sehr viele.

Chomsky
Ja sehen Sie. Die meisten haben wirklich an alles geglaubt. Genau so arbeiten eben diese Systeme. Wenn Sie mal wirklich darüber nachdenken, wie solche Glaubenssysteme entstehen – jeder kennt es ja bei sich selbst. Da beschließen Sie, aus diesem oder jenem Grunde etwas Bestimmtes zu tun. Und anschließend legen Sie sich ein Glaubenssystem zurecht, aus dem sich Ihre Handlungen begründen lassen, so daß Sie sich sagen können: »Ich habe recht gehabt.« So, und am Ende stehen dann die Menschen, die innerhalb eines Macht- und Autoritätssystems funktionieren – sei es als Prawda-Redakteur, als Gastkommentator der *New York Times* oder als KZ-Wächter (...) Jeder von ihnen ist völlig von seiner Sache überzeugt. Jeder hat sich seine Glaubenswelt zurechtgelegt, die ihm sagt: »Jawohl, dies ist alles richtig und gerecht, und ich selbst bin dabei völlig frei und unabhängig.« Wären sie nicht im Besitz dieses Glaubenssystems, sie könnten nicht weitermachen wie bisher (...) Ich stimme Ihnen darin zu, daß es sich um ein geschlossenes Glaubenssystem handelt. Es ist so eine Art Fundamentalismus, wo man kritische Analysen einfach nicht mehr zur Kenntnis nehmen kann. Und da ist es schon interessant zu sehen, welche Dinge man in den USA nicht mehr zur Kenntnis nehmen kann.

***Posner & Donahue Transcripts*. Mehr über die Verschwörungstheorien auf S.131.**

> **In Nordamerika gibt es:**
>
> 7 große Filmgesellschaften
>
> sowie jeweils mehr als
>
> 1.800 Tageszeitungen
> 11.000 Zeitschriften
> 11.000 Rundfunksender
> 2.000 Fernsehsender
> 2.500 Buchverlage
>
> 23 Großunternehmen kontrollieren jeden dieser Bereiche mindestens zu 50 Prozent; in einigen halten sie praktisch ein Monopol.
> Es sind dies:
>
> Bertelsmann
> Buena Vista Films (Disney)
> Capital Cities / ABC
> CBS
> Cox Communications
> Dow Jones
> Gannett
> General Electric
> Harcourt Brace Jovanovich
> Hearst
> Ingersoll
> International Thomson
> Knight Ridder
> Media News Group (Singleton)
> Newhouse
> News Corporation Ltd. (Murdoch)
> New York Times
> Paramount Communications
> Reader's Digest Association
> Scripps-Howard
> Times Mirror
> Time Warner
> Tribune Company

Kritik an Institutionen, wie wir sie in dem Buch [*Manufacturing Consent: The Political Economy of the Mass Media*] vorbringen, wird gewöhnlich von den etablierten Kommentatoren als »Verschwörungstheorie« abgetan. Aber das ist nur eine Ausrede. In unserer Erklärung der Rolle der Massenmedien benutzen wir keinerlei »Verschwörungs-Hypothese«. Vielmehr beruht unsere Analyse eher auf der Prämisse »Freier Markt«, d. h. alles ergibt sich weitgehend aus dem Wirken der Marktkräfte. Die meisten der Vorurteile, denen die Medien unterliegen, folgen aus der Vorauswahl der Personen mit dem richtigen Denken und aus der Verinnerlichung von Grundbegriffen; außerdem haben sich die Medienleute an die Schranken angepaßt, die ihnen durch die Eigentumsverhältnisse, die Organisation, den Markt und die politischen Machtverhältnisse gesetzt sind.

Wenn fast immer (...) alle Medienführer sich gleichartig verhalten, so liegt das daran, daß sie die Welt durch die gleiche Brille betrachten und von denselben Einflüssen motiviert oder gebremst werden. Also handeln sie auch unausgesprochen als Kollektiv oder folgen ihrem Anführer, wenn sie ihre Artikel schreiben oder sich geschlossen ausschweigen.

Übrigens stellen die Massenmedien nicht in jeder Frage einen monolithischen Block dar. Wo es unter den Mächtigen selbst Differenzen gibt, da werden auch im Kampf der Medien die taktischen Meinungen darüber auseinandergehen, wie die immer noch gemeinsamen Ziele am besten zu verfolgen seien.
***Manufacturing Consent* S. xii**

Alljährlich versammelt Carl Jensen eine Gruppe von Medienkritikern um sich und läßt sie »die 10 am stärksten zensierten Texte des Jahres« auswählen. Im Jahre 1987 ging der erste Preis an Ben Bagdikian für eine Untersuchung über diese Dinge, wobei es natürlich nicht um direkte staatliche Zensur ging, sondern darum, wie die Medien bei umstrittenen Themen verzerrt berichten oder ganz kneifen.
Necessary Illusions S. 358

Die Statistik auf dieser Seite beruht auf den Angaben in: Ben Bagdikian, *The Media Monopoly* (Beacon Press, 4. Aufl. 1992). Wir haben die auf die USA beschränkte Analyse auf ganz Nordamerika ausgedehnt.

Die folgenden Aufnahmen stammen aus der University of Washington in Seattle, aus Radio KUWR in Laramie und aus dem Auditorium der University of Wyoming in Laramie. Einige Abschnitte wurden auf der Videowand des Erin Mills Einkaufszentrums erneut aufgenommen. Im Interesse der besseren Lesbarkeit wurde die Tonspur hier zusammengefaßt.

Chomsky
Wir haben hier also vor allem einige Großunternehmen, die ihrerseits zu noch größeren Konzernen gehören. Wie alle anderen Unternehmen bieten auch sie ein Produkt auf dem Markt an. Der Markt, das sind die Werbekunden, also andere Firmen. Was die Medien am Laufen hält, sind nicht die Leser, Hörer oder Zuschauer. Geld verdienen sie einzig und allein mit ihren Werbekunden. Nun bedenken Sie aber, wir reden hier von den Elitemedien. Man will ein Qualitätsprodukt verkaufen, eines, das die Werbepreise hochtreibt – fragen Sie nur mal Ihre Freunde in der Werbebranche. Man will also seine Zielgruppe in Richtung auf Elite und Wohlstand verändern, denn dann steigen auch die Preise für Werbung. Was wir also am Ende haben, sind Institutionen, Unternehmen und Konzerne, die anderen Unternehmen privilegierte Zielgruppen verkaufen.
Welche Weltsicht wird sich also hieraus ergeben? Ich kann wohl ohne weitere Zusatzannahmen vorhersagen, daß die Auffassungen und die Weltanschauung, die daraus entstehen, mit den Bedürfnissen, Interessen und Sichtweisen der Verkäufer, der Käufer und des Produkts übereinstimmen werden.
Es gibt aber noch mehr Faktoren, die sich alle in dieselbe Richtung auswirken. Menschen, die in das System hineinwollen, aber nicht über diese Sichtweise verfügen, fallen höchstwahrscheinlich bald wieder heraus. Schließlich wird sich keine Institution frohen Mutes einen Mechanismus zur Selbstzerstörung bauen. So funktionieren Institutionen nicht. Sie tun vielmehr alles, um Abweichler, Alternativmeinungen und dergleichen auszuschließen, an den Rand zu drängen oder zu eliminieren, denn diese stören die Funktion, sie machen die Institution als ganze funktionsunfähig.

Manchmal üben die Werbekunden einen viel direkteren Einfluß aus. »Ein Programm, das nicht auf Förderung durch die Wirtschaft hoffen kann, stirbt im allgemeinen schon kurz nach der Geburt«, notiert der Londoner *Economist* am 5.12.87, und weiter: »Die Sender reagieren inzwischen äußerst sensibel auf die empfindlichen Gefühle der Konzerne.« Das Blatt erwähnt dann den Fall des TV-Senders WNET, der »seine Unterstützung durch Gulf & Western einbüßte, nachdem er in einem Dokumentarfilm mit dem Titel ›Profithunger‹ gezeigt hatte, wie die Multis in der Dritten Welt riesige Ländereien aufkaufen.« »Ein Freund tut so etwas nicht«, bescheinigte der Gulf-Präsident dem Sender; dieser Film sei »massiv wirtschaftsfeindlich, um nicht zu sagen antiamerikanisch.« Schlußfolgerung des *Economist*: »Es ist kaum anzunehmen, daß WNET denselben Lapsus heute noch einmal begehen würde.« Andere ebenso wenig – die implizite Warnung genügt.

Aber es gibt noch zahlreiche andere Faktoren, die dazu beitragen, daß die Medien sich den Wünschen der verbündeten Staats- und Wirtschaftskreise beugen. Sich gegen die Machtzentren zu stellen, ist anstrengend und kostspielig; alle Belege und Argumente müssen gänzlich abgesichert sein; jede kritische Analyse wird Mißfallen bei denen erwecken, die in der Lage sind, heftig zu reagieren, zu belohnen oder zu strafen. Wer lieber billig davonkommen will, hält sich an das »patriotische Schema«. Denn Ausfälle gegen den offiziellen Feind müssen weder besonders begründet werden noch irgendwelche Gegendarstellungen fürchten, kann man letztere doch als Fürsprache für Verbrecher abtun, die den Wald vor Bäumen nicht sieht.
Necessary Illusions S. 8

Im Jahre 1989 mußte ein im Besitz von *Turner Broadcasting System* befindlicher Kabelsender ein TV-Feature, das die *National Audubon Society* produziert hatte, ohne einen einzigen dazwischengeschalteten Werbespot ausstrahlen. Der Grund: Auf Druck der Holzindustrie hatten acht Werbekunden ihre Aufträge storniert. Den Holzfällerfirmen erschien dieser Film, *Ancient Forests: Rage Over Trees*, zu radikal. Die Firma Domino's Pizza entzog der NBC-Sendung »Saturday Night Live« ihr Werbebudget mit der Begründung, die Sendung verkünde angeblich eine antichristliche Botschaft.
M. A. Lee, N. Salomon, *Unreliable Sources: A Guide to Detecting Bias in News Media* (Carol Publishing Group 1990) S. 60

Filter: Werbung als Haupteinnahmequelle der Massenmedien

»AMERICAN FOCUS«, WASHINGTON

Karine Kleinhaus
Was glauben Sie: Sind Sie persönlich der ideologischen Indoktrinierung durch die Medien und durch die Gesellschaft, in der Sie aufgewachsen sind, entkommen?

Chomsky
Ich selbst?

Karine Kleinhaus
Ja.

Chomsky
Häufig nicht. Ich meine, daß ich ... also wenn ich so zurückschaue und an Sachen denke, die ich hätte tun sollen, aber nicht getan habe, dann ist das ziemlich ... na ja, keine angenehme Erfahrung.

BÜRO IM MIT

David Barsamian
Also wie war das mit dem kleinen Noam auf dem Schulhof?

Chomsky
Das sehe ich als Privatsache an. Das interessiert doch niemanden. Aber ich kann mich daran erinnern.

David Barsamian
Sie haben daraus aber auch gewisse Schlüsse gezogen.

Chomsky
Oh ja, das hat mich sehr beeinflußt. Ich glaube, ich war sechs, in der ersten Klasse. Da gab es das übliche Dickerchen, über den sich alle lustig machten. Ich weiß noch, auf dem Schulhof, da

Seinen Ruf als Dissident begründete Chomsky mit seinem berühmten, vielfach übersetzten Essay »The Responsibility of Intellectuals«, der im Frühjahr 1966 in der *New York Review of Books* erschien. Einige Monate später war er einer der Unterstützer des ersten »Aufrufs zum Widerstand gegen illegitime Herrschaft«, der am 12. Oktober in der *New York Review of Books* erschien und von Tausenden unterschrieben wurde. Diese Initiative führte zur Gründung von RESIST – einer landesweiten Organisation [übrigens immer noch im Widerstand aktiv, siehe Quellenverzeichnis], die ihren Blick auf den außenpolitischen Imperialismus und die innenpolitische Repression richtete. Sie spielte auch eine wichtige Rolle in dem Prozeß gegen Dr. Spock und die übrigen »5 Bostoner« wegen Verschwörung, wobei Chomsky als (noch) nicht angeklagter Mitverschwörer galt. Er stand auch in der vordersten Reihe, als mit der Demonstration vom 19. bis 21.10.1967 vor dem Pentagon eine Wendemarke überschritten wurde – diese Demonstration, die als »ungewöhnliches und unvergeßliches Bekenntnis der Opposition gegen den Krieg« bezeichnet wurde, an der »nach manchen Schätzungen Hunderte von Menschen beteiligt« waren. Norman Mailer, an diesem Abend Chomskys Zellengenosse, hat in seinem Buch *The Armies of the Night* (1968) »den Geist und das Wesen dieser Demonstrationen mit großartigem Scharfblick eingefangen«. Von Chomsky heißt es dort, er sei »in jeder Hinsicht mit Leib und Seele Lehrer« und gelte »im MIT wegen seiner Entdeckungen auf dem Gebiet der Linguistik als Genie«. Mailer beschreibt ihn treffend als einen »schlanken Mann mit scharfen, asketisch wirkenden Gesichtszügen, die gleichzeitig Sanftmut und moralische Integrität ausstrahlen«. (Zitate aus *American Power and the New Mandarins* S. 367 bzw. aus Mailers Roman S. 203 (»Geschichte als Roman, der Roman als Geschichte«). Eben-

stand er direkt vor der Klassenraum und ein Haufen Kinder hänselte ihn, und einer brachte sogar seinen älteren Bruder an, vielleicht aus der dritten Klasse, nicht aus der ersten, also für uns ein ganz Großer, und der wollte ihn verprügeln oder so. Und ich weiß noch, wie ich mich neben ihm aufgebaut und gedacht habe, irgend jemand muß ihm doch helfen, und dann blieb ich eine Weile dort. Dann kriegte ich aber Angst und verzog mich, und dann habe ich mich sehr geschämt deswegen und mir gedacht: Also das passiert mir nicht wieder. Seitdem sitzt das in mir drin – dem Schwächeren beistehen. Und die Scham ist immer noch da ... daß ich hätte ausharren sollen.

AUS »THIRD EAR«

Jonathan Steinberg
Sie standen ja schon ganz gut da; Sie waren Professor am MIT, hatten sich einen Namen gemacht und eine tolle Karriere vor sich – und dann beschlossen Sie, politischer Aktivist zu werden. Das ist doch nun der klassische Fall eines, den die Institution anscheinend nicht ausgesiebt hat – heißt das also, Sie waren bis dahin immer brav gewesen? Oder waren Sie schon von jeher so etwas wie ein Rebell?

Chomsky
Doch, ziemlich. Ich hab' eher außen vor gestanden.

Jonathan Steinberg
Sie fühlten sich isoliert. Sie fühlten keine Sympathie für die vorherrschenden Strömungen in den USA. Aber das geht vielen anderen auch so. Und dann plötzlich, 1964, faßten Sie den Entso genau trifft die Formulierung von den »dichtgepackten Begriffswindungen des Chomskyschen Erkenntnisprozesses«. (Vgl. auch Oteros Einführung zu *Language and Politics*).

»The Responsibility of Intellectuals« wurde im folgenden Jahr in dem Buch *The Dissenting Academy* von Theodore Roszak abgedruckt, kurz darauf auch in Chomskys erstem »Nicht-Fachbuch«, nämlich in *American Power and the New Mandarins* (»den mutigen jungen Männern gewidmet, die den Dienst in einem verbrecherischen Krieg verweigern«). Dieses Buch, eine Sammlung historischer und politischer Essays, erschien 1969 und stellt wohl die schärfste je erschienene Anklage der US-Invasion Indochinas dar. *The Nation* begrüßte damals das Buch mit den Worten, es sei »das erste überragende Produkt des gesellschaftlichen und politischen Denkens in der Folge der Vietnam-Katastrophe« und »der erste Entwurf zu einer Unabhängigkeitserklärung der Intellektuellen«. Daß das Buch auf Anhieb einschlug, verdankt es zum Teil der geradezu ehrfurchtgebietenden Diskutierstärke seines Autors (in Wort und Schrift) sowie seiner fast übermenschlichen Fähigkeit, die Argumente seiner Gegner logisch zu zerpflücken, von seiner eigenen Brillanz gar nicht zu reden. Noch ehe das Jahrzehnt zu Ende ging, genoß er internationale Bewunderung und einen Ruf als eloquenter Sprecher der Antikriegsbewegung, als Gesellschaftskritiker und als Kämpfer; manche wollten in ihm sogar einen Helden oder Guru der Neuen Linken erblicken. (Bevor am 4. März 1969 sein Arbeitsprogramm am MIT eingestellt wurde, sah man »seine Präsenz dort als so wichtig an, daß er einmal wöchentlich von Oxford« – wo er die Locke Lectures gab – »zum MIT fliegen mußte«).
Aus der Einleitung zu *Noam Chomsky: Critical Assessments* Bd. 3 (a. a. O.)

Zum Indochinakrieg vgl. auch *The Political Economy of Human Rights* Bd. 2, *The Chomsky Reader* S. 223-302, *Manufacturing Consent* S. 169-296

Chomsky
Am 15. Oktober 1965 kam es zum erstenmal dazu, daß ich auf einer öffentlichen Kundgebung unter freiem Himmel das Wort ergriff; das war auf dem Boston Common. Es waren wohl 200-300 Polizisten da, und ich muß sagen, wir waren sehr froh darüber, denn sie waren unser einziger Schutz gegen einen gewaltsamen Tod. Die Menge war überaus feindselig eingestellt. Es waren meistens Studenten, die von der Universität herüber kamen und drauf und dran waren, uns umzubringen. Dabei waren unsere Forderungen wirklich sehr zahm – man genierte sich beinahe, sie auszusprechen. Wir sagten nämlich nur: »Stoppt die Bombardierung von Nordvietnam.« Denn was war mit den dreimal so intensiven Bombardements in Südvietnam? Davon durfte man nicht einmal sprechen.
Aus »The MIT Interviews« Febr. 1990

schluß: Ich muß was tun. Was hat Sie dazu gebracht?

Chomsky
Das war eine sehr bewußte Entscheidung, die mir keineswegs leicht gefallen ist. Ich wußte nämlich, was danach passieren würde.
Ich hatte eine sehr begünstigte Stellung. Meine Arbeit machte mir Spaß, unser Institut quirlte vor Leben, das Arbeitsgebiet war ein Erfolg, im Privatleben lief alles bestens, ich hatte eine schöne Wohnung, meine Kinder wuchsen heran. Alles erschien perfekt. Und mir war klar, all dies würde ich aufgeben. Bitte, damals ging es nicht nur um ein paar Vorträge. Ich stieg direkt in den Widerstand ein, ich machte mich auf Jahre im Gefängnis gefaßt, und fast wäre es auch dazu gekommen. Meine Frau ging sogar wieder als Lehrerin arbeiten, weil wir dachten, sie müsse demnächst die Kinder ernähren. So sahen damals unsere Erwartungen aus.
Mir war auch klar, wenn ich mich wieder diesen Interessen zuwenden würde – die ja meine eigene Jugend geprägt hatten – dann würde es ziemlich ungemütlich werden. Natürlich wird man hier in den USA nicht in eine psychiatrische Anstalt gesteckt oder einem Todeskommando ausgeliefert, wenn man die Spielregeln verletzt, aber klare Strafen gibt es doch dafür. Das war also schon eine echte Entscheidung, aber ein Zurückschrecken wäre mir damals einfach als hoffnungslos unmoralisch erschienen.

Jeder von uns, die wir noch eine gewisse Freiheit in der Wahl unserer Mittel haben und nicht buchstäblich in der Schußlinie stehen, sieht sich aufgerufen, in voller Verantwortung für die Opfer des Machtgebrauchs durch die USA einzutreten. Wann immer wir über eine Widerstands- oder Protesttaktik nachdenken, müssen wir uns die Frage nach den zu erwartenden Folgen für die Menschen in Vietnam, in Guatemala oder Harlem vorlegen, müssen wir den Aufbau der Bewegung gegen Krieg und Unterdrückung im Auge behalten, an deren Ende eine Gesellschaft ohne Furcht und Schande steht. Wir müssen nach Wegen suchen, wie wir weite Kreise unseres Volkes von diesem Ziel überzeugen und diese Überzeugung in Aktionen umsetzen können. Dies alles mag ein ferner Wunschtraum sein, aber wenn es uns ernst damit ist, bleibt uns nichts anderes übrig. Zur Überzeugungsarbeit zählen Taten so sehr wie Worte, und wir müssen wahrscheinlich gesellschaftliche oder institutionelle Einheiten schaffen, und seien sie noch so klein, mit denen wir diesen Konkurrenzgeist und diese engstirnige Selbstsucht überwinden können, durch die uns die Gesellschaft fester an der Kandare hat als irgendein totalitärer Staat. Die Alternativen, die wir diesen ideologischen und sozialen Strukturen gegenüberstellen wollen, müssen ein so starkes geistig-moralisches Potential entwickeln, daß breite Schichten darin ihre menschlichen Grundbedürfnisse erfüllt sehen – wozu nicht zuletzt das natürliche Streben zählt, Mitgefühl zu zeigen und denjenigen Ermunterung und tätige Hilfe zu erweisen, die unsere hiesige Gesellschaft in Not und Elend gestürzt hat und niederhalten will und die sich aus diesem Elend zu befreien suchen.
American Power and the New Mandarins
S. 397-398

Ich selbst stand auch auf Nixons Schwarzer Liste, aber das hatte nicht viel zu bedeuten (…) Ich sollte für 5 Jahre ins Gefängnis und nur die Tet-Offensive hat mich davor bewahrt. Ich war Mitverschwörer, stand aber noch nicht unter Anklage. Als Repression würde ich das nicht bezeichnen; schließlich verstießen wir ganz offen gegen die Gesetze – oder was man so nennt. So etwas kann man nicht Repression nennen. Nur: Wer privilegiert ist, hat kaum unter Repression zu leiden. Wir haben an den gesellschaftlichen Privilegien teil und genießen deren Vorrechte.
Aus einem Gespräch an der McMaster University, Hamilton, Kanada (1988)

AUS »THE NEWSREEL« (1968)

Chomsky

Ich heiße Noam Chomsky und bin Dozent am MIT. Seit einigen Jahren beteilige ich mich immer stärker an der Antikriegs-Bewegung.
Zuerst habe ich Artikel geschrieben, Reden gehalten, mit Abgeordneten gesprochen usw., aber dann bin ich nach und nach immer mehr in verschiedene Widerstandshandlungen reingerutscht. Ich glaube inzwischen, die effektivste politische Aktionsform, die einem verantwortungsbewußten und engagierten Bürger jetzt noch offensteht, ist der direkte Widerstand: Also man kann sich weigern, an Kriegsverbrechen teilzunehmen (für mich sind es jedenfalls welche), man kann den Preis der amerikanischen Aggression in Übersee erhöhen, indem man sich nicht beteiligt, und man kann diejenigen unterstützen, die die Teilnahme ablehnen. Vor allem die landesweite Kriegsdienstverweigerung.
Ich meine, wir erkennen doch jetzt ganz deutlich einige sehr, sehr ernste Fehler und Schwächen unserer Gesellschaftsordnung, unserer Kultur und unserer Institutionen. Und um die zu korrigieren, müssen wir uns außerhalb des allgemein akzeptierten Rahmens stellen. Ich denke, wir müssen zu neuen politischen Aktionsformen finden.

Ziviler Ungehorsam läßt sich nur dort rechtfertigen, wo ein unerträgliches Übel vorliegt. Nach Dachau und Auschwitz weiß jeder, der seinem Gewissen verpflichtet ist, daß Befehle von oben nicht immer befolgt werden müssen. Es gibt eine Grenze, und genau dort beginnt der zivile Ungehorsam. Das kann ganz passiv ablaufen (…) Zuweilen ist es nur eine symbolische Konfrontation mit der Kriegsmaschinerie (…) Es kann aber auch erheblich darüber hinausgehen (…)
Wie weit man mit dem zivilen Ungehorsam geht, hängt vor allem von der Schwere des Mißstands ab, gegen den man sich wenden will. Aber auch die erzielbare Wirkung und die moralischen Überzeugungen spielen eine Rolle, und deshalb bin ich dafür, im zivilen Ungehorsam uneingeschränkt gewaltlos zu bleiben (…)
Ich muß hier nicht mehr beschreiben, was doch allgemein bekannt ist. Worte reichen nicht aus, um wiederzugeben, was wir anrichten; wir würden damit die Opfer unserer Gewalt und unserer moralischen Feigheit nur beleidigen. Jawohl – wenn wir das schändlichste Kapitel in der Geschichte der Vereinigten Staaten endlich beenden wollen, dann ist ziviler Ungehorsam in der Tat mehr als gerechtfertigt.
Aus Chomskys Beitrag zu einem Artikel unter dem Titel »Views on disobedience in the light of its being increasingly urged by critics of the Vietnam war«, *New York Times* **26.11.67**

Auch wenn jedermann das Recht haben sollte, aus dem Weg auszuscheren, den seine Gemeinschaft eingeschlagen hat, so muß es doch der Gemeinschaft – und nicht dem Abweichler – überlassen bleiben, über die Sanktionen zu entscheiden. In einer aufgeklärten Gesellschaft sollten diese Sanktionen je nach Art der Widersetzlichkeit gewählt werden, sowie danach, ob diese erkennbar aus tiefen philosophischen Überzeugungen erwächst (…) Ich denke, es sollte klar sein, welche Konsequenz bei vorbedachtem schweren zivilen Ungehorsam angezeigt ist: die Deportation.
Aus dem Beitrag von William F. Buckley zu dem oben zitierten Artikel der *New York Times*

Das Völkerrecht ist in vieler Hinsicht ein Instrument der Mächtigen, ist es doch eine Schöpfung der Staaten und ihrer Vertreter. Ländliche Massenbewegungen waren jedenfalls nicht beteiligt, als im Lauf der Zeit der jetzt gültige Korpus des Völkerrechts entstand (…)
[Dennoch finden sich] im Völkerrecht interessante Elemente, so etwa in den Grundsätzen von Nürnberg und in der Charta der Vereinten Nationen. Meines Erachtens *verlangen* diese Elemente von jedem Bürger, derart gegen seinen eigenen Staat zu handeln, daß dieser ihn fälschlicherweise als kriminell einstuft. Gleichwohl wäre sein Handeln legal. So verbietet das Völkerrecht etwa die Anwendung von Gewalt unter Staaten, ja selbst die Drohung damit. Ausnahmen sind nur unter sehr eingeschränkten Voraussetzungen zulässig, die beispielsweise auf den Vietnamkrieg nicht zutreffen. Daraus folgt, daß speziell im Vietnamkrieg – und um den geht es mir hier vor allem – die USA wie ein Verbrecher handeln. Einen Verbrecher darf man aber an einem Mord hindern, und wenn er dann den Versuch, ihm Einhalt zu gebieten, illegal nennt, so trifft das Gegenteil zu (…)
Aus »Human Nature: Justice versus Power« in *Reflexive Water* **(a. a. O.)**

Mehr zu den Grundsätzen von Nürnberg auf S. 154.
Vgl. auch »On the Limits of Civil Disobedience« in *For Reasons of State* **S. 285-297**

AUS »FIRING LINE«, USA (1969)

William F. Buckley
Da bin ich aber froh, daß Sie hier über die Vietnamfrage diskutieren wollen, vor allem wenn ich sehe, wieviel Überwindung Sie das kostet.

Chomsky
Das stimmt ...

Buckley
Klar ...

Chomsky
Das stimmt, und eine Sache wie diese ...

Buckley
... und Ihnen geht's gut, Ihnen geht's prima.

Chomsky
Also manchmal werde ich wütend. Aber vielleicht nicht gerade heute abend.

Buckley
Heute vielleicht nicht, sonst würde ich Ihnen nämlich eins in die Fresse geben.

Chomsky
Das ist ein guter Grund, mich zu beherrschen.

Buckley
Sie nennen den Krieg einfach obszön – eine verkommene Tat elender Schwächlinge.

Chomsky
Uns alle eingeschlossen – mich selbst nicht ausgenommen.

Buckley
Und weiter ...

Es mag eine Zeit gegeben haben, da man über die Vietnam-Politik der USA noch geteilter Meinung sein konnte. Aber das ist lange vorbei. Man kann das inzwischen ebensowenig wie über den Krieg der Italiener in Abessinien oder über die Unterdrückung der Ungarn durch die Russen. Dieser Krieg ist einfach obszön, er ist eine verderbte Tat, verübt von schwachen, verächtlichen Männern. Auch wir zählen dazu, denn wir haben es zugelassen, daß diese Geißel der Zerstörung endlos weiterwütet. Auch wir hätten geschwiegen, wenn allein Ruhe und Ordnung geherrscht hätten. Es fällt mir schwer, das auszusprechen, aber es muß sein – um der Wahrheit willen.
American Power and the New Mandarins **S. 9**

Chomsky
Einschließlich aller ... das steht im nächsten Satz ...

Buckley
Ja doch ...

Chomsky
... also in diesem Satz ...

Buckley
Ja ja ja – klar doch. Sie halten jeden für schuldig.

Chomsky
In diesem Fall stimmt das, glaube ich ...

Buckley
Hm, ja, aber ...

Chomsky
... also was ich unter anderem damit sagen wollte ...

Buckley
Das ist gewissermaßen eine theologische Aussage, oder?

Chomsky
Nein, das glaube ich nicht ...

Buckley
... denn wenn jemand sagt, alle sind an allem schuld, dann ist niemand an irgend etwas schuld.

Chomsky
Nein, also ich meine ... na ja, also das glaube ich nun nicht. Wissen Sie, was ich damit aufzeigen will, ist der eigentliche ... also mir erscheint es jedenfalls so, ich sage das an anderer Stelle in dem Buch *[American Power and the New Mandarins]* ... für mich ist gewissermaßen der erschreckendste Aspekt unserer

Ärger, Wut, das Bekennen einer erdrückenden Schuld: Dies alles mag ja einen gewissen therapeutischen Wert besitzen. Es kann jedoch auch ein Hemmschuh für wirksames Handeln sein – dann nämlich, wenn dieses angesichts der Schwere des Verbrechens heruntergeredet wird. Es ist ungeheuer leicht, in eine Selbstbezogenheit anderer Art zu verfallen, die uns nicht weniger schwächt als die Apathie von einst. Hier liegt wirklich eine Gefahr. Daß die Menschen über ritualisierte Schuldbekenntnisse geradezu daran gehindert werden können zu tun, was getan werden muß – dieser Gedanke ist ja nicht neu. Man kann sogar, indem man über das Böse in sich nachsinnt, eine gewisse Befriedigung empfinden. Und ebenso trügerisch ist der Schrei nach der »Revolution«, wenn er zu einer Zeit ertönt, da neue Institutionen nicht einmal im Keim existieren, um wieviel weniger das moralische und politische Bewußtsein, mit dem sich der Alltag einer Gesellschaft grundlegend verändern ließe. Sollte es in den USA derzeit überhaupt so etwas wie eine »Revolution« geben, dann könnte das nur ein Schritt in Richtung auf eine Art Faschismus sein. Wir müssen uns vor jener revolutionären Rhetorik hüten, die einen Karl Marx das Britische Museum hätte anzünden lassen, weil dieses ja auch nur ein Element der Repressionsgesellschaft war. Die gravierenden Mißstände und Schwachstellen innerhalb unserer Institutionen dürfen wir keinesfalls übersehen; aber ebenso unverzeihlich wäre es, wenn wir die erheblichen Spielräume, die den meisten von uns selbst in diesen unvollkommenen Institutionen offenstehen, nicht dazu nutzen würden, um an diesen zu arbeiten oder sie sogar gänzlich durch eine bessere Gesellschaftsordnung zu ersetzen.
American Power and the New Mandarins
S. 17-18

Niemand, der sich auch nur ein wenig mit Geschichte beschäftigt, wird überrascht sein, wenn die Leute, die am lautesten »Schlagt alles kaputt!« schreien, später selbst an den Schalthebeln eines neuen Repressionsapparats sitzen.

Gesellschaft – anderer übrigens auch – die distanzierte Gleichgültigkeit, mit der geistig gesunde, vernünftige Menschen solche Vorgänge anschauen. Ich halte das für schlimmer, als wenn mal gelegentlich ein Hitler oder LeMay *[Curtis LeMay: General der US Air Force während des Vietnamkriegs]* oder so jemand auftaucht. Solche Leute könnten überhaupt nichts bewirken ohne diese Apathie und Gleichgültigkeit. Und deshalb glaube ich, daß es in einem gewissen Sinne gerade die vernünftigen, einsichtigen, toleranten Menschen sind, die eigentlich – also die zu einem erheblichen Teil mitschuldig sind; sie laden nämlich alles viel zu schnell auf den Schultern einiger Extremisten und Gewalttäter ab.

Was nun die Verantwortung der Intellektuellen angeht, so stellen sich dort noch andere, nicht minder beunruhigende Fragen. Die Intellektuellen sind in der Lage, die Lügen der Regierung aufzudecken und deren Handlungen im Hinblick auf Auslöser, Motive und – häufig verborgene – Absichten zu erforschen. Auch verfügen sie, zumindest im Westen, über eine gewisse Macht, die sie der politischen Freiheit verdanken, dem Zugang zu Informationen und dem freien Wort. Ihnen als privilegierter Minderheit verschafft die westliche Demokratie immerhin die Muße, das Instrumentarium und die Ausbildung, um hinter dem Schleier von Propaganda und Verzerrung, von Ideologie und Klasseninteressen – durch den allein wir die Dinge der Zeit wahrnehmen dürfen – nach der Wahrheit zu suchen. Da die Intellektuellen diese Vorrechte genießen dürfen, reicht ihre Verantwortung viel weiter als das, was [Dwight] Macdonald die »Verantwortung der Völker« nennt (…) Den Intellektuellen obliegt es, die Wahrheit zu benennen und die Lüge zu demaskieren.

Aus »The Responsibility of Intellectuals«, *The Chomsky Reader* **S. 60 (abgedruckt aus** *American Power and the New Mandarins***)**

AUS »PULSE NEWS«, CFCF TV, MONTREAL, KANADA (10.06.91)

Lynn Desjardins
Zwölf Millionen Pfund Konfetti wurden in der sogenannten »Heldenschlucht« in New York verstreut. Die Amerikaner begrüßten ihre Truppen bei der Heimkehr aus dem Krieg am Persischen Golf.

KONFETTIPARADE IN NEW YORK

Mann rechts
Ja, das ist prima gelaufen. Ich meine, da sieht man doch, daß wir eine mächtige Nation sind, und das bleibt auch so, egal was passiert. Ich meine, wir sind das stärkste Land der Welt, da muß man doch froh sein, daß man hier lebt.

Katherine Asals *(Reporterin)*
Und was sagen Sie dazu, wie die Medien über den Krieg berichtet haben?

Mann links
Das fand ich gut. Nach einiger Zeit wurde es einem etwas zuviel, aber es war doch ganz gut, über alles Bescheid zu wissen. Wissen Sie, in Vietnam damals, da gab es so vieles, von dem man nichts wußte, aber hier war man über alles so ziemlich auf dem laufenden, man war informiert und das finde ich gut.

Im Rückblick bleibt unklar, welche positiven Auswirkungen der Golfkrieg überhaupt hatte. In Kuweit wurde – nach Milliardenschäden und ohne daß es zu nennenswerten Reformen gekommen wäre – wieder das alte autoritäre Regime eingesetzt. Im Irak liegt infolge des Krieges die wirtschaftliche Infrastruktur darnieder, und die Verluste an Menschenleben werden auf 243.000 geschätzt. (Als Folge der amerikanischen Politik des »Jetzt bomben, später sterben« hatte das irakische Volk unter Cholera- und Typhusepidemien sowie anderen tödlichen Krankheiten zu leiden; der Mangel an Medikamenten und Ausrüstung verhinderte selbst die einfachste medizinische Hilfe; Kinder starben an Hunger und Krankheiten. Dennoch bestand Bush unvermindert auf dem Wirtschaftsboykott des Irak. S. 420) Die Kurden und andere Volksgruppen, die den Sturz Saddam Husseins anstrebten, hat man im Stich gelassen. Der Irak selbst muß weiter die Diktatur der Baathpartei ertragen. Millionen Menschen hat der Krieg zu Flüchtlingen gemacht und um ihre berufliche Existenz gebracht; ihre Aussichten sind ungewiß. Die ganze Region wurde ökologisch verwüstet; die Ölquellen loderten monatelang, während ausströmendes Rohöl den Persischen Golf verseuchte. Die politische Stabilität im Nahen Osten ist bedrohter als je zuvor; anstatt die Probleme der Region zu lösen, hat der Golfkrieg nur neue Zwietracht und Spannung gebracht.
Doug Kellner, *The Persian Gulf TV War* (Westview Press 1992) S. 1

Chomsky beurteilt *The Persian Gulf TV War* so: »In seiner sorgfältigen Analyse der Realitäten des Golfkriegs und der Vorstellungen, die man uns davon vermittelt hatte, zeichnet Kellner ein Bild unserer Gesellschaft und unserer Institutionen, an dem niemand, dem unser Land am Herzen liegt, vorbeikommt. Eine beeindruckend starke Untersuchung, die zu vielfältigen Überlegungen Anlaß gibt.«
Vgl. auch: »What We Say Goes« in: C. Peters (Hrsg.), *Collateral Damage* (South End Press 1992) S. 49-92, sowie *Chronicles of Dissent* Kap. 12-15

CNN TV, ATLANTA, GEORGIA, USA

Ed Turner *(Präsident von CNN)*
Dank des technischen Fortschritts waren wir zum erstenmal in der Lage, an vielen Stellen der Erde live dabei zu sein. Weil wir ein Nachrichtensender sind, können wir den nötigen Zeitaufwand treiben, um dem Zuschauer den ganzen Kontext bieten zu können. Darunter verstehe ich das institutionelle Gedächtnis, ohne das man das Wie und Warum nicht verstehen kann.

Stimme
Gib dem letzten Ding 'ne ID, dem von ITN – Israel nach dem Krieg.

Ed Turner
David Brinkley hat einmal gesagt, wir stünden jetzt vor der Kamera und wären kein Nachrichtendienst mehr, sondern Showbusiness. Aber das muß guten Journalismus nicht beeinträchtigen.

Redakteur 1
Bleib dran, ich geb' mal 'nen Einstieg zu Salinger. OK? Äh, Präsident Bush und Premierminister Major haben, äh, verschließen sich, oder haben die sowjetischen Friedensvorschläge, äh, Friedensbemühungen praktisch zurückgewiesen. OK. In Saudi-Arabien steht noch ein Türchen offen. Hier ist Rick Salinger live aus Riyadh mit dem Neuesten.

Redakteur 2
... verschließen sich praktisch ...

Redakteur 1
Ja ... verschließen sich praktisch ... genau.

Ed Turner
Genauigkeit, Schnelle, Fairness, Ehrlichkeit und Beharrlichkeit – das braucht der Reporter, wenn er die Wahrheit vermitteln will. Egal welche Wahrheit.

Vom ersten Tag der Entsendung der amerikanischen Truppen an wurde der Presse der direkte Kontakt mit den Soldaten verwehrt. Stattdessen organisierten die Militärs Gruppenreisen für die Journalisten zu eigens ausgewählten Orten, und auch dort durften Interviews mit Soldaten nur in Gegenwart von »Aufpassern« geführt werden (...) Da außerdem alle Berichte und Filmdokumente der Zensur unterlagen, hatten die Streitkräfte die Berichterstattung über die Entsendung der Truppen und die nachfolgenden Militäroperationen praktisch völlig in der Hand.

Reporter, die sich auf eigene Faust hinauswagten, wurden entweder festgenommen oder bei ihrer Rückkehr aufgefordert, zu verschwinden; einige wurden sogar verprügelt. Wer sich während des Krieges nicht der Disziplin der Reisegruppen unterwarf, verlor seinen Presseausweis (...) Kein Reporter durfte sein Material nach Hause übermitteln, bevor es nicht einer »Sicherheitsüberprüfung« – also einer Militärzensur – unterzogen worden war.

Nie zuvor ist die Berichterstattung über die amerikanische Kriegführung so massiv eingeschränkt worden. Sonst hatten die Journalisten sich stets frei unter den Fronttruppen bewegen können, und im Zweiten Weltkrieg wie auch in Vietnam stand unsere Kriegsberichterstattung auf hohem Niveau. Wenn das Militär nun zum Mittel der Gruppenfahrten griff, so gerade deshalb, weil aus Vietnam zu negativ berichtet worden war und man der Presse die Schuld dafür gab, daß dieser Krieg unpopulär wurde (...)

Dies führte dazu, daß die heftigen Debatten, die unter den in Saudi-Arabien stationierten Soldaten um den Sinn und Zweck ihres Einsatzes kreisten, der Öffentlichkeit in den USA vorenthalten blieben. Jede Meldung, die vielleicht Fragen bezüglich der Politik der Bush-Regierung provozieren könnte, galt als unerwünscht. Reporter, die gegen den Truppeneinsatz eingestellt waren, erhielten weder Zugang zur Militärführung noch zu den Pressegruppen. Wer sich aber geneigt zeigte, der wurde mit Rundreisen und Interviews belohnt.
The Persian Gulf TV War (a. a. O.) S. 80-83

Die Medien haben sich selbst auf die Schulter geklopft und Umfrageergebnisse verkündet, nach denen ca. 70 Prozent der Bevölkerung mit der Kriegsberichterstattung sehr zufrieden waren. Mißt man hingegen die Qualität der Medien daran, wie gut sie die Öffentlichkeit informieren, dann erweist sich ihr völliges Versagen.

Das *Center for Studies in Communication* der Universität von Massachusetts fand kürzlich heraus, daß die Menschen um so weniger über die Hintergründe des Golfkrieges wußten, je häufiger sie während der Krise vor dem Fernseher gesessen hatten, und daß sie auch den Krieg um so entschiedener bejahten. Bei der Frage nach Grundkenntnissen über die Region, die Politik der USA und die Ereignisse, die zu dem Krieg geführt hatten, stellte das Forscherteam fest, daß »die auffälligsten Wissenslücken bei den Menschen solche Informationen betrafen, die die Regierungspolitik in einem ungünstigen Licht hätten erscheinen lassen können« (...)

So fiel es der überwiegenden Mehrzahl der Befragten schwer, allgemeine Fragen zum Nahen Osten und zur Außenpolitik der USA zu beantworten; hingegen konnten 81 Prozent den Flugkörper, mit dem wir die irakischen Scud-Raketen abschießen konnten, richtig benennen: die Patriot. Die Tatsache, daß die Medienkonsumenten zwar über amerikanische Erfolgswaffen Bescheid wußten, nicht aber über unsere außenpolitischen Widersprüche, läßt es für die Forschergruppe »als naheliegend erscheinen, daß die breite Öffentlichkeit nicht etwa unwissend ist, sondern selektiv fehlinformiert wird.«

Die Untersuchung kommt zu dem Schluß, man könne »der Bush-Regierung und dem Pentagon nicht den Vorwurf machen, sie hätten nur solche Fakten veröffentlicht, die zu ihren Gunsten sprechen – schließlich zählt die Verbreitung ausgewogener Informationen nicht zu ihren Aufgaben. Dies ist allein den Medien anzulasten, vor allem dem Fernsehen, denn ihnen obliegt es, die Öffentlichkeit mit allen relevanten Fakten zu versorgen.«
Extra!-Sonderausgabe Bd. 4 Nr. 3 Mai 1991

Der Logik der Situation folgend, bestünde der erste, der UNO-spezifische Ansatz zur Abwehr der Aggression in Sanktionen. In diesem Fall wäre es allerdings denkbar, daß die Sanktionen ihre – durchaus zu erwartende – Wirksamkeit erst nach und nach entfalten. Eine Invasionstruppe andererseits kann nicht beliebig lange einsatzbereit gehalten werden – um so weniger, je stärker sie zahlenmäßig ist. Eine größere Invasionsstreitmacht in der arabischen Wüste zu unterhalten, ist schon schwierig genug und wäre allenfalls für einige Monate möglich. Man wird also vor die Wahl gestellt: Abziehen oder einsetzen. Ein Abzug ist aber politisch so gut wie ausgeschlossen; schließlich ist diese ganze Geschichte hochmoralisch aufgeladen und als Auftrag von geradezu kosmischer Bedeutung zu verstehen: Saddam Hussein muß gewaltsam aus Kuwait verjagt werden. Da die Sache nun so hoch aufgehängt ist, können wir uns unmöglich noch zurückziehen. Also werden die Truppen eingesetzt werden; also wird es einen Krieg geben. Das erfordert die Logik der Situation, und das liegt seit Anfang August praktisch auf der Hand.
Noam Chomsky on U. S. Gulf Policy, **Harvard University 19.11.90** (*Open Magazine Pamphlet Series*) S. 1

Diejenigen, die sich für eine militärische Lösung der Kuwaitkrise einsetzen, behaupten immer wieder, es gäbe keine Beweise für die Wirksamkeit von Sanktionen. Nur durch einen Krieg könne sichergestellt werden, daß die Iraker Kuwait räumen. Dabei gibt es zahllose Beispiele für Sanktionen, die von Erfolg gekrönt waren, und vieles spricht dafür, daß dies auch hier in maximal 12 Monaten der Fall sein könnte.
Wir haben in einer umfangreichen Studie 115 Fallbeispiele bis zurück zum Ersten Weltkrieg untersucht und sind zu dem Ergebnis gekommen, daß in 34 Prozent der Fälle Wirtschaftssanktionen dazu beitrugen, die jeweils zwischenstaatlich damit verfolgten Ziele zu erreichen. Da im Fall des Irak unter den Staaten, welche die umfassenden Sanktionen betreiben, seltene Einmütigkeit herrscht, sind hier die Erfolgschancen weitaus größer.
Um unsere Schlußfolgerungen auch streng formal zu testen, benutzten wir Erkenntnisse eines Harvard-Ökonomen, San Ling Lam, für die Entwicklung eines Computermodells zur Analyse der Faktoren, die einen Beitrag zum Erfolg von Sanktionen liefern. Der geschätzte Schaden, der dem Irak entstehen würde – 48 Prozent des Bruttosozialprodukts – übersteigt bei weitem alles bisher Dagewesene. Somit lag die erwartete Erfolgswahrscheinlichkeit ursprünglich praktisch bei 100 Prozent. Auch als wir das Modell (im Hinblick auf den extrem tyrannischen Charakter des Saddam-Regimes) modifizierten und die Kostenschätzung auf 24 Prozent halbierten, betrug die Erfolgschance immer noch mehr als 85 Prozent. Es gab 12 Fälle, bei denen das Modell ebenfalls eine Erfolgswahrscheinlichkeit von mehr als 80 Prozent ermittelte. Der durchschnittliche Rückgang des Handelsvolumens hatte dabei nicht mehr als 36 Prozent betragen, und der Durchschnittswert für den erzielten Schaden lag bei mageren 3,8 Prozent des BSP.

Im Gegensatz hierzu blockieren die Sanktionen gegen den Irak die Handels- und Kapitalbeziehungen des Landes praktisch zu 100 Prozent. Der Einbruch im irakischen Bruttosozialprodukt – 48 Prozent – ist zwanzigmal größer als der entsprechende Durchschnittswert von allen erfolgreichen Sanktionsfällen und immerhin noch dreimal so hoch wie der höchste bislang in einem Land bewirkte wirtschaftliche Schaden.
Dem wird nun von Kritikern entgegengehalten, Sanktionen könnten nichts gegen einen rücksichtslosen Diktator ausrichten, der sein Volk jeden Preis zahlen läßt. Es sind aber Sanktionen mit Erfolg gegen Diktatoren aller Schattierungen angewandt worden – sei es, daß sie sich zu einer Änderung ihre Politik genötigt sahen, sei es, daß sie gestürzt wurden (...)
Da der Irak über weitaus geringere Reserven verfügt als die Sowjetunion, würde sich in erfolgreichen Sanktionen ein viel attraktiveres Modell für eine globale Zusammenarbeit anbieten, wenn es künftig darum geht, die Sündenfälle kleinerer Länder auszubügeln. Leider wird dieses Modell verworfen, ohne je eine echte Chance gehabt zu haben. Wie oft noch wollen die USA, nur um einen regionalen Tyrannen zu disziplinieren, im Alleingang vorgehen und dabei selbst eine militärische Konfrontation riskieren?
Aus »Sanctions Will Work – and Soon« von G. C. Hufbauer und K. A. Elliott, *Globe And Mail* **15.01.91 S. A15**
Vgl. auch: G. C. Hufbauer, K. A. Elliott, J. J. Schott, *Economic Sanctions Reconsidered* (Institute for International Economics, Washington)

Ed Turner, der Präsident von CNN, ist nicht verwandt mit Ted Turner, Präsident von *Turner Broadcasting System***, der Muttergesellschaft von CNN**

IM MIT

Chomsky
Nun ist ein Kriegseintritt eine ernste Sache. In einer totalitären Gesellschaft braucht der Diktator nur zu verkünden, wir ziehen jetzt in den Krieg, und alles marschiert los.

AUS »THE WAR FOR MEN'S MINDS« (KANADISCHE NATIONALE FILMBEHÖRDE 1943)

Sprecher *(Lorne Greene)*
Und da wir nun über die Waffe der menschlichen Brüderlichkeit verfügen, sehen wir in dem Kampf um die Köpfe der Menschen nicht so sehr eine Schlacht zwischen Wahrheit und Lüge, sondern vielmehr ein immerwährendes Bündnisversprechen mit den Abermillionen, die für die wahre neue Ordnung voranstürmen. Eine Weltordnung mit den Menschen an erster Stelle. Die Menschen über alles.

IM MIT

Chomsky
Rein theoretisch ist es in einer demokratischen Gesellschaft so, daß die politische Führung – wenn sie zum Krieg entschlossen ist – Gründe dafür liefern muß und eine verdammt schwere Beweislast tragen muß; denn ein Krieg ist eine katastrophale Sache, wie sich beim letzten Mal gezeigt hat. An diesem Punkt nun müssen die Medien es ermöglichen – müssen sie den passenden Hintergrund ausbreiten. Sie müssen z. B. die Chance einer friedlichen Lösung, wenn es eine gibt, darlegen, und dann müssen sie – na ja, ein Forum

Nur ganz selten einmal behandelten die Nachrichtensendungen die Lage unter einem regierungskritischen Blickwinkel.
Die Faustregel der Medien lautete: Wer den Krieg unterstützt, ist objektiv – alle anderen sind voreingenommen (…)
Aus einer von FAIR *[Gruppe für kritische Medienbeobachtung]* vorgenommenen Analyse der Abendnachrichten von ABC, CBS und NBC geht hervor, daß unter den 878 direkt gesendeten Äußerungen nur eine einzige von einem Vertreter der Friedensbewegung stammte: Bill Monning von der Organisation »Ärzte gegen den Atomkrieg«. Aber allein 7 Super-Bowl-Footballspieler durften den Krieg vor der Kamera kommentieren (…)
Wenn überhaupt einmal kritische Stimmen zu Wort kamen, so geschah dies jedenfalls so gut wie nie im Rahmen fundierter Studiodiskussionen. Stattdessen wurde über die Friedensbewegung wie über den Naturschutz berichtet – aus dem »Habitat« der Demonstranten unter freiem Himmel (…)
Wer – wie die großen Fernsehsender – die Argumente der Friedensbewegung allein aus dem Mund zufällig herausgegriffener Protestler vernehmen läßt, der bringt die Bewegung um ihre klügsten und ausdrucksstärksten Sprecher.
Extra!-Sonderausgabe Bd. 4 Nr. 3 Mai 1991

Die demokratische Opposition des Irak lebt im Exil [seit Saddam Hussein an der Macht ist]. Es gibt diese Opposition; es sind angesehene Persönlichkeiten, Architekten, Londoner Bankiers, alles Menschen, die wissen, was sie sagen. Aber in den Medien kommen sie niemals zu Wort, und man versteht auch, warum: Sie waren immer gegen die Politik der USA eingestellt. Mehr noch, ihre Einstellung ähnelt der der Friedensbewegung. Vor August 1990 waren sie gegen die Unterstützung, die Saddam Hussein von George Bush erfuhr – was in Washington sehr ungnädig aufgenommen wurde. Sie kamen hierher, um Unterstützung für eine parlamentarische Demokratie im Irak zu gewinnen – man redete nicht einmal mit ihnen. In den Medien wurden sie geschnitten. Als dann zwischen August 1990 und Februar 1991 die Kriegsvorbereitungen liefen, sprachen sie sich dagegen aus, denn sie wollten nicht, daß ihr Land zerstört würde. Sie forderten eine politische Lösung, sogar einen Truppenrückzug. Doch zu lesen war darüber nur in deutschen oder britischen Zeitungen, oder im *Z Magazine*, wogegen in der US-Presse Blackout herrschte. Wirklich, ich glaube nicht, daß über sie auch nur ein einziges Wort gedruckt wurde – jedenfalls habe ich nichts finden können.
Chronicles of Dissent S. 338

Chomskys Vorträge über »The New World Order«, »US Gulf Policy« und »Media Control: The Spectacular Achievements of Propaganda« erschienen in einer Schriftenreihe des *Open Magazine* und fanden mehr als 40.000 Käufer. 13 dieser Schriften von Chomsky und anderen Autoren wurden, versehen mit einer Einführung von Howard Zinn, unter dem Titel *Open Fire: An Anthology* zusammengefaßt (New Press 1993).

bieten, also ein Diskussionsforum über diesen furchtbaren Entschluß zum Krieg ermöglichen, der Hunderttausende das Leben kosten und zwei Länder verwüsten kann usw. Dazu ist es aber nie gekommen. Man hat niemals … na ja, also wenn ich »niemals« sage, dann meine ich, daß in neunundneunzigkommaneun Prozent der Fälle von der Option einer friedlichen Beilegung nicht die Rede war.

AUS »THE WAR FOR MEN'S MINDS« (1943)

Sprecher *(Lorne Greene)*
Eine der wichtigsten und konstruktivsten Aufgaben in diesem Krieg wird vom *Office of War Information* in Washington wahrgenommen.

Elmer Davis
Dies ist ein Volkskrieg, und um ihn zu gewinnen, sollte das Volk so viel wie möglich darüber wissen. Unser Büro wird sein Bestes tun, um – im In- und Ausland – die Wahrheit und nichts als die Wahrheit zu verkünden.

Sprecher *(Lorne Greene)*
Die erste Waffe dieser weltweiten Wahrheitsstrategie ist die große Informationsmaschine, wie sie die freie Presse darstellt – verfügt sie doch über die Macht, das Denken der Öffentlichkeit zu formen und ihre Handlungen zu steuern, und über die Kanäle, um neuartige Ideen unter den kämpfenden Nationen rund um den Erdball zu verbreiten.

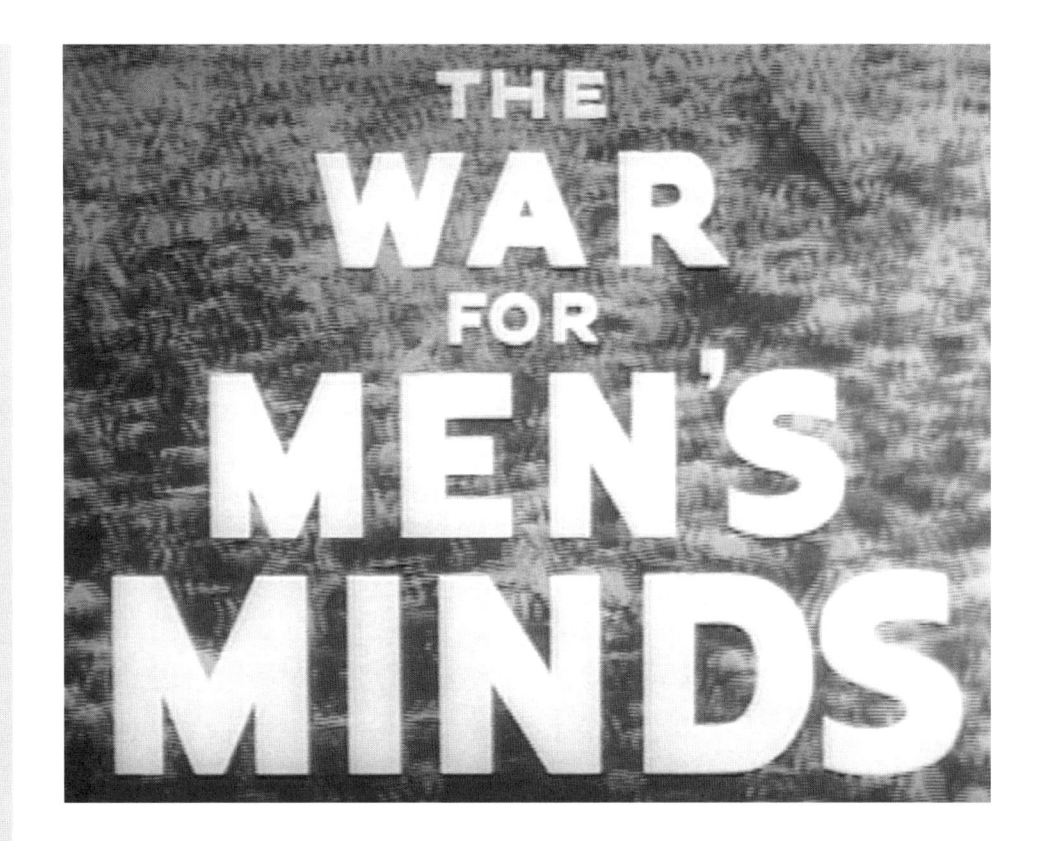

IM MIT

Chomsky
Sehen Sie, jedesmal wenn George Bush mit den Worten auftrat: »Es wird keine Verhandlungen geben«, dann gab es am nächsten Tag in Hunderten von Kommentaren großes Lob dafür, wie er sich für die Diplomatie ins Zeug gelegt hätte. Wenn er sagte, man dürfe einen Aggressor nicht belohnen, dann gab es nicht etwa brüllendes Gelächter wie in zivilisierten Weltgegenden, z. B. in der ganzen Dritten Welt, sondern die Medien nannten ihn »einen Mann mit phantastischen Grundsätzen« – ihn, der in Panama eingefallen ist, das einzige Staatsoberhaupt, das einer Aggression schuldig gesprochen wurde. Dieser Typ war CIA-Boss während der Aggression in Timor, wissen Sie, und dann sagt er, Aggressionen dürften nicht belohnt werden, und die Medien klatschen nur Beifall.

Hier wird Bezug auf die Verhandlung vor dem Internationalen Gerichtshof genommen, wo dann die Reagan-Bush-Regierung der »ungesetzlichen Gewaltanwendung« für schuldig erklärt wurde. Das Wort »Aggression« taucht dort nicht auf; es ist auch im Völkerrecht nicht genau definiert. – NC

In einem Punkt kommt der amerikanischen Invasion in Panama historische Bedeutung zu. Sie wurde nämlich nicht wie üblich damit begründet, daß eine unmittelbare sowjetische Bedrohung gegeben sei (...) Kaum war das Weiße Haus zu der Ansicht gelangt, Freund Noriega würde wohl langsam zu groß für seinen Laufstall und müsse daher verschwinden, als die Medien den Hinweis auch schon aufgriffen und eine Kampagne starteten, die ihn plötzlich als den teuflischsten Verbrecher seit dem Hunnenkönig Attila erscheinen ließ (...)
Noriegas Aufstieg und Fall verlief nach dem üblichen Schema. Immer wenn die USA einem gewalttätigen Gangster Rückendeckung bieten, wird dieser von einem bestimmten Zeitpunkt an zu selbständig und zu raffgierig – und kann uns somit nicht mehr von Nutzen sein. Statt sich darauf zu beschränken, die Armen auszuplündern und für ein sicheres Wirtschaftsklima zu sorgen, beginnt er, sich mit der örtlichen Oligarchie und der gehobenen Geschäftswelt anzulegen, also mit Washingtons natürlichen Verbündeten, oder tritt sogar den Interessen der USA zu nahe. Jetzt ist der Moment gekommen, da man in Washington zu schwanken beginnt. Plötzlich hören wir von Menschenrechtsverletzungen, über die man zuvor großzügig hinweggegangen war, und gelegentlich wird die US-Regierung sogar aktiv, um Abhilfe zu schaffen (...) Warum haßten die Amerikaner Noriega im Jahre 1989, nicht aber 1985? Warum müssen wir ihn gerade jetzt stürzen, warum nicht schon damals? (...)
Es fällt nicht schwer, die wahren Gründe für die Invasion auszumachen. Schon seit den fünfziger Jahren arbeitete Manuel Noriega aufs beste mit dem US-Geheimdienst zusammen (...) Etwa 1985/86 war es soweit, daß die USA seine Rolle in einem neuen Licht sahen, also beschlossen sie, ihn abzusetzen. (...)
Einer der Flecken auf Noriegas Weste war, daß er den – von den USA erbittert bekämpften – Contadora-Prozeß zur Befriedung Mittelamerikas befürwortete. Wie weit er sich noch bei den Kämpfen in Nicaragua engagierte, erschien ebenfalls fraglich; und als dann schließlich die Iran-Contra-Affäre platzte, war er vollends unnütz geworden. Nun war aber im Vertrag über den Panamakanal festgelegt, daß die Herrschaft über die Wasserstraße am Neujahrstag 1990 zu großen Teilen, und wenige Jahre später vollständig, in panamaische Hände übergehen sollte (...) Man mußte natürlich die traditionellen Klienten der USA wieder an die Macht bringen, und da war keine Zeit zu verlieren.
In einem Bericht der CODEHUCA (Mittelamerikanische Menschenrechtskommission) wird behauptet, die US-Truppen hätten »hochentwickelte, teilweise noch nie unter Kampfbedingungen erprobte Waffensysteme gegen eine unbewaffnete Zivilbevölkerung eingesetzt« (...)
Tarnkappenjäger vom Typ F-117A flogen zum erstenmal Kampfeinsätze. In der Zeitschrift *Aviation Week and Space Technology* [konnte man die Vermutung lesen]: »Wenn die Air Force jetzt gezeigt hat, daß die F-117A – abgesehen von ihrem eigentlichen Daseinszweck, dem Angriff auf stark verteidigte sowjetische Ziele – auch in low-intensity-Konflikten operieren kann, dann läßt sich die ganze Aktion dazu nutzen, vor den zunehmend skeptischen Kongreßabgeordneten die immensen Ausgaben für die Tarnkappentechnik zu rechtfertigen.«
***Deterring Democracy* S. 144-166**
Vgl. auch *Chronicles of Dissent* Kap. 10-12

AUS »THE WAR FOR MEN'S MINDS«
(1943)

Sprecher *(Lorne Greene)*
Dann ist da die Filmindustrie mit ihren Wochenschau-Aufnahmetrupps in der ganzen Welt – ganz unersetzlich, um das Drama und die Gesichtspunkte im Hintergrund ins Blickfeld zu rücken. In diesen entscheidenden Kampf um die Köpfe der Menschen haben sich auch die Radiosender eingereiht. Sie bringen ihre Erfahrung mit schneller Berichterstattung über große Ereignisse mit; ihre Reporter finden wir in allen strategischen Zentren und Stützpunkten, und sie unterrichten uns über ihre Erfahrungen mit neuen Taktiken und Methoden der Kriegsführung.

IM MIT

Chomsky
Im Ergebnis haben wir einen Medienkrieg. Das heißt, es wird überall riesig gefälscht. Endlich erfüllt die UNO ihren Auftrag, nicht wahr, oder wie es in der *New York Times* heißt, »die wunderbare Wendung«. Die einzige wunderbare Wendung war, daß die USA eine Sicherheitsratsresolution gegen eine Aggression ausnahmsweise mal nicht mit ihrem Veto gestoppt haben.
Die Menschen wollen keinen Krieg, wenn es nicht sein muß. Hier standen sie kurz vor der Erkenntnis, daß es nicht sein mußte. Das haben die Medien verhindert – und das bedeutet, wir sind regelrecht wie ein totalitärer Staat in diesen Krieg gezogen. Und alles dank der Unterwürfigkeit der Medien. Hier liegt für mich der Hund begraben.

Beim Einlegen von Vetos im Sicherheitsrat und beim Ablehnen von UNO-Resolutionen in wichtigen Fragen nehmen die USA seit 1970 mit großem Abstand den ersten Platz ein. An zweiter Stelle steht Großbritannien, hauptsächlich weil es das rassistische Regime in Südafrika stützt. Die Vetos wurden mit verbissenem Gesicht, aber in perfektem Englisch ausgesprochen; hingegen stimmte die UdSSR in der Regel so ab wie die große Mehrheit. Die Isolation der USA hätte sogar noch stärker sichtbar werden können, doch mit ihrem gewaltigen Einfluß gelang es ihnen, einige schwerwiegende Probleme gar nicht erst auf der Tagesordnung erscheinen zu lassen. Während die sowjetische Invasion Afghanistans mehrfach scharf verurteilt wurde, ließ sich die UNO nie darauf ein, den Indochinakrieg zu behandeln. Ein vielsagendes Beispiel liefern die UNO-Sitzungen vom Winter 1990, unmittelbar vor der »wunderbaren Wendung«. Gegen drei Sicherheitsratsentschließungen wurden Vetos eingelegt. Es handelte sich dabei um Verurteilungen a) des amerikanischen Angriffs auf die nicaraguanische Botschaft in Panama (US-Veto und Enthaltung Englands); b) der US-Invasion in Panama (Veto der USA, Englands und Frankreichs); c) von israelischen Übergriffen in den besetzten Gebieten (US-Veto). Die Vollversammlung verabschiedete zwei Resolutionen, in denen alle Staaten zur Beachtung des Völkerrechts aufgerufen und die USA wegen des illegalen Embargos gegen Nicaragua und wegen ihrer Unterstützung der Contras kritisiert wurden. In beiden Fällen gab es zwei Gegenstimmen: von den USA und von Israel. Eine weitere Entschließung richtete sich gegen erzwungenen Landerwerb: Stimmenverhältnis 151 zu 3 (USA, Israel, Dominikanische Republik). In dieser Resolution wurde – unter Einbeziehung der Resolution 242 – einmal mehr eine Lösung des arabisch-israelischen Konflikts mit diplomatischen Mitteln gefordert, einschließlich verschiedener Grenz- und Sicherheitsgarantien, sowie Selbstbestimmung für die Palästinenser, implizit also deren Eigenstaatlichkeit. Eine solche Lösung wurde von Syrien, Jordanien und Ägypten vorgeschlagen und von der PLO mitgetragen; die USA legten im Januar 1976 ihr Veto dagegen ein und blockieren sie seitdem ununterbrochen, womit sie, wie sich jüngst wieder erwiesen hat, praktisch allein dastehen. Ob es um Aggressionen oder Annexionen geht, um Menschenrechtsverletzungen oder Terrorismus, um Abrüstung oder um die Einhaltung völkerrechtlicher Prinzipien: Wieder und wieder haben die USA Resolutionen des Sicherheitsrats und der Vollversammlung und UNO-Initiativen blockiert.
Deterring Democracy S. 199

Mehr über die Rolle der UNO und das dortige Abstimmungsverhalten in »UN = US« und »Riding Moynihan's Hobby Horse«, in *Letters from Lexington: Reflections on Propaganda* **S. 51-66, und** *The New World Order*, **erschienen in der Schriftenreihe des** *Open Magazine.*

Die vielleicht übelste Propagandalüge der Bush-Administration und der kuwaitischen Regierung bediente sich gefälschter Berichte über irakische Greueltaten in Kuwait.
Es war Oktober 1990, als ein junges Mädchen tränenüberströmt vor dem Menschenrechtsausschuß des Abgeordnetenhauses bezeugte, irakische Soldaten hätten in einem Krankenhaus 15 Säuglinge aus ihren Brutkästen genommen und auf den Fußboden geworfen, wo sie starben. Der Name des Mädchens wurde nicht genannt; es hieß, ihre Familie habe andernfalls Repressalien von den Irakern zu befürchten. Diese Geschichte vom Babymord trug dazu bei, ein militärisches Eingreifen der USA populär zu machen (…) Im Verlauf eines einzigen Monats erwähnte Bush sie sechsmal (…) Doch in einem Gastkommentar der *New York Times* vom 6. Januar 1992 enthüllte der Herausgeber der Zeitschrift *Harper's*, John MacArthur, daß es sich bei der anonymen Zeugin um die Tochter des kuwaitischen Botschafters in den Vereinigten Staaten gehandelt hatte. Die PR-Agentur Hill & Knowlton hatte die Anhörungen im Ausschuß organisiert, nachdem sie zuvor das Mädchen als Zeugin aufgebaut hatte. Präsident von Hill & Knowlton war Craig Fuller, Bush-Anhänger und während dessen Vizepräsidentschaft sein Stabschef; auch er hatte die Finger in dieser PR-Kampagne (…) Sehr wahrscheinlich haben also die Regierungen Kuwaits und der USA gemeinsam einen Manipulations- und Propagandafeldzug gestartet mit dem Ziel, das amerikanische Volk für den Golfkrieg einzunehmen. Wie man hört, war dies eine der kostspieligsten PR-Kampagnen, die je geführt worden sind (…) Die Schätzungen sprechen von 11 Millionen Dollar (…)
Am 17. Januar 1992 wurde in der ABC-Sendung »20/20« enthüllt, daß ein angeblicher »Arzt«, der bezeugt hatte, er habe »14 Neugeborene beerdigt, die von Soldaten aus den Brutkästen gerissen worden waren«,

ebenfalls gelogen hatte. Der Arzt, der in Wirklichkeit Zahnarzt war, gab später zu, daß er die Babies überhaupt nicht untersucht hatte und daher auch nicht wissen konnte, wie sie zu Tode gekommen waren (…) (Nach dem Krieg fand man die Brutkästen in den kuwaitischen Krankenhäusern noch an ihrem Ort vor; das medizinische Klinikpersonal bestritt, daß die Iraker Frühgeburten umgebracht hätten) (…)

Wie ABC ebenfalls enthüllte, hatte Hill & Knowlton eine Umfrage mit Focusgruppen durchgeführt; dabei werden Menschen gruppenweise zusammengebracht, um herauszufinden, was sie besonders bewegt oder aufbringt. Besonders heftig reagierte die betreffende Gruppe auf die Baby-Greuel, und so baute die Agentur diese Geschichte in die Kampagne ein, die sie im Auftrag der Kuwait-Befreiungs-Initiative durchführte (…)

Zu Beginn des Kuweit-Propagandafeldzugs von Hill & Knowlton stand die amerikanische Öffentlichkeit einer Militärintervention im Nahen Osten mehrheitlich ablehnend gegenüber, und auch der Kongreß war einer militärischen Option eher abgeneigt. Die PR-Kampagne trug jedoch zu einem Meinungsumschwung bei und mobilisierte die Öffentlichkeit zugunsten militärischer Gewaltanwendung gegen Irak.

Somit stellt das Greuelmärchen von den toten Babies einen klassischen Fall von Propaganda zur Fabrikation eines Konsenses dar – hier also des Konsenses über die Politik der Bush-Regierung. Es gehörte zu jenem feingesponnenen Netz aus Täuschung, Desinformation und groben Lügen, mit denen man der Öffentlichkeit den Krieg schmackhaft machte.

The Persian Gulf TV War (a. a. O.) S. 67-71

Wer möchte schon gegen die Amerikanische Idee sein? Oder wer gegen Harmonie? Und wie hieß es im Golfkrieg: »Unterstützt unsere Truppen«. Wer könnte wohl dagegen sein? Oder wer wäre gegen die gelben Schleifchen? Lauter absolut nichtssagende Sachen. Denn was bedeutet es, wenn mich jemand fragt: Unterstützen Sie die Leute in Iowa? Kann ich mit Ja antworten, oder soll ich Nein sagen? Es liegt kein Sinn darin – und das ist genau der Punkt: Werbesprüche wie »Unterstützt unsere Truppen« sind ohne jeden Sinn. Sie sind genau so sinnvoll wie die Frage, ob man die Leute in Iowa unterstützt. Natürlich ging es dabei um eine wichtige Sache, nämlich um die Frage: Stehst du hinter unserer Politik? Aber man möchte nicht, daß die Menschen anfangen, über diese Frage nachzudenken. Gute Propaganda zielt immer nur auf eines ab: Man sucht nach einem Slogan, wo alle dafür sind und niemand dagegen ist. Niemand weiß, was er bedeutet – er ist ja sinnlos. Er ist in erster Linie dazu gedacht, die Aufmerksamkeit von der wirklich bedeutsamen Frage abzulenken: Stehst du hinter unserer Politik? Denn zu dieser Frage darf man sich natürlich nicht äußern.

Aus *Media Control: The Spectacular Achievements of Propaganda*, erschienen in der Schriftenreihe des *Open Magazine*

RADIO KUWR, LARAMIE

Chomsky
Also nochmal, ich rede hier nicht von einer kleinen Radiostation in Laramie; ich spreche von den nationalen Medien, die die Themen setzen. Wenn Sie hier in Laramie eine Nachrichtensendung machen, dann ist es ziemlich sicher, daß Sie in der neuesten *New York Times* nachsehen und sich sagen, das ist das Wichtigste. Mehr noch, lesen Sie mal die Nachmittags-Telexe von AP, da finden Sie die erste Seite der *New York Times* vom nächsten Morgen. Auf diese Weise weiß jeder, was die wichtigen Nachrichten sind. Und so übertragen sich die Blickwinkel und die Ansichten von oben nach unten, nicht in jedem Detail, aber das allgemeine Bild wird ziemlich flächendeckend verbreitet.

Wir fragten die *Montreal Gazette*, ob sie diesen Dienst auch in Anspruch nimmt. Und in der Tat läuft auch hier täglich die Titelseite der *New York Times* für den Folgetag ein. An diesem Tag begann die Vorabmeldung wie folgt:

Anfang:
! Achtung: S:A:9775:TAF – Z:U:V:DC31:BC:BC – NYT – FRONTPAGE – BC – NYT FRONTPAGE <
Es folgen die Beiträge, die die Redaktion der New York Times für Freitag, 27. Sept. , für Seite 1 vorsieht. Nachtredakteur des NYT-Nachrichtendienstes ist Pat Ryan (Tel. 212-556-1927).

VON OBEN:
Aufmacher:
MILITÄR/IRAK (Vereinte Nationen)
Die Regierung setzt ihre Gespräche mit der saudischen Führung über eine Verstärkung der US-Truppen fort (...)

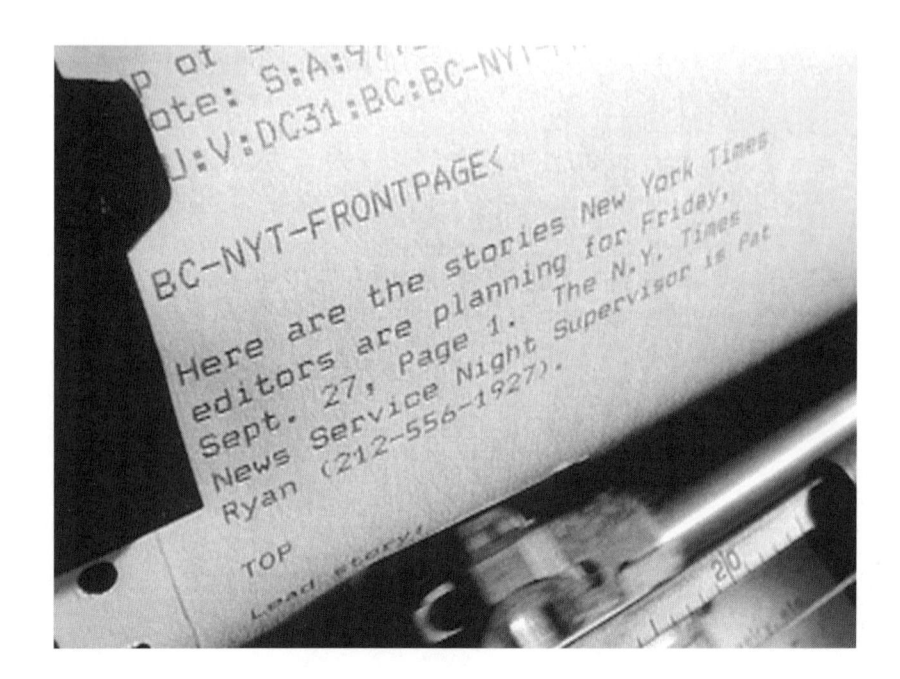

AUS »ON THE SPOT« (NFB-1954)

Lloyd Bochner
Die Auslandsmeldungen landen auf diesem Auslandsschreibtisch. Der Redakteur hier ist Bob Hanley. Ich nehme doch an, Bob, du bekommst viel mehr Auslandsmeldungen, als du jemals in der Zeitung verwerten kannst.

Bob Hanley
Allerdings, wir kriegen viel mehr, als wir an einem Tag unterbringen können.

Lloyd Bochner
Und du mußt es dann vermutlich aussieben.

Bob Hanley
Wir haben hier sozusagen ein »Auslesezentrum«. Was übrigbleibt, gebe ich weiter an einen der anderen Redakteure. Von da kommt es wieder zu mir, und auf diesem Plan hier setze ich dann die Seite zusammen – also Seite 1 und 2.

Lloyd Bochner
Schön, Bob, vielen Dank auch.

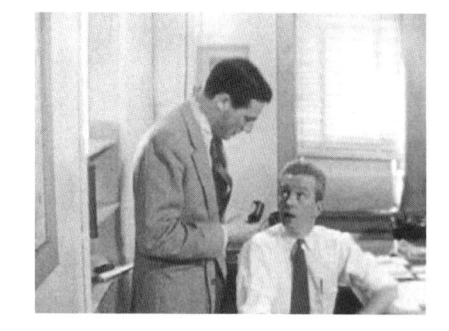

GERICHTSGEBÄUDE, MEDIA, PENNSYLVANIA, USA

Mann
Und warum wollen Sie einen Film über Media drehen?

Peter Wintonick
Also …

Mann
Ist ein nettes, ruhiges Städtchen.

Peter Wintonick
Es ist ein schönes Städtchen. Wissen Sie, wir drehen gerade einen Film über die Massenmedien, und da dachten wir, dies sei ein hübscher Ort für uns.

Mann
Ach, Sie möchten wissen, wo die den Namen herhaben.

GEWERBEAMT IN MEDIA

Peter Wintonick
Vielleicht stellen Sie sich zunächst vor.

Bodhan Senkow
Ja, also ich heiße Bodhan Senkow. Ich leite hier die Hauptstraßen-Initiative und unser Gewerbeamt, und wir sind hier in Media, im County Delaware, im Südosten von Pennsylvania. Media wird auch »Jedermanns Heimat« genannt. Das wurde als Werbespruch für die Gemeinde erfunden, wir halten hier bewußte Promotion für sehr wichtig. Wenn Sie in Media durch die Straßen gehen, wird man Ihnen überall freundlich begegnen und Sie werden sehen, daß die Menschen sich den Anspruch, in jedermanns Heimat zu leben, wirklich zu eigen gemacht haben.

Wir entdeckten Media auf der Landkarte, als wir gerade von Washington nach Hause fuhren. Da war unser Thema – und es lag am Weg. Sowas durften wir nicht auslassen. Wir hatten ohnehin auch »den Mann und die Frau auf der Straße« einbeziehen wollen und trafen nun auf einige Ortsansässige, die kluge und offenherzige Ansichten über die Medien äußerten.

BAHNHOF IN MEDIA

Peter Wintonick
Hier gibt's doch dieses Lokalblatt, *Talk of the Town* ...

Frau
Town Talk

Peter Wintonick
Lesen Sie das?

Frau
Ja, ich lese den *Town Talk*.

Peter Wintonick
Wie unterscheidet sich denn Ihrer Meinung nach der *Town Talk* vom *Wall Street Journal*?

Frau
Oh je ... na ja, im *Town Talk* gibt es nur lokale Meldungen, und dann macht es auch mehr Spaß – also er liest sich leichter, er ist interessant. Man liest was über die Nachbarn, was in der Schule los ist und solche Sachen.

CHEFBÜRO DES *TOWN TALK*, MEDIA

Ed Berman *(Herausgeber des »Town Talk«)*
Wir sind im Geschäft, um Geld zu verdienen, genau wie die großen Tageszeitungen und die großen Radiosender, und wir stehen ganz gut da. Zu Recht, denn wir arbeiten auch hart genug. Hier zeige ich Ihnen mal ein Exemplar; so sieht das in dieser Woche aus. Es ist wasserdicht in Kunststoff eingeschweißt und wird an jede Haustür gehängt. Es kommt sehr oft vor, daß wir in einer Woche mehr als 100 Seiten haben. Diese Ausgabe hier – Sie müssen bedenken, es gibt fünf verschiedene Ausgaben

– ist die für das Central Delaware County, da finden Sie die Meldungen aus Media.
Und hier sehen Sie die Anzeigenabteilung und den Satz. He Jungs, sagt mal Hallo!

Drei Angestellte
Hi allerseits!

Ed Berman
Wir haben hier einen Stadtplan, und da kleben wir farbige Punkte drauf – rote, grüne oder gelbe – überall wo ein Laden ist. Die roten Punkte kommen auf die Läden, die überhaupt nie bei uns inserieren. Die grünen kommen auf die, die jede Woche was drin haben, und die gelben kriegen die Läden, die ab und zu mal eine Anzeige schalten. Und dann haben wir Computerlisten von allen Läden und sehen uns die mit den roten Punkten an, also die Bösen, und aus diesen roten Punkten versuchen wir gelbe und später dann grüne zu machen. Wenn erst mal alle Punkte grün sind, dann würden 100 Prozent der Läden, der Kaufleute und Dienstleister jede Woche bei uns inserieren. Dann hätten wir keine roten Punkte mehr. Ein paar rote Punkte werden wohl noch bleiben, aber ich hoffe doch stark, daß wir am Ende viel mehr grüne als rote haben werden.

Übrigens stehen, so Mr. Berman, Anzeigen und redaktioneller Text beim *Town Talk* im Verhältnis 65:35, was bei der Anzeigenabteilung der *New York Times* durchaus Neidgefühle erwecken könnte. Mehr über die Probleme der *New York Times* auf der nächsten Seite.

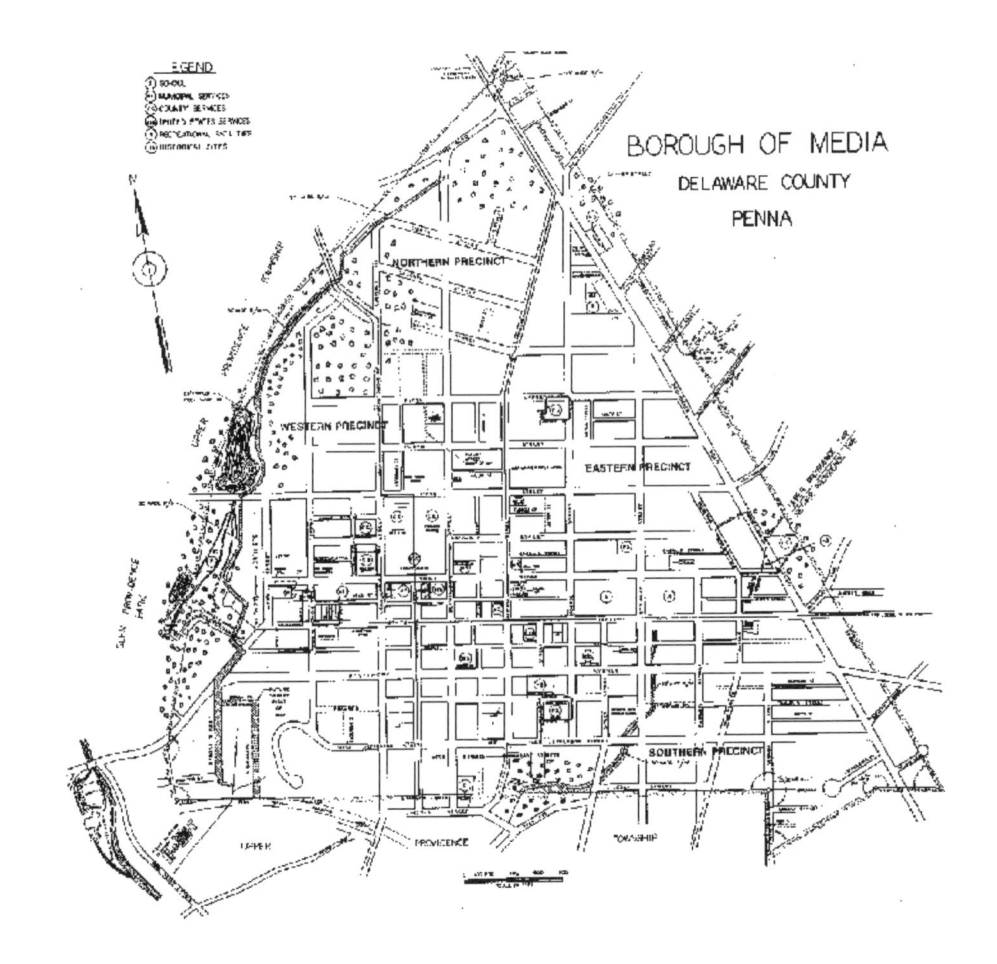

VOR DEM GEBÄUDE DER
NEW YORK TIMES

Jim Morgan spricht in die Kamera

Jim Morgan
Hi, ich heiße Jim Morgan und arbeite in der PR-Abteilung der *New York Times*. Ich werde Sie jetzt durch die *New York Times* führen. So, dann wollen wir mal.

Morgan bedeutet dem Filmteam, ihm zu folgen, und geht durch eine Drehtür ins Gebäude der New York Times. *Das Bild wird SCHWARZ.*

Zwar hat die Auflage der *New York Times* 1992 die Rekordhöhe von 1.181.500 erreicht, aber der Umfang der Werbung ist seit 1987 um 40 Prozent zurückgegangen. Denn während das Blatt vor 5 Jahren noch 123 Mio Werbezeilen drucken konnte, waren es im vergangenen Jahr nur noch 77 Millionen; allerdings hat sich das Tempo des Rückgangs inzwischen verlangsamt. Für das Jahr 1992 mußte die Muttergesellschaft der *New York Times* einen Verlust von 44,7 Mio Dollar vermelden, was teils auf die örtliche Wirtschaftsflaute, teils auf Verschiebungen bei den Werbeetats und Anzeigenpreislisten zurückgeführt wurde.

Derzeit besitzt die Gesellschaft 5 Fernsehsender, 31 Regionalzeitungen, den *Boston Globe* (für den sie 1,1 Mrd Dollar bezahlt hat), einen Mittelwellen- und einen UKW-Sender, 20 Zeitschriften, zwei Zeitungsvertriebe, einen Holzverarbeitungsbetrieb und einen Informationsdienst.

Aus einem Artikel von Ken Auletta über die *New York Times* und ihren Herausgeber, Arthur Sulzberger, betitelt »Opening up the Times«, in *The New Yorker*, 28.06.92

BEI DER *NEW YORK TIMES*

Kellerton (Echos, Wassertropfen, Metalltüren usw.)

Jim Morgan
Also, sie machen nur Tonaufnahmen – ja, hier drinnen nur Tonaufnahmen. Nichts weiter. Keine Kameras, nur Ton. Keine Standfotos. Wir sind ganz gründlich gewesen, die haben nicht mal 'nen Fotoapparat mit.

Mark Achbar
In welcher Abteilung sind wir denn hier?

Jim Morgan
Wir sind hier im Satz. Hier werden die Seiten zusammengestellt. Dies hier ist die Typographie.

Mark Achbar
Wie ist das Verhältnis Text zu Anzeigen?

Jim Morgan
60 Prozent Anzeigen. Das hört sich viel an, ist aber normal, genau genommen sogar unterm Durchschnitt. Es gibt Tage, da sind vielleicht unter den 60 Prozent allein 20 Seiten nur Kleinanzeigen und in der übrigen Zeitung dann natürlich ein viel höherer Anteil an Text; aber wenn man die Zeitung insgesamt und über viele Tage hinweg nimmt, ob dünn oder dick, dann hat sie 60:40 Anzeigen zu Text.

(Jim Morgan kommt wieder durch die Drehtür und spricht in die Kamera)

So, damit ist unser Rundgang durch die *New York Times* zu Ende. Ich hoffe, Sie fanden es informativ und lesen ab heute jeden Tag für den Rest Ihres Lebens die *New York Times*.

Aufmerksame Leserinnen und Leser werden bemerkt haben, daß uns der Zugang zur *New York Times* doch noch gelungen ist. Wir führten dort ja das oben wiedergegebene Interview mit Karl F. Meyer, und im Film werden mehrere Redaktionsbüros gezeigt. Als wir nämlich nach dem Interview auf dem Weg zum Ausgang waren, steckten wir den Kopf durch verschiedene Türen und fragten, ob wir mal filmen dürften. Da niemand etwas dagegen hatte, schwenkten wir mit unseren Kameras durch die Räume. Ein Redaktionsmitglied hatte in seinem Büro eine kleine Bowlingbahn aufgebaut, mit Spielzeugpinguinen als Kegel; die sollten wir aber nicht aufnehmen.
Auf der Besichtigungstour mit Jim Morgan waren uns Kameras untersagt, weshalb wir keine Bilder aus dem Saal der Nachrichtenredaktion oder aus anderen Betriebsbereichen zeigen konnten. Aber da Mr. Morgan nichts dagegen hatte, daß sein Rundgang auf Tonband mitgeschnitten wurde, haben wir eben genommen, was wir kriegen konnten. Unsere Bilder zeigen ihn am Beginn und am Ende der Tour, denn *außerhalb* der Festung *New York Times* hatte er keine Einwände dagegen.

> ERIN MILLS TOWN CENTRE
>
> *Auf der Videowand sieht man Chomsky zuerst mit Marci Randall Miller von Radio KUWR aus Laramie und dann an der University of Washington*
>
> Chomsky
> Dann gibt es auch noch Medien, die eine ganz andere Rolle in der Gesellschaft spielen: die der Ablenkung. Das sind die wahren Massenmedien, die – na ja, die haben Otto Normalverbraucher im Auge. Diese Medien sollen nichts weiter tun, als den Leuten das Gehirn verkleistern.

Kürzlich trug jemand in der TV-Sendung »Saturday Night Live« ein deutlich erkennbares Exemplar des *Chomsky Reader* **mit sich herum – eine gute Werbung. Michael Albert [vom** *Z Magazine***] rief sofort Chomsky an: »Hey, du bist im Fernsehen!«, mußte ihm allerdings erstmal erklären, was für eine Sendung »Saturday Night Live« eigentlich ist** *[seit 25 Jahren die populärste Samstagabend-Unterhaltungsshow in den USA]***. Chomsky hat nämlich keine Ahnung von der Popkultur. Er sieht nie fern; er hört keinen Rock'n'roll; ins Kino geht er vielleicht einmal im Jahr. Er hat eben kaum Zeit für private Vergnügen. Aus der Einführung zu »A Rolling Stone Interview with Noam Chomsky« von C. M. Young,** *Rolling Stone* **28.05.92**

Chomsky
Es gab eine Zeit, wenn ich da an irgendeinem Ort der Welt ankam und aus dem Flugzeug stieg, dann erblickte ich wieder diese beiden freundlichen Gesichter. Aber mich bedrückte das; ich kam mir ein wenig vor wie in der ersten Szene von *La dolce vita*.

Dowell
Was – Noam Chomsky im Kino? In einem Fellini-Film?

Chomsky
Doch doch, ich bin der Populärkultur nicht ganz so entrückt, wie ich manchmal vorgebe.

Dowell
Allerdings durften Achbar und Wintonick ihm auch nicht überallhin folgen.

Chomsky
Vor allem meine Frau hatte es zur eisernen Regel gemacht, daß keiner der beiden auch nur in die Nähe unseres Hauses oder der Kinder, überhaupt unseres Privatlebens kommen durfte, und ich fand das auch richtig. Schließlich geht es hier nicht um die Person, sondern um Gedanken und Prinzipien. Es ist schon o. k., die Person als Träger und Übermittler einzusetzen; aber wie und wo ich lebe, was meine Kinder machen usw., dies alles hat damit nichts zu tun.

Dowell
Woraus sich vielleicht auch erklärt, warum Noam Chomsky *Manufacturing Consent: Noam Chomsky and the Media* weder gesehen hat noch sich ansehen wird.

Chomsky
Zunächst gibt es dafür einige eher unwichtige und rein persönliche Gründe, so etwa, daß ich mich ungern selbst sprechen höre und auch immer gleich darüber nachsinne, wie ich etwas hätte besser machen können. Die Gründe sind aber auch noch allgemeinerer Natur. Die Filmemacher konnten sich noch soviel Mühe geben – und haben es sicher auch getan – bei diesem Medium wird einfach unausweichlich alles personalisiert, so daß jeder den Eindruck gewinnen muß, da ist ein bestimmter Mensch – in diesem Fall also ich – und das ist der Anführer einer Massenbewegung, oder er will einer werden, oder so.

Dowell
Chomsky bestreitet, diese Rolle zu spielen. Wenn eine soziale Reformbewegung erfolgreich ist, dann verdanke sie das nicht einem Anführer, sondern den vielen, die sich an vorderster Front abmühen und die kaum einer kennt. Er gesteht allerdings zu, daß man die Menschen dann besonders gut über ein Medium erreichen kann, wenn sie darin die Ideen, die der offiziellen Lesart widersprechen, mit einem Gesicht verbinden können.

Chomsky
Es gibt doch nur ganz wenige Organisationsformen, bei denen der Durchschnittsmensch sich überhaupt sinnvoll in die Politik einbringen kann. Viel eher sehen sich die Menschen als Opfer; jeder von ihnen ist zunächst mal isoliertes Opfer einer Propaganda. Wenn dann aber mal jemand kommt und etwas in Worten ausdrückt, was sie eigentlich irgendwie schon lange geglaubt oder im Bauch gespürt haben, dann fühlen sie sich angesprochen, dann leben sie auf, dann stehen sie nicht mehr allein.

Dowell
Da hat Chomsky wohl recht. An dem Wochenende, als *Manufacturing Consent: Noam Chomsky and the Media* in San Francisco Premiere hatte, gingen mehr Leute in den Film als in irgendeinen anderen, wenn man mal von *Ein unmoralisches Angebot* absieht.

Interview mit Pat Dowell in der Sendung »Morning Edition« des US-Senders *National Public Radio* **am 24.05.93**

Vermutlich hatte Chomsky nicht die wirkliche Auftaktszene aus *La dolce vita* vor Augen (dort schwebt eine Christusstatue an einem Seil unter einem Hubschrauber bei Rom über die Landschaft), sondern folgende:

3. Szene: VIA VENETO BEI NACHT
Via Veneto – hier trifft sich, auf einem knappen Kilometer, eine internationale Caféclique von Aristokraten und Prominenten, von Millionären und Päderasten, in schicken Nachtclubs und Straßencafés, zwischen Airline-Agenturen und teuren Läden, um zu trinken, zu tratschen und dem eigenen Überdruß zu entfliehen. Hier ist Marcellos Jagdrevier, wo er seine Nächte damit zubringt, all die schlüpfrigen Kleinigkeiten zu erhaschen, die er dann – mit Fotos garniert – den sensationslüsternen Lesern seines Boulevardblatts serviert. Hier trotten die Touristen entlang und starren alles an, hier streichen die Fotoreporter wie Schakale umher – hier ist das Zentrum der »dolce vita«, des Süßen Lebens.
Als Maddalena und Marcello den Nachtclub verlassen, werden sie von den Fotografen erkannt und umringt.

EINE STIMME
Hallo.

MARCELLO
Hallo.

MADDALENA
Aha, deine Freunde stehen schon zum Angriff bereit.

CERUSICO
Hey Marcell' – wofür hast du dich denn so schick gemacht? Ach, Signorina Maddalena …

PAPARAZZO
Maddalena – Maddalena …
Alle wimmeln aufgeregt herum und fotografieren.

MADDALENA
Nein. Bitte! Lassen Sie mich in Ruhe.

CERUSICO
Sie ist wieder da! Da geht sie! Seht nur, sie ist fotogener als jeder Filmstar.

Maddalena eilt wütend an ihnen vorbei.

MADDELENA
Jeden Abend dasselbe. Können die denn nie genug kriegen?

MARCELLO
Los, Paparazzo, verschwinde.

DORIA
Schnell, schnell! Wohin gehst du, Marcell'?

PARADISI
Was denkst du denn, von was wir leben sollen? Wir verlieren unsern Job.

Maddalena öffnet die Tür ihres Autos, eines offenen weißen Cadillac. Marcello gleitet neben sie. Die Fotografen schießen Bilder von dem Wagen, von Maddalena, von Marcello und ihr.

MARCELLO
Inzwischen müßtest du doch daran gewöhnt sein. Du stehst nun mal im Rampenlicht.

CERUSICO
Marcell', wo willst du hin? Verrat' mir doch, wohin du mit ihr willst.

Der weiße Cadillac schießt die Via Veneto hinunter, während die Fotografen immer noch wie wild knipsen.

Aus Fellinis *La Dolce Vita* (1961)

UNIVERSITY OF WASHINGTON, SEATTLE, WASHINGTON, USA

Chomsky
Ich vereinfache mal stark, aber diese ca. 80 Prozent sollen nur auf andere Gedanken gebracht werden. Sie sollen die Football-Bundesliga sehen, sie sollen die »Mutter mit sechsköpfigem Kind« bedauern oder erfahren, was es im Supermarkt gibt. Oder ins Horoskop gucken. Oder irgendwelchen Bibelgläubigen nachlaufen oder so. Hauptsache, sie sind aus dem Weg und kümmern sich nicht um die Sachen, auf die es ankommt. Und da ist erstmal wichtig, daß sie nicht mehr so viel nachdenken können.

AUS »JOURNALISM« (1940)

Sprecherin
Für den Sport gibt es eine eigene Abteilung. Ein Sportreporter muß ein Spezialist auf seinem Gebiet sein. Seine Story holt er sich direkt vor Ort; oft schickt er sie nach jedem einzelnen Spiel an seine Zeitung.

Nicht, daß der Öffentlichkeit unklar wäre, was da vorgeht – doch je erfolgreicher die Isolationsstrategie ist und je weiter der Zusammenbruch der organisatorischen Strukturen voranschreitet, um so desorientierter und selbstmörderischer sind die Reaktionen: Man himmelt lächerliche Messiasfiguren aus der Milliardärsschicht an, man pflegt den Mythos von edelmütigen Anführern aus einer unbelasteten Vergangenheit, man baut Verschwörungstheorien auf, oder man verfällt enttäuscht in einen diffusen Skeptizismus. Das aber ist eine Mixtur, die uns bisher nicht gerade viel Glück gebracht hat.
Year 501: The Conquest Continues S. 64

Um aus einer Vortrags-Anekdote ein filmisches Ereignis zu machen, entschlossen wir uns, Chomskys Video »Sports Rap« von der riesigen Videowand des Olympiastadions von Montreal abzufilmen. Wir erhielten für zwei Stunden Zutritt zum Stadion und mußten nur für den elektrischen Strom bezahlen. Das Licht im »Großen O« der Montrealer wurde eingeschaltet und 400 Dollar waren fällig – nicht viel für eine 2-Millionen-Kubikmeter-Kulisse! – MA

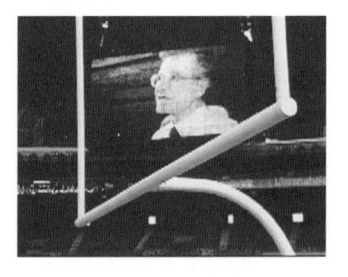

MCMASTER UNIVERSITY,
HAMILTON, ONTARIO, KANADA

Chomsky
Nehmen wir mal den Sport – ich denke, das ist auch so ein Kernstück des Indoktrinierungssystems. Zum einen deswegen, weil – na ja, es lenkt die Aufmerksamkeit der Menschen auf eine absolut unwichtige Sache.
Hält sie davon ab, mal darüber nachzudenken ... also mal darüber nachzudenken, was wirklich wichtig für sie ist und wie sie vielleicht dazu etwas beitragen könnten. Es ist doch echt beeindruckend, wieviel Intelligenz die Leute beim Sport entwickeln. Ihr müßt bloß mal die Anrufer im Radio hören – die haben die ausgefallensten Kenntnisse und den Durchblick bei den abgelegensten Gebieten. Und da trägt die Presse zweifellos viel zu bei.

Ich erinnere mich an die High-School-Zeit. Da hab' ich mich eines Tages gefragt, wieso macht es mir eigentlich was aus, ob die Footballmannschaft meiner Schule gewinnt oder nicht? Ich meine, ich kenne doch niemanden aus der Mannschaft, die haben nichts mit mir zu tun, wieso juble ich denen zu? Die Sache ist die: Es gibt eben doch einen Sinn. Auf diese Weise entwickelt sich nämlich eine irrationale Unterwerfung unter eine Autorität, ein Korpsgeist unter einer Führung. Kurz gesagt, hier wird ein irrationaler Hurrapatriotismus antrainiert. Auch das gehört zum Wettkampfsport. Ich denke, wenn man bei diesen Sachen mal genauer hinsieht, dann verbindet sich meist ein Zweck damit. Und deshalb wird so ein Aufwand betrieben, die Sache zu unterstützen und aufrechtzuerhalten, deshalb zahlen die Werbesponsoren dafür, usw.

Unamerikanische Jammerlappen, die keinen Ball treffen. Trauerweiden, Verlierertypen. Bücherwürmer, die beim Aufstellen der Basketballmannschaft noch länger als Janis Ian *[in ihrem Song »At seventeen«]* warten mußten, bis man sie endlich nahm. Doch gerade viele Linke sind gern sportlich aktiv, schon um es den »normalen Jungs und Mädels« gleichzutun und somit derartige Vorurteile zu widerlegen.
Nicht so Noam Chomsky. Seit im Frühjahr der Film *Manufacturing Consent: Noam Chomsky and the Media* herauskam, hat dieser Intellektuelle und Friedenskämpfer schon einige Spitzen über seine unsportlichen Kommentare, die in dem Film kurz zur Sprache kommen, einstecken müssen. Außer *National Public Radio* hat ihn auch Phil Donahue gefragt, ob er mit unserem nationalen Zeitvertreib nicht etwas zu harsch ins Gericht geht (...) Manche, die sonst nichts von ihm wissen, sagen doch jetzt: »Chomsky – ist das nicht der Typ, der was gegen Sport hat?«
Das ist so nicht ganz richtig. Zwar hält er in der Tat den Sport für geeignet, »eine irrationale Unterwerfungshaltung gegenüber den Autoritäten zu fördern.« Er erwähnt auch, daß er sich schon mal ein Basketballspiel (im Fernsehen) ansehe und es ihn nicht störe, »wenn die Leute ihren Spaß im Stadion haben.« Was ihm aber auffällt – er sagt das in dem Film und in einem Buchauszug in *Harper's Magazine* – ist das Denkniveau in anderen Gebieten, vor allem auf dem der Politik, »(...) die erschreckende Diskrepanz zwischen der Unsicherheit, der Unwissenheit und dem Gefühl von Hilflosigkeit und Frustration auf Gebieten wie der Politik, die ja in das Leben des Einzelnen eingreifen, auf der einen Seite, und andererseits der Kompetenz, dem fachlichen Wissen und dem Selbstvertrauen auf dem Gebiet des Sports. Ich bin wirklich beeindruckt davon, wieviel Gehirnschmalz hier eingesetzt wird. Denn die Menschen haben nun mal Gehirne und wollen sie auch benutzen. Und wenn ihnen keine konstruktiven Möglichkeiten dafür geboten werden, dann erhitzen sie sich eben darüber, wer auf der dritten *base* spielen soll.«
Seiner Meinung nach wird dieses übersteigerte Interesse am Sport systematisch gefördert, um Otto Normalverbraucher dort zu halten, wo er hingehört. Wäre es Otto also egal, wer auf der dritten spielt, wenn ihm das keiner vorbeten würde? »Wenn die Menschen ein sinnerfülltes Leben führen können, wenn sie eine gewisse Freiheit spüren, wenn sie mit über die Schule und die Gesundheit ihrer Kinder bestimmen können (...) – auch dann werden sie sich vielleicht für Sport interessieren, aber sie werden dabei nicht zu Fanatikern. Wenn der Sport sich ihrer total bemächtigt – ihres Denkens, ihrer Gefühle, ihres ganzen Lebens – dann zeigt das an, daß irgend etwas schiefgegangen ist.« Aber falls man sich nun vornähme, Otto vom Sport zu entwöhnen und ihn stattdessen für die Krankenversicherung der Alleinerziehenden zu begeistern, »dann wäre das so, als ob man sagt: ›Verbietet das Bier, vielleicht werden die Leute dann seriös.‹ Wenn die Menschen sich betrinken, liegt das wirkliche Problem woanders.« Andererseits brütet der Sportfanatismus, der die Menschen von dem ablenkt, »worauf es wirklich ankommt«, auch sein ganz eigenes Virus aus. »Dieses Macho-Image, dieser ganz offene Chauvinismus: Es mag ja o. k. sein, die eigene Mannschaft anzufeuern, aber oft wird es schon pathologisch. Da legen in Italien die Liverpool-Fans los und schlagen alle anderen zusammen. Der Mann aus der Mittelklasse hat andere Möglichkeiten, der tut sowas nicht. Gut, er feuert die lokale Mannschaft an, aber dann geht er nach Hause und denkt nicht weiter daran.«
Wie alle anderen Teenager hatte sich auch Chomsky für Sport interessiert, selbst wenn er die meiste Zeit auf dem Sofa zusammen-

gerollt saß und las. Dies zeigte sich sogar in seinem Artikel in der Schulzeitung über den Aufstieg des Faschismus: »Die jungen jüdischen Immigranten der ersten Generation sahen einen Teil ihrer Amerikanisierung darin, besser als jeder andere über Baseball Bescheid zu wissen.« Wenn er später Vorbehalte gegen den Sport entwickelte, so hatte das vielleicht damit zu tun, daß ausgerechnet in seiner Jugend die beiden wichtigsten Vereine in Philadelphia am Boden herumkrebsten. »Damals, in den dreißiger Jahren, bildete Philadelphia das Schlußlicht – im Baseball, im Football, überall. Ich werde das Gefühl nicht los, daß alle Jungen meiner Altersgruppe, die dort aufwachsen mußten, einen Minderwertigkeitskomplex entwickelten. Diese Yankees verließen aber auch jedes Spiel als Sieger. Ich kann mich lebhaft an mein erstes Baseballspiel erinnern. Da sitze ich in der Mitte, direkt hinter Joe DiMaggio, und dann sehe ich, wie die Yankees von hinten aus dem siebten *Inning* kommen, sieben *runs* machen und uns 10 zu 7 schlagen. Schrecklich.«

Als »Jockbeat« ihn einlud, sich anzusehen, wie die Yankees sein jetziges Heimteam einmachen, lehnte Chomsky höflich ab. Er war seit 1950 in keinem Baseballspiel mehr gewesen. Daher war er sehr überrascht zu hören, daß es inzwischen in den Stadien Anzeigetafeln gibt, auf denen dem Publikum signalisiert wird, wann es Beifall brüllen soll – und mit welchen Worten. »Du spinnst wohl. Ich hab' ja gar nicht gewußt, welcher Tiefstand da schon erreicht ist.«

Aus »Out in Leftist Field« von Mark Schone in seiner »Jockbeat«-Kolumne in *The Village Voice* **13.07.93**

Da die Menschen ihren Sport so furchtbar ernst nehmen, war uns schon bei der Entscheidung, diesen Passus in den Film aufzunehmen, unmittelbar klar, daß wir damit bei einigen Zuschauern einen Nerv treffen würden. Unser erster Preis geht dabei an Craig McInnis, Filmkritiker beim *Toronto Star*.

»(…) Um die wohlbekannte Abneigung des Sozialwissenschaftlers gegen den Berufssport zu dokumentieren, lassen die Filmemacher sein Gesicht auf dem Jumbotron eines Stadions erscheinen, wie er gerade über die Sünden des bezahlten Sports herzieht. Das Stadion ist zu diesem Zeitpunkt leer, was aber mehr ist als nur ein guter Gag. Sollte nämlich jemand Chomsky während eines ausverkauften Footballspiels auf dem Jumbotron über Sport reden lassen, dann würde dieser kleine dürre Trottel wohl kaum lebend die Straße erreichen.

Es mag ja sein, daß unsere Footballfans nützliche Idioten des militärisch-industriellen Komplexes sind – aber jedenfalls wissen einige von ihnen sehr genau, wie man hochnäsige Intellektuelle beim Kragen packt und geradewegs ins MIT zurückschleudert.«

McInnis entschuldigt sich dann dafür, daß sein Artikel so spät erscheint, wobei er einräumt: »Wenn nun diese Rezension erst in der Montagsausgabe erschienen ist, wo die Verbreitung schwächer ist als am Freitag, Samstag oder Sonntag, dann ziehen das vielleicht manche Leute als erneuten Beweis dafür heran, wie die großen Medien die Theorien des Außenseiter-Soziologen Noam Chomsky ›marginalisieren‹.«

Schon möglich. Der Film war vier Tage zuvor in Toronto angelaufen, am Donnerstag der Vorwoche. Eine Rezension am Montag kann aber für die Besucherzahlen des vergangenen Wochenendes nicht mehr viel bewirken.

Als Erklärung für dieses Versäumnis gegenüber seinen Lesern hatte er nur zu sagen: »Byng, mein Hund, hatte meine Notizblätter gefressen.« Diese Sache, wie also McInnis' Hund seine Notizen fraß, nahm ein volles Drittel des Artikels ein, dessen Überschrift dann auch noch lautete: »Böser Hund, Byng! Du böser böser Hund! Sorry, Noam.« Er beruft sich auch noch auf zwei Zeugen – den Hund nicht gerechnet, der zwar kein Geständnis ablegte, aber sich schuldzerknirscht aufgeführt haben soll.

Immerhin enthielt die Rezension von McInnis eine Formulierung, die wir als Werbespruch zitieren konnten, beschrieb er doch *Manufacturing Consent: Noam Chomsky and the Media* als eine »intelligente, blendend gestaltete und wirklich abgerundete Dokumentation.«

Am Schluß dieser Szene setzten wir auf die große Anzeigetafel an der Außenseite des Stadions die Worte: *TODAY'S TOPIC: TRAINING IN IRRATIONAL JINGOISM* [HEUTE: KURSUS IN IRRATIONALEM CHAUVINISMUS]. Wir verstießen damit kurzzeitig gegen die altertümliche (und zum Teil immer noch geltende) Sprachgesetzgebung in Québec, derzufolge in der Außenwerbung die Verwendung des Englischen nicht erlaubt ist. In Kanada dürfen die Provinzregierungen verbriefte Bürgerrechte mittels der sogenannten »Ungeachtet-Klausel« suspendieren, was im Kern bedeutet: Ungeachtet deines Rechts auf freie Meinungsäußerung (oder eines anderen verbrieften Rechts) werden wir jetzt ein verfassungswidriges Gesetz beschließen, durch welches dein Recht auf freie Meinungsäußerung (oder ein anderes verbrieftes Recht) suspendiert wird.

Mehr über die freie Meinungsäußerung ab S.173

FALLSTUDIE

IM MIT

Peter Wintonick
Ich möchte Sie vor allem nach der Untersuchungsmethode zum Propagandamodell fragen. Wie geht man da vor?

Chomsky
Nun, das kann auf verschiedene Weise geschehen. Besonders naheliegend wäre es, ungefähr passende Vergleichsbeispiele zu finden. Es gibt in der Geschichte keine kontrollierten Experimente, aber manchmal fehlt nicht viel daran. So lassen sich Fälle finden, in denen Grausamkeiten oder andere Exzesse auf beiden Seiten begangen werden – sowohl vom amtlichen Feind als auch von Verbündeten oder Freunden oder von dem von uns bevorzugten Staat selbst, hier also von den USA. Die Frage ist dann: Schlucken die Medien die Konstruktion der Regierung, oder gehen sie in derselben Weise, mit denselben Fragen und Kriterien an die Fälle auf beiden Seiten heran, wie es jeder ehrliche unbeteiligte Beobachter tun würde.

FERNSEHWERBUNG

Aufgenommen auf einem Fernseher im Schaufenster

Ansager
Wenn Sie denken, Amerikas militärisches Engagement in Südostasien sei zu Ende, dann täuschen Sie sich.

Anonyme Stimme
Die Roten Khmer sind die schlimmsten Massenmörder der Welt.

Ansager
Peter Jennings berichtet von den Feldern des Todes – nächsten Donnerstag.

Vgl. »The Propaganda Model: Some Methodological Considerations«, *Necessary Illusions*, Anh. 1, S. 137-180. Enthält (auf S. 148-151) auch eine Erwiderung auf Walter LaFebers Kritik des Propagandamodells in *The New Republic* 9.01.89, eine Kritik, der Chomsky bescheinigt, sie sei »einer der ganz seltenen Versuche, auf das Propagandamodell mit echten Argumenten und nicht nur mit Beschimpfungen zu reagieren« und belege »die Geisteskraft eines hervorragenden und ungebunden denkenden Historikers«.

Das Gespräch im Fernsehstudio des MIT war das einzige formelle Interview, das wir mit Chomsky für den Film führten. Es enthält auch seine oben wiedergegebenen Ansichten zum Golfkrieg. Zwar besaßen wir schon einige Aufzeichnungen aus Vorträgen und Diskussionen über Osttimor und Kambodscha. Wir wollten aber lieber eine durchgehend zusammenhängende und auch akustisch befriedigende Darstellung gewinnen; daher machten wir zwei 30-Minuten-Termine aus und fingen bei Adam und Eva an.

Eine weiter ausgreifende Kritik findet sich unter dem Titel »Knowledge, Morality and Hope: Chomsky's Social Thought« in *New Left Review* 1992, abgedruckt in *Noam Chomsky: Critical Assessments* (a. a. O.)

IM MIT

Chomsky
Nehmen wir *den* Genozid der jüngsten Vergangenheit – Pol Pots Regime von 1975 bis 1978 und seine Brutalitäten; ich glaube, es läßt sich kein vergleichbar entsetzliches Beispiel finden, bei dem die Entrüstung so getobt hat usw. Hier haben wir also ein solches Verbrechen. Und in diesem Fall hat der geschichtliche Zufall tatsächlich ein kontrolliertes Experiment durchgeführt.

«OPERATION WELCOME HOME» KONFETTIPARADE NACH DEM GOLFKRIEG, NEW YORK

Katherine Asals
Haben Sie schon mal von einer Gegend namens Osttimor gehört?

Mann rechts
Könnt' ich nicht sagen.

Mann links
Wo?

Katherine Asals
Osttimor.

Mann links
Nee.

IM MIT

Chomsky
Wie nämlich der Zufall so spielt, trug sich genau zur gleichen Zeit ein anderes Verbrechen zu – ganz ähnlich, mit einem einzigen Unterschied: Wir waren dafür verantwortlich – nicht Pol Pot.

THE AGONY OF CAMBODIA
Since 1975, the Khmer Rouge have sealed off Cambodia from the world and decimated its citizens through starvation and slaughter.

Haben Sie schon mal von einer Gegend namens Osttimor gehört?

CBC RADIO, MONTREAL

Louise Penney
Hallo, hier ist das «Mittagsradio» mit Louise Penney. Wenn Sie uns in den letzten Monaten regelmäßiger zugehört haben, dann wissen Sie ja, daß die Sprache mehrfach auf Osttimor gekommen ist, vor allem wenn es um Auslandshilfe und um Krieg ging und um eine neue Weltordnung. Die Menschen haben sich gefragt, warum die UNO – wenn sie es mit der neuen Weltordnung ernst meint – nichts tut, um Osttimor zu helfen. 1975 sind die Indonesier in dieses Land eingefallen; es gab Berichte über Verbrechen am Volk von Timor. Und dennoch hat Kanada, zusammen mit anderen Ländern, immer wieder gegen UNO-Resolutionen zur Beendigung der Besetzung gestimmt. Heute wollen wir uns Osttimor genauer ansehen. Wollen sehen, was dort passiert ist und warum die internationale Gemeinschaft die Hilfe verweigert. Eine der eifrigsten Aktivistinnen ist Elaine Brière, Bildjournalistin aus Britisch Columbia. Sie hat die Osttimor-Alarmkette gegründet, und ich begrüße sie bei mir im Studio.

Elaine Brière
Hi.

Louise Penney
Die Tragödie ist besonders tragisch, da die meisten Menschen nichts über Osttimor wissen. Wo liegt es überhaupt?

Elaine Brière
Osttimor liegt hart nördlich von Australien, etwa 420 km entfernt, zwischen dem Indischen Ozean und dem Pazifik. Direkt südlich von Osttimor verläuft ein Tiefseegraben und bildet einen idealen Durchschlupf für amerikanische U-Boote. Und dann gibt es da noch riesige Erdöllagerstätten. Was das Besondere

Elaine Brière ist Mitbegründerin des *East Timor Alert Network*. Dieses entstand 1986 und sollte sich gegen die indonesische Invasion und Repression in Osttimor stellen. Im Jahre 1974 hatte Frau Brière Osttimor bereist, und auch die Invasion von 1975 war ihr nicht entgangen. Doch sie fühlte sich hilflos – bis sie Chomskys Essay »Genocide on the Sly« in *Towards a New Cold War* las. »Mir war überhaupt nicht bewußt, daß das, was in Osttimor geschah, auch andere Menschen betroffen machte und daß wir durchaus etwas dagegen tun konnten.« Ihr wurde auch klar, wie wertvoll die Fotos vom Dorfleben auf Timor waren, die sie noch vor der Invasion gemacht hatte, konnte man doch damit die Tragödie augenfällig machen. Also schrieb sie an Noam Chomsky und sprach auch mit ihm; dann machte sie sich an die praktische Arbeit.
Dreimal trat sie vor dem UNO-Entkolonisierungsausschuß auf, um für das Selbstbestimmungsrecht des Volkes von Osttimor zu werben. Für die UNO-Menschenrechtskommission schrieb sie Jahresberichte. Nach dem Massaker von Dili im Jahre 1991 unterstützte das *East Timor Alert Network* die Gründung des *East Timor Action Network* in den USA.

an Osttimor ist: Dort hat eine der letzten urzeitlichen Kulturen dieser Region überlebt. Es waren 700.000 Menschen, und sie sprachen 30 verschiedene Sprachen und Dialekte.

Heute lebt nicht einmal mehr fünf Prozent der Weltbevölkerung so wie die Menschen von Osttimor, praktisch als Selbstversorger. Sie existieren außerhalb des Weltwirtschaftssystems.

Solche kleinen Gesellschaften wie die auf Osttimor sind viel demokratischer, viel egalitärer, viel mehr auf die Aufteilung von Macht und Wohlstand bedacht. Vor der indonesischen Invasion lebten die meisten Menschen dort in kleinen Dörfern.

Die alten Leute spielten die Rolle der Universität. Sie gaben das Stammeswissen von einer Generation zur anderen weiter. Die Kinder wuchsen in einer gesunden, stimulierenden und nährenden Umgebung auf.

Ich war entsetzt, als ich – ein Jahr, nachdem ich die Insel verlassen hatte – erfuhr, daß die Indonesier dort eingefallen waren. Sie waren dagegen, daß ein kleines unabhängiges Land der Region zum Vorbild werden könnte.

IM MIT

Chomsky
Osttimor war eine portugiesische Kolonie. Indonesien konnte keine Ansprüche darauf geltend machen und hat das auch offen zugegeben. Während der Kolonialzeit wurden die Menschen dort ziemlich politisiert, und es entstanden verschiedene Gruppierungen. Im August 1975 brach ein Bürgerkrieg aus, der mit dem Sieg der FRETILIN endete. Das war eine dieser Gruppen, sie galt als populistisch und katholisch und führte eine ziemlich linke Propaganda im Munde. Sofort griff Indonesien ein.

AUF OSTTIMOR (OKTOBER 1975)

Interviewer
Wie ist die Lage? Wann sind diese Schiffe gekommen?

José Ramos-Horta
Die kommen seit Montag. Sechs, sieben Schiffe gleichzeitig, dicht an unserer Grenze. Wissen Sie, die sind nicht nur zum Spaß da. Die bereiten eine große Aktion vor.

UNBEKANNTES DORF AUF TIMOR

Filmdokument von Greg Shackleton des Senders Channel 7, *Melbourne, Australien, vom 15. Oktober 1975*

Greg Shackleton
Hier ist etwas passiert, das uns tief aufgewühlt hat. Das war so fremd, so absolut neuartig für uns Australier, daß wir es Ihnen kaum vermitteln können. Wir wollen es aber versuchen.
Wir saßen also auf Bastmatten unter einem Blätterdach in einer Hütte ohne Wände, und auf uns prasselten die Fragen herab – Fragen von Menschen, die wissen, daß sie vielleicht schon morgen sterben müssen, und die nicht begreifen können, warum die übrige Welt sich nicht um sie kümmert. Denn mehr wollen sie gar nicht: Die UNO soll Notiz von dem nehmen, was hier vorgeht. Die Gefühle hier waren so intensiv gestern abend, daß wir drei geradezu meinten, sie in der warmen Nacht mit Händen greifen zu können.
Greg Shackleton auf Portugiesisch Timor in einem unbekannten Dorf, das wir nie vergessen werden.

**GREG SHACKLETON
GARY CUNNINGHAM
MALCOLM RENNIE
BRIAN PETERS
TONY STEWART**
Journalisten, am 16. Oktober 1975 von indonesischen Truppen ermordet.

Ich kenne drei Männer, die mir erzählten, wie sie die australischen Journalisten in Balibo ermordet haben. Ich erfuhr es in Dili – von jedem separat. Zuerst waren die Einwohner von Balibo geflohen, als der Ort bombardiert wurde. Meine Freunde kehrten dann aus Atambua dorthin zurück, begleitet von indonesischen Soldaten. Sie selbst waren Zivilisten, hatten aber indonesische Waffen. Die Befehle gaben die Soldaten. Die Journalisten schrien: »Australier, Australier!« Ein indonesischer Anführer ließ die Journalisten fesseln und befahl dann, sie mit dem Messer umzubringen. Diese Messer werden am Gürtel getragen, sie sind wie Dolche. Danach hat man sie verbrannt. Sie wurden in einem Haus mit Messern umgebracht und dann mit Benzin verbrannt. Genaueres weiß ich nicht, denn ich mochte keine Fragen stellen. Ich konnte ja nicht wissen, daß ich einmal in Australien sein würde oder daß mich jemand danach fragen würde. So weiß ich nur das, was sie mir erzählt haben. Ich schenkte ihnen Glauben, denn diese Sache schien sie ziemlich zu bedrücken. Ich glaube ihnen auch deswegen, weil wir in Dili schon Erfahrungen mit dieser Art von Grausamkeit hatten machen müssen.
Zeugnis von »Leong« in *Telling: East Timor, Personal Testimonies 1942-1992* S. 96

Am 8.12.75 wurde ein weiterer australischer Journalist, Roger East, in Dili umgebracht. An jenem Tag wurden auch zahlreiche Timoresen hingerichtet; es gibt dafür einen Augenzeugen: »Mr. Siong«. Indonesische Soldaten zwangen ihn, die Leichen mit Eisenrohren zu beschweren und ins Meer zu werfen:
»Wir hatten gerade diese Leichen versenkt, da kam eine Gruppe timoresischer Chinesen aus Colmera, so 17 oder 18 Menschen. Ich kannte sie alle, es waren Freunde oder Nachbarn. Sie hatten so viel Angst, daß sie völlig stumm blieben; man hörte kein Weinen, nichts. Sie wurden zu zweit, zu dritt oder zu viert an die Kaimauer geführt und dort erschossen. Sie kamen, eine Gruppe nach der anderen, wurden erschossen und ins Meer geworfen. Unter ihnen zwei Ehepaare, eines mit kleinen Kindern, die dann von Verwandten aufgenommen wurden, das andere schon älter; die übrigen waren Männer. Außerhalb des Piers standen viele Menschen, die aber die Erschießungen nicht direkt beobachten konnten; sie vernahmen zwar die Geräusche, wußten aber nicht, was vorging. Einige der Todeskandidaten mußten uns – wir waren zu sechst – helfen, andere zu fesseln, ehe sie selbst umgebracht wurden. Manche fallen ins Wasser, andere auf den Boden, an die müssen wir dann ein Rohr binden. Wir zittern, wir verlieren fast den Verstand, aber was sollen wir machen, wir tun, was die Indonesier verlangen. Unter den Leuten aus Colmera, die dort ermordet wurden, war auch ein Australier. Die Soldaten stießen ihn herum. Er redete auf sie ein: »Nicht Fretilin – Australier.« Er sprach Englisch; ich konnte ihn verstehen, denn gelegentlich kamen Australier in den Laden, wo ich arbeitete. Er trug braune Shorts und ein cremefarbenes Oberhemd sowie eine Sonnenbrille. Ob er Schuhe anhatte, habe ich nicht gesehen. Er hat kurzgeschnittene, leicht ergraute Haare. Er sieht kräftig aus. Sie stoßen ihn nach vorn, befehlen ihm, sich zum Meer zu wenden – er weigert sich. Dann knallen die Indonesier ihn einfach ab, und er fällt ins Wasser.«
Telling: East Timor, Personal Testimonies 1942-1992 S. 104

Die Menschenrechtserklärung der Vereinten Nationen garantiert das Recht, »sich durch alle Medien und über alle Grenzen hinweg um Informationen zu bemühen, sie zu empfangen und weiterzugeben.«

Im Widerspruch hierzu sind Regierungen überall in der Welt darauf aus, die journalistische Berichterstattung zu verhindern. Während des Golfkriegs von 1991 schränkten die USA den Zugang von Reportern zum Frontgebiet ein und verhängten über deren Berichte eine Vorzensur. Natürlich waren die Umstände ungewöhnlich. Auch in Friedenszeiten suchen viele Regierungen den freien Informationsfluß zu behindern, sei es um öffentliche Entrüstung oder einen Skandal zu vermeiden, sei es um sich überhaupt an der Macht zu halten. Aber auch private Gruppen oder Einzelpersonen – Drogenhändler, Untergrundkämpfer, korrupte Geschäftsleute – wenden Gewalt oder Einschüchterung gegen Journalisten an, um den freien Informationsfluß zu beeinträchtigen (…)

Bestätigt wird dies vom »Komitee zum Schutz der Journalisten«. Zu Beginn der neunziger Jahre kamen innerhalb von 18 Monaten 54 Journalisten in Ausübung ihres Berufs ums Leben; gleichzeitig mußten über 1000 von ihnen sich Angriffen der unterschiedlichsten Art erwehren, von juristischen Klagen bis hin zu physischen Attacken (…)

Jeder Journalist muß damit rechnen, sich plötzlich schwerbewaffneten Soldaten, mächtigen Politikern oder auch den aufgebrachten Zielpersonen seiner Recherchen gegenüberzusehen. Die obengenannte Statistik belegt, wozu die Regierungen und auch manche Bürger fähig sind, wenn es darum geht, die Wahrheit vor anderen zu verbergen.

Aus *Dangerous Assignments: A Study Guide* S. iv, vom *Committee to Protect Journalists*. Das CPJ wurde 1981 mit dem Ziel gegründet, die Beachtung der Pressefreiheit weltweit zu überwachen und zu fördern. Ehrenvorsitzender ist Walter Cronkite *[der Altmeister der amerikanischen TV-Nachrichtenmoderatoren].*

DER HINTERGRUND DER INVASION

Kaum hatte Portugal seine Absicht verkündet, im April 1974 seine Kolonien in die Unabhängigkeit zu entlassen, als sich innerhalb der winzigen, vielleicht 3000 Köpfe zählenden Elite Timors neben einigen kleineren Gruppierungen drei politische Parteien formierten: Die UDT, die FRETILIN und die APODETI (…) »An der Spitze der UDT standen hauptsächlich Katholiken, meist kleine Grundbesitzer oder Beamte.« (Jolliffe S. 62). Anfänglich galt sie als die einflußreichste der drei Parteien, aber »da sie kaum konkrete Pläne vorlegte, mit dem *ancien régime* in Verbindung gebracht wurde und überhaupt dem Endziel der völligen Unabhängigkeit zunächst zurückhaltend gegenüberstand, wandten sich viele Anhänger der FRETILIN zu, mit der Folge, daß diese schon Anfang 1975 als größte Partei angesehen wurde (…)«. Ursächlich für diese Verschiebung war nicht nur das Versagen der UDT, sondern auch der Erfolg der FRETILIN (…) Die FRETILIN war eine gemäßigt reformorientierte nationale Front, in der sich zu Anfang vor allem die städtische Intelligenz engagierte und deren Vorsitzender aus einem katholischen Priesterseminar kam (…)

APODETI, die dritte Partei, »fand offensichtlich nur wenig Unterstützung. Von den drei politischen Parteien, die im Mai 1974 existierten, galt sie als die kleinste.« Als einzige sprach sie sich für die Vereinigung mit Indonesien aus.

UDT und FRETILIN bildeten im Januar 1975 eine Koalition, die allerdings im Mai infolge des Austritts der UDT wieder platzte. Im August versuchte die UDT dann, die Macht im Handstreich an sich zu reißen; die darauffolgenden blutigen Auseinandersetzungen endeten wenige Wochen später mit dem vollständigen Sieg der FRETILIN (…)

In die internationale Presse gelangte über all diese Vorgänge nur das, was den Indonesiern genehm war, die »in diesem Gebiet das Informationsmonopol besaßen« (Hill S. 12). Wie ausländische Besucher später feststellten, »hatten sich erheblich weniger Kämpfe ereignet, als berichtet worden war, und es waren auch weniger Menschen umgekommen« (Hill S. 12) (…)

Die Anhängerschaft der UDT war seit Anfang 1975 ständig geschrumpft, und hier ist wohl auch der Hauptgrund für den Aufstand im August zu suchen (…)

Unmittelbar vor dem Putsch hatte ein Treffen auf höchster Ebene [zwischen Vertretern Indonesiens und der UDT] stattgefunden (…) Der UDT-Vorsitzende Lopes da Cruz stellte nach dem Treffen von Kupang fest: »Wir sind Realisten. Wir können nur unabhängig sein, wenn wir uns an die politische Linie Indonesiens halten. Falls nicht, wird die Unabhängigkeit nur eine Woche oder einen Monat andauern (…).« Benedict Anderson sagte vor dem US-Kongreß aus, daß seiner Meinung nach »der Bürgerkrieg in Osttimor durch einen Putsch der UDT ausgelöst wurde, der seinerseits vom indonesischen Geheimdienst eingefädelt worden war« – womit er den Augustaufstand meinte (…)

Einen sehr positiven Bericht über das kurze Zwischenspiel der Fast-Unabhängigkeit, vom September 1975 bis zur indonesischen Invasion am 7. Dezember, lieferten die Australier, die sich in Osttimor aufhielten. James Dunn, im Oktober Leiter des australischen Hilfskorps, schrieb über seine Erfahrungen:

»Es gelang der FRETILIN-Regierung überraschend schnell, Ruhe und Ordnung wiederherzustellen und die Grundversorgung der größeren Städte zu sichern. In Dili hatte

IM MIT

Chomsky

Ford und Kissinger besuchten Djakarta – ich glaube, am 5. Dezember. Wie wir wissen, hatten sie die Indonesier ersucht, die Invasion so lange aufzuschieben, bis sie das Land wieder verlassen hätten, weil es ihnen sonst zu peinlich gewesen wäre. Wenige Stunden, nachdem sie wieder weg waren, erfolgte dann am 7. Dezember die Invasion.

DUNKELKAMMER

Elaine Brière

Was sich am 7. Dezember abspielte, ist einfach eine der größten Untaten in der Geschichte.
Seit dem frühen Morgen fielen Bomben auf Dili [die Hauptstadt von Osttimor]. Dann marschierten mehr Soldaten ein, als die Stadt Einwohner hat.
Und dann gab es zwei, drei Wochen lang nichts als ... sie brachten die Menschen einfach um.

sich das Leben schon Mitte Oktober mehr oder weniger normalisiert (...) Obgleich die FRETILIN-Regierung viele Schwachpunkte hatte, war ihr Rückhalt in der Bevölkerung offensichtlich sehr stark, und zwar auch bei früheren Anhängern der UDT (...)«.
Kaum hatte der Bürgerkrieg mit dem Sieg der FRETILIN geendet, als Indonesien auch schon die bewaffnete Intervention einleitete – unter dem Vorwand, den Gegnern der FRETILIN in Timor Beistand leisten zu wollen. Soweit wir es beurteilen können, war dies völlig aus der Luft gegriffen; dennoch wurde es, wie wir noch sehen werden, im Westen allgemein geglaubt. Die ersten Grenzverletzungen durch die Indonesier erfolgten am 14. September (...) Durch den ganzen Oktober und November zogen sich heftige Nahkämpfe zwischen Militäreinheiten Indonesiens und der FRETILIN hin (...)
Inzwischen rechnete man allgemein mit einer massiven indonesischen Invasion (...) Das indonesische Militär drohte damit, alle noch in Dili verbliebenen Australier umzubringen – eine Nachricht, von der Australien umgehend das Internationale Rote Kreuz in Kenntnis setzte. »Diese Drohungen belegen, daß den Indonesiern alles daran lag, das Gebiet noch vor der Invasion von ausländischen Beobachtern zu säubern.« Keinesfalls durften unabhängige Zeugen vor Ort sein, auch nicht das Rote Kreuz (...)
Am 6. Dezember besuchten Präsident Ford und Henry Kissinger Djakarta. Nur einen Tag später führte die indonesische Armee den erwarteten Großangriff durch; was sie damit in Gang setzte, hat Shepard Forman [Professor für Anthropologie an der Universität von Michigan, der in den Jahren 1973-74 unter den Bergvölkern Timors lebte] als »Vernichtung von einfachen Gebirglern« bezeichnet, während andere darin schlichtweg einen Genozid erblicken.
The Political Economy of Human Rights Bd. 1 S. 133-143
Jill Holliffe, *East Timor: Nationalism and Colonialism* (University of Queensland Press 1978)
Helen Hill, *The Timor Story* (Timor Information Service, Australien, o. D.)

Bei seiner Landung in Hawaii wurde Ford von Reportern nach seiner Meinung über die Invasion Timors gefragt. Er lächelte und sagte: »Darüber werden wir später reden (...)« [UPI 8.12.75]. Henry Kissinger, der ihn begleitete, hatte seine Reaktion schon zuvor formuliert. »Wie Journalisten in Djakarta von ihm erfuhren, würden die USA die von der FRETILIN ausgerufene Republik nicht anerkennen. ›Die Vereinigten Staaten haben für die indonesische Position in dieser Frage Verständnis.‹« [*Los Angeles Times* 7.12.75]
The Political Economy of Human Rights Bd. 1 S. 156

AUS »BURIED ALIVE« (1989)

Carlos Alfonso *(Flüchtling aus Osttimor)*
Als ich den Befehl »Feuer!« hörte, warf ich mich zu Boden, und dann spürte ich, wie die Körper auf mich niederfielen – wie Blätter.
Die Menschen schrien, man rief nach der Frau, der Mutter – es war entsetzlich …
Ich lag am Boden. Meine Hand war getroffen worden, die Kugel war geradewegs hindurchgegangen. Die Hand fühlte sich an, als ob sie am Boden festklebte. Ich zerrte die Hand an mich heran und schmierte mir das Blut über das Gesicht. Ich beschmierte mir das ganze Gesicht mit Blut, lag still und stellte mich tot.

IN DER UNO, NEW YORK

José Ramos-Horta
(Vertreter von Osttimor bei der UNO)
Der Rat muß die indonesische Aggression gegen Osttimor als vorrangigen Diskussionspunkt betrachten. *(ausgeblendet:* Die Vollversammlung und der Sicherheitsrat haben Indonesien aufgefordert, unverzüglich sämtliche Truppen aus dem Gebiet zurückzuziehen. Die indonesische Invasion in Osttimor stellt eine Verletzung des Völkerrechts und der UNO-Charta dar).

Chomsky *(im Off)*
Nach dem indonesischen Einfall reagierten die Vereinten Nationen in der üblichen Weise, also mit einer Verurteilung, der Forderung nach Sanktionen usw. Einige verwässerte Entschließungen wurden verabschiedet, aber die USA waren offensichtlich entschlossen, jede reale Auswirkung zu verhindern.

Moynihan ließ auch keinen Zweifel daran, daß er genau wußte, was er angerichtet hatte. Er zitiert einen seiner indonesischen Freunde in Timor, der im Februar 1976 geschätzt hatte, »seit Beginn des Bürgerkriegs« im August seien »etwa 60.000 Personen ums Leben gekommen« – davon aber nur 2-3000 während des eigentlichen Bürgerkriegs, alle übrigen nach der indonesischen Invasion im Dezember – und fährt fort: »Das sind 10 Prozent der Bevölkerung, prozentual also beinahe so viel wie der Blutzoll, den die Sowjetunion im Zweiten Weltkrieg entrichten mußte.« Moynihan hält sich hier also etwas zugute, das sich mit Hitlers Untaten in Osteuropa vergleichen läßt, und ist auch noch stolz darauf.
The Chomsky Reader S. 308
Zitate aus: Patrick Moynihan, Suzanne Weaver, *A Dangerous Place* (Little, Brown 1978)

Es war der Wunsch des Außenministeriums, daß jegliche UN-Maßnahmen wirkungslos zu bleiben hätten. Diesen Auftrag setzte ich um – mit beträchtlichem Erfolg.
Daniel Patrick Moynihan
[damals US-Vertreter in der UNO]

José Ramos-Horta war, als Indonesien in Timor einfiel, Mitglied im Zentralkomitee der FRETILIN. In dem Bestreben, Unterstützung für die Sache der timoresischen Unabhängigkeit zu gewinnen, beschloß die Regierung, die noch in den Kinderschuhen steckte, die Entsendung von Vertretern nach Westeuropa und Afrika sowie zur UNO. Emissär bei der UNO wurde Ramos-Horta; er vertritt Osttimor dort noch immer.

Vgl.: José Ramos-Horta, *East Timor Debacle: Indonesian Intervention, Repression, and Western Compliance*, mit einer Einleitung von Noam Chomsky (Red Sea Press 1986)

DUNKELKAMMER

Elaine Brière
Danach flüchteten die Timoresen zu Tausenden in den Dschungel. Um die Jahreswende 1977-78 richteten die Indonesier »Auffangzentren« für diejenigen Timoresen ein, die mit einer weißen Flagge aus dem Dschungel auftauchten. Jeder, den die Indonesier für überdurchschnittlich gebildet hielten oder im Verdacht hatten, der FRETILIN oder einer anderen Oppositionspartei anzugehören, wurde sofort umgebracht. Die Frauen schaffte man beiseite und flog sie in Hubschraubern nach Dili, wo sich die indonesischen Soldaten ihrer bedienen durften. Auch Kinder wurden umgebracht, sogar Babies. Aber die eigentliche strategische Waffe damals war der Hunger.

IM MIT

Chomsky
Im Jahre 1978 hatte es die Ausmaße eines Völkermords angenommen. Nach Schätzungen der Kirche und anderer Quellen waren etwa 200.000 Menschen umgekommen.
Die USA standen voll dahinter. Sie lieferten 90 Prozent der Waffen. Unmittelbar nach der Invasion wurden die Waffenlieferungen noch verstärkt. Als den Indonesiern 1978 die Waffen auszugehen begannen, kam die Carter-Regierung ihnen zu Hilfe und erhöhte den Umfang der Waffenverkäufe. Das gleiche taten andere westliche Länder. Kanada, England, Holland – jeder, der schnell Geld verdienen wollte, war da, um ihnen zu ermöglichen, noch mehr Timoresen umzubringen.
Im Westen regt sich niemand über

Die Regierung behauptet, sie habe von Dezember 1975 bis Juni 1976 die Militärhilfe an Indonesien eingefroren. »Diese vorübergehende Sanktion war weder angekündigt noch vorher durchgesickert«, schreibt Lee Lescaze [in der *Washington Post*]. Außerdem war das Ganze ein Betrug. Wie General Howard M. Fish vor dem Kongreß aussagte (*March Hearings* S. 14), »nahmen wir keine neuen Bestellungen mehr entgegen. Was aber schon im Rohr war, wurde weiter an Indonesien ausgeliefert.« Und Benedict Anderson gab zu Protokoll (*February 1978 Hearings*), es gäbe einen »vom Verteidigungsministerium bestätigten Bericht [über Waffenverkäufe ins Ausland]«, demzufolge während des angeblichen Lieferstopps neue Angebote für Militärausrüstungen erfolgten.
Auf die Frage, warum Indonesien die »Besorgnis« der US-Regierung überhaupt nicht zu spüren bekam, gibt es eine einfache Antwort. In krassem Widerspruch zu den ausdrücklichen Feststellungen von General Fish, Mr. Oakly sowie des Unterstaatssekretärs für Ostasien und den Pazifik, Richard Holbrook, erhielt die indonesische Regierung während des zwischen Januar und Juni 1976 verhängten »offiziellen Lieferstopps« wenigstens vier verschiedene Angebote über militärisches Gerät. Dieses umfaßte vor allem Flugzeuge vom Typ OV-10 Bronco (nebst Ersatzteilen), die in der Zeit des Vietnamkriegs speziell zur Aufstandsbekämpfung gegen einen Gegner, der nicht über wirksame Flugabwehr verfügte, entwickelt worden waren. Zum Schutz Indonesiens vor einem äußeren Feind konnten sie absolut nichts beitragen. Indonesien wird seitdem praktisch unverändert mit den Broncos und anderen, der Aufstandsbekämpfung dienenden Waffen versorgt; was unter Präsident Ford begann, setzt die Carter-Regierung fort.
Daß man sich über die eigene Geheimpolitik hinweggesetzt hatte, gaben Beamte des Außenministeriums und des Pentagons auch offen zu. Allerdings habe, wie sie dem Ausschuß versicherten, »das Außenministerium keinesfalls bewußt eine Täuschung oder einen Gesetzesbruch unternommen.« In der Tat wurden die Indonesier von ihnen nicht getäuscht. Denn wie man sieht, war das »Militärhilfe-Embargo« so geheim, daß Indonesien nie etwas davon erfahren sollte.
The Political Economy of Human Rights Bd. 1 S. 144-145

Verglichen mit anderen Ländern gehören Kanada und die Vereinigten Staaten eher zu denjenigen, wo der Staat nicht zu Gewaltexzessen greift, nur um sich des Gehorsams seiner Bevölkerung sicher sein zu können. Auch wer kein Held ist, hat viele Möglichkeiten, etwas zu tun. Daher müssen die Menschen in Kanada sich fragen, ob sie sich als Komplizen eines Massenmords eigentlich wohlfühlen. Bisher ist das noch der Fall: Die Kanadier fühlen sich wohl. Zwar gab es während des Vietnamkriegs in Kanada ziemlich viel Opposition dagegen, und man vernahm heftige rhetorische Verurteilungen. Nichtsdestoweniger wurde Kanada zum weltgrößten Waffenexporteur pro Kopf der Bevölkerung; wir haben Waffen nach Indochina geschickt und uns an der Zerstörung des Landes bereichert. Solange sich die Kanadier in dieser Rolle wohlfühlen, werden sie sie nicht aufgeben. Sobald sie aber auf die Konsequenzen schauen, werden sie entdecken, daß sie sich damit genau so verhalten wie die von uns gebrandmarkten »guten Deutschen« unter dem Nazismus. Man lehnt sich zurück und macht mit dem Leid und Elend anderer seine Geschäfte.
Aus einem Interview mit Richard Titus, *Language and Politics* S. 483

Aggression, Grausamkeiten, Verletzungen der Menschenrechte usw. auf, wenn nur genügend Profit in Sicht ist. Das wird nirgends so deutlich wie in diesem Fall.
Es war auch nicht so, daß etwa noch nie jemand von Osttimor gehört hatte. Man muß wissen, daß vor der Invasion die *New York Times* und andere viel über das Land gebracht hatten.
Dahinter stand damals die Sorge über den Zusammenbruch des portugiesischen Kolonialreichs und was das für Folgen haben könnte. Man befürchtete eine Unabhängigkeitsbewegung, eine Einflußnahme Rußlands oder was weiß ich. Kaum waren die Indonesier einmarschiert, hörten die Berichte auf. Einige gab es noch, aber nur aus Sicht des US-Außenministeriums und des indonesischen Militärs. Ein Flüchtling aus Timor war nie zu vernehmen.
1978, auf dem Höhepunkt der Gewaltakte, als diese geradezu den Charakter eines Völkermords annahmen, setzte die Berichterstattung völlig aus, wenigstens in den USA und in Kanada, wo ich es genauer nachgeprüft habe – buchstäblich auf Null.
All dies spielte sich nun exakt zur selben Zeit ab, als die gewaltige Protestwelle in Sachen Kambodscha rollte. Das Ausmaß der Untaten war ungefähr gleich – ich meine sogar, auf die Gesamtbevölkerung bezogen war es in Timor noch erheblich schlimmer.
Genau genommen hatte sich auch in Kambodscha schon vorher – 1973–75 – ein vergleichbares Verbrechen ereignet, für das aber wir verantwortlich gewesen waren.

Es gibt wohl kaum ein Land, das so leiden mußte wie Kambodscha in den siebziger Jahren. Die finnische Untersuchungskommission, die den Versuch unternahm, das Geschehen aufzuarbeiten, hat diese Periode als »Jahrzehnt des Völkermords« bezeichnet. Sie umfaßt insgesamt 3 Phasen, von denen die letzte noch unserer Gegenwart den Stempel dieser furchtbaren Jahre aufdrückt:
Phase 1 (1969 - April 1975): Nach Bombardierungen durch die US-Luftwaffe, wie es sie in der Geschichte noch nie gegeben hat, und einem von den USA angeheizten Bürgerkrieg ist das Land völlig zerstört. Zwar setzt der Kongreß im August 1973 per Gesetz den Bombardements ein Ende, doch das Gemetzel geht mit amerikanischer Beteiligung weiter, bis schließlich im April 1975 die Roten Khmer die Macht übernehmen.
Phase 2 (April 1975 - 1978): In dieser Zeit steht Kambodscha unter der mörderischen Herrschaft der Roten Khmer (»Demokratisches Kampuchea«, DK), bis diese durch den vietnamesischen Einmarsch nach Kambodscha im Dezember 1978 gestürzt werden. (Mehr dazu auf S. 103)
Phase 3: Vietnam setzt die Regierung Heng Samrin ein. Gleichwohl bleibt die DK-Koalitionsregierung, deren bestimmender Faktor die Roten Khmer sind, die von allen Ländern – außer vom Ostblock – allein anerkannte Vertreterin Kambodschas. Die Guerilla-Armee der Roten Khmer, das einzige militärische Machtinstrument des DK-Regimes, wird mit chinesischer und amerikanischer Hilfe im Grenzgebiet zu Thailand und auf thailändischem Boden wieder aufgebaut. Was sie jetzt in Kambodscha betreibt, pflegen wir anderorts, wenn die Zielscheibe eine mit uns befreundete Regierung ist, mit dem Wort »Terrorismus« zu bezeichnen.
Manufacturing Consent S. 260-261 (vgl. auch Kap. 6)

Bis März 1970 wurde das Land von Prinz Sihanouk regiert, bis dieser Opfer eines von den USA unterstützten Putsches wurde. In seiner Regierungszeit führte Sihanouk nach innen und außen einen schwierigen Balanceakt aus. Innerhalb des Landes schlug er Aufstandsversuche der Linken und der Kleinbauern nieder und versuchte gleichzeitig, die Rechte kurz zu halten (...) Außenpolitisch suchte er in dem um sich greifenden Indochinakrieg ein gewisses Maß an Neutralität zu bewahren, da er von diesem Krieg nur einen Sieg der Kommunisten erwartete.
In den Vereinigten Staaten und bei ihren Verbündeten stieß Sihanouk mit seinem neutralistischen Vorgehen auf wenig Gegenliebe (...)
Seit Anfang der sechziger Jahre gab es immer heftigere Angriffe der amerikanischen und südvietnamesischen Streitkräfte gegen kambodschanische Grenzposten und Dörfer, die Hunderte das Leben kosteten. Als später, vor allem nach den mörderischen Militäroperationen der USA Anfang 1967 in Südvietnam, vietnamesische Kleinbauern und Untergrundkämpfer Zuflucht im kambodschanischen Grenzgebiet suchten, ertönte in Washington und in den Medien die zynische Warnung vor einer kommunistischen Unterwanderung des neutralen Kambodscha (...)
Am 18.03.69 wurden die berüchtigten »geheimen Bombenangriffe« aufgenommen. Eine Woche darauf, am 26.03.69, verurteilte die kambodschanische Regierung öffentlich die Angriffe mit Bomben und Bordwaffen, mit denen »amerikanische Flugzeuge nahezu täglich (...) die kambodschanische Grenzbevölkerung heimsuchen.« (...) Am 28. März trat Prinz Sihanouk in einer Pressekonferenz auf und dementierte ganz entschieden Meldungen, die in den USA umliefen und die besagten, er habe »nichts gegen amerikanische Bomben auf kommunistische Ziele innerhalb unserer Grenzen

Chomsky
Die Offensive der USA gegen Kambodscha begann mit den Luftangriffen Anfang der siebziger Jahre; sie erreichten ihren Höhepunkt 1973 und gingen noch bis 1975 weiter. Sie richteten sich gegen das Landesinnere. Man weiß sehr wenig darüber, denn die Medien wollten sie geheimhalten. Sie wußten zwar, daß sie stattfanden, aber sie wollten gar nicht so genau wissen, was da vorging. Nach Schätzungen des CIA kamen in diesen fünf Jahren an die 600.000 Menschen ums Leben, entweder direkt durch die amerikanischen Bomben oder durch den von uns unterstützten Krieg. Das ist schon ein ziemliches Blutopfer. Und Kambodscha wurde in einem solchen Zustand hinterlassen, daß hohe US-Beamte schon absehen konnten, daß anschließend Hunger und Krankheit vielleicht eine Million Tote fordern würden, weil das Land in Trümmern lag.

Nach amerikanischen Regierungsquellen sowie nach Meinung von Wissenschaftlern spricht übrigens viel dafür, daß die intensiven Bombardements ein wesentlicher Grund – vielleicht der Hauptgrund – dafür waren, daß die Landbevölkerung sich auf die Seite der Roten Khmer schlug, die vorher nur eine Randerscheinung gewesen waren. Sehen Sie, und das ist eben die falsche Story.

einzuwenden.« Dann wandte er sich an die internationale Presse mit den Worten: »Ich bitte Sie dringend, im Ausland die eindeutige Haltung Kambodschas bekanntzumachen, nämlich daß ich mich uneingeschränkt gegen alle Bombenangriffe auf kambodschanisches Gebiet wende, ganz gleich, unter welchem Vorwand sie erfolgen.«

Daß dieser Appell fruchtlos blieb, wird niemanden überraschen. Mehr noch: Bis heute wird dieses Material zurückgehalten, abgesehen von vereinzelten Publikationen am Rande des politischen Spektrums (...)

Im März 1970 schließlich wurde Kambodscha endgültig in das Schlachthaus Indochina hineingezerrt. Am 18.03.70 wurde Sihanouk gestürzt. Es war »keine Revolution, sondern ein Putsch der Oberschicht«; er diente »innenpolitischen Interessen« und genoß zumindest »indirekte Unterstützung durch die USA« (...) Der Bürgerkrieg, der jetzt in Kambodscha entflammte, wurde auf beiden Seiten mit zunehmender Grausamkeit geführt.

Auch nachdem die USA ihre Truppen aus Kambodscha abgezogen hatten, wurde der Bombenkrieg mit unverminderter Härte fortgesetzt. Wie eine Untersuchungskommission des Obersten Rechnungshofes feststellte, waren die amerikanischen und südvietnamesischen Bombenabwürfe »eine wesentliche Ursache für Fluchtbewegungen und Todesopfer unter der Zivilbevölkerung«; etwa ein Drittel der Bevölkerung von 7 Millionen sei auf der Flucht.

Indem Kambodscha systematisch zerstört wurde und die Landbevölkerung im Innern immer stärker unter dem US-Terror zu leiden hatte und sich daher auf die Seite der – bis dahin ganz unbedeutenden – Roten Khmer schlug, entwickelten diese sich zu einer nicht mehr zu übersehenden Kraft.
Manufacturing Consent S. 267-273

Als nach dem Sieg der Roten Khmer die westlichen Korrespondenten aus Phnom Penh evakuiert wurden, konnten sie sich nur in aller Eile ein Bild von dem machen, was auf dem flachen Land vorgegangen war. Seine Eindrücke faßte der britische Korrespondent John Swain mit folgenden Worten zusammen:

»Die Vereinigten Staaten haben hier große Schuld auf sich geladen, und damit meine ich nicht nur die Zahl der Toten und die riesigen materiellen Verwüstungen. Diese schwarz gekleideten Männer, die jetzt das Land – oder was davon übrig geblieben ist – regieren und die so gar nicht kambodschanisch wirken, sind in ihrer schauerlichen Strenge ebenso sehr ein Produkt der amerikanischen Flächenbombardements, in denen ihr Geist zu Stahl geschmiedet wurde, wie sie Schüler von Marx oder Mao sind (...) Wie überall, wo wir gewesen sind, hat auch hier [auf dem Lande] der Krieg alles ruiniert. Die Brücken sind sämtlich zerstört, kaum steht noch irgendwo ein heiles Haus. Wie mir berichtet wurde, haben die meisten Bewohner die Kriegsjahre aus Furcht vor den Bomben fast ununterbrochen in unterirdischen Bunkern verbracht (...) Die Bomben der amerikanischen B52 haben das Land umgepflügt und ganze Städte oder Dörfer dem Erdboden gleichgemacht. Ich fand nicht eine einzige Pagode unbeschädigt vor.« (*Sunday Times*, London, 11.05.85)
Manufacturing Consent S. 278

Milton Osborne, Spezialist in Sachen Kambodscha, kommt zu dem Schluß, daß der Terror der Kommunisten [in den Siebzigern] »zweifellos eine Reaktion auf die furchtbaren Bombenangriffe [der US-Luftwaffe] in den von den Kommunisten gehaltenen Gebieten« darstellte. Ein anderer Kenner des Landes, David Chandler, weist darauf hin, daß infolge der Bombardements »Tausende junger Kambodschaner zwangs-

Chomsky
Nach 1975 ging das Gemetzel weiter, und plötzlich war es die richtige Story, denn nun waren ja die Bösen die Täter. Es war schlimm genug, man schätzt ja ... also das schwankt. Der CIA gibt an, daß 50.000 bis 100.000 Menschen umgebracht wurden und daß vielleicht eine Million aus anderen Gründen starben. Einer, der die Sache besonders genau untersucht hat, ist Michael Vickery, und er setzt die Zahl der Toten auf 750.000 über der normalen Sterbeziffer an. Andere, z. B. Ben Kiernan, vermuten noch höhere Werte, allerdings bislang ohne Detailuntersuchungen. Jedenfalls war es furchtbar.

Nun waren die Verbrechen – die tatsächlich verübten Verbrechen – zwar schlimm, aber für den gewünschten Zweck noch nicht schlimm genug. Schon wenige Wochen nach der Machtübernahme durch die Roten Khmer beschuldigte die *New York Times* sie des Völkermords – zu einem Zeitpunkt, als vielleicht einige hundert oder tausend Menschen umgebracht worden waren. Und von dem Moment an wurde getrommelt und gebrüllt: Völkermord! Der Bestseller über das Kambodscha Pol Pots trägt den Titel *Murder in a Gentle Land*. Bis zum 17. April 1975 war dies ein Land voll friedlicher und lächelnder Menschen gewesen, und dann setzte ein furchtbarer Holocaust ein.

Umgehend stand die Zahl der Toten bei 2 Millionen. Es hieß sogar, die Roten Khmer hätten sich selbst damit gebrüstet, zwei Millionen Menschen ermordet zu haben. Das waren dramatische Fakten. Hier beging der amtliche Feind die Greueltaten, hier konnte man sich ungeheuer entrüsten, konnte übertreiben, bedurfte keiner Beweise, konnte Fotos fälschen – alles war erlaubt.

läufig zu Kämpfern in einem antiamerikanischen Kreuzzug« wurden – hatten die Angriffe doch »das Geflecht der kambodschanischen Vorkriegsgesellschaft schwer beschädigt und so der CPK [den Roten Khmer] die psychologischen Zutaten zu einer gewalttätigen, rachsüchtigen und unerbittlichen Revolution geliefert« (...)
***Manufacturing Consent* S. 264**

Im Mai 1993 fanden in Kambodscha Wahlen unter Aufsicht der UNO statt. Seitdem amtiert eine provisorische Regierung, der als gleichberechtigte Premierminister Hun Sen und Prinz Norodom Ranaridhb vorstehen, letzterer ein Sohn des Prinzen Sihanouk. Doch setzen viele ihre Friedenshoffnungen auf Prinz Sihanouk selbst, der den Vorsitz in dem aus vier Fraktionen bestehenden Obersten Nationalrat führt. Dieser Rat war eine Frucht des von der UNO vermittelten und in Paris abgeschlossenen Friedensvertrags von 1991. Die Wahlbeteiligung war mit 90 Prozent unglaublich hoch – und dies, obwohl die Roten Khmer die Wahlen nicht nur boykottierten, sondern alles taten, um sie zu sabotieren.

Ob die Roten Khmer wirklich besiegt sind, steht keineswegs fest. Nach jüngsten Berichten unterhalten sie beste Beziehungen zu Regierungs- und Geschäftskreisen in Thailand und verfügen über einigen Einfluß. – NC

Über die Bevölkerungsstudie der CIA sagt Chomsky: »Die Annahmen darin sind von A bis Z politisch beeinflußt; die Schätzung der Nachkriegsbevölkerung ist fehlerhaft, die Todesrate daher ohne Aussagekraft, zumal sie alle Todesursachen mit einschließt.«
Vgl. *Manufacturing Consent* Anm. 32 S. 383-384

Mit der Machtübernahme durch die Roten Khmer im April 1975 setzte Phase 2 des »Jahrzehnts des Völkermords« ein. Bereits nach wenigen Wochen beschuldigte die US-Presse sie »barbarischer Grausamkeiten« und einer »Politik des Völkermords«, vergleichbar »dem Archipel Gulag und der Ausrottung der Kulaken in der Sowjetunion.« Nun hatte es bis dahin vielleicht einige Tausend Opfer gegeben, während über die mehr als eine halbe Million Toter der ersten Phase des Genozids nichts dergleichen zu vernehmen gewesen war, ebenso wenig wie man sich über die Folgen unserer Kriegsführung, wie sie amerikanische Beamte und Helfer vor Ort durchaus vorhersahen, Gedanken gemacht hatte (...) oder wie man einen möglichen kausalen Zusammenhang zwischen den Schrecken der Phase 2 und dem Krieg der USA gegen eine bäuerliche Gesellschaft in Phase 1 in Betracht zog.

Anfang 1977 stand die Behauptung im Raum, [die Roten Khmer] seien nach eigenen Aussagen »stolz« darauf, an die 2 Millionen Menschen abgeschlachtet zu haben (Jean Lacouture in der *New York Times*). Diese Zahl blieb von nun an unverrückbar stehen, auch dann noch, als Lacouture sie wenige Wochen später widerrief und eingestand, er habe seine Quelle (Ponchaud) falsch interpretiert. Die echte Zahl läge eher im Tausenderbereich, und im übrigen erschiene ihm, wenn es einerseits um den Tod Tausender oder andererseits um den »Stolz« über die Ermordung von zwei Millionen Menschen geht, diese Differenz unerheblich. Aus dieser Äußerung geht wohl deutlich hervor, wie man schon damals mit Fakten umzuspringen pflegte; nicht anders steht es mit seiner anschließenden Feststellung, es lohne sich nicht nachzuforschen, »wer genau irgendeinen unmenschlichen Satz von sich gegeben hat« (...)
Allerdings stimmte nicht jedermann in diesen Chor ein. Die bemerkenswerteste Aus-

IM MIT

Chomsky
Und es wurde gewaltig gelogen – will sagen, es wurde in einem Ausmaß gelogen, das selbst einen Stalin hätte erröten lassen. Es war schlicht und einfach Betrug. Wir wissen, daß es Betrug war, denn wir brauchen uns nur die Reaktionen auf Verbrechen anzusehen, für die die USA verantwortlich waren.

nahme bildeten genau diejenigen, die zu Informationen aus Kambodscha den besten Zugang hatten, nämlich die Kambodscha-Experten des Außenministeriums. Ihre Angaben, die sich auf die zu jener Zeit greifbaren Belege (hauptsächlich aus dem Nordwesten des Landes) stützten, beziffern die Gesamtzahl der Opfer auf »einige Zehntausend, vielleicht auch einige Hunderttausend«, vorwiegend infolge Krankheit, Unterernährung und eines »brutalen Umbruchs der Lebensverhältnisse« und nicht etwa als Folge eines »massenhaften Genozids«. Diese vorsichtig formulierten Erkenntnisse wurden aber in den Medien fast völlig ignoriert (...) Sie wurden eben in jener Zeit nicht für nützlich erachtet.
***Manufacturing Consent* S. 280-283**

Michael Vickery, *Cambodia: 1975-1982* (South End Press 1984): Chomsky nennt dieses Buch »die wichtigste Untersuchung über die Herrschaft der Roten Khmer (...), im Ausland allgemein von den anerkannten Indochina-Experten gelobt, in den USA jedoch – ebenso wie der Bericht der finnischen Untersuchungskommission – praktisch völlig übergangen«, und seinen Autor »einen der wenigen wirklichen Kambodscha-Spezialisten«.

Vgl. auch
· Noam Chomsky, »Decade of Genocide in Review«, *Inside Asia* (London Febr. 1985), abgedruckt in *The Chomsky Reader*
· *Manufacturing Consent* S. 382 Anm. 22
· John Barron, Anthony Paul, *Murder in a Gentle Land* (Reader's Digest Press 1977)
· »The ›Not-So-Gentle‹ Land: Some Relevant History«, *Manufacturing Consent* S. 266-270

Als Antwort auf Chomsky schreibt Jean Lacouture, der das Buch: François Ponchaud, Cambodia: Year Zero *(Holt, Rinehart and Winston 1978) in der* New York Review of Books *besprochen hatte:*
Noam Chomskys Korrekturhinweise haben mir heftige Kopfschmerzen bereitet. Denn indem er schwere Zitierfehler aufzeigt, stellt er nicht nur meinen Respekt vor Texten und vor der Wahrheit überhaupt in Frage, sondern auch gerade die Sache, für die ich hatte eintreten wollen. Besonders bedauere ich die erwähnten irreführenden Belegangaben; ich hätte die Daten über die Zahl der Opfer genauer überprüfen sollen, zumal sie aus fragwürdigen Quellen stammten. Ich habe Ponchauds Buch überhastet und unter emotionaler Spannung durchgelesen und auch die für polemische Bemerkungen geeigneten Stellen voreilig ausgewählt. Aber ich möchte doch – bei aller Verantwortung für die fehlerhaften Details meiner Rezension – in Bezug auf deren Grundtendenz meine Unschuld beteuern.
Sollen wir wirklich, wenn wir auf etwas so Monströses wie das derzeitige Regime in Kambodscha schauen, das Hauptproblem darin sehen, wer genau irgendeinen unmenschlichen Satz von sich gegeben hat, oder ob das Regime nun einige Tausend oder nur einige Hundert Unglücklicher auf dem Gewissen hat? Ist es für die Geschichtsschreibung von Belang, ob in Dachau die Zahl der Opfer 100.000 oder 500.000 betrug? Oder ob Stalin in Katyn 1000 oder 10.000 Polen erschießen ließ?
»Cambodia: Corrections« *New York Review of Books* **(26.05.77)**

Oder ob vielleicht – so könnten wir fortfahren – in My Lai Hunderte, wie die Berichte aussagen, oder aber Zehntausende umkamen, oder ob die Mordaktion »Speedy Express« im Mekong-Delta nur 5000 oder aber 500.000 zivile Opfer forderte? Wenn es doch auf einen Faktor 100 gar nicht ankommt? Wenn Tatsachen so wenig zählen, warum dann überhaupt angebliche Tatsachen herauskehren?
***The Political Economy of Human Rights* Bd. 2 S. 149**

Am Ende könnte sich herausstellen, daß es eher die krasseren Urteile waren, die der Wahrheit entsprachen. Doch selbst dies würde nichts an unserer Einschätzung der zentralen Frage verändern – wie nämlich die verwendeten Daten ausgewählt, modifiziert, manchmal auch aus der Luft gegriffen wurden, nur um der Allgemeinheit ein ganz bestimmtes Bild zu vermitteln. Die Antwort ist eindeutig und hängt nicht davon ab, was vielleicht noch über Kambodscha ans Tageslicht kommt.
***The Political Economy of Human Rights* Bd. 2 S. 293**

Chomsky
Kambodscha und Timor in den frühen Siebzigern sind ein geeignetes Vergleichspaar. Ja, und nun das beeindruckende Medienecho:

NEW YORK TIMES INDEX 1975-1979:

»TIMOR«
GESAMTE SPALTENLÄNGE
170 CM

»KAMBODSCHA«
GESAMTE SPALTENLÄNGE
2900 CM

In einigen Rezensionen von *Manufacturing Consent: Noam Chomsky and the Media* wurden diese Zahlenwerte als die Spaltenlängen der in diesem Zeitraum erschienenen Beiträge selbst mißverstanden. Man kann aber sehen, daß es sich dabei um die Spaltenlänge der *Eintragungen im Index* handelt, wohinter sich natürlich weit mehr Spalten der eigentlichen Texte verbergen. Wir verfügten nicht über die Mittel, um die vielen tausend Artikel herauszusuchen, zu kopieren und abzumessen.
Die Indexlisten lagen uns als 1:1-Kopien aller Eintragungen zu den Stichworten Timor und Kambodscha vor und wurden aneinandergeklebt. Der Platz auf Kanadas größter Bühne reichte knapp für den ausgerollten Streifen über Kambodscha: etwa 29 Meter.

Über Kambodscha vgl. auch: »Bloodbaths in Indochina: Constructive, Nefarious and Mythical«, *The Political Economy of Human Rights* Bd. 1, insbes. S. 337-354; *Manufacturing Consent* Kap. 6, »The Indochina Wars (II), Laos and Cambodia«

In einem Propagandasystem werden grundsätzlich die Menschen, die in Feindstaaten Unrecht erdulden müssen, als wertvolle Opfer dargestellt, während diejenigen, die auf der eigenen Seite vielleicht noch härter angefaßt werden, keinen Wert repräsentieren. Wieviel an Wert dabei jeweils zugemessen wird, läßt sich an Art und Ausmaß der Aufmerksamkeit und der Entrüstung ablesen.

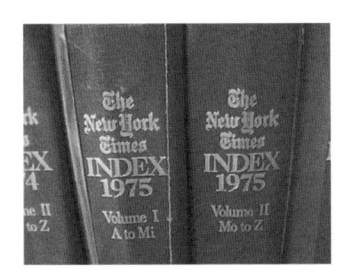

PODIUMSDISKUSSION IN DER HARVARD UNIVERSITY, CAMBRIDGE, MASSACHUSETTS, USA

Im Rahmen einer internationalen Tagung zum Thema »Die USA und der Antikommunismus: Vorgeschichte und Konsequenzen«, 11.-13.11.1988, unterstützt vom Institute of Media Analysis

Karl E. Meyer
(Leitartikler der New York Times*)*
Im Jahre 1980 hielt ich eine Vorlesung an der Tufts University. Und da trat nun Chomsky vor den Studenten auf und trug ein leidenschaftliches Plädoyer vor – des Inhalts, die Presse hätte die Tatsache heruntergespielt, daß die indonesische Regierung 1975 diese ehemalige portugiesische Kolonie annektierte.
Und wenn man das beispielsweise mit Kambodscha vergleichen würde, wo kilometerlang Berichte erschienen, dann sei das eine eben ein kommunistischer Greuel und das andere kein kommunistischer Greuel. Das hat mich nun schon interessiert, und so habe ich den damaligen stellvertretenden außenpolitischen Ressortleiter der *New York Times* angesprochen.
Ich habe zu ihm gesagt: »Wissen Sie, unsere Berichterstattung auf dem Gebiet war sehr schwach.« Und er sagte: »Da haben Sie völlig recht; auf der Welt passieren ein Dutzend Greuel, über die wir nichts bringen. Dies war auch so einer, und das hatte seine Gründe.«
Da bin ich der Sache nachgegangen.

Filter: Antikommunismus als Nationalreligion und Steuerungsinstrument

Von jeher ist der Kommunismus das absolute Böse und das Gespenst gewesen, das die Besitzenden verfolgt; sie sehen dadurch ihre Klassenposition und ihren gehobenen Status im innersten bedroht. Die Revolutionen in Rußland, China und Kuba haben die westlichen Eliten traumatisiert. Infolge der ständigen Konflikte und der – noch dazu hochgespielten – Mißstände in den kommunistischen Staaten ist die Opposition gegen den Kommunismus zum obersten Prinzip der westlichen Ideologie und Politik geworden. Mittels dieser Ideologie kann man die Massen gegen einen Feind mobilisieren, der im übrigen undeutlich genug bleibt, um jeden aufs Korn nehmen zu können, dessen politische Absichten irgendwelche Besitzinteressen bedrohen oder die Akzeptanz der kommunistischen Staaten oder eines radikalen Gedankenguts implizieren. Sie trägt demnach auch zur Spaltung der Linken und der Arbeiterbewegung bei und dient als politischer Lenkungsmechanismus. Wo der Triumph des Kommunismus das größte vorstellbare Unheil ist, läßt sich eine Unterstützung des Faschismus als kleineres Übel rechtfertigen. Ebenso wird man gegen eine Sozialdemokratie eingestellt sein, die in Sachen Kommunismus nicht genügend Härte zeigt, also ihm »in die Hände spielt«.
In diesem, vom Antikommunismus wie von einer Religion beherrschten kulturellen Milieu der USA sehen sich die Linksliberalen unablässig unter den Vorwurf gestellt, sie seien prokommunistisch oder zumindest nicht genügend antikommunistisch, und somit in die Defensive gedrängt. Sollte es einer von ihnen gestellten Regierung unterlaufen, daß irgendwo im Lande eine kommunistische Idee – oder auch nur eine als solche hingestellte – umgesetzt wird, dann müssen sie dafür teuer bezahlen. Da auch die wenigen Liberalen, die diese Religion noch nicht verinnerlicht haben, ständig meinen, ihren Antikommunismus unter Beweis stellen zu müssen, verhalten sie sich geradezu wie echte Reaktionäre.
***Manufacturing Consent* S. 29**

Robert W. McChesney
Sie haben für dieses ideologische Filter die Bezeichnung »Antikommunismus« gewählt. Warum soll dieser Name treffender sein, als wenn man einfach von »der herrschenden Ideologie« sprechen würde? Man könnte dann nämlich dieses Filter auch dort diagnostizieren, wo es überhaupt nicht um Antikommunismus geht, wohl aber um die Interessen der Führungsschicht.

Edward S. Herman
Das scheint mir ein vernünftiger Vorschlag zu sein; vielleicht hätten wir das wirklich tun sollen. Wir kommen in dem Buch ja auch mehrfach auf andere Aspekte der herrschenden Ideologie zu sprechen – etwa daß unsere eigene Regierung immer nur das Beste wolle, oder daß privates Unternehmertum etwas Gutes sei. Wir wollten aber, gerade wenn es um die Filter geht, vor allem dasjenige Element der Ideologie in den Vordergrund stellen, welches von der politischen Ökonomie der USA zu ihrem wichtigsten Steuerungs- und Disziplinierungsinstrument gemacht worden ist.
Aus einem Interview in *Monthly Review* Jan. 1989
Robert W. McChesney ist Assistant Professor an der *School of Journalism and Mass Communication* der Universität von Wisconsin in Madison.

MCGILL UNIVERSITY, MONTREAL

Arnold Kohen *(Journalist)*
Ich war damals als Reporter und Texter an einem kleinen alternativen Radiosender irgendwo im Staat New York tätig. Wir bekamen Tonaufnahmen von Interviews mit timoresischen Führungsleuten und waren sehr überrascht (wo doch die USA so stark darin verwickelt waren), daß in den großen amerikanischen Medien so wenig – praktisch überhaupt nicht – über diese Massenmorde der Indonesier berichtet wurde. Wir haben uns dann mit ein paar Leuten zusammengetan; wir wollten versuchen, den Gang der Dinge zu verfolgen und vielleicht nach und nach die Aufmerksamkeit der Öffentlichkeit auf das zu lenken, was sich in Osttimor abspielte.

Ich stamme ja aus New York – genau genommen aus dem Stadtteil Queens. Es gab damals, 1975, eine regelmäßige Rundfunksendung namens »Ithaka, N. Y. – Rest of the News«. Diese wollte Vorfälle und Entwicklungen aufgreifen und dokumentieren, die von den großen Medien stiefmütterlich behandelt wurden; sie stützte sich hauptsächlich auf Hochschulkreise. An der arbeitete ich mit; ich war über Freunde dazugestoßen. Wir arbeiteten alle ehrenamtlich, die Geldmittel waren minimal. 1980 ging die Gruppe ein.

Infolge des amerikanischen Eingreifens in Indochina und anderen Ländern Südostasiens war ich sehr an dieser Region interessiert; das ging ja in den siebziger Jahren vielen so. Nun beherbergt aber Ithaka die Cornell-Universität, und diese wiederum verfügt über das wahrscheinlich beste Südostasien-Institut auf der ganzen Welt. Kurz nach dem indonesischen Einfall in Osttimor im Jahr 1975 richtete eine kleine Gruppe von Cornell-Leuten, zu denen auch ich zählte, ihr Augenmerk auf diese Insel.

Wir fingen damit an, daß wir Infoblätter zusammenstellten und verschiedene Gruppen und Personen im ganzen Land damit zu aktivieren suchten. Als nächstes versuchten wir es bei den großen Medien, obgleich das eigentlich aussichtslos schien. Diese Ithaka-Gruppe löste sich zwar 1979 auf; doch die meisten ihrer Mitglieder – unter anderem Juristen, Literaturstudenten und Südostasien-Spezialisten – trachteten auch später danach, jeder in seinem Umkreis über verschiedene Kanäle und Gremien, das Ohr der amerikanischen Öffentlichkeit zu erreichen. So nahmen wir unter anderem Verbindung zur *New York Times* auf, zur *Washington Post* und zum *Boston Globe*, denn es erschien uns wichtig, daß derartige Presseorgane auf die Sache aufmerksam würden und möglichst viele Fakten veröffentlichten. Das ist uns natürlich nicht immer gelungen, aber was dabei schließlich herauskam, war ein Netzwerk von Kontakten, das sich später für Flüchtlinge, für die Katholische Kirche in Osttimor, für Menschenrechtsgruppen und andere Organisationen als nützlich erweisen sollte. Wenn wir überhaupt Erfolg hatten, so deswegen, weil wir professionell vorgingen, höflich blieben und uns strikt an die Tatsachen hielten. So etwas ist durch nichts zu ersetzen – und es macht sich wirklich bezahlt.
Arnold Kohen

In den USA lebt jemand, der in meinen Augen den Friedensnobelpreis verdient hätte, wenn der einen Sinn hätte, was natürlich nicht der Fall ist. Es handelt sich dabei um einen damaligen Cornell-Studenten höheren Semesters, der sich mit Haut und Haaren der Aufgabe verschrieben hat, diese Dinge an die Öffentlichkeit zu bringen. Er war es auch, der mich dazu brachte, dort mit einzusteigen. Nun ist mein Name ja recht bekannt, ihn aber kennt keiner, und doch ist er der Anführer und ich folge ihm nur. Man kann daran sehen, wie es im Geistesleben zugeht: Es gibt wichtige Leute, die an einer wichtigen Sache arbeiten und dabei an einen Punkt kommen, wo sie jemanden bräuchten, der ihnen in den Lichtkegel der Öffentlichkeit verhilft. Und da gibt es dann wiederum Menschen wie mich, die diese Hilfe leisten können – aber das ist wirklich nur eine helfende Rolle.
Aus Chomskys Interview mit Joop van Tijn im Sender »Humanist TV«, Niederlande, 10.06.89

BÜRO IM MIT

Chomsky
Es waren buchstäblich nur ein halbes Dutzend Leute, die sich mit großem Engagement der Aufgabe widmeten, diese Berichte an die Öffentlichkeit zu bringen. Sie sind an einige Kongreßabgeordnete herangekommen. Sie kamen beispielsweise auch zu mir, und so konnte ich vor der UNO aussagen und einiges darüber schreiben. Und sie ließen nicht ab und ließen nicht ab. Alles was wir darüber wissen – das verdanken wir praktisch alles ihrer Arbeit. Sonst gibt es so gut wie nichts.

PODIUMSDISKUSSION, HARVARD UNIVERSITY

Karl F. Meyer
Zuerst schrieb ich einen Kommentar mit dem Titel »Der ungerechte Krieg in Osttimor«. Er enthielt eine Landkarte und beschrieb genau, was dort passiert war. Wir brachten dann noch ein Dutzend anderer Beiträge dazu. Diese wurden gelesen, sie wurden in die Kongreßakten aufgenommen, einige Kongreßabgeordnete griffen die Sache auf, und das führte dazu, daß sich das Parlament damit befaßte.

Etwa zu der Zeit [da ich vor der UNO aussagte,] bat mich die *Columbia Journalism Review* um einen Artikel über die Behandlung Kambodschas in den amerikanischen Medien. Ich erwiderte, ich würde Osttimor vorziehen; erstens läßt sich daran viel mehr erkennen, und zweitens konnte ja schon allein die Tatsache, daß Fakten darüber ausgebreitet würden, dazu beitragen, den immer noch andauernden Bluttaten Einhalt zu gebieten. Nach einigem Hin und Her lehnte man diesen Vorschlag mit der Begründung ab, Timor sei doch völlig unbedeutend und daher für die Leserschaft uninteressant (…) So schließt sich der Kreis: Zuerst unterdrücken die Medien eine wichtige Story, und dann weigert sich eine Zeitschrift für Analysen des Medienverhaltens, besagte Unterdrückung zu untersuchen, eben weil diese so erfolgreich gewesen ist.
Toward a New Cold War S. 471 Anm. 3.

Weder der persönliche Besuch eines Regisseurs von *Manufacturing Consent: Noam Chomsky and the Media* im New Yorker Büro der *Columbia Journalism Review* noch die Ablieferung einer Videokopie des Films brachten deren Redaktion dazu, den Film zu rezensieren oder auch nur zu erwähnen. Dabei ist der Film ja nicht nur von einschlägigem Interesse; er lief schließlich über 6 Wochen lang in New York und wurde in der *New York Times*, in *The Village Voice* und in der *New York Post* rezensiert, gar nicht zu reden von den mehr als 225 Städten im ganzen Land, wo er gezeigt wurde und wo alle größeren Zeitungen sowie die örtliche und überregionale Alternativpresse sich mit ihm beschäftigten. Im Ausland wurde der Film, wo immer er aufgeführt wurde, von den großen Zeitungen und auch von der journalistischen Fachpresse rezensiert. Wenigstens eine kanadische Fernsehanstalt (Radio Canada, der frankophone Landessender) setzt ihn bei der journalistischen Mitarbeiterschulung ein, ebenso wie Hunderte von Hochschulen in ihren Vorlesungen über Journalismus und Kommunikation.

Chomskys Aussage über Osttimor vor der UNO im Oktober 1978 wurde in einer leicht überarbeiteten Fassung in *Inquiry* **19.02.79 (»East Timor: The Press Cover-up«) und in** *Radical Priorities* **S. 84-94 abgedruckt.**

MCGILL UNIVERSITY, MONTREAL

Arnold Kohen
Als nun die *New York Times* am Heiligen Abend diesen Kommentar brachte, sah die Sache für uns schon ganz anders aus. Worum wir uns so lange bemüht hatten, erhielt jetzt einen hohen Grad an Legitimität – nämlich das Wissen um die Tatsache, daß sich in Osttimor eine Tragödie großen Ausmaßes ereignete.

IN DER *NEW YORK TIMES*

Karl F. Meyer
Nimmt man die diversen Theorien wörtlich, die Professor Chomsky vorbringt, dann müßte man annehmen, es gäbe zwischen der etablierten Presse und der Regierung in Washington eine stille Verschwörung mit dem Ziel, sich auf bestimmte Sachen zu konzentrieren und andere Sachen zu ignorieren. Das heißt: Sollten wir etwa die Spielregel verletzen, dann würden wir sofort eine Reaktion – eine scharfe Reaktion – von unseren Meistern in Washington zu spüren bekommen. Die würden zu uns sagen: »He, was fällt euch denn ein, euch zu Osttimor zu äußern? Das wollten wir doch unter der Decke halten.« Wir bekamen aber absolut nichts zu hören. Allerdings erfuhren wir – interessanterweise – daß es da einen Typ namens Arnold Kohen gab und daß der eine Ein-Mann-Lobby gebildet hatte.

Und der US-Kongreß? Wie ich von Mitarbeitern des Außenministeriums, die es wissen müssen, erfuhr, übte der Kongreß in den Jahren 1979-80 so viel Druck auf Indonesien aus, daß humanitäre Hilfslieferungen aus dem Ausland schließlich doch die Menschen erreichten, die infolge der indonesischen Blockade jeden Monat zu Tausenden verhungerten. Doch so wichtig es war, daß diese Hilfe endlich durchkam, es gab auch noch andere positive Effekte. Nach anderen Quellen ist es allein diesem jahrelangen Druck zu verdanken, daß das indonesische Militär seit 1979 nicht noch viel mehr Menschen umgebracht hat. Natürlich herrschen in Osttimor furchtbare Zustände; aber ohne den internationalen Druck wäre alles noch viel schlimmer.
Arnold Kohen

Diese Initiativen werden in Bd. 1 von The Political Economy of Human Rights *behandelt. 1977 veranstaltete der Kongreß aufschlußreiche Anhörungen. Die* New York Times *führte ein langes Interview mit James Dunn, dem besten Osttimor-Spezialisten der australischen Regierung, der damals vor dem Kongreß aussagte. Abgedruckt wurde davon kein Wort. Später gab es noch andere Anhörungen; Ihr habt wohl aus den Artikeln zitiert, die ich darüber geschrieben habe. In den letzten Jahren hat der Kongreß sich nicht auf Anhörungen beschränkt. Man hat die militärische Ausbildung gekürzt (was Clinton allerdings mißachtet) und ebenso die Waffenlieferungen.*
– NC

WAS HAT DIE *NEW YORK TIMES* AUS DEM ARTIKEL DER LONDONER *TIMES* HERAUSGESTRICHEN?

Am 4. September 1975 brachte die *New York Times* einen Bericht von Gerald Stone, »australischer TV-Journalist und wahrscheinlich der erste Reporter, der seit dem Ausbruch [des Bürgerkriegs nach Osttimor] hineingelassen wurde.« Allerdings ist dieser Artikel nur eine überarbeitete und gekürzte Version eines längeren Berichts, der am 2. September 1975 in der Londoner *Times* erschienen war. Es ist nun aufschlußreich zu sehen, worin die Überarbeitung durch die *New York Times* bestand.
Breiten Raum in dem *Times*-Artikel nehmen Stones Bemühungen ein, den Berichten über schrankenlose Verwüstungen und Gewaltakte auf den Grund zu gehen, welche die indonesische Propaganda der FRETILIN anlastete und die bis heute die Berichterstattung färben. Diese Berichte seien, so Stone, **durch die Brille verängstigter und erschöpfter Flüchtlinge gefiltert oder sogar von portugiesischen, indonesischen und australischen Beamten lanciert worden, die sämtlich von der FRETILIN nicht gerade das Beste zu erwarten hatten.**
Im wesentlichen stellte er folgendes fest:
Auf der Fahrt durch Dili konnten wir ohne Mühe erkennen, wie in diesem Krieg übertrieben und verzerrt wird. Wahr ist, daß die Stadt schwer gelitten hat; viele Häuser weisen Einschußlöcher auf. Doch die Hauptgebäude stehen noch. So fanden wir ein Hotel,

Natürlich herrschen in Osttimor weiterhin furchtbare Zustände; aber ohne den internationalen Druck wäre alles noch viel schlimmer.

MCGILL UNIVERSITY, MONTREAL

Arnold Kohen

Also wissen Sie, ich bin Karl Meyer ja dankbar für die schönen Sachen, die er in seinem Interview über mich gesagt hat; aber ich muß doch der Vorstellung widersprechen, es hätte da eine Ein-Mann-Lobby oder sowas gegeben. Denn ich glaube, wenn es kein weit gespanntes Netz gegeben hätte, mit der amerikanischen katholischen Bischofskonferenz, mit anderen kirchlichen Gruppen, mit Menschenrechtsgruppen, mit engagierten Bürgern usw., und ein damit verknüpftes Interesse in den Nachrichtenmedien – wäre dies nicht gewesen, dann hätte man zu keiner Zeit irgend etwas erreichen können, und schon gar nicht hätten wir die Sache so lange in Gang halten können, wie es dann geschah.

IN DER *NEW YORK TIMES*

Karl F. Meyer

Professor Chomsky und viele der Leute, die solche Analysen der Presseorgane veranstalten, haben eines gemeinsam: Die meisten von ihnen haben noch nie für eine Zeitung gearbeitet, und viele haben keine Ahnung, wie es in einer Zeitung zugeht. Als Chomsky da auftrat, hatte er eine Sammlung mit allen Artikeln, die in der *New York Times*, der *Washington Post* und anderen Blättern über Osttimor erschienen waren. Er nahm es dann ganz genau: War zum Beispiel in der Londoner *Times* etwas über Osttimor erschienen und hatte die *New York Times* das übernommen, aber um einen Absatz gekürzt, dann sagte er: »Seht mal, dieser entscheidende Absatz hier gegen Ende, der alles auf den Punkt bringt, den hat die *New York Times* aus dem Text der *Times* gestrichen.«

das angeblich niedergebrannt worden war, bis auf die zerstörten Fensterscheiben unversehrt vor (...)

Unbestreitbar hat es Ausschreitungen in großer Zahl gegeben – auf beiden Seiten. Ob diese aber mit Vorbedacht begangen und von der Führung der FRETILIN oder der UDT gedeckt waren, ist doch sehr fraglich. Oft habe ich versucht, einem Vorfall auf den Grund zu gehen; ich stieß fast durchweg nur auf Berichte vom Hörensagen. Seltsamerweise scheinen alle drei beteiligten Regierungen – Portugal, Indonesien und Australien – ein Interesse daran zu haben, die Lage so chaotisch und verfahren wie möglich erscheinen zu lassen (...) *Im Licht dieser Erfahrungen bin ich davon überzeugt, daß viele der verbreiteten Berichte nicht nur übertrieben, sondern geradezu Teil einer geplanten Lügenkampagne sind* (Hervorhebung von uns).

Stone sieht also alle drei Regierungen in diesen Propagandafeldzug verwickelt.

Was hat nun aus den hier zitierten Texten die Bearbeitung in der *New York Times* überlebt?

Auf der Fahrt durch Dili konnten wir erkennen, daß die Stadt durch die Kämpfe schwer gelitten hat. Die Hauptgebäude stehen noch; allerdings weisen viele Häuser Einschußlöcher auf.

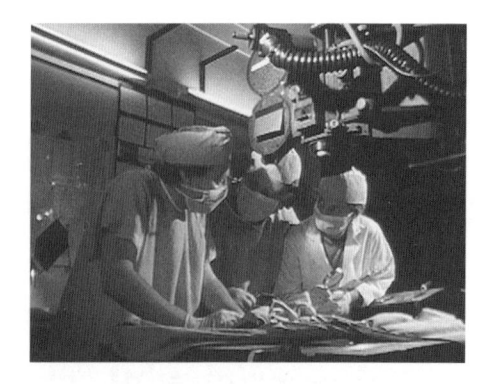

Stones Feststellungen zu den gezielten Propagandalügen Indonesiens und der westlichen Regierungen fallen gänzlich unter den Tisch, und was er über das Ausmaß der Zerstörungen sagt, wird durch geschickte Bearbeitung umgefärbt.

Nicht gestrichen haben die Redakteure der *New York Times* Stones anschließende Wiedergabe von Berichten Gefangener über das Verscharren von Leichen, über die grauenvollen Verhältnisse in den Krankenhäusern der FRETILIN (die Portugiesen hatten den einzigen Militärarzt abgezogen, und andere Ärzte gab es nicht ...) sowie über »Prügelspuren« (so der einzige Zwischentitel im gesamten Artikel) und andere Gefangenenmißhandlungen seitens der FRETILIN.

Der Prozeß, den gewünschten Gang der Geschichte herzustellen, geht jedoch noch weiter. *Newsweek* (International Edition 15.09.75) greift nämlich Stones Artikel in der *New York Times* auf und schreibt zunächst, daß »die Verwüstungen, die der Kampf der rivalisierenden Gruppen um die Vorherrschaft auf Timor hinterläßt, Anlaß zu Besorgnis« gäben – was nun seinerseits bemerkenswert ist, zieht man in Betracht, wie wenig Anlaß zur Sorge *Newsweek* später in dem eigentlichen Blutbad nach dem Einmarsch der Indonesier sehen sollte. Dann kommt die Zeitschrift auf »einen Bericht von Gerald Stone über das Blutbad« in der *New York Times* zu sprechen, zitiert zunächst die beiden oben wiedergegebenen Sätze über die »Fahrt durch Dili« und fährt dann fort:

Weiter berichtet Stone über Leichen, die auf der Straße liegen, und über Zivilpersonen, die trotz ihrer schweren Verletzungen ohne ärztliche Hilfe geblieben waren. Wie er weiter enthüllt, hat die marxistische FRETILIN-Partei die gemäßigte Timoresische Demokratische Union (UDT) aus der Hauptstadt vertrieben und die vielen Gefangenen, die ihr dabei in die Hände gefallen

BÜRO IM MIT

Chomsky
In der Londoner *Times* gab es einen ziemlich zutreffenden Bericht. Den hat die *New York Times* radikal verändert. Sie hat nicht nur einen einzelnen Absatz weggelassen, sie hat ihn überarbeitet und ihm eine völlig neue Färbung gegeben. Der wurde dann – so wie die *New York Times* ihn gebracht hatte – von *Newsweek* aufgegriffen. Zum Schluß war es eine einzige Weißwäsche.

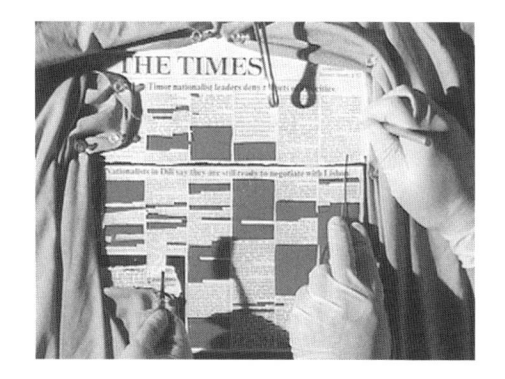

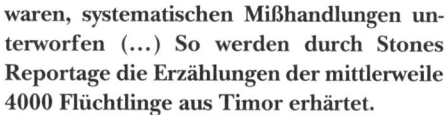

waren, systematischen Mißhandlungen unterworfen (...) So werden durch Stones Reportage die Erzählungen der mittlerweile 4000 Flüchtlinge aus Timor erhärtet.

Diese Episode lehrt uns einiges über die Machenschaften der Freien Presse. Da sucht ein Journalist ein Gebiet auf, aus dem Verwüstungen und Ausschreitungen »der marxistischen FRETILIN-Partei« [*] berichtet werden, und kommt zu dem Schluß, daß die Berichte weitgehend nicht nur unzutreffend, sondern sogar ein Produkt gezielter Propaganda sind. Dann sorgt die *New York Times* durch sorgfältige Bearbeitung dafür, daß seine wichtigsten Schlußfolgerungen verschwinden und andere abgewandelt werden. Und zum Schluß kann *Newsweek* feststellen, der Reporter habe den Wahrheitsgehalt der Berichte bestätigt gefunden. Bestärkt wird das, was wir glauben sollen: Von »marxistischen« Terroristen sind nur Gewaltakte zu erwarten, und Befreiungsbewegungen sind ein Graus. Und so wird dafür gesorgt, daß die Invasion, durch die das indonesische Militär mit amerikanischer Unterstützung »die Ordnung wiederherstellt«, auf allgemeines Verständnis stößt.

***The Political Economy of Human Rights* Bd. 1
S. 135-137**

[*]: In seinem Bericht an das australische Parlament teilt James S. Dunn mit, daß die Führungsschicht der FRETILIN überwiegend »aus gläubigen und praktizierenden Katholiken« besteht; ihre Partei stuft er als »katholisch-populistisch« ein. Wie er weiter hervorhebt, »waren die Führer von Anfang an bemüht, zwischen ihrer Partei und der kommunistischen Bewegung und ihrer Ideologie eine Trennlinie zu ziehen (...)«. Genau so sehen es auch alle anderen wohlinformierten Beobachter; wir erwähnen das hier nur, weil die Indonesier das Gegenteil behaupten und die gesamte US-Presse sich dem anschließt.

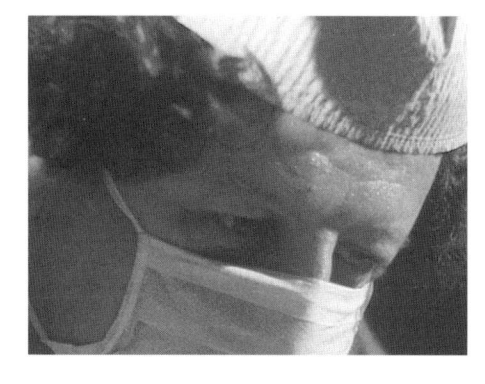

PODIUMSDISKUSSION, HARVARD UNIVERSITY

Karl F. Meyer
Und ich habe zu ihm gesagt: »Es könnte doch sein, daß Sie die Unkenntnis, die Hast, den Zeitdruck bis zum Redaktionsschluß usw. mißverstehen und darin eine Art bewußtes Handeln zur partiellen Unterdrückung einer Geschichte zu erkennen glauben.« Worauf er sagte: »Ja, wenn es nur ein oder zwei oder drei Mal vorkäme, würde ich Ihnen ja zustimmen. Aber, Mr.Meyer, wenn es ein dutzendmal passiert, dann muß es da noch etwas anderes geben.«

BÜRO IM MIT

Chomsky
Und es ist nicht einmal, zweimal, fünfmal, hundertmal vorgekommen – es ist ständig vorgekommen.

IN DER *NEW YORK TIMES*

Karl F. Meyer
Ich sagte: »Professor Chomsky, ich kenne diese Branche. Es passiert ein dutzendmal – es sind eben unvollkommene Institutionen.«

BÜRO IM MIT

Chomsky
Und als man dann darüber berichtete, geschah das aus Sicht der ... also die USA wurden nur reingewaschen. Wissen Sie, das war kein unbeabsichtigter Ausrutscher. Das ist systematisch und konsequent – und gerade in diesem Fall ohne eine einzige Ausnahme.

Wie wichtig es ist, daß durch die internationale Presseberichterstattung Druck ausgeübt wird, zeigte sich an dem Massaker vom 12. November 1991, bei dem 273 Timoresen starben. Außerdem wurden ca. 160 Personen verletzt; viele andere »verschwanden«. Unter den – durch Schläge – Verwundeten waren auch zwei US-Journalisten: Alan Nairn von der Zeitschrift *New Yorker* und die WBA-Reporterin Amy Goodman (WBA ist eine progressive New Yorker Hörerstation). Durch Filmdokumente von dem Massaker, die der britische TV-Journalist Max Stahl aus dem Lande schmuggelte, erfuhr die Weltöffentlichkeit von den Verbrechen. [Wir hätten gern einiges von diesem Material in unseren Film übernommen, aber *Yorkshire TV* verlangte dafür 4000 Dollar – ganz im Gegensatz zu fast allen anderen Quellen oder Archiven, die uns ihr Material gegen Erstattung der Kopierkosten und Erwähnung im Abspann frei überließen. Ein anderer Zeuge der Massaker, der Standfotograf Steve Cox, stellte uns großzügigerweise alle seine Aufnahmen zur Verfügung; drei davon sind im Film zu sehen.]
Zwar regt man sich bei uns gewöhnlich nicht darüber auf, wenn Timoresen umgebracht werden (drei Tage später starben weitere 80 junge Männer und Frauen, und Hunderte verschwanden in den beiden folgenden Monaten), aber durch das Medienecho auf das Massaker von Dili sahen sich doch einige der Länder, die Wirtschaftsinteressen in Indonesien hatten, zu einer Reaktion genötigt. Die kanadische Regierung fror Entwicklungshilfe in Höhe von 30 Mio. Dollar ein, ließ allerdings die laufenden Programme im Umfang von 46 Mio. Dollar unangetastet; auch andere Staaten kürzten ihre Hilfsprogramme. Dafür sprang dann die Indonesien-Konsultativgruppe der Weltbank ein, die von einem Jahr auf das andere ihre Hilfe um 200 Mio. Dollar aufstockte.
Eine weitere Folge der damaligen Osttimor-Berichte in den Medien war ein gesteigertes Interesse für die Unterstützergruppen, was dann zur Gründung des *East Timor Action Network/US* (ETAN/US) führte.
Quellen: Elaine Brière, *Upstream Journal* **März/April 1993;** *ETAN/US Newsletter* **No. 7 Sept. 93**

IN DER NEW YORK TIMES

Karl F. Meyer

Das läuft alles viel hintergründiger ab als in der Dampfhammer-Rhetorik dieser Leute, die da zwischen A und B eine Gleichung aufstellen: Was tut die Regierung, was denkt die Bevölkerung, was schreiben die Zeitungen. Was die *New York Times* schreibt, hat manchmal enorme Auswirkungen, manchmal aber überhaupt keine.

CBC RADIO, MONTREAL

Elaine Brière

Und so nimmt diese Tragödie in Osttimor – eine der schlimmsten unserer Tage – ungehindert ihren Fortgang. Schätzungsweise ein Drittel der Bevölkerung haben die Indonesier umgebracht. Viele sind in Konzentrationslagern eingesperrt. Gegen diejenigen, die noch Widerstand leisten, führen sie großangelegte Militäroperationen durch, unter Namen wie »Operation Ausrottung« oder »Operation Ausfegen«. Die Frauen in Timor zwingen sie zur Geburtenkontrolle. Darüber hinaus holen sie ständig indonesische Siedler ins Land, die sich den Boden aneignen. Und wenn mal einige Menschen den Mut aufbringen, auf der Straße zu demonstrieren oder den geringsten Widerstand zu zeigen, werden sie sofort massakriert.
Wenn wir – also die Völkergemeinschaft – den Indonesiern erlauben, in Osttimor zu bleiben, dann werden sie Osttimor schlucken und … na ja, sie möchten es einfach als Beutemasse ansehen.

Was ich da mit ansehen mußte, war nicht mehr und nicht weniger als eine kaltblütige Hinrichtung. Da kamen indonesische Soldaten anmarschiert, stellten sich in Formation auf und eröffneten schlagartig das Feuer auf eine friedliche, wehrlose Menschenmenge. Und am nächsten Tag äußerte sich der indonesische Militärkommandeur lobend über das Massaker: Es sei die Politik der Armee, widerspenstige Timoresen zu erschießen.
Ich habe schon ein Dutzend Jahre damit verbracht, über Unterdrücker- und Militärregimes zu berichten – aus Mittelamerika, Südafrika und dem Nahen Osten. Aber noch nirgends hat eine Regierung so viele Menschen derart in Angst und Schrecken versetzt wie hier.
Bei meiner Rückkehr nach Osttimor im letzten Oktober war die Atmosphäre des Terrors noch drückender und die Repression noch härter. Da eine portugiesische Parlamentsdelegation im Auftrag der UNO das Land in Kürze besuchen sollte, war das indonesische Militär ausgeschwärmt und verhaftete in Städten und Dörfern jeden Timoresen, den man im Verdacht hatte, vielleicht mit der Delegation Kontakt aufnehmen zu wollen. In Hunderten von Versammlungen im ganzen Land drohten die Indonesier, sie würden alle umbringen, die mit der Delegation sprechen würden. (…)
Zuerst zerstreute sich die Menge, aber dann strömten die Menschen auf die Straße.
Als der Zug am Friedhof ankam, war er bereits sehr lang – etwa 3000-5000 Menschen. Einige schritten in langer Reihe zu Sebastiaos Grab, doch die meisten blieben draußen, zwischen der Straße und der Friedhofsmauer. Als wir nach rechts die Straße entlang schauten, erblickten wir eine lange Marschkolonne, die sich langsam näherte. Die Soldaten waren in dunkelbraune Uniformen gekleidet und hielten genaue Formation ein; ihre M16-Gewehre trugen sie vor der Brust. Als die Menschen diese nicht enden wollende Kolonne unaufhaltsam näher rücken sahen, versuchten sie unter ängstlichen Rufen zurückzuweichen. Ich ergriff Amy Goodman von Radio WBAI/Pacifica und stellte mich mit ihr an der Straßenecke zwischen den Timoresen und den Soldaten auf. Wir glaubten nämlich, das indonesische Militär würde sich angesichts der Präsenz von Ausländern zurückhalten und nicht angreifen.
Doch als wir noch dastanden und die Soldaten geradewegs auf uns zukamen, geschah das Unvorstellbare. Sie marschierten um die Ecke, legten an und schossen Salven in die Menge, ohne auch nur einen Moment stehenzubleiben.
Zitternd vor Angst oder schreckensstarr stürzten die Menschen blutend zu Boden, während das Schießen nicht nachließ. Ich sah, wie die Soldaten über die Leichen am Boden sprangen und diejenigen jagten, die noch laufen konnten; sie schossen sie gezielt in den Rücken. Sie exekutierten Schulmädchen, junge Männer und alte Leute. Die Straße war von Blut bedeckt, und überall lagen Tote und Verletzte.
Gleichzeitig fielen einige Soldaten über Amy und mich her, verprügelten uns und nahmen unsere Fotoapparate und Kassettenrecorder weg. Amy packten sie bei den Haaren, dann versetzten sie ihr Faustschläge ins Gesicht und in den Magen. Als ich mich über sie warf, gingen sie mit den Gewehrkolben ihrer M16 auf meinen Kopf los, so daß ich einen Schädelbruch davontrug.
Das Ganze war ganz einfach ein geplanter Massenmord, ein Massaker an unbewaffneten und schutzlosen Menschen. Es hatte keine Provokationen gegeben, keine Steinwürfe; die Menge verhielt sich ruhig und wich zurück, als die Schüsse einsetzten. Es gab überhaupt keine Konfrontation, auch nicht irgendeinen Hitzkopf, der vielleicht die Beherrschung verlor. Es war eben keine unklare Situation, die sich irgendwie selbst

IM MIT

Chomsky

Ich denke, hier wird keineswegs nur gezeigt, wie sich die Medien der Macht unterwerfen. In diesem Fall sind sie regelrecht Komplizen des Völkermords. Denn nur, weil niemand etwas davon weiß, können diese Verbrechen ungehindert weitergehen. Wenn etwas darüber bekannt würde, dann gäbe es Proteste und Druck, um sie zu stoppen. Indem also die Medien die Fakten unterdrücken, tragen sie einen wesentlichen Teil der Schuld an einem der – also vielleicht an dem schlimmsten Völkermord seit dem Holocaust [bezogen auf die Gesamtbevölkerung].

---

angeheizt hätte und am Ende außer Kontrolle geraten wäre. Das Verhalten der Soldaten läßt nicht den geringsten Zweifel daran aufkommen, daß die Kolonne bereits vorher den Befehl zu einem Massaker erhalten hatte. Sie eröffneten das Feuer auf ein Zeichen hin, ohne Vorwarnung. Zwischen ihnen und der Menge hatte es überhaupt noch keine Verwicklungen gegeben; die Timoresen standen nur still oder versuchten, sich zu entfernen.

Nachdem die Armee die Timoresen niedergemäht hatte, sperrte sie das Gelände ab. Als Nonnen herbeieilten, um Erste Hilfe zu leisten, wurden sie abgewiesen; man ließ die Timoresen auf der Straße verbluten.

In einer Rede vor Absolventen des Nationalen Verteidigungsinstituts verkündete der Oberbefehlshaber der indonesischen Streitkräfte, General Try Sutrisno, daß Timoresen wie die, die sich vor dem Friedhof versammelt hatten, »zerschmettert werden müssen. Solche Agitatoren und ähnliche Übeltäter gehören erschossen, und dafür werden wir sorgen.«

Und am 9. Dezember setzte derselbe General Sutrisno noch hinzu, man werde, sobald die Untersuchung des Massakers abgeschlossen sei, »alle separatistischen Elemente auslöschen, welche die Ehre der Regierung besudelt haben.«

Präsident Suharto reagierte auf das Massaker auf seine Weise: Er ließ die Osttimoresen in einem betont lächerlichen Licht erscheinen. In seinem Munde waren die Opfer von Dili »Kleinkram«. Außerdem habe er, als einige Regierungschefs ihn darauf ansprachen, »ihnen auf einer Landkarte gezeigt, wo diese winzige Insel, dieses Osttimor lag. Und über dieses winzige Ding gibt es so viel Aufregung. Da haben alle gelacht.«

Aus Alan Nairns Aussage am 27.07.92 vor dem UNO-Entkolonisierungs-Sonderausschuß (Nairn schreibt für die Zeitschrift *The New Yorker*)

Organisierter und koordinierter Druck von unten macht sich nach und nach durchaus bemerkbar. Das sieht man im Fall der amerikanischen Indonesienpolitik an dem Verhalten diverser Regierungsorgane.

So beliefen sich die Waffenverkäufe der USA an Indonesien im Jahre 1991 immer noch auf mehr als 100 Mio. Dollar, auch wenn dies einen Rückgang gegenüber den Siebzigern und Achtzigern bedeutet. Die Lieferungen umfassen sowohl modernste Flugzeuge als auch das [bei dem Massaker in Dili eingesetzte] Automatikgewehr M16. Der letzte Kongreßbericht schätzt, daß 1993 im Rahmen des Regierungsprogramms für Waffenverkäufe US-Gerät im Wert von 11 Mio. Dollar an Djakarta geliefert wurde; für weitere 32 Mio. Dollar versorgte Indonesien sich auf dem freien Waffenmarkt der USA.

Ende 1992 strich der Kongreß die im Budget 1992/93 für Indonesien vorgesehenen Mittel im Rahmen der Militärischen Ausbildung im Ausland – nicht ohne dabei von der Bush-Regierung und von Großunternehmen wie etwa AT&T Widerspruch zu ernten. Zwar stellten diese 2,3 Mio. Dollar nur einen Bruchteil der gesamten US-Hilfe dar, doch hatte hier der Kongreß zum ersten Mal Sanktionen gegen Indonesien wegen der Timorfrage verhängt (...)

Ende Juli [1993] gab das Außenministerium bekannt, Jordanien würde keine Genehmigung erhalten, amerikanische FSE-Jagdflugzeuge an die indonesischen Streitkräfte zu verkaufen; man hatte sich bei der ursprünglichen Lieferung der Flugzeuge an Jordanien diesen Zustimmungsvorbehalt gesichert (...) Man könne, so ein Beamter des Ministeriums, »infolge verschiedener sensibler Punkte, darunter auch Menschenrechtsfragen, dem Handel nicht zustimmen« (...)

Im März 1993 verurteilte die UNO-Menschenrechtskommission in Genf die indonesischen Menschenrechtsverletzungen in Osttimor. Die entsprechende Resolution

war von der Clinton-Regierung mit eingebracht worden – ein bemerkenswerter Kurswechsel gegenüber der früheren Blockadehaltung der USA zu ähnlichen Entschließungsentwürfen.
ETAN/US Network News No. 7

Unter den Empfängerländern kanadischer Entwicklungshilfe steht Indonesien an zweiter Stelle. Das Land hat seit 1985 jährlich zwischen 45 und 75 Mio. Dollar erhalten. Kanada gibt mehr Hilfe an Indonesien als die USA. Japan gibt übrigens am meisten.
Die kanadische Regierung stellte sich angesichts des indonesischen Einfalls in Osttimor blind. Bei UNO-Anträgen, die den sofortigen Abzug der indonesischen Truppen forderten, enthielt sich Kanada der Stimme. Kaum 6 Monate nach der Invasion gewährte man Indonesien ein Hilfspaket im Wert von 200 Mio. Dollar.
Dieses bizarre Verhalten hat seine Wurzeln in der Vergangenheit: 1970 wurde Indonesien von Kanada zu einem »Brennpunktland« für Hilfsprogramme und Handelsbeziehungen erklärt. Mehr als 300 kanadische Unternehmen sind dort in Industrie, Importgeschäften und im Consulting tätig; zu diesen zählen auch zehn Waffenhersteller. Die militärischen Güter, die Kanada seit 1975 an Indonesien geliefert hat, umfassen Munition, Fahrzeuge, Transportflugzeuge sowie Triebwerke vom Typ Pratt&Whitney für die in Indonesien montierten Bell-Hubschrauber.
Die *Asia Pacific Foundation*, eine Organisation zur Förderung des Asienhandels, wandte sich dagegen, daß Indonesien über den Hebel der Entwicklungshilfe zur Beachtung von Völkerrecht und Menschenrechten veranlaßt werden sollte. Man vergaß nur zu erwähnen, daß erstens die Träger dieser Organisation, also die kanadische Geschäftswelt, von der kanadischen Politik der Lieferbindung profitieren, wonach kanadische Hilfsdollars nur für kanadische Produkte ausgegeben werden dürfen, und daß zweitens eine denkbare indonesische Reaktion auf den kanadischen Druck sich wiederum schmerzhaft auf die kanadischen Wirtschaftsinteressen in Indonesien auswirken könnte (vgl. Asia Pacific Foundation of Canada, *Issues*, Bd. 7 No. 1, Winter 1993).
Elaine Brière, *The Indonesia Kit*, **East Timor Alert Network**

Es ist ein Schritt von historischer Bedeutung, daß der Außenpolitische Senatsausschuß jetzt einstimmig einen Antrag verabschiedet hat, in dem weitere Waffenverkäufe an Indonesien an die Beachtung der Menschenrechte in Osttimor geknüpft werden. Der Präsident muß fortan vor jeder Genehmigung größerer Waffengeschäfte die Zustimmung des Kongresses einholen. Es dürfte das erste Mal sein, daß Waffenverkäufe an einen unserer Verbündeten von Menschenrechtsbedingungen abhängig gemacht werden (…) Zur Zeit hängt das Gesetz irgendwo im parlamentarischen Verfahren (…) Aber ganz gleich, ob es nun in diesem Jahr noch in Kraft tritt oder nicht: Der Antrag hat bereits jetzt der Sache Osttimors in Washington – ja im ganzen Land – Auftrieb gegeben.
ETAN/US Network News No. 8 Nov. 1993 S. 1-3

Was kann nun ein junger Mensch da tun? Alles. Nichts von alledem folgt aus unüberwindlichen physikalischen Gesetzmäßigkeiten. Alles, was da geschieht, ist das Ergebnis von Entscheidungen, die von Menschen und in menschlichen Institutionen gefällt werden. Diese Entscheidungen können beeinflußt, die Institutionen können verändert, vielleicht sogar tiefgreifend umgestaltet werden. Es müssen sich nur genügend viele Menschen bereit finden, mutig und ehrlich an der Herbeiführung von Gerechtigkeit und Freiheit zu arbeiten.
Radical Priorities S. 277

AUS »IDEAS«, CBC RADIO, KANADA

David Frum *(Journalist)*
Nach Ihren Worten ignorieren die Medien bestimmte Greueltaten, die von uns oder unseren Freunden begangen werden, spielen es aber ungeheuer hoch, wenn die andere Seite – unsere Feinde – Greuel begehen. Und Sie postulieren einen Test der moralischen Ehrlichkeit, indem man sozusagen die Leichen gleich behandeln müsse.

Chomsky
Nach den gleichen Grundsätzen.

David Frum
Ich meine, daß im Prinzip alle Toten gleich sind.

Chomsky
Das behaupte ich keineswegs.

David Frum
Aha, zum Glück sagen Sie sowas nicht, denn Sie tun's ja auch nicht.

Chomsky
Natürlich tue ich sowas nicht und würde es auch nie fordern. Ich sage doch gerade das Gegenteil – daß wir nämlich in erster Linie die Verantwortung für unsere eigenen Handlungen übernehmen sollten.

David Frum
Ihre Methode sieht also so aus, daß Sie nicht nur die Opfer der anderen Seite ignorieren, sondern auch alle Leichen, die keiner Seite anzulasten sind und die mit Ihrer ideologischen Position nichts zu tun haben.

Chomsky
Das ist völlig falsch.

Die von »Ideas« produzierten Radiodokumentarsendungen gehören zu den besten der Welt. Alljährlich werden dort auch die *Massey Lectures* veranstaltet, die sich über eine Woche erstrecken und Kanadas angesehenstes Rundfunkforum darstellen; dabei erhält ein Denker von Rang an fünf Abenden je eine Stunde Sprechzeit. Die *Massey Lectures* von 1988 durfte Noam Chomsky halten; sie enthielten auch eine Fragerunde mit kanadischen Journalisten.

Wir baten um Filmerlaubnis bei der Aufnahme der Vorträge und der Abschlußdiskussion, doch der Chef der Serie, Max Allen – aktives Mitglied einer Organisation für »Gesellschaftliche Verantwortung in den Medien« – verwehrte unseren Kameras den Zutritt zu den CBC-Studios. Bernd Lucht, der Produzent, schrieb uns: »(...) Ich lehne das ab. Ich habe mit einigen Kollegen darüber gesprochen und meine, daß die Videoaufnahmen unsere eigenen Aufnahmen zu sehr stören würden (...) Wenn neben den unmittelbar Beteiligten auch noch ein Videoteam dabei wäre, würde die für uns unverzichtbare Intimität verletzt. Außerdem sind unsere Studios zu klein für die vielen Personen und ihr Gerät.«

Man vergleiche dies mit der BBC in England, deren Studios ein Viertel der Größe der CBC-Räume aufweisen und die uns ebenso mit offenen Armen empfing wie buchstäblich jeder winzige Lokalsender auf der Welt, der mit den Zielen, die wir uns bei dem Film gesetzt hatten, sympathisierte. Hinter der ablehnenden Haltung von Lucht und Allen dürfte der Wunsch stehen, die exklusive und uneingeschränkte Kontrolle über alles zu behalten.

Für den Runden Tisch mit den Journalisten war ein Hörsaal der Ryerson-Universität in Toronto vorgesehen. Für die Veranstaltung wurde geworben; die Öffentlichkeit hatte Zutritt. Als Moderator der Podiumsdiskussion war Stuart McLean vorgesehen, Leiter der Abteilung für Journalismus an der Universität. Nach einem Gespräch mit ihm beschlossen wir, diese öffentliche Veranstaltung zu filmen.

Da wir die Bedenken des Produzenten gegen jede Störung ernst nahmen, zweigten wir den Ton im Kontrollraum hinter der Bühne ab und postierten unsere Kameras in der Projektorkabine hinter Doppelfenstern an der Rückwand des Saals. Um die Reflexionen zu vermindern, verdunkelten wir die Kabine. Der Filmemacher Dan Garson setzte sich in den Saal und stellte seine 8mm-Videokamera mittels eines Mini-Stativs auf seinen Klapptisch. Als weiteren Videokanal aktivierten wir eine ferngesteuerte Überwachungskamera, die an der Decke des Hörsaals angebracht war. So hatten wir bei diesem Anlaß schließlich vier Kameras im Einsatz. – MA

David Frum
Gut, dann will ich Ihnen ein Beispiel nennen. Sie engagieren sich ja stark für die palästinensische Sache, und jede palästinensische Leiche lastet schwer auf Ihrem Gewissen. Eine kurdische Leiche aber nicht.

Chomsky
Das stimmt überhaupt nicht. Ich arbeite schon jahrelang in kurdischen Unterstützergruppen. Das ist völlig falsch, fragen Sie mal die Kurden – ich meine die Leute, die da mitmachen – also wissen Sie, die kommen zu mir, ich unterschreibe ihre Aufrufe usw. Oder lesen Sie mal, was wir alles geschrieben haben, werfen Sie nur mal einen Blick … Ich meine, ich bin doch nicht Amnesty International, ich kann nicht alles machen. Ich bin nur ein einzelner Mensch. Aber schauen Sie beispielsweise mal in das Buch, das Edward Herman und ich zu diesem Thema geschrieben haben. Wir behandeln darin drei Arten von Greueln. Einmal die, die wir als »harmlose Blutbäder« bezeichnen und die allen egal sind, dann die konstruktiven Blutbäder, die uns zusagen, und schließlich die abscheulichen Blutbäder, also was die Bösen anrichten. Das Prinzip, nach dem wir uns meiner Meinung nach richten sollten, lautet nicht so, wie Sie es formuliert haben. Ethisch ist es doch eine ganz einfache Sache: Man ist für die zu erwartenden Konsequenzen der eigenen Handlungen verantwortlich. Für die zu erwartenden Konsequenzen der Handlungen anderer ist man nicht verantwortlich. Für mich und für Sie ist es am wichtigsten, über die Folgen unserer Handlungen nachzudenken. Also über das, was Sie und ich beeinflussen können.

Man ist für die voraussehbaren Konsequenzen der eigenen Handlungen verantwortlich. Für die voraussehbaren Konsequenzen der Handlungen anderer ist man nicht verantwortlich.

Wie moralisch das eigene Handeln ist, hängt davon ab, mit welchen Auswirkungen man dabei rechnen muß. Die Verbrechen anderer zu verurteilen, fällt nicht schwer. Das ist nicht moralischer, als Verbrechen zu verurteilen, die im 18. Jahrhundert verübt wurden. Sinn und Nutzen haben immer solche politischen Aktionen, die sich auf Menschen auswirken. Das sind aber in der großen Mehrzahl der Fälle solche, die man selbst beeinflussen kann – in meinem Fall also die Handlungen der Vereinigten Staaten.
On Power and Ideology S. 51

Zur Palästinenserfrage vgl. *The Fateful Triangle: Israel, the United States, and the Palestinians*, »Rejectionism and Accommodation«

Vgl. auch
· *The Chomsky Reader* S. 371-405 (aus *The Fateful Triangle*)
· *Pirates and Emperors: International Terrorism in the Real World*
· *Towards a New Cold War*
· *Necessary Illusions*
· *Chronicles of Dissent*, Kap. 2,6
· *Language and Politics*, Interviews 9,27,36
· Diverse Aufsätze in *Z Magazine* bis Oct. 93 über das Friedensabkommen, sowie bereits früher in *Peace in the Middle East* (1974)

IM MIT

Chomsky
Dies muß man im Auge behalten. Wir machen hier doch keine akademischen Übungen. Wir analysieren nicht die Medien auf dem Mars oder die des 18. Jahrhunderts oder dergleichen. Wir haben es mit realen Menschen zu tun, die leiden oder sterben müssen, die gefoltert werden oder verhungern, und zwar infolge einer Politik, in die wir verwickelt sind, in die wir als Bürger einer demokratischen Gesellschaft direkt verwickelt sind und für die wir Verantwortung tragen. Und die Medien sorgen nun dafür, daß wir unserer Verantwortung nicht gerecht werden, daß statt der Bedürfnisse der leidenden Menschen die Interessen der Macht berücksichtigt werden – nicht einmal die Wünsche der Menschen in Amerika, denn die wären ja entsetzt, wenn sie das Blut erkennen würden, das an ihren Händen klebt, nur weil sie es zulassen, vom System derartig irregeleitet und manipuliert zu werden.

Man kann es doch so sagen: Die meisten Menschen sind keine Gangster. So würde sicher kaum jemand einem halbverhungerten Kind die Mahlzeit rauben, auch wenn er selbst Hunger hätte und sicher sein könnte, nicht erwischt oder bestraft zu werden. Wer es doch täte, würde mit Recht als pathologischer Fall eingestuft werden, und in diesem Sinne sind eben nur wenige Menschen pathologisch. Und doch rauben die Amerikaner in großem Umfang hungrigen Kindern das Essen. So haben beispielsweise die USA in Mittelamerika für eine Steigerung der Agrarproduktion gesorgt, während zur selben Zeit die Ernährungssituation sich verschlechterte und Millionen von Menschen Mangel leiden oder sogar verhungern. Der Grund: Die Erträge des Bodens befriedigen nicht die Bedürfnisse der einheimischen Bevölkerung, sondern dienen den Exportinteressen der Agrarindustrie (...) Der einzelne US-Bürger ist aber kein Gangster. Würde er sich klarmachen, was er da tut – in großem Umfang hungrigen Kindern das Essen rauben – dann wäre er entsetzt und würde sofort nach besten Kräften versuchen, diesem Verbrechen ein Ende zu setzen. Folglich muß man verhindern, daß er über diesen Aspekt der Wirklichkeit Klarheit gewinnt.
Aus einem Briefwechsel mit Dr. Celia Jakubowicz, abgedruckt in *Language and Politics* **S. 374**

UNION HALL, CAMBRIDGE, ENGLAND

Chomsky

Was ist mit der Dritten Welt? Nun, trotz allem Schlimmen und Häßlichen ist dieser Kampf noch nicht zu Ende. Der Kampf um Freiheit und Unabhängigkeit hört nie ganz auf.
Der Mut dieser Menschen ist wirklich beeindruckend. Ich selbst habe mehrmals das Privileg genossen (und es ist gewiß ein Privileg), in Dörfern in Südostasien und Mittelamerika und kürzlich auch im besetzten Westjordanland davon Zeuge zu sein, und es ist in der Tat erstaunlich.

MALASPINA COLLEGE, NANAIMO

Chomsky

Es ist immer beeindruckend – also wenigstens mich beeindruckt es – ich verstehe es gar nicht, es bewegt und inspiriert einen auch, es erweckt geradezu Ehrfurcht. Für sie hängt alles von dem Spielraum zum Überleben ab, der ihnen durch Unruhe und Dissens innerhalb der herrschenden Systeme geschaffen wird. Und von uns wiederum hängt es ab, wie groß dieser Spielraum ist.

ENDE TEIL 1

Die wahren Opfer der hier beschriebenen Politik sind die Millionen, die in der Dritten Welt Entbehrungen, Mißhandlungen und Folter erleiden. Unsere ideologischen Institutionen sind so effektiv, daß wir dies höchstens noch sporadisch wahrnehmen. Wir müßten eigentlich Tag für Tag so ehrlich, so moralisch und so mutig sein, die Schreie der Opfer unseres Handelns oder unseres Unterlassens zu vernehmen. Wir würden morgens das Radio anstellen und den Bericht über eine Aktion der guatemaltekischen Armee in der Provinz Quiche anhören – eine Aktion, unterstützt von den USA und ihrem Vasallen Israel. Im Verlauf dieser Aktion besetzten die Soldaten eine Kleinstadt und trieben die gesamte Bevölkerung in ein zentral gelegenes Gebäude. Dann schlugen sie den Männern die Köpfe ab, vergewaltigten und ermordeten die Frauen und massakrierten die Kinder, indem sie ihre Köpfe an einem nahegelegenen Fluß gegen die Felsen schmetterten. Einigen gelang die Flucht; sie berichteten, was vorgefallen war – aber nicht uns. Und nachmittags würden wir im Radio vernehmen, was ein portugiesischer Priester aus Timor uns mitteilt: Dort konnte die indonesische Armee, die nur dank ständiger militärischer und diplomatischer Rückendeckung durch die USA existieren kann, Bewohner eines Dorfes dazu zwingen, sogar ihre eigenen Familienmitglieder mit Messern oder Knüppeln zu Tode zu bringen, weil diese auf der Seite der Widerstandsbewegung standen. Abends schließlich könnten wir dann einigen der Opfer zuhören, die in El Salvador einen Bombenangriff auf ihr Dorf oder auf eine Flüchtlingskolonne überlebt hatten; auch für diesen Angriff erfolgte die Feuerleitung von einem amerikanischen Militärflugzeug aus, das von einem Stützpunkt in Honduras oder Panama aufgestiegen war. Kurz, wir müßten uns eigentlich der ganzen, an die Nieren gehenden Geschichte des Terrors und der Tortur in unseren Protektoraten stellen – einer Geschichte, wie sie Amnesty International, America's Watch, Survival International und andere angesehene Menschenrechtsorganisationen zusammengetragen haben.

Doch wir verstehen es sehr gut, uns von dieser brutalen Wahrheit abzuschotten. Indem wir das aber tun, sinken wir auf ein Niveau der Feigheit und moralischen Verkommenheit herab, das in der heutigen Welt seinesgleichen sucht. Mehr noch: Wir fachen damit ein Feuer an, das sich zu einem Flächenbrand steigern und aller Wahrscheinlichkeit nach am Ende auch uns verschlingen wird.

Aus »**The Drift towards Global War**« in *Studies in Political Economy* **Bd. 17, Sommer 1985**

Die Menschen in der Dritten Welt benötigen unsere Sympathie und unser Verständnis, aber vor allem benötigen sie unsere Hilfe. Um ihnen einen Überlebensspielraum zu verschaffen, müssen wir hier in den USA Unruhe stiften. Ob sie sich gegen die Gewalt, die wir an ihnen verüben, behaupten können, hängt zu einem großen Teil davon ab, was hier bei uns passiert. Welch phantastischen Mut bezeugen sie doch (...) Ich denke dabei immer an eine verächtliche Bemerkung Rousseaus über die Europäer, welche Freiheit und Gerechtigkeit für die Ruhe und den Frieden hingegeben hätten, »die ihre Ketten ihnen gewähren.« Rousseau weiter: »Wenn ich sehe, wie die Scharen splitternackter Wilder mit Verachtung auf die verwöhnten Europäer blicken und um ihrer Unabhängigkeit willen Hunger, Feuer, Schwert und Tod ertragen, dann meine ich, es steht Sklaven nicht zu, sich über die Freiheit auszulassen.« Wer dies für leere Worte hält, hat sehr wenig von der Welt verstanden.

What Uncle Sam Really Wants **S. 100-101**

Warum bringt der Film nichts über Israel? Diese Frage stellen uns gelegentlich Zuschauer, die über Chomskys nahöstliches Engagement im Bilde sind. Nun, einmal zeigen wir schon etwas, nämlich – im Zusammenhang mit den Konflikten in der Dritten Welt – eine Passage über seine Solidarität mit Kritikern der israelischen Besatzungspolitik. Diese Passage steht sogar unmittelbar am Schluß des ersten Teils – eine ganz bewegende Szene, nach der die Leute in die Pause gehen und über den Film diskutieren können.

Bei einem Filmprojekt, das sich über fünf Jahre erstreckt, kann man keine letzte Aktualität anstreben. Was man auch aufnehmen mag: Bis der Film herauskommt, vergeht mindestens ein Jahr, und inzwischen ist alles überholt. In Israel nun ändern sich die Verhältnisse beinahe jede Woche. Daher erschien es uns unmöglich, innerhalb des zeitlichen Rahmens des Films Chomskys Nahost-Analysen gerecht zu werden. Allein zu diesem Thema könnte man leicht einen ganzen Film mit ihm drehen. Wir selbst wären sofort dazu bereit, wenn uns jemand das Geld dafür bereitstellen würde. Überhaupt weist der Film noch mehr Lücken in Bezug auf Chomskys Aktivitätsfelder auf – denken wir nur an Mittelamerika. Nötig wäre eigentlich eine ganze Serie über seine verschiedenen Interessen- und Arbeitsgebiete.

Wir haben die Fallstudien für den Film sehr sorgfältig ausgewählt und uns dabei an Chomskys eigenen Aktivitäten orientiert. Als wir ihm seinerzeit mitteilten, daß wir eine Fallstudie über Timor versus Kambodscha vorhätten sowie einen Abschnitt über den Golfkrieg, war er einverstanden. Gewiß verzerrt der Film die relative Bedeutung der Gebiete. Aber man kann doch heute keine Zeitung aufschlagen, ohne irgendwas über Israel zu lesen. Das ist mit Timor ganz anders. Sehr viele Menschen wurden durch den Film zum erstenmal mit dieser Sache konfrontiert. Die Vorführung löste auch die Gründung zahlreicher Initiativen aus. Und dann konnten wir wohl auch nicht gut einen Film über die Medien in den neunziger Jahren machen und dabei den – sogenannten – Golfkrieg außen vor lassen.

Um einen gewissen Ausgleich zu schaffen, bringen wir hier im Buch einen Ausschnitt aus *The Fateful Triangle: Israel, the United States, and the Palestinians* (1984) sowie eine Anmerkung von Chomsky, die 1993 kurz nach der Unterzeichnung des Friedensabkommens entstand.

Was ich jetzt sagen werde, nimmt Israel recht kritisch ins Visier: Israel sperrt sich grundsätzlich gegen jede politische Lösung, die auf eine Anerkennung der nationalen Rechte der dort heimischen Bevölkerung hinausläuft; es praktiziert seit vielen Jahren Repression und Staatsterrorismus; es betreibt eine, vor allem in den USA höchst erfolgreiche, Propaganda (die ihm, wie ich finde, eher schadet). Doch diese Darstellung ist in zweierlei Hinsicht schief. Erstens geht es hier nicht um die komplette Geschichte Israels, sondern allein um das, was ich für falsch und unhaltbar ansehe, und nicht auch um das, was ich akzeptiere. (Positiv bewerte ich unter anderem die hebräisch schreibenden Zeitungen, jedenfalls einige der wichtigsten. Vieles von dem, was ich weiß, verdanke ich der Arbeit kluger und mutiger israelischer Journalisten, einer Arbeit, die beim Aufdecken unangenehmer Wahrheiten in der eigenen Gesellschaft und Regierung ungewöhnlich hohen – selbstgesetzten – Ansprüchen genügt. Vergleichbares habe ich nirgends erlebt). Zweitens läßt die Konzentration auf die Aktionen und Vorstöße Israels leicht vergessen, daß mein eigentliches Anliegen die Politik der USA ist, für deren Inhalt wir selbst verantwortlich sind oder die wir doch tolerieren. Die Meinungen, die sich in den USA äußern, sind in hohem Grade von Personen geprägt, die sich »Förderer Israels« nennen – ein Terminus, den ich nur widerwillig übernehme, denn in meinen Augen sollten sie sich richtiger als »Förderer des moralischen Verfalls und schließlichen Untergangs Israels« bezeichnen. Bedenkt man dieses ideologische Klima und die daraus erwachsenden Aktionen der USA, dann läßt Israels Politik und sein Verhältnis zu den USA nicht viel Gutes erwarten; die Gründe hierfür werde ich später ausführen, hoffentlich überzeugend. Wenn ich recht habe, tragen wir gerade durch die jüngsten Entwicklungen bei uns ein erhebliches Maß an Verantwortung dafür.
The Fateful Triangle S. 3-4

Ich werde häufig gefragt, warum der Film nichts über den Nahen Osten enthält. Ich sage dann, ich weiß es nicht, aber ich bin mit dem einverstanden, was die Filmemacher beschlossen haben. Wäre nämlich der Nahe Osten mehr als nur ganz peripher zur Sprache gekommen, dann wäre das ganze Projekt eines raschen Todes gestorben – dafür hätten die mächtigen und fanatischen Kommissare schon gesorgt. Insofern bin ich für Eure Begründungen dankbar; sie leuchten mir ein, und sollte ich mal wieder danach gefragt werden, werde ich sie weitergeben. – NC

Es gibt ein kleines schmutziges Geheimnis, das man im Hinterkopf haben muß und das da lautet: Der Friedensprozeß im Nahen Osten wurde etwa 20 Jahre lang durch die Verhinderungspolitik der USA blockiert – und zwar in jeder Hinsicht. Jedesmal, wenn jemand einen diplomatischen Lösungsversuch unternahm, gingen die USA erfolgreich dazwischen.

Warum kleines schmutziges Geheimnis? Nun, weil niemand die Sprache darauf bringen darf. Die Fakten werden unterdrückt und die Gedächtnislücke, in der sie versunken sind, ist so tief, daß inzwischen niemand mehr sie daraus hervorzuholen vermag. Vermutlich sind sie demnächst sogar für die Geschichtswissenschaft verloren.

In dieser ganzen Zeit herrschte eine gewisse Übereinstimmung in Bezug auf die Frage, wie eine Friedensregelung aussehen müßte. Sie sollte sich auf die UNO-Resolution 242 stützen, eine Entschließung des Sicherheitsrats vom November 1967, also eine zwischenstaatliche Vereinbarung. Diese legte fest, daß alle Staaten in der Region ein Recht auf Frieden und Sicherheit haben. Sie erklärte eine gewaltsame Landnahme ausdrücklich für unzulässig und forderte Israel auf, seine Besatzungstruppen zurückzuziehen. Das hieß: Vollständiger Friede gegen vollständigen Rückzug. Alle, selbst die USA, haben das seinerzeit auch so verstanden.

Dann aber modifizierten die USA ihre Position, indem sie nur noch einen Teilrückzug verlangten – was immer Israel darunter verstehen mochte. In dieser Frage nahmen die USA schon 1971 eine isolierte Haltung ein, vollends aber, seit Mitte der siebziger Jahre der internationale Rahmen für eine Regelung sich insofern änderte, als die allseits unbestrittene Resolution 242 mit anderen UNO-Resolutionen verknüpft wurde – nämlich mit solchen, in denen nationale Rechte für die Palästinenser gefordert werden.

Um diese Zeit war also ein diplomatischer Lösungsvorschlag perfekt: zweistufiges Vorgehen, Respektierung der international anerkannten Grenzen gemäß Resolution 242, Garantien für die Sicherheit aller Staaten in der Region, und so weiter und so fort. Alle hatten zugestimmt – die arabischen Staaten, die PLO, die Russen, unsere Nato-Verbündeten, die Drittweltländer usw.

Nur die Vereinigten Staaten stellten sich quer. Zu diesem Zweck mußten sie 1976 im Sicherheitsrat ihr Veto einlegen, wodurch sich der Rat aus diesem diplomatischen Prozeß verabschiedete. Sie mußten dann alljährlich in der Generalversammlung dagegen stimmen. Jede Abstimmung ging gleich aus: etwa 150 zu 2. Israel und die USA legten die Generalversammlung praktisch lahm. Vorstöße anderer Länder – aus Arabien, Europa, von der PLO, von vielen anderen – mußten wir natürlich auch blockieren, nur weil wir nicht akzeptieren wollten, daß neben Israel auch die Palästinenser eine rechtmäßige Nation sein sollten. Es ging gar nicht darum, Israels Lebensrecht und seine Sicherheit anzuerkennen; das war kein Problem mehr, dem hatten alle zugestimmt.

Viele Jahre lang standen also zwei Fragen im Raum. Erstens: Geht es um Rechte nur für existierende Staaten oder auch für die Palästinenser? Anders gesagt: Gilt nur UN 242 oder gelten auch die anderen Resolutionen?

Zweitens: Was ist mit einem Truppenabzug gemeint? Bedeutet das den Rückzug auf die internationalen Grenzen, wie alle es sehen (bis 1971 auch die USA)? Oder bedeutet das einen Rückzug nach dem Gusto Israels und der USA, also einen Teilrückzug, der den Interessen dieser beiden Staaten dient?

Seit Dezember 1987 existiert noch eine dritte Frage. In diesem Monat brach die Intifada los; Israels Besatzungsregime traf auf offenen Widerstand. Und die USA isolierten sich auch hier von der übrigen Welt, nämlich bei der Frage (...): Welcher Status kommt dem Widerstand gegen eine militärische Besatzung zu? Nun hat die Welt durchaus eine Meinung zu dieser Frage, nur: Auch sie darf bei uns nicht ausgesprochen werden, auch sie wird totgeschwiegen. Es ist nämlich die falsche Botschaft. Hierzu gab es ebenfalls eine wichtige UNO-Entschließung – ich glaube, im Jahre 1986. Sie behandelte den Terrorismus und verurteilte ihn in jeglicher Form. Es war wirklich ein massiver Schritt gegen den Terrorismus. Die Abstimmung ergab 153 zu 2 (Israel und die USA) bei einer Enthaltung (Honduras). Also praktisch einstimmig gegen Israel und die USA.

Wieso mußten die USA sich ausgerechnet einer Entschließung gegen den Terrorismus widersetzen? Nun, es gab da einen unannehmbaren Abschnitt, welcher besagte, daß die Entschließung sich nicht gegen das Menschenrecht auf Widerstand gegen rassistische Regimes und militärische Besatzung richten sollte. Das haben die USA natürlich abgelehnt; Nazideutschland im Jahre 1943 hätte wahrscheinlich das gleiche getan. Und mehr oder weniger aus den gleichen Gründen, könnte man meinen.

Mit der Intifada nahm diese Frage praktische Gestalt an. Hier gab es nun Widerstand gegen eine militärische Besatzung. Die USA machten ihre offizielle Haltung dazu unverzüglich klar. Man betrachtete alle Widerstandshandlungen gegen das israelische Regime – beispielsweise Steuerboykotts – als »gegen Israel gerichtete terroristische Akte«, die sofort aufhören müßten. Dies ist also die dritte Frage, in der die USA eine andere Position einnehmen als der Rest der Welt – mit ganz wenigen Ausnahmen, wie ich hinzufügen darf.

Auf diesem Stand blieben die Dinge, bis vor kurzem das Abkommen von Oslo unterzeichnet wurde. Dieses Abkommen übernimmt nun die amerikanische Blockadehaltung zu hundert Prozent. Schaut man nämlich nicht auf die kurzfristigen Vereinbarungen, sondern auf das, was in der ferneren Zukunft darauf folgen soll, dann dient als ausschließliche Grundlage nur noch UN 242. Von den übrigen Resolutionen zugunsten der Rechte der Palästinenser auf Selbstbestimmung und Heimat ist nicht mehr die Rede.

Am Ende steht also UN 242 und nur diese, also genau das, was die USA 20 Jahre lang gefordert haben, während sie den Friedensprozeß aufhielten.

In der Frage des Truppenabzugs wurde von Anfang an klargestellt, daß es nur einen Teilrückzug geben würde – auch dies also ein Sieg für die USA.

Über die Intifada ist im Abkommen selbst nichts gesagt, aber ein Briefwechsel zwischen Rabin und Arafat läßt auch hier keinen Zweifel aufkommen. Arafat übernimmt die Verantwortung dafür, daß die Intifada, daß überhaupt jegliche Form des Widerstands gegen das israelische Regime eingestellt wird – ein Widerstand, der in den Augen der USA ein gegen Israel gerichteter Terrorismus ist.

Über die Frage des Truppenabzugs wird übrigens viel geredet, aber bei genauerer Betrachtung sieht es doch etwas anders aus. So heißt es allgemein, Israel habe sich zur Räumung des Gazastreifens verpflichtet. Das stimmt aber nicht. Man findet in dem Vertrag zwei sich gegenseitig widersprechende Aussagen. Die eine spricht von Abzug – genaugenommen nicht einmal von Abzug, sondern von »Umgruppierung« im Gazastreifen. Die andere legt fest, daß Israel die Kontrolle über die israelischen Siedlungen und die Zugangswege zu diesen behält. OK, jetzt nehmen wir mal eine Landkarte des Gazastreifens und schauen uns an, wo die israelischen Siedlungen liegen, und dann ziehen wir um diese eine Linie. Da gibt es viele verschiedene Möglichkeiten. Israel könnte überzeugend darlegen, daß eine solche Linie um seine Siedlungen herum, vor allem um Gush Katif im Süden, etwa 40 Prozent der Küste von Gaza umschließt.

Die Küste ist aber das einzig Wichtige am Gazastreifen, denn für die Wüste interessiert sich niemand. Gaza ist nur wenige Kilometer tief, und das meiste ist Wüste; wertvoll ist nur der Küstenstreifen.

Die Israelis könnten also ohne Probleme einen Abzug ankündigen, der 40 Prozent des Territoriums ausnimmt; ob sie das wirklich tun werden, wissen wir nicht. Jedenfalls werden sie aus Gaza-Stadt abziehen. Das ist ungefähr so, als ob die New Yorker Polizei sich aus Harlem zurückzieht. Mit anderen Worten, man möchte nicht länger als Zielscheibe dienen. Alles andere könnten die Israelis nach Belieben für sich behalten.

Was nun die Gush-Katif-Siedlungen im Süden betrifft, so sind diese für Israel sehr wichtig. Ob Sie es glauben oder nicht, sie liefern einen beträchtlichen Teil der israelischen Exporte. Da sie in der Wüste liegen, benötigen sie viel Wasser – und das, so haben sogar einige israelische Kommentatoren bemerkt, rauben sie praktisch dem übrigen Gazastreifen. Sie erzeugen damit etwa die Hälfte der israelischen Tomatenexporte und einen Großteil der Blumenexporte, mit deren Absatz in Europa das Land viel Geld verdient. Es gibt dort auch große Touristenhotels mit künstlichen Teichen und ähnlichem. Ich wiederhole, wir sind in der Wüste. Es ist kaum anzunehmen, daß diese Objekte geräumt werden. Vielmehr werden gerade neue Wasserleitungen dorthin gebaut. Sie genießen eine hohe Priorität; das hat auch Ministerpräsident Rabin deutlich gemacht.

Man kann nicht vorhersagen, was die Zukunft bringt. Vieles kann sich ändern. Was kommen wird, hängt sogar sehr stark von dem ab, was wir selbst tun; darauf werde ich noch zu sprechen kommen. Doch zur Zeit bestimmt das Abkommen, daß Israel sich im Grunde im Gazastreifen frei bedienen kann. Und in der Westbank sieht es genau so aus. Sie müssen sich nur mal in den Entwicklungsplänen für die Westbank

ansehen, wo die Straßen und die Siedlungen liegen. Dann erkennen Sie, daß man – und das schon seit 1968 – das langfristige Ziel verfolgt, große Teile dieses Gebiets in die israelische Wirtschaft zu integrieren, dabei aber die größeren palästinensischen Bevölkerungszentren auszugrenzen. Dementsprechend verlaufen die Hauptstraßen. Wer also von einer palästinensischen Stadt in eine andere will, muß auf den existierenden Straßen meist israelisches Gebiet durchqueren.

Und das dritte Gebiet – Jerusalem: Wie steht es damit? Jerusalem war seinerzeit illegal, nämlich gegen den Widerspruch des Sicherheitsrats, annektiert worden; heute ist es offiziell dreimal so groß wie vor dem Krieg von 1967. Nur täuscht dieser Eindruck: Wenn man dort »Jerusalem« sagt, meint man das sogenannte Groß-Jerusalem. Groß-Jerusalem aber umschließt zusammen mit seiner Infrastruktur – also den Wasserleitungen, den Mülldeponien, den Straßen, den Siedlungen und so weiter – einen beträchtlichen Teil der Westbank, einschließlich einiger hunderttausend Palästinenser, die natürlich in irgendwelche Winkel verbannt sind. Und ebenso natürlich beabsichtigt Israel nicht, sich aus Groß-Jerusalem zurückzuziehen.

Wir sind uns aber alle darin einig, daß wir für diese Bevölkerung keine Verantwortung übernehmen wollen. Sie sollen sich selbst verwalten und am Leben erhalten, so gut sie können. Wir aber nehmen uns alles, was uns nützlich erscheint, vor allem das Wasser. Israel leitet fünf Sechstel der Wasserreserven der Westbank auf sein Gebiet [und deckt damit ein Drittel seines Wasserbedarfs]. Alles nutzbare Land, die hübschen Vororte in den Hügeln um Tel Aviv und Jerusalem, das Jordantal – all das ist Bestandteil des Entwicklungsplans. Wie israelische Experten festgestellt haben, ist die gesamte Siedlungspolitik der Arbeitspartei seit Anfang der siebziger Jahre stark hydrologisch beeinflußt. Das heißt, die Siedlungen werden so angelegt, daß sie die Wasserreserven kontrollieren, was in dieser Halbwüste lebenswichtig ist.

Wir sind also beinahe wieder beim Status quo angelangt, vergleichbar etwa der Lage um 1985. Zwar gibt es einige Unterschiede, und manche davon mögen zu Hoffnungen Anlaß geben. Ob aber diese Möglichkeiten genutzt werden können, hängt vor allem davon ab, was hier bei uns geschieht.

Wie konnte es überhaupt dazu kommen? Die eifrigsten Verfechter der israelischen Sache machen daraus gar kein Hehl. Thomas Friedman hat es in der *New York Times* völlig zutreffend benannt: »Die Kapitulation der Palästinenser«. Arafat, schreibt er, hat die weiße Fahne gehißt. Aber wie kam es dazu? Nun, das wiederum hat viel mit der Entwicklung der Weltlage zu tun, über die wir gerade gesprochen haben. Erinnern Sie sich: Die USA konnten zwar alle diplomatischen Aktivitäten blockieren, sie konnten aber ihre eigene Verhinderungspolitik so lange nicht endgültig durchsetzen, wie es noch einen Rest der Welt gab.

Ja, und diesen Rest der Welt gibt es nun nicht mehr. Die Sowjetunion ist nicht mehr im Spiel. Auch die Dritte Welt ist teilweise aus dem Spiel, und zwar aus zwei Gründen. Erstens ist es nun, da die Welt unipolar geworden ist, mit der Bündnisfreiheit zu Ende. Der andere, wichtigere Grund liegt aber in der kapitalistischen Katastrophe, die sich wie eine gewaltige Woge in den achtziger Jahren über die Erde gewälzt hat. Sie hat die Dritte Welt ruiniert und in ein einziges Notstandsgebiet verwandelt. Kein Gedanke also an irgendeine Initiative aus dieser Richtung.

Bleibt noch Europa – und auch dort geht es einmal mehr um Marktbeherrschung. Nach dem Golfkrieg erfolgte ein gewaltiger Umschwung. Vorher hatte es Initiativen von seiten europäischer Staaten gegeben. Man forderte, ganz im Sinne der übrigen Länder, eine politische Lösung. Nach dem Golfkrieg war es damit vorbei. Die letzte Abstimmung in der Generalversammlung erfolgte im Dezember 1990, nachdem diese Frage zuvor regelmäßig auf die Tagesordnung gekommen war. Seitdem tut sich nichts mehr; Europa hat den Nahen Osten praktisch den Amerikanern überlassen.

Seit der Errichtung der Neuen Weltordnung im Jahre 1945 hatten die USA stets darauf gedrungen, die Monroe-Doktrin auch auf den Nahen Osten auszudehnen, doch es war ihnen nie ganz gelungen. Jetzt hat Europa es schließlich doch akzeptiert. Die Europäer dürfen zwar noch amerikanische Verhinderungspläne realisieren – denn nichts anderes hat Norwegen im August getan – nicht aber, wie zuvor, unabhängige Initiativen für politische Lösungen starten.

Ein weiterer Faktor ist der gravierende innere Zerfall der PLO. Leider reicht dafür meine Zeit nicht; wichtig genug wäre es.

Die USA beherrschen die Erde inzwischen so uneingeschränkt wie nie zuvor, in vieler Hinsicht noch stärker als 1945. Nie gab es Vergleichbares in der Geschichte. Darin liegen viele Gefahren verborgen – aber auch viele Chancen. Für uns, die Menschen in den Vereinigten Staaten, bedeutet es, daß es auf unser Handeln noch mehr ankommt, als dies bisher schon der Fall war. Die USA konnten bis heute den Friedensprozeß entscheidend blockieren; jetzt haben sie ihr Ziel erreicht. Sie konnten es aber nur, weil das amerikanische Volk dabei stillgehalten hat. Dies nun könnte sich ändern; es gäbe Möglichkeiten in Fülle. Jeder, der für diese Dinge offen ist, trägt also eine große Verantwortung.

Aus »Keeping the Rabble in Line«, aufgenommen am 26.09.93 in New York, zu beziehen bei *Alternative Radio*.
Mehr zum Friedensabkommen in *Z Magazine* **Oct. 1993**

TEIL 2

Ermutigung zum Andersdenken

AUS »ON THE SPOT« (NFB-1954)

Ansager
Und jetzt bringen wir Ihnen »On the spot«.

Fred Davis
Heute wollen wir uns mal anschauen, wie es hinter den Kulissen einer Filmproduktion zugeht. Der Regisseur und seine Leute arbeiten gerade an einem Dokumentarfilm – gehen wir mal hin. Bob, Sie sprechen hier also von einem »Dokumentarfilm«. Was ist denn für Sie der Unterschied zwischen einem Dokumentarfilm und einem Spielfilm?

Bob
Oh, da gibt es eine Menge. Zum Beispiel die Länge. Dokumentarfilme sind meist erheblich kürzer als Spielfilme. Auch enthalten die Dokumentarfilme immer eine Botschaft; sie sollen gezielt informieren. Man könnte statt Dokumentarfilm auch »Film über die Wirklichkeit« sagen.

Fred Davis
Und dieses Ding hier, Bob, wird das zu jeder Szene vor die Kamera gehalten?

Bob
Genau, das ist eine Klappe. Damit werden die Szene und die Aufnahme an ihren Nummern sichtbar identifiziert, so daß dann die einzelnen Filmabschnitte – Sie haben's ja am Ton gemerkt – im Studio zusammengefügt werden können. Die Lippenbewegungen stimmen, die Klappe stimmt – alles läuft prima synchron.

Eine einzige und allumfassende Definition des Begriffs »Dokumentarfilm« existiert nicht (…) Am häufigsten findet sich John Griersons Formulierung von der »kreativen Verwendung der Aktualität« zitiert, und sie ist aus zwei Gründen wohl auch die brauchbarste. Erstens stellt sie die Konzentration des Dokumentarfilms auf die Wirklichkeit heraus, also seine Orientierung an realen Ereignissen und Menschen. Zweitens aber läßt sie auch erkennen, daß der Dokumentarfilm – wie jeder Film – nicht etwa ein vollkommen durchsichtiges Fenster zur Wirklichkeit bietet, sondern eine vermittelte *Konstruktion* ist, der unzählige Einzelentscheidungen zugrunde liegen, durch die man versucht, zusammenhängende, durchdachte und hoffentlich auch leidenschaftliche *Interpretationen* der Realität zu liefern.
Arlene Moscovitch, *Constructing Reality: Exploring Media Issues in Documentary* (**Buch + 9 Stunden Film, National Film Board of Canada 1993**)

RADIO KUWR, LARAMIE
aufgenommen auf der Videowand des Erin Mills Einkaufszentrums

Marci Randall Miller
Vor der Pause sagten Sie, die Medien würden sich in dem, was sie wiedergeben, immer nach der Machtelite richten. Ich habe das nicht so ganz verstanden: Wie *bewirkt* die Machtelite das? Wie kommt es, daß wir auf ihrer Seite stehen? Warum klappt das so gut?

Chomsky
Es geht hier wirklich um zwei verschiedene Fragen. Die eine lautet: Trifft das Bild zu, das hier von den Medien gezeichnet wird? Dazu muß man sich die Indizien ansehen. Das eine Beispiel, das ich genannt habe, ist ja noch kein überzeugender Beweis. Dazu bedürfte es noch vieler anderer Hinweise. Und da kann meiner Meinung nach jeder wirklich schlagende Beweise finden. Kaum ein soziologischer Lehrsatz ist so gut belegbar wie dieser. Die andere Frage lautet dann: Wie läuft das ab?

FLUGHAFEN AMSTERDAM
Chomsky kommt durch die automatische Tür

Patrick Barnard *(freier Journalist)*
Ich bin der Zeitungsmann. Was hätten Sie denn gern? Ich habe hier eine *International Herald Tribune*.

Chomsky
Egal, Hauptsache, in einer westlichen Sprache. Was haben Sie denn so?

Patrick Barnard
Die *Financial Times*?

Chomsky
Die *Financial Times?* Also wirklich! *(Barnard lacht).* Das sind die einzigen, die die Wahrheit schreiben.

So findet man in der Wirtschaftspresse, und nicht nur dort, häufig sehr gut geschriebene, zutreffende Berichte. Diejenigen, die über die Macht verfügen, müssen eben alle Fakten kennen, wenn sie im eigenen Interesse entscheiden wollen.
Aus: «Noam Chomsky: Media, Knowledge and Objectivity» (Interview mit David Barsamian vom 10.6.93, erhältlich bei *Alternative Radio***)**

Dieses Lob hat die *Financial Times* unseres Wissens in ihrer Eigenwerbung noch nie zitiert. – MA

Peter Wintonick
Haben Sie die mit der großen Debatte?

Chomsky
Das *NRC Handelsblad*

Peter Wintonick
Han-dels-blad

GRONINGEN, NIEDERLANDE
Im Film sind in die folgende Sequenz Schwarz-Weiß-Aufnahmen von Boxkämpfen einmontiert

Chomsky
So, heute abend steht also eine Debatte auf dem Programm. Ich habe mich darüber ziemlich gewundert, denn es gibt da einige Probleme. So wurde beispielsweise keine These aufgestellt. Bei einer Debatte, wie ich sie verstehe, vertreten einige Leute etwas und andere sprechen sich dagegen aus. Man hat stattdessen – und das finde ich vernünftiger – ein Thema zur Diskussion gestellt, nämlich die Fabrikation von Konsens.

Frits Bolkestein
Es ist wohl ziemlich ungewöhnlich, wenn ein Kabinettsmitglied in der Öffentlichkeit mit einem Professor debattiert. In Holland hat es sowas noch nicht gegeben, und woanders wohl auch nicht allzu häufig.

Moderator
Mr. Bolkestein, Sie haben das Wort.

Bolkestein
Nun, es ist allgemein bekannt, daß man auf Beispielen allein keine Theorie aufbauen kann. Man muß vielmehr zeigen, daß die Theorie eine innere Logik

Diese »Debatte« wurde von *NRC Handelsblad* gesponsert. Frits Bolkestein hatte in diesem »Mitte-links-Blatt mit Niveau« einen in eine ganzseitige Buchbesprechung gekleideten Angriff auf Chomsky geführt. Chomsky schickte eine Antwort, die ebenso abgedruckt wurde wie Bolkesteins Erwiderung darauf und Chomskys erneute Reaktion. Anläßlich einer, vom *International Philosophers Project* veranstalteten philosophischen Tagung zum Thema »Wissen und Sprache«, an der Chomsky teilnahm, organisierte die Zeitung eine »Debatte«. Debatte oder nicht, jedenfalls dauerte sie 2 Stunden und lief nach einem merkwürdigen, starren Schema ab. So gab es Abschnitte »mit Unterbrechung« und solche »ohne Unterbrechung«, wobei die Teilnehmer gelegentlich ihre momentane Rolle vergaßen und sich sagen lassen mußten, ob sie nun gerade unterbrachen oder aber sprachen.

Frederick (Frits) Bolkestein, ehemaliger Verteidigungsminister der Niederlande, war 1978-82 und 1986-88 Mitglied der liberalen »Volkspartei für Freiheit und Demokratie« sowie in den Jahren 1982-86 Staatssekretär im Wirtschaftsministerium.
Bevor er in die Politik ging, war er (1973-76) als Chemie-Direktor in Paris für den Shell-Konzern tätig gewesen. Daneben fungierte er als Vizepräsident der Atlantik-Kommission und gehörte dem Königlichen Institut für Auswärtige Angelegenheiten an.

besitzt. Das aber hat Professor Chomsky nicht getan.

Moderator
Professor Chomsky bitte.

Chomsky
Er hat natürlich völlig recht, wenn er sagt, daß man nicht einfach nur Beispiele nennen kann, sondern rational vorgehen muß. Deshalb haben wir ja unsere Beispiele miteinander *verglichen*.

Bolkestein
Die Dinge liegen aber nicht so einfach, wie Professor Chomsky behauptet. An einer Stelle befaßt er sich mit der Berichterstattung der westlichen Presse über Kambodscha. Und da gerät er auf einen bösen Holzweg (*vereinzeltes Lachen im Publikum*).

Chomsky
Wir haben Kambodscha nicht diskutiert – wir haben es mit Osttimor verglichen. Wir haben diese beiden Fälle direkt nebeneinandergestellt. In *The Political Economy of Human Rights* stehen auf ca. 300 Seiten sämtliche Einzelheiten inklusive der Quellenangaben zu allem, was wir über Kambodscha finden konnten.

Bolkestein
Es gibt hier im Westen viele Intellektuelle, die einfach der Wahrheit nicht ins Gesicht sehen wollen. Die Schlüsse, zu denen jeder unverbildete Mensch gelangt, die verweigern sie einfach.

Chomsky
Natürlich haben sich viele Leute geärgert, als wir diesen Riesenbetrug über Kambodscha aufdeckten und dem dann auch noch das Stillschweigen gegenüberstellten, das über die Greuel ver-

ROUND 5

hängt wurde, die just zur selben Zeit mit amerikanischer Hilfe in Timor verübt wurden. Sowas mögen die Leute nicht. Denn erstens stellten wir das Recht in Frage, aus Staatsraison lügen zu dürfen, und zweitens enthüllten wir, wie reale Untaten entschuldigt und sogar noch unterstützt wurden. Beliebt macht man sich damit nicht.

Bolkestein
Woher weiß er denn überhaupt etwas von Verbrechen in Osttimor oder in Mittelamerika? Doch wohl aus derselben freien Presse, für die er nur Hohn und Spott übrig hat.

Chomsky
Wenn Sie wissen wollen, woher meine Kenntnisse darüber stammen, dann lesen Sie mal meine Fußnoten. Was ich weiß, stammt aus Berichten von Menschenrechtsgruppen und Kirchen, aus Befragungen von Flüchtlingen, vor allem aber aus der australischen Presse. Die US-Presse ist nicht vertreten, denn dort herrschte Schweigen.

Bolkestein
Herr Vorsitzender, das ist ein Versuch, das Denken einzuschüchtern. Das sind ja Feldwebelmethoden. Was Professor Chomsky hier betreibt, ist der älteste Debattentrick, den die Welt kennt. Zuerst baut er einen Pappkameraden auf, und dann schlägt er auf ihn ein. Wo Professor Chomsky von manipulierter Zustimmung spricht, da nenne ich das »einen Konsens schaffen«. Hier in Holland heißt das *Grondslag*, also Fundament. Professor Chomsky hält es für Betrug, aber das stimmt nicht. In einer repräsentativen Demokratie hat es die Bedeutung: die Menschen für die eigene Auffassung gewinnen. Doch Pro-

fessor Chomsky glaubt ja wohl überhaupt nicht an die repräsentative Demokratie, sondern an die direkte Demokratie. Genau wie Rosa Luxemburg sehnt er sich nach der Anarchistenvision von der kreativen, spontanen, selbststeuernden Kraft der Massenaktion. Diese Vision ist aber ein Kindertraum.

Chomsky
Alle, die an Freiheit und Demokratie glauben, sehen sich vor eine schwierige Aufgabe gestellt. Ich meine, sie müssen vor allem den verachteten »kleinen Leuten« dabei helfen, für ihre Rechte zu kämpfen und die demokratischen Ziele zu erreichen, die uns die Geschichte wieder und wieder vor Augen gestellt hat. Anstatt den Mächtigen und Privilegierten zu dienen, müssen sie für deren Opfer eintreten. Denn Freiheit und Demokratie sind nicht mehr nur hehre Werte, die es zu bewahren gilt, sondern sie sind vermutlich überlebenswichtig geworden.

Bolkestein
Das ist ja die reinste Verschwörungstheorie; alle Fakten sprechen doch dagegen. Übrigens, Herr Vorsitzender …

Moderator
Ja bitte?

Bolkestein
Ich muß jetzt leider nach Amsterdam – wenn Sie mich bitte entschuldigen wollen.

(Beifall, Gelächter)

Vorsitzender
Also wenn eines sicher ist, dann dies: Heute abend wurde kein Konsens fabriziert.

Chomsky
Ich erhalte viele Briefe, hunderte, vielleicht sogar tausende (…) Viele davon sind sehr ernst und nachdenklich. Bei einem Anlaß mußte ich mich sogar mit einem Formbrief des Inhalts »Sorry, ich kann wirklich nicht antworten« behelfen.

Barsamian
Um was ging es denn da?

Chomsky
Raten Sie doch mal.

Barsamian
JFK. Verschwörungstheorien.

Chomsky
Genau. Ich konnte einfach nicht mehr darauf antworten, weil der Tag nur 24 Stunden hat. Es hat mir wirklich leid getan, aber ich mußte sagen: Sorry, es geht nicht.

Barsamian
Läßt sich aus diesem Interesse an Verschwörungstheorien etwas über die politische Kultur ableiten?

Chomsky
Man erfährt daraus etwas über Dinge, die an der Linken nagen. Denn wenn jemand einer Verschwörungstheorie anhängt, dann erwartet er eben, daß da irgendwo einer auf ihn lauert. Sie kennen sicher auch so jemanden, und für den hätte ich ein schönes Beispiel – also nicht daß jemand meint, ich glaubte selbst daran, aber hören wir mal. Da überlegt sich also der CIA: Wie könnten wir diese ganzen Volksbewegungen unterminieren und kaputtmachen? Na, setzen wir sie doch auf irgendeine verrückte Sache an, wo sie dann mit einem Riesenaufwand Analysen und immer genauere Analysen von völlig unwichtigen Dingen betreiben. Dann sind sie still; das wird funktionieren.

Barsamian
Eigentlich ist es doch merkwürdig, daß ein Teil unserer sogenannten »Linken« sich ausgerechnet auf so etwas kapriziert.

Chomsky
Ich denke, wir haben es hier mit dem schon erwähnten Gefühl von Machtlosigkeit und Isolation zu tun. Wenn die Leute glauben, die realen Probleme wüchsen ihnen über den Kopf, dann finden sie auch Wege, diesen Problemen aus dem Weg zu gehen. Dann jagen sie eben irgendwelche unwichtigen Säue durchs Dorf, oder sie betreiben akademische Kulte, weitab von jeder Realität, aber gut geeignet als Schutz vor der bösen Welt. Sowas läuft ziemlich oft ab, auch bei den Linken.

David Barsamian, *Keeping the Rabble in Line* **(Common Courage Press 1994)**

Wenn ich darauf hinweise, daß General Motors seinen Gewinn und seinen Marktanteil zu maximieren sucht, dann ist das keine Verschwörungstheorie, sondern eine Institutionsanalyse.

GERICHTSGEBÄUDE IN MEDIA

Peter Wintonick
Was glauben Sie: Besteht ein Zusammenhang zwischen dem, was wir nach Meinung der Regierung wissen sollen, und dem, was wir aus den Medien erfahren?

Mann (*Bildmitte*)
Es ist nicht wie bei den Kommunisten, aber in gewisser Weise hat sie schon ein Auge darauf.

STRASSE IN MEDIA

Mann (*links*)
Sie sagen aber nicht immer – nicht wahr, John, sie sagen nicht immer die Wahrheit. So ist es doch, oder?

John (*ganz rechts*)
Da hast du recht.

BAHNHOF IN MEDIA

Peter Wintonick
Glauben Sie, daß das, was Sie in dieser Zeitung lesen, vielleicht etwas gefärbt ist?

Frau
Aber sicher.

BAHNHOF IN MEDIA

Mann
Im großen und ganzen ist sie wohl ganz gut. Sie bringt beide Seiten der Medaille – sozusagen die liberale und die konservative.

GERICHTSGEBÄUDE IN MEDIA

Frau (*rechts*)
Man erhält doch kein ausgewogenes Bild. Die haben doch nur 20, 30 Sekunden für ein Thema, und dann wählen sie eben nur das Highlight aus, und alle Sender bringen dasselbe Highlight, und mehr bekommt man nicht zu sehen.

BAHNHOF IN MEDIA

Schaffner
Man kriegt nur das zu hören, was man hören soll.

Peter Wintonick
Glauben Sie, daß die irgendwie einseitig …

Schaffner
Hm … Muß los. Bis später.

MALASPINA COLLEGE, NANAIMO

Chomsky
Läßt sich die Beleuchtung etwas heller einstellen, damit ich da unten überhaupt jemanden sehen kann?

UNIVERSITY OF WYOMING, LARAMIE

Student
Sie jammern nun seit 1 Stunde und 41 Minuten, daß die Regierung und die Eliten mittels »Gedankenkontrolle« Radikale wie Sie von der Öffentlichkeit fernhalten. Und nun – ja, nun sind Sie hier. Ich kann keine CIA-Leute sehen, die Sie fortzerren. Sie standen in der Zeitung – nur daher wissen wir, daß Sie kommen wollten. Und bestimmt schreiben Sie auch in dieser Zeitung. Es gibt einen Haufen Länder, da wären Sie für das, was Sie heute getan haben, erschossen worden. Also worüber jammern Sie? Wir lassen Sie frei sprechen; ich kann da keine Gedankenkontrolle erkennen.

Chomsky
Also zunächst mal habe ich mit keinem Wort behauptet, ich selbst würde von der Öffentlichkeit ferngehalten. Das läuft hier ganz anders. Vielleicht haben Sie es nicht gehört, aber ich sagte, es läuft hier über ein System der Formung und Steuerung, das zu einer bestimmten Sichtweise auf die Welt führt. Ich habe dafür auch ein Beispiel gegeben. Ich kann Ihnen Quellen nennen, da finden Sie Tausende anderer Beispiele. Das hat nichts mit mir zu tun. Es betrifft die Allgemeinheit. Man marginalisiert sie, und man sorgt dafür, daß sie den Eliten, die hier über alles bestimmen sollen, nicht hereinreden.

Also worüber jammern Sie? Ich kann keine Gedankenkontrolle erkennen.

In den sechziger Jahren war Chomsky eine angesehene Persönlichkeit. Die *New York Review of Books* druckte seine Artikel über den [Vietnam-]Krieg ab. Norman Mailer sprach von den »dichtgepackten Begriffswindungen des Chomskyschen Erkenntnisprozesses«; für Hitchens trug »sein Name eine Art Gütesiegel.« All dies änderte sich Mitte der Siebziger. Die *New York Review of Books* ließ ihn stillschweigend fallen, und andere liberale Zeitschriften taten es ihr nach. Vielleicht lag dies daran, daß nach dem Ende des Krieges sein Radikalismus nicht mehr gefragt war, vielleicht stieß man sich an seinen Ansichten über den Nahen Osten. Den Rest besorgten dann die Fälle Kambodscha und Faurisson. Heutzutage behandelt man Chomsky mit einer seltsamen Mischung aus Beschimpfung und Mißachtung. Seine Bücher werden kaum noch rezensiert – sooo wichtig ist er doch nun auch wieder nicht, oder? Nur, für schäbige Fehlinterpretationen seiner Äußerungen zu Kambodscha, Israel, den Holocaust und so fort findet sich in jeder Zeitung immer mal wieder eine Spalte.
Ich denke, von daher stammt die Galle in seiner Stimme. Je stärker er an den Rand gedrängt wurde, um so schriller und starrer ist er geworden. Aber wenn dies seine Verwandlung auch erklärt, so rechtfertigt es sie doch nicht.
Zuviel von der Härte der Welt, gegen die er ankämpft, ist auf ihn übergegangen. Wenn er nur in seine Arbeit wieder die Sanftheit und Großherzigkeit einer Welt einbringen könnte, wie sie ihm vorschwebt – ich wäre glücklich darüber.

»AMERICAN FOCUS«, WASHINGTON

Karine Kleinhaus
In einer Rezension des *Chomsky Reader* heißt es: »Je stärker er an den Rand gedrängt wurde, desto schriller und harscher ist er geworden.« Halten Sie diese Einschätzung Ihrer jüngsten Veröffentlichungen für zutreffend, und fühlen Sie sich als Opfer dieses von Ihnen beschriebenen Prozesses?

Chomsky
Na ja, die Sache mit dem Rand ... also ob ich schrill geworden bin, müssen andere beurteilen; ich selbst glaub's eigentlich nicht. Aber das mit dem An-den-Rand-gedrängt-werden stimmt. Nur ist es gerade das Gegenteil von dem, was da angedeutet wird. In Wirklichkeit komme ich jetzt viel leichter in die großen Medien als vor zwanzig Jahren.

Wenn ich nachlese, was ich soeben niedergeschrieben habe, finde ich es richtig – und muß doch zögern. Nur ungern stelle ich mir vor, daß gerade diejenigen, die Chomsky so gern in einem falschen Licht erscheinen lassen, über meine Kritik Genugtuung empfinden könnten. Ich sollte wohl unmißverständlich aussprechen, daß ich ihn für den besten Kritiker der US-Macht halte und mich überhaupt nur deswegen mit ihm auseinandersetze.

In seiner ersten Sammlung politischer Essays, *American Power and the New Mandarins*, schildert Chomsky seine Reaktion auf eine nicht ganz alltägliche Ausstellung im Chicagoer Museum für Naturwissenschaft und Technik: »Was soll man von einem Land halten, wo sich in einem großstädtischen naturwissenschaftlichen Museum ein Exponat findet, mit dem der Besucher sich in einen Hubschrauber versetzen und mit einem Maschinengewehr auf vietnamesische Bauernhütten feuern kann, und bei jedem Treffer leuchtet eine Lampe auf? Was kann man von einem Land sagen, wo so etwas auch nur in Gedanken erwogen werden kann? Über ein solches Land kann man doch nur weinen.«

Durch Chomskys sämtliche Schriften zieht sich seine Fassungslosigkeit darüber, was die Mächtigen den Machtlosen anzutun imstande sind. Er ist nicht abgestumpft; er kann sich immer noch entrüsten. Wenn seine Stimme nach 20 Jahre heiser klingt – wer wollte es ihm verübeln? Wer sich über ihn erheben? Niemand hat seine Kraft so vollständig wie er dem Kampf gegen die Schrecken unserer Zeit geweiht. Seine Heiserkeit ist unserer Gepflegtheit allemal vorzuziehen. Wieder kommen mir die Zeilen in den Sinn, die Yeats über Swift schrieb: »Wagt doch, es ihm nachzutun (...) denn er /diente der Freiheit des Menschengeschlechts.«

»**Chomsky Then and Now**« von Brian Morton, *The Nation* 7.05.88

Hierzu bemerkt Edward S. Herman in dem Essay »Pol Pot, Faurisson und die Verleumdungskampagne«:
Morton ist leitender Redakteur bei *Dissent*, **und diese Zeitschrift stand lange Zeit unter dem Einfluß von Irving Howe und Michael Walzer, beides Sozialdemokraten mit engen Bindungen an Israel und seit jeher mit Chomsky verfeindet. Da Chomsky gerade** *The Fateful Triangle* **veröffentlicht hatte, eine vernichtende, bestens mit Dokumenten untermauerte Abrechnung mit der Politik der USA und Israels, verwundert es nicht, wenn Morton hier bei Chomsky eine gewisse Grobheit diagnostiziert. Man sollte auch beachten, daß** *The Nation* **erst auf Morton zukam, nachdem man eine zunächst bei David Finkel bestellte Rezension des** *Chomsky Reader* **als zu positiv abgelehnt hatte (zusammen mit Hermans Essay in** *Noam Chomsky: Critical Assessments* **(a. a. O.) abgedruckt).**

AUS »A WORLD OF IDEAS« (1988)

Bill Moyers
Sie haben einige unbequeme Wahrheiten verkündet und sind infolgedessen ziemlich vereinsamt. Bedauern Sie es da nicht manchmal, daß Sie sich für bestimmte Dinge eingesetzt oder bestimmte Sachen geschrieben haben, oder wünschten Sie, man hätte eher auf Sie gehört?

Chomsky
Nein, das nicht. Gut, es gibt Sachen, die würde ich heute anders anfassen. Sobald man anfängt, über etwas nachzudenken, möchte man es anders machen. Aber allgemein gesprochen, bedauere ich eigentlich nichts.

Bill Moyers
Genießen Sie es, umstritten zu sein?

Chomsky
Nein. Es stört mich sogar erheblich.

Bill Moyers
In diesem Medium hat man nämlich nicht viel für abweichende Meinungen übrig – und das gilt nicht nur für Noam Chomsky. Solchen Leuten schenkt das Medium überhaupt nicht viel Gehör.

Chomsky
Das ist doch auch völlig klar. Wenn die Medien die bevorzugten Wahrheiten in Frage stellen ließen, würden sie ja ihrer Rolle in der Gesellschaft nicht gerecht.

Am 19. März 1993 hielten die Filmemacher einen Workshop an der New School for Social Research *in New York. Die einführenden Worte sprach Ingrid Abramovitch, Redakteurin der Zeitschrift* Success, *zuvor bei der kanadischen Nachrichtenagentur* Canadian Press *tätig.*

Ingrid Abramovitch
Anfang dieser Woche ging ich einer der schwerwiegendsten Behauptungen der Filmemacher nach, daß nämlich die US-Medien Chomsky – der schließlich einer der bedeutendsten Intellektuellen des Landes ist – fast völlig ignorieren.
Ich startete also eine Suche im Nexis-System (Das ist eine Medien-Datenbank über Artikel der großen Zeitungen und Zeitschriften, aus der auch Ross Perot während seiner Präsidentschaftskandidatur ständig zitiert hat). Die Datenbank enthält nicht alles, manches erscheint eher zufällig.
Ich tippte also »Noam Chomsky« ein und sah mir die ersten 30 Referenzen an. Es waren
· 21 aus kanadischen Zeitungen
· 3 aus der britischen Presse, darunter die *Times* mit einem Beitrag über »Die Affen, die uns immer noch faszinieren«, also über Chomskys linguistische Theorien
· 1 aus der *Jerusalem Post*
Nur 5 entstammten US-Medien:
· 2 bezogen sich auf den Film, den Mark und Peter gemacht haben
· 1 kündigte eine Signierstunde in Boston an
· 1 stammte aus der Mun-Zeitung *Washington Times*
· Die letzte schließlich fand sich in *Newsday*, und zwar in einer Rezension eines Cyberpunk-Buches (*Showcrash* von Neal Stephenson), in dem es u. a. um Tempelprostitution in einem Kult geht, der dem antiken Sumer, Ascherach, George Steiner und – man fragt sich, warum – Noam Chomsky gewidmet ist.

Zu der Zeit, da Ingrid Abramovitch Lexis-Nexis abfragte, war *Manufacturing Consent: Noam Chomsky and the Media* erst einige Monate in den amerikanischen Kinos gelaufen. Inzwischen ist der Film weltweit in mehr als 300 Städten öffentlich gezeigt worden, über 225 davon in den USA; die Presse hat Hunderte von Rezensionen und längeren Artikeln gebracht. Das Funk- und Fernseh-Echo ist natürlich schwieriger zu quantifizieren, denn wir können ja nicht alles verfolgen. Doch nach den Unmengen von Interviewwünschen zu urteilen, die Chomsky und wir erhielten, muß die Berichterstattung auf lokaler Ebene sehr ausführlich gewesen sein; einiges wurde auch landesweit verbreitet. Damit wurde ein breiter Bevölkerungsquerschnitt angesprochen, der überwiegend noch nie etwas von Noam Chomsky gehört hatte, und dies wiederum verschaffte seinen Gedanken ein größeres Publikum.
Es könnte demnach auch dem Film zu verdanken sein, wenn inzwischen die wichtigeren nordamerikanischen TV-Kanäle Chomsky wieder etwas mehr Zugang gewähren. Nachdem der Film 1993 herausgekommen war, kam Chomsky in der CNBC-Show »Posner & Donahue« zwei Stunden lang zu Wort, wobei Filmausschnitte gezeigt wurden und man darüber diskutierte. Der kanadische Nachrichtenkanal *Newsworld* gab ihm eine Stunde – in Konkurrenz zur CBC-Hauptnachrichtensendung *Prime Time News* von 20 bis 21 Uhr. Der Film bot ein Sprungbrett, von wo aus große Teile der Diskussion sich entfalteten. Natürlich findet *Newsworld* nicht so viele Zuschauer wie die Nachrichtensendungen der großen Anstalten, aber so hatten die Bürger mit Kabelanschluß doch wenigstens einen Abend lang mal eine Auswahl.
Sobald das Fernsehen einsteigt, ist mit einer Streuwirkung zu rechnen. Denn weiß man, wer alles zuschaut? Bei Redaktionsschluß dieses Buches [der Originalausgabe 1994] haben Fernsehanstalten in Australien, Belgien, England, Finnland, Kanada, Mexiko, den Niederlanden, Norwegen, Österreich, Portugal, Schweden, der deutsch- und italienischsprachigen Schweiz, Spanien und Ungarn den Film erworben und Millionen Menschen ihn gesehen. – MA

PICCADILLY CIRCUS, LONDON

Chomsky *(im Off)*
Nur, bitte, sobald ich das Land verlasse, stimmt das so nicht mehr. Ich komme in jedem Land der Erde leicht in die Medien, und dafür gibt es verschiedene Gründe. Schon weil ich hauptsächlich von den Vereinigten Staaten spreche, denn darin erblickt man natürlich eine viel geringere Bedrohung.

VERLAG »SERPENT'S TAIL«

Martin Woollacott
(schreibt für die Londoner Zeitung The Guardian*)*
Ihrer Ansicht nach rührt also die Militarisierung der amerikanischen Wirtschaft vor allem daher, daß man darin das einzige Mittel sieht, das Volk unter Kontrolle zu halten.

Chomsky
Wissen Sie, in einer demokratischen Gesellschaftsordnung – es klingt paradox, aber je freier eine Gesellschaft ist, desto öfter muß man zu solchen Tricks greifen wie z. B. künstlich erzeugte Furcht.

Chomskys Botschaft lautet im Kern: Macht ist von Übel. Wie die Elite die Masse beherrscht, ist von einer Gesellschaft zur anderen unterschiedlich (...) Alle realen Staaten besitzen eine Machtstruktur, auch wenn in einigen wenigen das Volk über wirksame Kontrollmittel verfügt.
Sobald man in Amerika die hohen Militärausgaben in andere Dinge investieren würde und das Volk darüber diskutieren dürfte, würde – so Chomsky – dieses selbe Volk auch ein Mitentscheidungsrecht verlangen. Und eine derartige Machteinbuße brächte die Elite nicht über sich.
Und weiter: Zwar steuern alle Staaten das Verhalten ihrer Massen mittels Propaganda, aber besonders wichtig ist dies in den Demokratien. Geliefert wird diese Propaganda von einer »weltlichen Priesterkaste« aus Journalisten und anderen Intellektuellen, indem diese der zynischen Politik der Elite ein moralisches Mäntelchen umhängen. Dabei schimmert gelegentlich die Wahrheit noch durch; entweder wird sie aus praktischen Gründen noch benötigt, oder der eine oder andere moralisch noch gefestigte Intellektuelle »schmuggelt« sie ein. Man muß aber danach suchen und sie häufig auch erst entschlüsseln.
Chomsky stützt sich in seiner analytischen Arbeit auf diese Annahmen. Er schreibt: »In den westlichen Demokratien erhält eine privilegierte Minderheit durchaus die Muße, die Ausbildung und die Mittel, um nach der Wahrheit suchen zu können – die Wahrheit, die bei der Wahrnehmung der Tagesereignisse hinter einem Schleier aus Verzerrung, Verfälschung, Ideologie und Klasseninteressen verborgen bleibt.«
Zweifellos erscheint die Welt, die Chomsky uns hier entwirft, reichlich trocken und künstlich. Er selbst scheint für die Motive der Mächtigen nur Zynismus übrig zu haben; durchgehen läßt er ihnen nichts. Für ihn finden sich bei denen, die die Geschicke der USA – und vermutlich jedes anderen Staates – leiten, weder Moral noch Gefühle, noch Bedauern, und in jedem politischen Schwenk sieht er ausschließlich den Machiavellismus am Werk.
Der Frage, ob es nicht vielleicht auch »Gutes im Bösen« gibt – also gutes Verhalten in einer schlechten politischen Umwelt – kann er nichts abgewinnen. Indem er eine allzu krasse Antithese zwischen einer von Grund auf amoralischen Elite und der von Grund auf moralischen Masse aufstellt, entgeht ihm die Komplexität aller menschlichen Dinge. Dies zeigt sich vor allem in seinen jüngeren Veröffentlichungen, denn er entwickelt darin seine früheren Ideen nicht mehr weiter, sondern wiederholt sich nur noch. Und wenn er mal in kurzen Worten auf alternative Gesellschaftsformen zu sprechen kommt, wirkt er auch nicht sehr überzeugend.
Sitzt man ihm aber direkt gegenüber, so spürt man seine sanfte Gegenwart und die Aura eines freundlichen und gleichzeitig fähigen Lehrers. Man fühlt sich angesprochen von seiner fragilen, jugendlich wirkenden Erscheinung, die sein bereits ergrautes Alter Lügen straft. Er kann sogar witzig sein – in seinen Schriften undenkbar! – und sein Beharren auf den Fakten beeindruckt jeden. Er steht sozusagen in der Tradition der Propheten, denn man könnte ebenso wenig gegen ihn argumentieren wie gegen einen Jesaja oder Hesekiel. Wer ihm widerspricht, wird entweder – so ihm guter Wille unterstellt wird – höflich korrigiert oder aber – so dies nicht der Fall ist – niedergemacht. Nichts scheint seine innere Sicherheit zu beeinträchtigen.
Und genau darin liegt seine Stärke und sein Wert für uns alle. In einem Zeitalter der Täuschung und der moralischen Verwirrung kennt Chomsky das Gute, und ihm allein will er dienen. Ob beim Vietnamkrieg, bei den Massakern in Timor oder beim israelischen Einfall in Südlibanon – Chomsky hat den Vorhang heruntergerissen, hinter dem sich die Mordmaschine verborgen hielt. Auch wer ihm in seiner Sicht der Machtfrage oder in seinen marxistisch-anarchistischen Vorstellungen nicht zu folgen vermag, wird doch aus dieser raren Verbindung moralischer Visionen und intellektueller Präzision Nutzen ziehen können.
Aus »Deliver Us From Evil« von Martin Woollacott, *The Guardian,* **14.01.89**

LONDON

John Lawton
(Produzent der Sendung »Opinions« im TV-Kanal Channel Four)
OK, ich stimme dem zu. Man könnte ihn als den bedeutendsten lebenden Intellektuellen ansehen. Ich würde ihm liebend gern in meinem Programm eine halbe oder dreiviertel Million Hörer verschaffen.

THE BRITISH ACADEMY, LONDON

John Lawton
Also, Herr Professor, Ihre Zeit läuft.

Chomsky *(in die Studiokamera)*
In Kriegszeiten waren sich die Strategen darüber einig, daß die wahren Kriegsziele nicht bekannt werden sollten (…) *(ausgeblendet*: Sie drängten darauf, in der Öffentlichkeit müßten »die Interessen anderer hervorgekehrt werden«, weil das »einen besseren Propagandaeffekt« haben würde. Entsprechend vage und idealistisch klangen also die Atlantik-Charta und Roosevelts »Vier Freiheiten«. Doch es gibt noch so etwas wie eine Fünfte Freiheit, aber die findet sich nur in internen Dokumenten und als Lektion der Geschichte: die Freiheit zu rauben, auszubeuten, zu herrschen und jeden, der stört, mit allen Mitteln aus dem Weg zu räumen). *(im Off)* Wenn die Medien in Ländern wie Kanada oder Belgien offener sind, dann auch deshalb, weil es gar nicht so sehr darauf ankommt, was man dort denkt. Worauf es ankommt, ist das Denken und Handeln der politisch Gebildeten in dem Land, das alles überragt, also in den USA. Aber gerade deshalb würden natürlich viele gern hier arbeiten.

Um es nun brutal auf den Punkt zu bringen: Für die Dritte Welt bedeutet dies, daß die USA außenpolitisch im wesentlichen das Ziel verfolgen, die Freiheit des Raubes und der Ausbeutung zu garantieren. Ich habe dies bei anderer Gelegenheit als die »Fünfte Freiheit« bezeichnet, die Präsident Franklin Delano Roosevelt bei der Proklamation seiner berühmten Vier Freiheiten ausgelassen hatte.
On Power and Ideology S. 7

An den Vier Freiheiten und an der Atlantik-Charta läßt sich gut illustrieren, worin die wahre Bedeutung und der eigene Nutzen hehrer Ideale liegen. Im Januar 1941 verkündete Präsident Roosevelt, daß die Alliierten für die Redefreiheit, die Religionsfreiheit, die Freiheit von Not und Furcht kämpften. Ähnlich hochfliegend las sich auch die im August desselben Jahres von Roosevelt und Churchill unterzeichnete Atlantik-Charta. Solche hehren Formulierungen trugen nicht nur zum Zusammenhalt während der schwierigen Kriegsjahre bei, sondern sie wurden auch in anderen Weltgegenden von leidenden und unterdrückten Völkern ernstgenommen – Illusionen, die diese nur zu bald wieder verlieren sollten.
Turning the Tide S. 45

Opinions ist eine 30-Minuten-Serie, in der Menschen, die etwas zu sagen haben, die Gelegenheit geboten wird, sich – ohne unterbrochen zu werden – im nationalen Fernsehen zu äußern.

Die Produzenten von *Opinions* mußten auf exaktes Timing achten und schrieben daher Chomsky die Benutzung eines Teleprompters vor. In dieser Maschine wird mittels eines halbdurchlässigen Spiegels der abzulesende Text direkt vor die Kameralinse projiziert. Nachrichtensprecher wie Präsidenten nutzen gleichermaßen dieses Gerät, um ablesen zu können und dabei doch scheinbar die Kamera, also den Zuschauer, anzublicken. Offensichtlich hatte niemand es unternommen, Chomsky darüber aufzuklären; dieser wiederum setzt im allgemeinen volles Vertrauen in Medienleute (wie uns), die ihm genügend Redezeit gewähren. Sein Interesse für TV-Technik ist eher unterentwickelt, und als er nun 90 Minuten vom Teleprompter vorgelesen hatte und die Aufnahme fertig war, fragte er den Produzenten John Lawton: »Wo war denn eigentlich die Kamera die ganze Zeit über?«

Wenn die Medien in Ländern wie Kanada oder Belgien offener sind, dann auch deshalb, weil es gar nicht so sehr darauf ankommt, was man dort denkt.

John Lawton
OK. Schnitt.

Chomsky
Ich habe mich versprochen. Machen wir den Abschnitt noch mal?

Chomsky *(im Off)*
Allgemein herrscht in den USA ideologisch eine viel borniertere Geisteshaltung als in anderen Ländern. Mehr noch, jede Art kritischer Diskussion ist dort – schon von der Struktur der Medien her – so gut wie unmöglich.

AUS »THE TEN O'CLOCK NEWS«, RADIO WGBH, BOSTON (1986)

Chris Lydon
Unsere heutigen Gäste liegen in ihrer Beurteilung der Contras so weit auseinander, wie es amerikanische Intellektuelle nur sein können.

Weiter siehe rechte Seite, wo die vollständige Diskussion wiedergegeben ist.

*(die **fett** gedruckten Passagen sind im Film enthalten)*

John Silber, Präsident der Boston University, war Mitglied der Kissinger-Kommission, die in Mittelamerika ein Sicherheitsrisiko diagnostizierte.
Noam Chomsky, Sprachtheoretiker am MIT, vertritt in seinem neuesten Buch *Turning the Tide* die These, unsere Intervention in Mittelamerika sei nur ein aktuelles Beispiel für den allgemeinen Mißbrauch und das Mismanagement, mit denen wir die Dritte Welt überziehen.
Darf ich zuerst Sie bitten, Präsident Silber. Wenden Sie sich an diejenigen im US-Senat, die noch unschlüssig sind (wenn es sie denn geben sollte). Warum würden Sie für die Finanzhilfe an die Contras stimmen?

Silber
Nun, der Senat der Vereinigten Staaten hat von jeher auf der Seite der demokratischen Kräfte gestanden und sich gegen totalitäre Bestrebungen gewandt. Wenn es dabei bleiben soll, dann wird man für die Contras und gegen die Sandinisten stimmen. Die Sandinisten haben am 15. Oktober das Verbot von Hausdurchsuchungen ohne Durchsuchungsbefehl sowie das Postgeheimnis aufgehoben und stattdessen die Postzensur zugelassen. Auch das freie Versammlungsrecht haben sie suspendiert, ebenso jegliche Pressefreiheit. Nach wie vor versetzen sie die Menschen in Schrecken, denen sie praktisch alle demokratischen Rechte genommen haben. Dieser Erlaß vom 15. Oktober geht viel weiter und ist viel einschneidender als derjenige, mit dem Hitler am 28. Februar 1933 das Ende der Weimarer Republik besiegelte. Der totalitäre Charakter dieses Regimes ist seit September 1979 offenkundig; er hält weiterhin an, und wenn der Senat der Vereinigten Staaten dies erkennt, dann muß er auch die Demokraten unterstützen.

Chris Lydon
Und Sie, Noam Chomsky, begründen Sie nun in einer kurzen Ansprache an den Senat, warum Sie Geldzahlungen an die Contras ablehnen.

Chomsky
Nun, selbst die wärmsten Befürworter der Contras geben inzwischen zu, daß es sich dabei um eine Stellvertreter-Armee handelt, die Stützpunkte im Ausland hat und Nicaragua von dort aus angreift; daß diese Armee ihre Instruktionen und ihr Material allein von ihren Auftraggebern erhält; daß sie weder ein politisches Programm vorgelegt noch politischen Rückhalt im Lande selbst gewonnen hat; daß schließlich ihre militärische Führungsspitze fast durchweg aus Offizieren Somozas besteht. Ihre bisherigen militärischen Erfolge sind im wesentlichen bestens dokumentierte, schreckliche Serien von Folterungen, Verstümmelungen und anderen Greueln. Wie in Regierungskreisen inzwischen ganz offen eingestanden wird, sollen die Contras vor allem die Sozialreformen in Nicaragua bremsen oder ihren Abbau bewirken, und sie sollen ganz allgemein die Öffnung dieser Gesellschaft verhindern. In der Tat herrscht seit letztem Herbst Belagerungszustand, aber doch wohl in sehr milder Form, und jeder dort bis hinauf zum amerikanischen Botschafter wird Ihnen bestätigen, daß das Land politisch ziemlich offen ist. Der Belagerungszustand selbst entspricht etwa der Regelung, die seit Anfang 1980 in El Salvador in Kraft ist, nur daß er dort zu Massakern an Zigtausenden geführt hat, zur Zerstörung der Presse und so fort. In Nicaragua hingegen handelt es sich um die Reaktion auf einen Krieg, den wir gegen das Land führen und der darauf abzielt, die Sozialreformen zu verzögern und die Entwicklungsmöglichkeit einer offenen Gesellschaft einzuschränken. Diese Politik ist grausam und brutal, und wir sollten damit Schluß machen.

Silber
Wollen Sie diese Reihe platter Unwahrheiten fortsetzen? Noch nie habe ich so viele Unwahrheiten auf einmal gehört. In Nicaragua hat es durchaus Massaker gegeben – an den Miskito-Indianern, verübt von den Sandinisten. Es herrscht massive Repression, schlimmer als alles, was wir bisher aus Mittelamerika oder überhaupt aus Lateinamerika kennen. Man hat dort eine regelrechte Diktatur errichtet. Und die Führer der Contras als Anhänger Somozas hinzustellen, ist eine schlichte Fälschung. Robelo, Cruz, Calero oder Chamorro sind und waren keine Somozisten. Und was die Armeeführung der Contras angeht, so stammen einige in der Tat aus der Nationalgarde. Nur, wenn Ihnen das nicht paßt – es gibt keinen Grund dafür, denn die Garde bestand nicht nur aus Somozisten – dann weise ich Sie darauf hin, daß auch Modesta Rojas, der Stellvertretende Kommandeur der sandinistischen Luftwaffe, in der Nationalgarde gedient hat, ebenso ein großer Teil jener Blockwarte, mit denen die Sandinisten ihre Diktatur durchsetzen. Hier reihen sich Fälschungen und Verzerrungen aneinander, und auch über die Versuche der Sandinisten, den Contras erfundene Greueltaten anzuhängen, liegen genügend Beweise vor.

Chris Lydon
Noam Chomsky sollte jetzt unter anderem auf die Herkunft der totalitären …

Chomsky
Also erstmal reden wir über die Fakten. Wie ich schon sagte, stammt beinahe die gesamte militärische Spitze der Contras aus der Führung der Nationalgarde Somozas.

Silber
… Somozas Armee …

Chomsky
Edgar Chamorro, also der Oberbefehlshaber der Armee, hat selbst angegeben, daß von seinen 48 Spitzenleuten 46 …

Silber
… also die Soldaten sind …

Chomsky
Entschuldigen Sie mal, ich hab' Sie doch auch ausreden lassen, oder?

Silber
Sie verfälschen hier reihenweise die Wahrheit. Hier müßte mal langsam jemand …

Chomsky
Darf ich bitte?

Silber
… die Gelegenheit ergreifen, Ihre Geschichtsfälschungen richtigzustellen, solange Sie noch da sind …

Chomsky
Mr. Silber hat allen Grund, dagegen zu sein, daß ich hier rede …

Silber
… Marcos, ja, Marcos …

Chomsky
… er kennt nämlich die Wahrheit, und da will er natürlich nicht, daß ich …

Silber
Aber nicht doch, nein, das ist nur, weil Sie hier die Wahrheit lange genug verbogen haben.

Chomsky
Könnte ich vielleicht einmal Gelegenheit bekommen zu sagen, was ich …

Silber
… nein, jetzt lassen Sie mich mal eben ausreden. Es war doch Marcos und seine Armee, die dem Aquino zur Macht verholfen haben. Wenn Sie hier also auf die Nationalgarde losgehen, so als ob das alles Somozisten gewesen wären, dann erzeugen Sie ein falsches Bild.

Chris Lydon
Nun lassen Sie ihn doch mal selbst argumentieren. Es ist doch …

Silber
Und dann übersehen Sie auch, daß sich unter den Anhängern der Sandinisten ebenfalls viele Mitglieder der Nationalgarde finden.

Chris Lydon
Mr. Chomsky …

Silber
So, jetzt dürfen Sie wieder die Wahrheit fälschen.

Chomsky
Sehen Sie, so gehen Sie vor. Ein schönes Muster für Totalitarismus: Man sorgt dafür, daß die Opposition …

Silber
Jedenfalls bin ich derjenige, der Ihr Monopol auf Desinformation zerstört hat.

Chomsky
Es ist doch wohl lächerlich, zu meinen, ich besäße ein Monopol auf die Desinformation der amerikanischen Presse.

Silber
Keineswegs.

Chomsky
Was? Ich soll die amerikanische Presse beherrschen? Also nochmal von vorn, zu den Fakten: 46 der 48 obersten Militärführer der Contras waren Offiziere unter Somoza. Das steht im Kongreßbericht; Sie können aber auch Edgar Chamorro fragen, den der CIA

dort als Sprecher eingesetzt hat. Genau das habe ich gesagt, und es ist die reine Wahrheit. Aber wenn es dann heißt, die Sandinisten hätten vergleichbare Massaker verübt wie die, die wir in Mittelamerika angerichtet haben – also das ist nun wirklich umwerfend!
Seit 1978, nein 1979, als wir in El Salvador massiv eingriffen, sind dort an die 60.000 Menschen Massakern zum Opfer gefallen. Oder Guatemala: Dort haben wir ja ununterbrochen Militärhilfe geleistet, mit besonderer Begeisterung gerade jetzt, und dort hat man etwa 100.000 Menschen umgebracht.
Dann hat Mr. Silber die Miskito-Indianer angesprochen. Denen hat man übel mitgespielt; ich glaube, es gab so 60 bis 70 Tote. Dem stehen aber 5-6000 Menschen gegenüber, die von unserer Seite umgebracht wurden – und mit Umbringen meine ich nicht die vornehme Art, sondern Folter, Verstümmelung und Mord, wofür es genaueste Beweise gibt. Zweifellos geschehen auch bei den Sandinisten Verbrechen, aber die verschwinden doch im Vergleich zu den Verbrechen, bei denen wir Hilfestellung ...

Chris Lydon
Ich möchte doch nochmal auf zwei Punkte zurückkommen, die sich hier gezeigt haben. Der eine ist das Sicherheitsrisiko, das die Sandinisten in Nicaragua für die USA und die ganze Hemisphäre darstellen. Der andere besagt, daß wir es den sogenannten Demokraten und unserem Demokratiebegriff schuldig sind, Menschen zu helfen, die unseren Standard in dieser Region einführen möchten. Ich frage Sie, John Silber: Sind diese beiden Argumente gleichrangig, und sprechen Sie sich dafür aus?

Silber
Also erstmal bin ich dagegen, daß in Nicaragua an die 6500 kubanische und sowjetische Soldaten stationiert sind. Ich bin dagegen, daß die Sowjetunion 24 voll ausgerüstete Kampfhubschrauber an Nicaragua geliefert hat, sowie 150 Kampfpanzer, ca. 1200 Lastwagen, 300 ...

Chris Lydon
Aber wieso soll darin ein Sicherheitsrisiko für die USA liegen?

Silber
Noch ist es ja keins. Hitler war auch noch kein Sicherheitsrisiko, als er am 28. Februar 1933 den Deutschen ihre Freiheiten nahm. Nicht mal 1936, als er das Rheinland remilitarisierte, war er eine ernstzunehmende Bedrohung. Als aber die Alliierten endlich dahin gekommen waren, in ihm eine Bedrohung zu erblicken, kostete uns der Sieg über ihn sechs Jahre und viele Millionen Tote.
Im Augenblick sind wir noch in der Lage, mit der sandinistischen Diktatur in Mittelamerika aufzuräumen, ohne einen einzigen Amerikaner aufs Spiel zu setzen. Wir brauchen nur die Feuerwehr zu bezahlen. Denn es brennt wirklich dort unten. Wir müssen das Feuer nicht selbst löschen, man bittet uns ja um Geld für die Feuerwehr. Doch falls wir zuwarten und so lange nichts tun, bis die Sowjets dort eine Landbasis errichtet haben, und wenn wir zulassen, daß diese ausgebaut wird, dann erwächst daraus das Risiko eines Krieges. Gegenwärtig besteht die Bedrohung noch nicht, aber die Entwicklung weist in diese Richtung. Wenn die Menschen nicht einmal soviel Verstand haben, einzusehen, daß auch ein kleines Feuer in einem Zimmer eine Gefahr darstellt, nicht *per se*, sondern weil aus kleinen Feuerchen leicht große Brände werden können, dann haben sie aus der Geschichte nichts gelernt.

Chris Lydon
Und jetzt Noam Chomsky zur Frage der Gefahr für die Sicherheit der USA und unserer Hemisphäre.

Chomsky
Wenn man Nicaragua als ein Sicherheitsrisiko hinstellt, dann ist das ungefähr so, als würde man die Bedrohung untersuchen, die Luxemburg für die Sowjetunion darstellt. Mr. Silber hat Hitler erwähnt. Nun, ich bin alt genug, um mich daran zu erinnern, wie Hitler in seinen Reden von der Bedrohung Deutschlands durch Polen sprach und daß Deutschland sich dagegen verteidigen müsse. Und selbst dieses Beispiel ist noch unfair gegenüber Hitler. Natürlich ist Nicaragua hochgerüstet und voller sowjetischer Waffen. Und warum? Weil eine gewisse Supermacht ganz bewußt jede andere Lieferquelle verstopft hat. Bis zur Verhängung des Embargos im Mai letzten Jahres wickelte Nicaragua 20 Prozent seines Handels mit dem Ostblock ab; Waffen bezog es von überall her. Zuerst blockierten wir alle anderen Waffenlieferungen. Dann haben wir den Krieg weiter intensiviert, und jetzt tun sie genau, was unsere Regierung will: Sie ziehen Mittel aus dem Reformprozeß ab – den wir nun allerdings wirklich fürchten – und stecken sie in die Rüstung. Nicaragua uns angreifen – die Länder Lateinamerikas sehen allein in dem Gedanken nichts als hysterischen Wahnsinn. Die Contadora-Länder, auch die Län-

der, die uns zuneigen, also auch alle relativ demokratischen lateinamerikanischen Länder – alle fordern uns auf, den Krieg gegen Nicaragua einzustellen. Ihnen ist nämlich völlig klar, was dieser Krieg bewirkt: Er zwingt das Land dazu, sich zu militarisieren, und setzt die Region der Gefahr eines noch größeren Krieges aus. Es wäre ganz einfach, die paar russischen Panzer und die kubanischen Berater aus Nicaragua herauszubekommen, und die Regierung weiß das auch. Sobald wir den Krieg beenden, werden sich die Nicaraguaner wieder dem zuwenden, womit sie vor unserem Angriff beschäftigt waren – nämlich ihren Reformen, den wirksamsten der ganzen Hemisphäre, für die sie sehr gelobt wurden, von der Weltbank, von der Interamerikanischen Entwicklungsbank, von Organisationen wie OXFAM, die in 76 Entwicklungsländern nicht so etwas erlebt hatten wie dort ...

Chris Lydon
Unsere Sendezeit ...

Chomsky
... denn einzig unser Angriff hat diese Reformen gebremst und gestoppt.

Chris Lydon
Wir haben schon so sehr überzogen, daß wir auch einfach weitermachen können. Ich möchte Sie jetzt mal auf die Demokratiefrage hinlenken und auf unsere Verantwortung für die Förderung der Demokratie. Sie, Mr. Silber, haben ja die Sandinisten kritisiert; aber würden Sie wirklich den Contras bescheinigen, die Demokratie im Gepäck zu tragen?

Silber
Absolut. Aber zuerst wollen wir mal mit diesem Mythos aufräumen, daß es dort alles wunderbare Demokraten waren, bis wir sie durch unseren Widerstand den Sowjets in die Arme trieben. Das ist ein Mythos und eine Geschichtsfälschung, und Mr. Chomsky weiß das auch ganz genau. Es war doch so: Nach dem Sieg ihrer Revolution Ende Juli 1979 kamen die Sandinisten nach Washington; vorher hatten sie der Organisation Amerikanischer Staaten zugesagt, freie Wahlen abzuhalten. Daraufhin erhielten sie Kredite in Höhe von 117 Millionen Dollar, auch von der Weltbank und durch Vermittlung der USA. Man hat sie ausgesprochen gut behandelt. Aber dann, im September 1939 – äh, 1979 – ging es los mit der Repression. Also stimmt an der Behauptung, erst wir hätten sie an die Seite der Kommunisten gedrängt, kein Wort. Das ist einfach eine Lüge.

Chris Lydon
Aber die Frage war doch: Sind die Contras geeignet, die Demokratie voranzubringen?

Silber
Wenn die Contras zur Zeit im nicaraguanischen Volk nicht offen unterstützt werden, dann liegt der Grund dafür doch auf der Hand. Nachdem Hitler die Macht in Deutschland ergriffen hatte, genossen seine Gegner auch keine offene Unterstützung mehr. In einem totalitären Staat hat die Opposition keine vernehmbare Stimme – auch nicht in der Sowjetunion. Dort findet man höchstens einige isolierte Gruppen von Neinsagern. In Nicaragua hingegen gibt es ein Führungsteam: Robelo, Cruz, Chamorro, Colero – alles wichtige, demokratisch eingestellte Persönlichkeiten, die schon in der Opposition gegen Somoza aktiv waren und von denen viele im Gefängnis gesessen hatten. Und hinter dieser Führung stehen buchstäblich Tausende, die sich der sandinistischen Diktatur widersetzen. Wer jetzt versucht, diese Menschen als totalitär abzutun, und mit diesem hochgespielten Blödsinn ankommt, sie hätten Greueltaten begangen, liefert nur ein besonders schönes Beispiel für Orwellsches Zwiedenken. Mr. Chomsky spielt hier 1984 – er ist ja schon in der ganzen Welt dafür bekannt. Es ist einfach Quatsch.

Chris Lydon
Und Sie, Mr. Chomsky, was erwidern Sie auf diesen Appell, den Kräften der Demokratie zu Hilfe zu kommen?

Chomsky
Also zunächst wäre ich ja wirklich froh, wenn die USA endlich mal damit beginnen würden, die demokratischen Kräfte in Mittelamerika zu unterstützen, anstatt ständig gegen zu sie zu arbeiten.
Um aber wieder auf Nicaragua zurückzukommen, also auf die Welt, wie sie ist, so muß ich sagen, daß ich niemals die Sandinisten als, wie Sie wohl sagten, vollkommene Demokraten bezeichnet habe. Ich habe nur die Weltbank zitiert, OXFAM, die Jesuiten und all die anderen, die anerkannt haben, daß die Nicaraguaner ihre knappen Mittel zum Nutzen der armen Bevölkerungsmehrheit eingesetzt haben. Deshalb hat das Gesundheitsniveau einen Sprung nach oben gemacht, ebenso die Alphabetisierung. Nur dadurch sind sie – als einzige weit und breit – mit der Landreform vorangekommen und haben die Subsistenzwirtschaft verbessert und den Nahrungsmittelkonsum erhöht. Und nur deshalb haben wir sie angegriffen – mit der Demokratie hatte das überhaupt nichts zu tun. Und dann habe ich auch nicht behauptet, Cruz und Robelo hätten Ausschreitungen verübt. Diese beiden sitzen doch in Washington und tun überhaupt nichts. Das sind ja nur Galionsfiguren, die wir zusammengeschustert haben. Es sind die Contras, angeführt von der Nationalgarde, die die Verbrechen begehen. Von denen, die Sie nannten, ist allerdings einer doch darin verwickelt, nämlich Colero, ein rechtsextremer Geschäftsmann und Vertreter der engstirnigen, extremistischen Wirtschaftskreise in Nicaragua.

Wissen Sie, wenn es uns auch nur im geringsten um die Demokratie ginge – was in unserer Außenpolitik noch nie der Fall war – dann würden wir uns mal Ländern wie El Salvador zuwenden, auf die wir wirklich Einfluß haben. In El Salvador beispielsweise beschimpft man den Erzbischof nicht, man bringt ihn gleich um. Man zensiert die Presse nicht, man vernichtet sie. Der kirchliche Rundfunksender wurde von der Armee in die Luft gesprengt. Den Herausgeber der unabhängigen Zeitung fand man in einem Graben, verstümmelt und mit Macheten zerhackt.

Silber
Merken Sie eigentlich nicht ...

Chomsky
Darf ich bitte fortfahren? Ich habe Sie auch nicht unterbrochen.

Silber
Merken Sie eigentlich nicht, daß das ganz alte Hüte sind, was Sie hier sagen ...

Chomsky
Entschuldigen Sie mal, das war neunzehnhundert...

Silber
... oder verbreiten Sie Ihre Lügen im Fernsehen lieber systematisch?

Chomsky
Ich spreche hier – ich – ich spreche hier über neunzehnhundert...

Silber
Sie sind ein systematischer Lügner ...

Chomsky
... und sind diese Sachen nun passiert oder nicht?

Silber
Also in dem Zusammenhang, in den Sie sie stellen, sind sie jedenfalls nicht passiert.

Chomsky
Wie bitte??

Silber
Und wenn Sie hier behaupten, Arturo Cruz sei bloß eine Galionsfigur und täte überhaupt nichts, dann vergessen Sie, daß er schließlich Botschafter der Sandinisten in Washington gewesen war...

Chomsky
Allerdings, und daß er immer ...

Silber
... und daß er der Spitzenbanker der Sandinisten war ...

Chomsky
Genau – nämlich in den USA.

Silber
... bis er schließlich mit den Sandinisten brach, als ihm ihr restlos totalitäres Wesen klar wurde. **Sie sind ein Scharlatan, Mister, und es wird höchste Zeit, daß die Leute Ihr Geschreibsel auch mal so einschätzen.**

Chomsky
Also jetzt ist wohl klar, warum Sie mich hier aus der Diskussion herausmanövrieren wollen ...

Silber
Stimmt überhaupt nicht. Wir haben nur diesen Quatsch satt!

Chomsky
Also bitte, ich habe doch gesagt, Arturo Cruz war in den USA und man hat ihn ...

Silber
Und warum war er hier?

Chomsky
Er war in den USA und ist hier desertiert. Dann hat man ihn als Politfigur zurück nach Nicaragua geschickt, weil die dortigen oppositionellen Geschäftskreise keinen überzeugenden Kandidaten hatten. Er hätte sich zur Wahl stellen können – hat er aber nicht, zum Teil deswegen, weil ...

Silber
... er konnte es nicht, weil er pleite war ...

Chomsky
Darf ich bitte weiterreden?

Silber
Nein, Sie lügen nämlich schon wieder.

Chris Lydon
Ich muß Ihnen jetzt leider beiden das Wort entziehen.

Chomsky
Aber ich hab' doch noch gar nichts gesagt.

Silber
Es waren die Turbas [pro-sandinistische Straßenmiliz], die verhindert haben, daß Cruz sich an der Wahl ...

Chomsky
Das ist auch wieder gelogen. **Aber jetzt zurück zu ...**

Chris Lydon
Geht leider nicht. Unsere Sendezeit ist um. Jedenfalls haben Sie es Präsident Reagan für Sonntag abend verdammt schwer gemacht. **John Silber und Noam Chomsky, wir danken Ihnen.**

Chomsky
Ja – OK.

Der Sturz Somozas [des nicaraguanischen Diktators] im Jahre 1979 ließ in Washington die Besorgnis aufkommen, es könnte auch in El Salvador die dortige brutale Diktatur gebrochen werden und somit auch dieses Land sich dem Einfluß der USA entwinden. Eine noch größere Gefahr aber erblickte man in der zunehmenden Ausbreitung der »Organisationen des Volkes«, etwa von Bibelkreisen, die sich unter Anleitung der Kirche in Selbsthilfegruppen verwandelten, oder von Kleinbauern-Organisationen, Gewerkschaften und dergleichen. Es entstand die furchterregende Aussicht, El Salvador könnte sich zu einer wirklich sinnerfüllten Demokratie entwickeln und womöglich das Volk spürbar am politischen Prozeß beteiligen (...)

Die Reaktion der Carter-Regierung auf diese Gefahren in El Salvador bestand darin, daß sie im Oktober 1979 einen Putsch reformistischer Offiziere unterstützte, nicht ohne gleichzeitig sicherzustellen, daß die reaktionärsten Vertreter des Militärs auf ihren maßgeblichen Posten verblieben (...)

Im Februar 1980 richtete Erzbischof Romero an Präsident Carter die dringende Bitte, der Junta keine Militärhilfe zu gewähren, denn diese – so stellte er fest – »wird hier mit Sicherheit das Unrecht vermehren und die Repression verschärfen, die sich gegen die Organisationen des Volkes richtet, nur weil diese um ihre elementarsten Menschenrechte kämpfen« (...)

Nun lagen der US-Politik aber gerade die Verschärfung der Repression, die Vernichtung der Volksorganisationen und die Verhinderung jeglicher Unabhängigkeit besonders am Herzen. Also ignorierte Carter den Appell des Erzbischofs und schickte seine Lieferungen, »um die Schlüsselrolle der Armee im Reformprozeß zu stärken« (...)

Im März 1980 erlag Erzbischof Romero einem Mordanschlag. Der Richter Atilio Ramirez übernahm die Leitung einer gerichtlichen Untersuchungskommission. Nachdem er den Organisator der Todesschwadronen und US-Liebling General Medrano sowie den rechten Flügelmann Roberto d'Aubuisson beschuldigt hatte, die Mörder gedungen zu haben, erhielt er Todesdrohungen, überlebte nur knapp einen Mordversuch und floh schließlich ins Ausland (...) Die Schlußfolgerung des Richters Ramirez lautete: »Es kann keinen Zweifel daran geben, daß man sich von Anfang an dazu verschworen hatte, den Mord zu decken (...)«

Im Juni überfiel die Armee die Universität, plünderte und verwüstete sie; unter den zahlreichen Toten war auch der Rektor. Anschließend wurde die Universität geschlossen (...)

Inzwischen hatte man auch die unabhängigen Medien durch Bomben und anderen Terror ausgeschaltet – auch dies eine Voraussetzung dafür, dem Marionettenregime durch »freie Wahlen« eine Legitimation zu verschaffen. Die Leichen des Herausgebers und eines Redakteurs [der Zeitung *La Crónica del Pueblo*] fand man von Macheten zerhackt vor; eine andere Zeitung [*El Independiente*] stellte ihr Erscheinen ein, nachdem es gegen den Herausgeber drei Mordanschläge gegeben und seine Familie Drohungen erhalten hatte, die Redaktion von Soldaten besetzt war und Mitarbeiter verhaftet und gefoltert worden waren. Im kirchlichen Radiosender explodierten mehrfach Bomben; kurz nach Reagans Wahl stürmten Truppen das erzbischöfliche Gebäude, zerstörten den Sender und durchwühlten die Räume der Zeitung (...)

Am 26.10.1980 verurteilte Erzbischof Romeros Nachfolger, Bischof Rivera y Damas, die Armee und »ihren Ausrottungsfeldzug und Völkermord an der wehrlosen Zivilbevölkerung«, während einige Wochen später der zivile Präsident der Junta, Duarte, bei seiner Vereidigung den Streitkräften seine Anerkennung »für ihren mannhaften Kampf Seite an Seite mit dem Volk gegen die Subversion« ausspräch.
Turning the Tide S. 102-107

[Weder die *New York Times* noch *Time*, *Newsweek* oder *CBS News*] ließen während der salvadorianischen Wahlen (...) auch nur ein Wort darüber fallen, daß *La Crónica* und *El Independiente* das Opfer von Mord und physischer Gewalt geworden oder daß Journalisten umgebracht worden waren.
Manufacturing Consent S. 129

GEORGETOWN UNIVERSITY, WASHINGTON

Frage aus dem Publikum
Als Sie zuletzt hier waren, haben Sie davon gesprochen, daß Ihnen die Massenmedien zwar im Ausland offenstehen, zuhause aber wohl weniger. Hat sich da irgend etwas geändert? Sind Sie schon mal zu »Nightline« oder »Brinkley« eingeladen worden?

Chomsky
Doch, man hat mich mehrfach gebeten, in »Nightline« aufzutreten. Ich konnte es aber nicht machen. Ich hatte wohl einen anderen Vortragstermin oder so – und, um ganz ehrlich zu sein, es ist mir auch ziemlich egal.
Die Medienbeobachter von FAIR haben »Nightline« mal analysiert, mit interessanten Ergebnissen. Demnach ist das Spektrum dieser Sendung geradezu lächerlich schmal, jedenfalls wenn man europäische oder überhaupt internationale Maßstäbe anlegt.

Einmal ist Chomsky doch für »Nightline« interviewt worden. Eine Suche in der Datenbank des ABC-Archivs »Sherman Grinberg Film Library« führte auf ein Interview von 39 Minuten Länge, das man mit Chomsky im April 1988 für eine sich über Wochen erstreckende Reihe von Sonderprogrammen »*Nightline* im Heiligen Land« aufgenommen hatte. Über den Sender ging aber nichts davon.

INDEX: PERSONEN
CHOMSKY, NOAM
KRIEG: ARABISCH-ISRAELISCHER KONFLIKT
DATUM = 88/04/08
LAGERORT = NEW YORK
PROGRAMM: ISRAEL SPEZIAL / »NIGHTLINE« IM HEILIGEN LAND
AUFGENOMMEN IN: CAMBRIDGE, MASSACHUSETTS
REPORTER: JORDAN
KAMERA: WORDEN
INHALT: INTERVIEW MIT PROFESSOR NOAM CHOMSKY VOM MASSACHUSETTS INSTITUTE OF TECHNOLOGY (MIT) ÜBER DIE KRISE IN DEN ISRAELISCH BESETZTEN GEBIETEN

Kassette 1 von 2
· 00:01:31:27
· Chomsky behauptet, seit 17 Jahren blockierten die USA eine friedliche Lösung des israelisch-arabischen Konflikts. Skizziert Beispiele der amerikanischen Einmischung in den Friedensprozeß.
· 00:04:55:25
· Behauptet, die größte Bedrohung der israelischen Sicherheit stelle die jüdische Gemeinde in den USA dar, die Israel zu einer Politik der Besetzungen und der militärischen Konfrontation treibt.
· 00:10:38:08
· Bezeichnet die derzeitigen Bemühungen der USA um einen Frieden im Nahen Osten als mangelhaft.
· 00:19:17:10
· Chomsky kritisiert die Berichterstattung in den Medien über die gewaltsamen Unruhen in den besetzten Gebieten, da sie seiner Meinung nach die der Gewalt zugrunde liegenden Faktoren nicht wiedergeben.

Kassette 2 von 2
· 00:00:33:21
· Chomsky spricht über die Gründe, warum die palästinensischen Jugendlichen weiterhin gegen Israel rebellieren.
· 00:02:55:21
· Sagt, der Holocaust müsse als Lehre dienen, Menschen nicht zu unterdrücken oder zu terrorisieren.
· 00:06:38:00
· Macht geltend, Israels Sicherheit würde zunehmen, wenn es einer politischen Lösung mit den Palästinensern näherträte.
· 00:15:46:09
· Behauptet, die USA legten einer politischen Lösung Hindernisse in den Weg.
· 00:16:18:02 Schnitt.

Für das Recht, diesen Streifen in *Manufacturing Consent: Noam Chomsky and the Media* zu verwenden, wollte man uns pro Sekunde 90 Dollar berechnen; Mindestabnahme 1800 Dollar. Wir zogen es vor zu passen.

Seit 1963, als *ABC Network News* zum erstenmal ausgestrahlt wurde, wurden bei Sherman Grinberg ca. 25 Mio. Filmmeter und über 400.000 Videokassetten eingelagert, katalogisiert und in Computern erfaßt, d. h. die gesamte weltweite Nachrichtenproduktion von ABC. Außerdem betreut das Archiv *Pathé News* (3 Mio. Filmmeter) und *Paramount News* (2,5 Mio. Meter).

> Die Organisation FAIR (Fairness and Accuracy in Reporting) hat 865 »Nightline«-Programme untersucht. Von den 1530 Gästen aus den USA waren
>
> 92 Prozent weiß
> 89 Prozent Männer
> 80 Prozent Freiberufler, hohe Regierungsbeamte oder Vertreter von Großfirmen

Obgleich »Nightline« eines der wichtigsten Nachrichtenmagazine der USA ist, war die Reihe vor dem Erscheinen dieses Reports noch kaum analysiert worden. Weil Polit-Shows wie »Nightline« häufig live gesendet werden, kommt es entscheidend auf die Gäste an; deshalb hat sich die Studie diesem Aspekt gewidmet. Zu diesem Zweck wurden die »Nightline«-Niederschriften aus 40 Monaten ausgewertet (1.01.85–30.04.88).

Wie sich zeigte, waren die Gäste in ihrer großen Mehrheit weiß, männlich und Vertreter mächtiger Institutionen. In der Weltsicht, die durch die Show vermittelt wurde, standen die USA als ein Land ohne nennenswerte innere Verwerfungen da, wohingegen der Rest der Welt als »erschreckend instabil« galt. Daher standen auch die in »Nightline« aufgegriffenen Themen »in einem engen Zusammenhang mit der aktuellen Politik der US-Regierung«.

Selbstverständlich erhebt »Nightline« den Anspruch, eine möglichst breites Spektrum zu präsentieren. Diesem Ziel steht es jedoch entgegen, wenn Ted Koppel als »Diplomat« auftritt, der die in seiner Show angesprochenen Probleme zu lösen sucht.

Infolge seiner Weltsicht, die sich auch in der begrenzten Auswahl der Gäste widerspiegelt und bestärkt fühlt, ist »Nightline« ein im Grunde konservatives Politik-Programm im Dienste derer, die schon jetzt die Macht innehaben.

Die Studie schließt mit der Empfehlung, »Nightline« möge »Durchschnittsbürger/innen aus allen Bevölkerungsschichten und Berufen« mit einbeziehen und dadurch seine Repräsentativität verbessern.

William Hoynes, David Croteau, *A Special FAIR Report: Are You on the Nightline Guest List? An Analysis of 40 Months of Nightline Programming* **(Boston College 1989) S. 1-4**

Der FAIR-Report über »Nightline« ließ die Frage aufkommen, wie gut wohl im Vergleich dazu andere TV-Nachrichtenmagazine in Bezug auf Vielfalt und Spannweite ihrer Gästelisten abschneiden. Also stellte FAIR 1989 sechs Monate lang einen Vergleich zwischen »Nightline« (ABC) und der »McNeil/Lehrer«-Show von PBS an. Wie sich zeigte, war das Gästespektrum bei »MacNeil/Lehrer« politisch gesehen noch schmaler als das von »Nightline« – und dies, obwohl doch »MacNeil/Lehrer« über einen Öffentlichen Kanal geht.

Aus dem Folgebericht von FAIR, *All the Usual Suspects: MacNeil/Lehrer and Nightline.* **Beide Berichte bei FAIR erhältlich.**

Filter: Die Abhängigkeit der Medien von Informationen, die von der Regierung und aus der Wirtschaft geliefert werden sowie von Experten, die ihrerseits auf Anerkennung und Finanzierung durch diese primären Organe und Quellen der Macht angewiesen sind.

GEORGETOWN UNIVERSITY, WASHINGTON

Chomsky
Ich will euch jetzt mal etwas erzählen, was ich selbst erlebt habe. Ich war im Studio eines Hörerradios in Madison, Wisconsin, ein ganz guter Lokalsender, und wurde vom Nachrichtenleiter [Jeff Hansen, Regionalfunk WORT] interviewt. Ich war vorher schon zigmal auf dem Sender gewesen, meist übers Telefon. Dieser Mann ist wirklich gut, er trifft die verschiedensten Leute. Er spielte mir also ein Band mit einem Interview vor, das er gerade geführt und auch gesendet hatte, mit einem dieser Wichtigtuer von »Nightline«. Der Typ hieß Jeff Greenfield oder so ähnlich – sagt jemandem der Name was?

TV-BILD IN EINEM SCHAUFENSTER

Jeff Greenfield
Hier ist »Nightline« in New York, und ich bin Jeff Greenfield.

RADIO WORT, MADISON, WISCONSIN, USA

Jeff Hansen
Was ist denn eigentlich *gerecht* an der Auswahl der analytischen Köpfe, die zu »Nightline« eingeladen werden, wenn Noam Chomsky nie auftritt?

Jeff Greenfield
Also – also das kann ich nun auch nicht sagen.

Jeff Hansen
Er ist einer der größten Intellektuellen auf der ganzen Welt.

JEFF GREENFIELD (geb. 1943)
1968 B. A. University of Wisconsin
1967 LL. B. Yale University
1967-68 Parlamentarischer Berater von Senator Robert Kennedy
1968-70 Assistent des New Yorker Bürgermeisters John Lindsay
1970-76 Consultant bei Garth Associates
Schriftsteller; Kritiker für Politik und Medien bei CBS und ABC

In seinem Buch *The Real Campaign: The Media and the Battle for the White House* erschüttert Greenfield die verbreitete Annahme, die Medien hätten einen Einfluß auf den Ausgang der Präsidentschaftswahlen. So heißt es dort: »Dieses Buch vertritt die These, daß das Fernsehen und die Medien praktisch keinen Einfluß auf den Ausgang der Wahl von 1980 hatten.« (...) Larry Sabato schrieb in der *New York Times Book Review* über Greenfield, er habe »einen geschulten Blick dafür, wie man mit gefälligen Anekdoten und aufschlußreichen Bildern wichtige Begriffe verdeutlichen kann. Allerdings neigt er zur Jovialität, und in seinen Schriften stören die zahllosen Hervorhebungen.«
Quelle: *Contemporary Authors* Bd. 24 (1988)

Jeff Greenfield
Ich weiß es wirklich nicht, aber ich könnte ja mal vermuten. Vielleicht ist er einer der großen Intellektuellen, die sich nicht auf Fernsehauftritte verstehen. Da gibt es bestimmte Regeln, die für uns enorm wichtig sind. Wenn die ganze Show 22 Minuten hat, und jemand wird nach 5 Minuten erst so langsam warm – weiß nicht, ob das auf Chomsky zutrifft – also so jemand ist out. Warum haben wir bei »Nightline« immer die üblichen Verdächtigen? Weil, wenn man jemanden für eine Show einplant, muß man sicher sein, daß der oder die Betreffende innerhalb der vom TV-Medium diktierten Grenzen auf den Punkt kommen kann. Wem das nicht paßt, der sollte sich mal merken: Wer für eine Antwort acht Minuten braucht, der ist genauso fehl am Platz wie einer, der kein Englisch spricht. Natürlich ist das, wie üblich, kulturabhängig. Bei uns müssen die Leute eben Englisch sprechen. Und sich kurz fassen.

GEORGETOWN UNIVERSITY, WASHINGTON

Chomsky
Dieser Greenfield, oder wie er heißt, trifft den Nagel auf den Kopf. Denn nur in den US-Medien – nur dort müssen sich alle kurz fassen. Was man sagt, darf 600 Worte lang sein und muß zwischen zwei Werbespots passen. Und nun kommt's: Das Schöne an der Kürze des Ausdrucks – nicht wahr, man bringt zwischen zwei Commercials gerade mal einige Sätze hervor – also das Schöne daran ist nämlich, daß man auf diese Weise nur Gemeinplätze wiederkäuen kann.

(Wir baten Chomsky um seine Meinung zu der Behauptung, daß nicht nur die amerikanischen, sondern alle kommerziellen Medien Inhalte verkürzen)

Ich bin mir nicht sicher, ob kommerziell gesteuerte Medien außerhalb der USA »Kürze« erzwingen – kann sein, kann auch nicht sein. Beim britischen Kommerz-Fernsehen ist es jedenfalls nicht so; die sollen sogar noch erheblich offener sein als die BBC. Das ist auch meine Erfahrung; war nicht das Opinions-Programm, das Ihr gefilmt habt, auf einem kommerziellen Kanal? Aber entscheidend ist, daß außerhalb der USA die Radio- und Fernsehwelt im allgemeinen nicht-kommerziell ist; also stellt sich Eure Frage so überhaupt nicht. Und selbst bei den kommerziellen Sendern läuft es anders als bei uns. Nehmen wir Italien: Da brachte das Fernsehen – jedenfalls vor 15 Jahren, als ich dort war – zwar massenhaft Reklame, aber alle Spots lagen in den Lücken zwischen den verschiedenen Programmen. Nicht wie hier bei uns, wo alle paar Minuten unterbrochen wird (vor allem im Radio). Wahrscheinlich ist der ganze Begriff der »Kürze« etwas Amerikanisches und greift über die kommerzielle Bedingtheit hinaus. Aber um ganz sicher zu sein, müßte man das erst einmal richtig untersuchen. Ich selbst spreche nur aus eigener Erfahrung; geforscht habe ich nicht darüber. Übrigens unterwirft man sich sogar im Öffentlichen Radio oftmals diesen Einschränkungen. Während des Golfkriegs durfte ich mal im National Public Radio einen Kommentar sprechen. Dieser mußte vorher eingereicht werden, und er hatte genau 2 1/2 Minuten zu dauern. Als der Text abgenommen war, sollte ich ihn im Studio aufzeichnen lassen. Da aber meine erste Lesung 2 Minuten 36 Sekunden dauerte, mußte ich die Aufnahme wiederholen, damit die Zeitgrenze eingehalten war. Sowas habe ich noch von nirgendwo vernommen. – NC

RADIO WORT, MADISON

Jeff Greenfield
Vor 20 Jahren habe ich Chomsky mal gelesen. Für mich sind seine Vorstellungen ... hat er nicht mal ... war er nicht Co-Autor eines Buches mit dem Titel *Engineering Consent* oder *The Manufacturing of Consent*? Auf mich wirken solche Dinge, als ob sie vom Neptun kommen.

FOTOS DES PLANETEN NEPTUN VON DER NASA-RAUMSONDE »VOYAGER«

Sprecher
Zum erstenmal zeigt sich hier Neptun so deutlich dem menschlichen Auge. Voyagers jüngste Leistung – vor wenigen Stunden nahm er diese Fotos auf.

Jeff Greenfield
Klar, es steht ihm frei, zu behaupten, auch ich würde alles durch ein Prisma sehen. Aber was er da über die Grenzen der Diskussionsfreiheit bei uns vorbringt, halte ich für absoluten Quatsch.

GEORGETOWN UNIVERSITY, WASHINGTON

Chomsky
Nehmen wir mal an, ich würde mich da in »Nightline« hinstellen, man gibt mir, sagen wir, zwei Minuten, und ich verkünde dann, daß Gaddhafi ein Terrorist ist und Khomeini ein Mörder, daß die Russen nach Afghanistan eingefallen sind und so weiter und so fort – dafür muß ich keine Beweise bringen, weil jeder das abnickt.
Nun nehmen wir aber mal an, ich täte etwas anderes, als die üblichen Predigten abzuspulen. Ich würde etwas äußern, das auch nur im geringsten unerwartet oder umstritten ist. Beispielsweise ...

Jeff Greenfield hat übrigens Chomsky nicht nur gelesen, er war sogar zusammen mit ihm im Fernsehen – nämlich in jungen Jahren 1969 als Hilfsfrager bei William F. Buckley, als der in seiner »Firing Line« Chomsky interviewte.

Zu Ghaddafi, den amerikanischen Bombenangriffen auf Libyen und das Medienecho darauf vgl. auch:
· *Culture of Terrorism; Pirates and Emperors; Chronicles of Dissent* Kap. 3
· *Necessary Illusions* Anh. 5.2
· *Language and Politics* Interview 33
· »International Terrorism«, Audioband von *Alternative Radio*

Zu Khomeini, Iran und zum religiösen Fanatismus vgl. auch *Language and Politics* S. 740-741

Zur Medienberichterstattung über die sowjetische Invasion in Afghanistan und die amerikanische in Vietnam, vgl. *Manufacturing Consent* Kap. 5

INTERVIEW MIT DER *SEATTLE TIMES*, SEATTLE, USA

»Die größten internationalen Terrorunternehmen, die wir kennen, werden von Washington aus gesteuert.«

Das Handbuch der U. S. Army über die Bekämpfung dieser Pest [des internationalen Terrorismus] versteht unter Terrorismus »den kalkulierten Einsatz von Gewalt, oder eine Drohung damit, in Verfolgung politischer, religiöser oder ideologischer Ziele. Dies geschieht durch Einschüchterung, Zwang oder die Erzeugung von Furcht« (...)
Zu den offiziellen Instrumenten der USA zählt die LIC-Doktrin [*Low Intensity Conflict*]. Während sie in El Salvador trotz eines furchtbaren Blutzolls fehlschlug, hat sie sich in Nicaragua bewährt und konnte dort eine unabhängige Entwicklung erfolgreich verhindern. Es muß festgehalten werden, daß LIC (...) kaum mehr als ein Euphemismus für internationalen Terrorismus ist; denn es wird dabei Gewalt eingesetzt, aber unterhalb der Schwelle der Aggression, die als Kriegsverbrechen unter das Urteil von Nürnberg fallen würde. Unter den vielen terroristischen Staaten auf der Erde nehmen die Vereinigten Staaten einen Sonderplatz ein, denn sie betreiben den internationalen Terrorismus *offiziell*, und das in einem Ausmaß, das alle Konkurrenten vor Scham versinken läßt (...)
Necessary Illusions S. 271-273

Es ist eine grundlegende Tatsache, daß die USA ein neo-kolonialistisches System von Satellitenstaaten fördern und protegieren, die hauptsächlich durch Terror regiert werden und den Interessen einer kleinen in- und ausländischen Wirtschafts- und Militärelite dienen. Gemäß ihrem wichtigsten Glaubenssatz, der eigentlich ein ideologischer Vorwand ist, fühlen sich die USA weltweit der Sache der Demokratie und der Menschenrechte verpflichtet – gelegentliche Fehltritte vorbehalten.
Zumindest während der letzten 25 Jahre hat der offizielle Terror weit mehr Tod und Folter mit sich gebracht als sein Gegenstück im Untergrund. Mehr noch, die Waage des Schreckens neigt sich anscheinend immer stärker der Seite des Westens und seiner Verbündeten zu, wobei die USA als Quelle und Förderer das Tempo bestimmen. Die radikalnationalistischen Aufstände im Gefolge des Zweiten Weltkriegs, der die alte Kolonialwelt zertrümmerte, bildeten eine Bedrohung für die überlieferte Hegemonie des Westens und für seine Wirtschafts- und Geschäftsinteressen. Um diese Gefahr einzudämmen, verbündeten sich die USA mit den Eliten und Militärkasten in der Dritten Welt, die seitdem die Rolle eines Dammes gegen die Flut des Wandels übernommen haben. Diem und Thieu spielten seinerzeit diese Rolle in Vietnam ebenso wie heute noch unsere Verbündeten, für die Namen wie Mobutu in Zaire, Pinochet in Chile oder Suharto in Indonesien stehen. Ein neofaschistischer Nationaler Sicherheitsstaat und andere autoritäre Regimes sind in der Dritten Welt zur Regel geworden, häufig genug mit aktiver Unterstützung durch die USA. Diese konterrevolutionären Regimes, die nicht nur eifrige Antikommunisten sein, sondern sich auch für ausländische Einflüsse offen halten müssen, empfangen westliche Waffen (meist aus den USA), mit denen sie dann nach Herzenslust foltern und töten können.
Nun sind die Errichtung und Unterstützung solcher Militärjuntas mit ihren sadistischen Quälereien und Blutbädern kaum mit Demokratie, Menschenrechten und anderen vorgeblichen westlichen Werten vereinbar. Daher wird erheblicher Druck auf die Medien und die Intelligenz der USA und Westeuropas ausgeübt, an der Begründung der staatlichen Politik mitzuwirken. Gelöst wird dieses Problem vor allem durch Unterdrückung der Fakten; man verschließt also die Augen vor allen unappetitlichen Einzelheiten, als da sind: die verbreiteten Morde und Folterungen, der Rassismus – auch in Israel –, die systematische Errichtung immer neuer autoritärer Regimes und schließlich die Rolle der USA als Schirmherr der Führungsschicht in diesem Weltreich faschistischer Satellitenstaaten.
The Political Economy of Human Rights Bd. 1 S. ix,8,11

Zum internationalen Terrorismus vgl. auch Edward S. Herman, *The Real Terror Network: Terrorism in Fact and Propaganda* (South End, Black Rose Books 1982)
Edward S. Herman, Gerry O'Sullivan, *The »Terrorism« Industry: Structure, Linkages, and Role in Western Ideological Mobilization* (Pantheon 1989)
Chomsky: *Culture of Terrorism, Pirates and Emperors, Chronicles of Dissent* Kap. 3, *Language and Politics* Interviews 35,38, und »Terrorism Strikes Home: The Mideast, Fundamentalism, Terrorism, and U. S. Foreign Policy«, in *Z Magazine* May 1993

MALASPINA COLLEGE, NANAIMO

»...In den achtziger Jahren mußte die amerikanische Regierung im Untergrund operieren...«

Überlegen Sie doch mal: Warum könnte eine Regierung überhaupt einen verdeckten Krieg führen wollen? Warum gibt es Operationen im Untergrund? Vor wem sollen sie geheimgehalten werden? (...) Vor den Opfern offensichtlich nicht, die wissen sowieso Bescheid. Zum Beispiel die Erkenntnisse aus den Iran-Contra-Anhörungen – für keinen der Söldnerstaaten war das ein Geheimnis (...) Der Witz ist: Sie sollten nur vor der amerikanischen Bevölkerung verborgen bleiben – das ist alles. Eine Regierung sucht regelmäßig dann Zuflucht zu verdeckten Operationen, wenn sie von ihrem eigenen Volk in den Untergrund getrieben wird. Kann man seine Bevölkerung nicht mit Gewalt unter Kontrolle halten und auch nicht genügend indoktrinieren, dann muß man in den Untergrund gehen (...) Das amerikanische Volk ist eben immer noch zu wenig angepaßt; aller Gehirnwäsche und Indoktrinierung zum Trotz wollen die weniger gebildeten, weniger elitären Schichten der Bevölkerung einfach nicht mitziehen.
Aus einem Interview mit David Barsamian, abgedruckt in *Language and Politics* **S. 735**

RADIO KUWR, LARAMIE

»…Oder ich sage, daß die USA in Südvietnam einfallen – was sie wirklich getan haben…«

Schauen wir mal auf die russische Invasion in Afghanistan – eine klare Sache. Man benötigt keine besonderen Vorkenntnisse, um zu begreifen, daß die Sowjetunion in Afghanistan eingefallen ist. Das war eben so. Man muß darüber nicht diskutieren, darin liegt nichts Verborgenes, schwer Verständliches. Man versteht es auch ohne Kenntnis der Geschichte Afghanistans. Und schauen wir nun auf die amerikanische Invasion in Südvietnam. Schon die Formulierung ist ungewöhnlich (…) Ich möchte bezweifeln, ob auch nur in einer einzigen großen Zeitung, ja selbst in einer linken Zeitung, während des Krieges dieser Ausdruck gefallen ist. Und doch fand in Südvietnam ebenso eine amerikanische Invasion statt wie jetzt eine russische in Afghanistan. Bereits 1962 flogen amerikanische Piloten – echte Militärflieger, nicht etwas Söldner – mörderische Bombenangriffe auf vietnamesische Dörfer. Das blieb damals völlig unbeachtet, aber es war eine amerikanische Invasion Südvietnams. Zweck dieser Angriffe war die Zerstörung der ländlichen Sozialstruktur in Südvietnam, um einer Widerstandsbewegung den Boden zu entziehen, die ihre Existenz überhaupt nur der Repression durch das von uns eingesetzte Satellitenregime verdankte. Dieses Regime hatte die im Genfer Friedensabkommen von 1954 geforderte politische Lösung blockiert und seitdem an die 80.000 Menschen umgebracht, ohne den Widerstand unter Kontrolle bringen zu können. Also: Es gab bereits Anfang der 60er Jahre eine Aggression der USA gegen Südvietnam, ganz zu schweigen davon, daß wir später ein Expeditionskorps hingeschickt haben, um das Land zu besetzen und den Widerstand im Lande zu brechen. Aber kein Mensch hat darin eine amerikanische Invasion Südvietnams sehen wollen.

Ich kenne die öffentliche Meinung in Rußland nicht besonders gut, aber ich kann mir gut vorstellen, jeder x-beliebige Mann auf der Straße wäre höchst überrascht, wenn man ihm von einer russischen Invasion Afghanistans erzählen würde. Schließlich verteidigt man Afghanistan gegen kapitalistische Anschläge, gegen Banditen, hinter denen der CIA steht, und so weiter. Andererseits würde derselbe Mann wohl unschwer verstehen, daß die Aktivitäten der Vereinigten Staaten in Vietnam eine Invasion darstellen.

The Chomsky Reader S. 34

MIT

»Faule und korrupte politische Führer – das sind die besten.«

Meiner unmaßgeblichen Meinung nach war Kennedy wahrscheinlich der gefährlichste Präsident, den wir je hatten *(Beifall).* Er hatte einen wirklich gefährlichen, machohaften, geradezu fanatischen Zug an sich. Zur Zeit kommt ja gerade so einiges in den Berichten über die kubanische Raketenkrise ans Tageslicht – wirklich sehr aufschlußreich. Es scheint sogar noch schlimmer zu sein, als man vorher angenommen hatte. Denn daß er damals bereit war, die Welt an den Rand der Zerstörung zu treiben, hatte verdammt viel damit zu tun, daß er sein Macho-Image retten wollte. So etwas ist echt gefährlich. ... Also faule und korrupte politische Führer, das sind die besten. Gefährlich sind die, die nur auf Macht aus sind. Wer bloß schlafen oder vor dem Fernseher sitzen will oder so, der ist unproblematisch. Und das läßt sich auch über die Korruption sagen. Korruption in einer Regierung ist etwas ungemein Positives; man sollte immer dafür sein. Solange sich diese Leute nur bereichern oder im Bett amüsieren wollen oder dergleichen, sind sie nicht an der Macht interessiert. Die Typen, die hinter der Macht her sind, das sind die Gefährlichsten. Und ich sage, Kennedy war so einer. Außerdem kommt Korruption rasch ans Licht. Und warum? Ganz einfach: Wer korrupt ist, bestiehlt üblicherweise andere, die viel Geld haben. Diese Figuren blockieren sich also gegenseitig, und wenn ihre Korruption aufgedeckt wird, schwächt das wieder ihre Macht. So kann man sich auch dagegen schützen. Genau so ist es übrigens mit diesen Evangelisationspredigern. Wenn die auf Macht aus wären, hätten wir wirklich ein Problem. Solange sie bloß vergoldete Cadillacs und Sex und so wollen, ist alles in Butter.
Aus einem Vortrag »Necessary Illusions« im MIT, 10.05.89

ST. MICHAEL'S COLLEGE, WINOOSKI, VERMONT, USA

»Wenn es nach den Nürnberger Gesetzen gegangen wäre, dann hätte man seitdem jeden US-Präsidenten gehenkt.«

Unter einer Verletzung der Nürnberger Gesetze verstehe ich ein Verbrechen von der Art, für die man in Nürnberg Menschen gehenkt hat. Nürnberg steht übrigens auch für Tokio. Muß man sich also zunächst einmal in Erinnerung zurückrufen, wofür in Nürnberg und Tokio Menschen gehenkt wurden. Tut man dies, dann ist alles blitzschnell klar. So wurde zum Beispiel unter den schlimmsten Fällen in Tokio der General Yamashita zum Tode durch den Strang verurteilt. Begründung: Auf den Philippinen hatte es Kriegsverbrechen gegeben, und die dafür verantwortlichen Truppenteile hatten formal unter seinem Oberbefehl gestanden (das war aber im Endstadium das Krieges, er hatte überhaupt keinen Kontakt mehr zu diesen Truppen, die da auf den Philippinen umherzogen). Und für diese Verbrechen wurde er gehenkt. Also wenn man das allgemein anwenden würde, bliebe niemand mehr übrig.

Aber blicken wir mal tiefer in die Prozesse von Nürnberg und Tokio hinein. Nehmen wir Tokio und Truman: Es gab da einen angesehenen, unabhängigen asiatischen Richter, einen Inder – übrigens der einzige des ganzen Gerichtshofs, der sich im Völkerrecht auskannte. Dieser Mann distanzierte sich von dem Urteil, überhaupt von dem ganzen Prozeß, und er verfaßte ein wichtiges Minderheitsvotum – 700 Seiten stark. Es findet sich in der juristischen Bibliothek von Harvard – da habe ich es jedenfalls her, vielleicht ist es auch noch anderswo vorhanden – und es ist äußerst lesenswert. Er geht die Gerichtsprotokolle durch und beweist m. E. überzeugend, daß der Prozeß eine Farce war. Am Ende zieht er etwa folgendes Resümé: Wenn es auf dem pazifischen Kriegsschauplatz überhaupt ein Verbrechen gab, das sich mit denen der in Nürnberg gehenkten Nazis vergleichen läßt, dann war das der Abwurf der beiden Atombomben. Und den in Tokio Angeklagten könne nichts Derartiges vorgeworfen werden. Ich denke, wenn man den Hintergrund betrachtet, ist das völlig plausibel. Truman hat dann in Griechenland eine große Aufstandsbekämpfungsaktion gestartet, mit dem Erfolg: 160.000 Tote, 60.000 Vertriebene, 60.000 Gefolterte, Kollaps des politischen Systems. Am Ende stand eine Regierung der Rechten, und dann kamen die amerikanischen Konzerne und bemächtigten sich des Landes. Gemäß den Nürnberger Statuten ist das für mich ein Verbrechen.

Und dann, wie war das mit Eisenhower? Es gibt Gründe dafür, den durch ihn eingeleiteten Sturz der Regierung von Guatemala als Verbrechen einzustufen. Es gab eine vom CIA unterstützte Armee, die dort einrückte, Bomben warf und schließlich diese kapitalistische Demokratie untergrub, alles begleitet von Drohungen aus den USA. Das halte ich für ein Verbrechen. Oder der Einmarsch im Libanon 1958 – ich weiß nicht, auch da ließe sich Ähnliches vorbringen, denn viele Menschen fanden den Tod. Oder der erfolgreiche Putsch gegen die Regierung im Iran – dahinter stand allerdings der CIA. Jedenfalls gab es unter Eisenhower viele Fälle, aber Guatemala reicht schon.

Kennedy ist leicht. Die Invasion Kubas war eine direkte Aggression. Übrigens war sie bereits unter Eisenhower geplant worden, auf dessen Konto geht also noch, daß er in eine Verschwörung zum Angriff auf ein fremdes Land verwickelt war. Im Anschluß an die Invasion startete Kennedy eine gewaltige terroristische Operation gegen Kuba, die dort ernste Folgen hatte. Das ist kein Witz. Bomben gegen Industrieanlagen und Hotels, viele Tote, Fischerboote versenkt, Sabotageakte. Später – unter Nixon – hat man sogar Vieh vergiftet und dergleichen. Es war eine dicke Sache. Und dann kam Vietnam; er ist dort eingefallen. Er hat die Air Force mit Bomben hingeschickt. OK. Soviel zu Kennedy.

Johnson ist trivial. Die Dominikanische Republik können wir ruhig beiseite lassen – allein der Krieg in Indochina war schon ein schweres Kriegsverbrechen.

Nixon – dasselbe. Er ist in Kambodscha eingefallen. Die Bombardements Anfang der 70er Jahre unter Nixon und Kissinger unterschieden sich nicht sonderlich von den Greueltaten der Roten Khmer – gut, es war etwas weniger, aber nicht viel. Und das gilt auch für Laos. Also bei diesen beiden könnte ich leicht einen Fall nach dem anderen hernehmen.

Ford war ja nur kurz im Amt, da konnte er nicht so viele Verbrechen verüben, aber ein größeres ist ihm doch gelungen. Er unterstützte den indonesischen Einmarsch in Osttimor. Dieser war eine Art Völkermord; im Vergleich dazu mutet Saddam Husseins Einfall in Kuweit wie ein Kaffeekränzchen an. Und der entscheidende Rückhalt dafür kam aus den USA, sowohl auf diplomatischer Ebene als auch in Form von Militärhilfe. Unter Carter ging das dann weiter.

Carter war unter den amerikanischen Präsidenten der, der am wenigsten zur Gewalt neigte. Doch selbst er tat einige Dinge, die wohl mit Sicherheit unter die Nürnberger Statuten fallen würden. Denn genau zu der Zeit, da das Wüten der Indonesier die Ausmaße eines Völkermords annahm, verstärkte Carter die Hilfe aus den USA. Ihr Maximum erreichte sie 1978, gleichzeitig mit den Mordaktionen. Das reicht für Carter; alles andere vergessen wir mal.

Reagan: Keine Frage – da genügt ja schon Mittelamerika. Und dann die Unterstützung der israelischen Invasion im Libanon, wo die Zerstörung und die Zahl der Opfer abermals Saddam Hussein vergleichsweise harmlos aussehen lassen. Das reicht.

Nun zu Bush. Gibt es da überhaupt noch etwas zu sagen? Es gab in der Reagan-Zeit ein Urteil des Internationalen Gerichtshofs gegen Reagan und Bush wegen »unerlaubten Einsatzes von Gewalt«. Man könnte in einigen Fällen unterschiedlicher Meinung sein, aber wenn man sich an die Urteile von Nürnberg und Tokio hält, dann hat man einen ziemlich sicheren Stand. Meiner Meinung nach fallen alle amerikanischen Präsidenten in diese Kategorie.

Ich muß darauf hinweisen, daß die Grundsätze von Nürnberg auch kritisch gesehen werden sollten. Als Vorbild will ich sie bestimmt nicht hinstellen. Das fängt damit an, daß sie *ex post facto* waren. Die Sieger haben bestimmt, was ein Verbrechen war, und zwar nach dem Sieg. Das wirft schon die eine oder andere Frage auf. Bei unseren Präsidenten war nämlich nichts *ex post facto*. Was heißt überhaupt »Kriegsverbrechen«? Wie hat man diese Frage in Nürnberg und Tokio beantwortet? Die Antwort ist ebenso einfach wie unbequem. Es gab nämlich eine Art operationelles Kriterium: Etwas galt als Kriegsverbrechen, wenn der Gegner es begangen hatte und nicht beweisen konnte, daß wir das Gleiche getan hatten. So galt das Bombardement von städtischen Ballungsräumen nicht als Kriegsverbrechen, denn das hatten wir stärker betrieben als die Deutschen und die Japaner. Wir legen Tokio in Schutt und Asche? So viel Schutt, daß man nicht mal mehr eine Atombombe draufwerfen kann, man würde ja keinen Unterschied bemerken – nur darum hat man nicht Tokio dafür genommen. Kein Kriegsverbrechen – das waren ja wir. Wir haben Dresden bombardiert, also war das auch keines. Den deutschen Admiral Dönitz (er befehligte wohl die U-Boote) stellte man wegen des Versenkens von Handelsschiffen oder ähnlicher Sachen vor Gericht. Als die Verteidigung den US-Admiral Nimitz als Zeugen aufbot, sagte der aus, die USA hätten praktisch dasselbe getan; damit war Dönitz diese Anklage los. Man kann wirklich alle Akten hernehmen – ein Kriegsverbrechen lag immer dann vor, wenn wir es ihnen anlasten konnten, aber sie uns nicht. Da stellen sich doch einige Fragen. Übrigens wird dies interessanterweise von den Beteiligten offen zugegeben und sogar als moralisch vertretbar angesehen. Oberster Ankläger in Nürnberg war Telford Taylor, ein ehrenwerter Mann. Er hat ein Buch geschrieben, *Nuremberg and Vietnam*, und er geht darin auf die Frage ein, ob es in Vietnam Verbrechen gegeben habe, die unter die Nürnberger Statuten fallen. Wie zu erwarten findet er keine, aber es ist interessant, wie er diese Grundsätze formuliert.

Er tut es genau so, wie ich gesagt habe; ich könnte ihn direkt zitieren. Nur sieht er darin nichts Kritikwürdiges, sondern stellt einfach fest: Jawohl, so haben wir das damals gemacht, und das war auch gut so.

Im *Yale Law Journal* gibt es einen Artikel darüber; wer sich dafür interessiert, findet ihn auch in einem Buch abgedruckt [gemeint ist Chomskys ausgezeichnete Untersuchung über Vietnam und Kriegsverbrechen »Review Symposium: War Crimes, the Rule of Force in International Affairs«, *The Yale Law Journal* Bd. 80 Nr. 7 Juni 1971].

Ich meine, zu den Prozessen von Nürnberg und Tokio – besonders zu letzterem – sollten eine Menge Fragen gestellt werden. Der Prozeß von Tokio war in vieler Hinsicht eine Farce. Für das, was die dort Verurteilten begangen hatten, hätte man auch eine Menge Leute auf der anderen Seite verurteilen können. Darüber hinaus hat man in den USA – genau wie bei Saddam Hussein – von vielen besonders schlimmen Verbrechen kaum Notiz genommen. Denn die übelsten Bluttaten der Japaner ereigneten sich in den dreißiger Jahren in China, aber das hat in den USA nicht sonderlich interessiert. Daß Japan aber daran ging, den chinesischen Markt abzuschotten – das hat uns interessiert. Das fanden wir nicht so gut, weniger das Abschlachten von ein paar Hunderttausend Menschen in Nanking. Das ist ja nichts Besonderes.

Aus einem Vortrag am St. Michael's College, Winooski, Vermont, USA

ROWE CONFERENCE CENTER

»**Unter all unseren klassischen Büchern steht wohl die Bibel am meisten für Völkermord.**«

Es ist doch ganz natürlich, daß die Geschichte voranschreitet: Zuerst ist die Sklaverei legitim, später nicht mehr. Es wäre überraschend, wenn diese Entwicklungsrichtung für längere Zeit umgekehrt würde. Zu allen Zeiten war es doch so, daß die Dinge, die man in einer bestimmten Periode als vernünftig und moralisch akzeptierte, später nur noch Verachtung und Entsetzen hervorriefen. Das trifft auch auf unsere eigenen Überlieferungen zu. Unter all unseren klassischen Büchern steht wohl die Bibel am meisten für Völkermord; lesen Sie nur mal darin. Damals war es Gott, der seinem auserwählten Volk den Auftrag gab, die Amalakiter mit Mann, Frau und Kind auszurotten. Heutzutage würden die Menschen sich weder auf so etwas einlassen noch es ihrem Gott zuschreiben wollen. Hierin zeigt sich doch ein gewisser moralischer Fortschritt.
Aus einem Interview mit Richard Beckwith und Matthew Rispoli, abgedruckt in *Language and Politics* S. 468

UNIVERSITY OF WYOMING, LARAMIE

»Das Ausbildungssystem beruht auf verordneter Unwissenheit.«

Student
Ich möchte mal eine Frage zur Wahrnehmung und Dauer dessen stellen, wovon Sie gesprochen haben. Mit der Bildung in den USA steht es ja so, wie sich auch in der Umfrage des *National Geographic* gezeigt hat: Es ist erschütternd, wie viele Amerikaner nicht einmal über Grundkenntnisse in Geographie usw. verfügen. Ist es da nicht verständlich – ich selbst bin ja anderer Meinung – daß dieses Bild von der ignoranten Masse so zählebig ist?

Chomsky
Ich hoffe doch, Sie haben aus meinen Zitaten über die dumme und unwissende Masse nicht etwa den Schluß gezogen, ich glaubte selbst daran. Was ich da beschrieb, war die Einstellung der Eliten. Die wollen ja gerade, daß die Masse dumm und unwissend ist. Nun gibt es aber nicht einen einzigen Beweis dafür, daß die Durchschnittsbevölkerung bei wichtigen Angelegenheiten dümmer oder uninformierter wäre als die gebildeten Eliten. Ich glaube, eher trifft das Gegenteil zu – wenigstens bei vielen wichtigen Fragen.
Beispielsweise würden Sie auf die Frage »Auf welchem Breitengrad liegt die Hauptstadt von Honduras?« die richtige Antwort bestimmt mit größerer Wahrscheinlichkeit im Harvard Faculty Club erhalten, als wenn Sie diese Frage den Leuten stellen würden, die dem Jesuitenzentrum Spenden für die Hurrikanopfer geschickt haben. Wenn Sie aber andererseits etwas über die Welt wissen wollen, dann würden Sie sicherlich die besseren Antworten von denen bekommen, die Geld für die Hurrikanopfer im Jesuitenzentrum spenden, denn diese Menschen wissen, worauf es ankommt. Sie haben verstanden, was los ist. Vielleicht kennen sie die geographische Breite von Tegucigalpa nicht, oder nicht einmal diesen Namen. Aber sie haben verstanden, wie es in Mittelamerika zugeht. Davon wiederum verstehen die Leute im Harvard Faculty Club so gut wie nichts, weil sie viel zu sehr indoktriniert sind.
Wie ich bereits erwähnte, geriet unsere Bevölkerung während des Vietnamkriegs außer Kontrolle. Hierfür hat es einen sehr guten Beweis gegeben. Bei uns werden ja dauernd Umfragen veranstaltet; wir wissen also ganz gut, was die Leute denken. Wenn man nach dem Vietnamkrieg fragt und mehrere Antworten möglich sind, dann sagt seit 1969/70 bis jetzt die überwältigende Mehrheit der Befragten – etwa 70 Prozent –, dieser Krieg sei nicht nur ein Fehler, sondern grundfalsch und unmoralisch gewesen.
Befragt man aber die Meinungsführer – oder was man so nennt – dann liegen die entsprechenden Zahlen viel niedriger. Und bei den wortgewandten Intellektuellen fällt sie praktisch auf Null. Als die Opposition gegen den Krieg ihren Höhepunkt erreichte, hielten sie ihn allerhöchstens für einen Fehler.
Damit bezeugt doch die unwissende Masse ein tieferes Verständnis der Realität als die gebildete Elite.

Student
Aber beziehen Sie sich da nicht schon wieder auf ein ganz spezifisches Bevölkerungssegment? Auf Collegestudenten und Friedensaktivisten?

Chomsky
Nein, nein, ich meine schon die Bevölkerung der USA. Meine Zahlen betreffen die Gesamtbevölkerung.

Student
Aber der Gedanke – also ich selbst bin ja anderer Meinung ...

Chomsky
Also gut, OK, dann müssen wir die Frage so stellen: »Welches ist die richtige Haltung?«

VERLAG »SERPENT'S TAIL«

Chomsky
Im Grunde ist die Weltpolitik heute nicht moralischer als in den Zeiten von Dschingis Khan. Man hat es nur mit anderen Faktoren zu tun ...

David Ransom
(TV-Reporter des australischen Senders ABC)
Vielen Dank, Noam Chomsky.

GEORGETOWN UNIVERSITY, WASHINGTON

Chomsky
Die Leute möchten doch gern wissen, was man meint. Warum sagt er das jetzt? Sowas habe ich ja noch nie gehört. Wenn er das sagt, dann muß er auch einen Grund, muß Beweise dafür haben – tunlichst eine Menge Beweise. Wenn er schon sowas Aufregendes vorträgt. Wo man sich aber so kurz fassen muß, da kann man einfach keine Beweise liefern, und genau darin liegt der geniale Kern dieser systematischen Beschränkung. Ich denke sogar, die Leute von »Nightline« und ähnlichen Shows wären bessere Propagandisten, wenn sie Dissidenten häufiger in ihre Programme hineinließen. Denn dort würden sie sich in der Tat so anhören, als kämen sie vom Neptun.

Ist es richtig, die amerikanische Invasion Südvietnams für einen Fehler zu halten, den man beim nächsten Mal besser vermeiden sollte? Oder sollten wir von einem Angriff auf ein anderes Land, der drei Länder verwüstet und einige Millionen Tote hinterlassen hat, nicht eher sagen: »Das war nicht nur ein Fehler, sondern grundfalsch und unmoralisch.« Man kann da verschiedener Meinung sein, aber ich persönlich stimme in dieser Sache nun mal mit der überwältigenden Mehrheit der Amerikaner überein. Wenn die Eliten das anders sehen, dann deshalb, weil es nicht ihrer Interessenlage entsprechen würde. Man kann doch nehmen, was man will: Mißt man die Bildung daran, wie gut jemand spezielle Testfragen beantwortet, erhält man ein Ergebnis; sobald man sie aber am Weltverständnis mißt, gibt es ein gänzlich anderes Ergebnis.
Die Naturwissenschaftler unter Ihnen kennen das aus ihren Grenzgebieten. Nehmen wir an, Sie möchten wissen, wer etwas von der Physik versteht. Würden Sie alle Wissenschaftler mit der Frage testen, wie viele Fakten sie kennen, dann erwischen Sie die Bürokraten, nicht aber diejenigen, die Physikverständnis besitzen und eine Vorstellung davon haben, wie sie funktioniert. Wenn diese Personen eine Detailinformation benötigen, dann schlagen sie in einem Handbuch nach.
In der Frage des Weltverständnisses ist es auch nicht viel anders. Das Ausbildungssystem beruht auf verordneter Unwissenheit; es ist ein System der Indoktrination, das den Menschen die Fähigkeit austreibt, eine Sache wirklich zu verstehen. Deshalb finde ich in vielen Dingen bei denjenigen, die weniger Zugang zu dieser Indoktrination hatten, einen erheblich schärferen Blick. Damit will ich mich natürlich nicht für Bildungsmängel aussprechen. Ich fände es schon nicht schlecht, wenn die Leute wüßten (...) wo Tegucigalpa liegt; das wäre durchaus hilfreich. Andererseits steht eben denjenigen, die dem Indoktrinationssystem weniger ausgeliefert sind, eine freiere Weltsicht offen.
Aus einer Fragestunde im Anschluß an einen Vortrag »Necessary Illusions« in der University of Wyoming in Laramie

Im Grunde ist die Weltpolitik heute nicht moralischer als in den Zeiten von Dschingis Khan.

AUS »MACNEIL/LEHRER NEWS-HOUR«, PBS, USA (1990)

(Chomsky insgesamt 11 Minuten 52 Sekunden im Bild)

Jim Lehrer
Und jetzt unser Gespräch über die Nahostkrise – heute mit dem Schriftsteller und politischen Aktivisten, Professor Noam Chomsky.

Chomsky
Und auch hier liegt ein Angebot auf dem Tisch, das wir abgelehnt haben: Im April boten die Irakis ...

Robert MacNeil *(nicht im Bild)*
OK, leider muß ich ...

Chomsky
... uns an, ihre Bestände an chemischen und anderen nicht-konventionellen Waffen zu beseitigen, sofern Israel gleichzeitig dasselbe macht.

Robert MacNeil
... hier abbrechen.

Chomsky
Wir haben das Angebot zurückgewiesen, aber ich meine, man sollte darauf zurückkommen.

Robert MacNeil
Verzeihung, daß ich Sie unterbreche, aber wir müssen leider hier aufhören. Unsere Zeit ist zu Ende. Vielen Dank, Professor Chomsky, daß Sie hier waren.

WERBESPOT DES AT&T-KONZERNS

Sprecher
Seit 1983 sponsert AT&T die »MacNeil/Lehrer NewsHour«, denn – eine gute Verbindung, das bedeutet für uns: Qualität in der Information/Qualität in der Kommunikation. Die richtige Wahl – AT&T.

**Im Verlauf von sechzehn Jahren traten im MacNeil/Lehrer-Nachrichtenmagazin über 10.500 Gäste auf.
Noam Chomsky wurde dabei genau 1 mal interviewt.**

VERLAG »SERPENT'S TAIL«

David Ransom
OK, ich brauche Sie nur einen Moment für eine kurze Szene mit uns beiden. Alles andere machen wir dann anschließend.

Chomsky
Einverstanden.

David Ransom *(zum Kameramann)*
Gut, aber was ist mit dem ...

Chomsky *(zu Mark Achbar)*
Weißt du, Mark, ich will lieber nach oben gehen, hier hängt soviel Zeug herum ...

David Ransom
Also bei dieser Aufnahme geht es nur darum, daß man sieht, wie ich zu Ihnen spreche und Sie mir zuhören. Ich frage Sie was, aber Sie antworten nichts, machen keine Mundbewegung; man sieht nur, daß ich Ihnen eine Frage stelle. Das machen wir nur, weil ...

Chomsky
Ich kenne das schon ...

David Ransom
Also, Sie sagen kein Wort und überlassen alles mir, ja? Ach ja, also wir machen diese Aufnahme deshalb, weil – ich erkläre es ganz, das geht am leichtesten – wir machen das, weil ich eine Einstellung brauche, wo Sie dasitzen und mir zuhören, wie ich Ihnen eine Frage stelle. Diese Aufnahme können wir für Ihre Vorstellung nehmen, da wo wir sagen, wer Sie sind und warum Sie einen Platz in meiner Sendung haben. Und wenn Sie selbst gar nichts sagen, dann kann ich das Ding auch noch ... Alles klar? OK, vielen Dank für Ihre Geduld. Auf geht's!

David Ransom, Reporter für ABC Australia, hatte dankenswerterweise Chomsky um eine Analyse gebeten und war dann auch noch so offenherzig, uns einige Details der Techniken des TV-Journalismus ausplaudern zu lassen, die den Zuschauern üblicherweise verborgen bleiben.

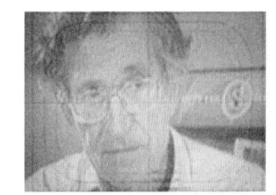

»AMERICAN FOCUS«, WASHINGTON

Elizabeth Sikorovsky
Warum leben Sie eigentlich in den USA, wenn doch die Meinungsvielfalt hier geringer ist und man viele Meinungen nur schlecht vertreten kann?

Chomsky
Also erstens ist es mein Land, und zweitens – ich sagte es ja schon – ist es in vieler Hinsicht das freieste Land der Welt. Will sagen, es gibt wahrscheinlich nirgends so viele Chancen zur Veränderung wie gerade hier.

AUS »IDEAS«, CBC RADIO

Chomsky
In den USA unterliegt der Staat den vergleichsweise stärksten Beschränkungen.

Peter Worthington *(Ottawa Sun)*
Aber sollten Sie nicht gerade da eher einen vergleichenden …

Chomsky
Das tue ich doch.

Peter Worthington
… als einen absoluten Maßstab anlegen?

Chomsky
Natürlich.

Peter Worthington
Bei Ihnen wirkt das aber anders.

Chomsky
Na ja, vielleicht kommt es nicht so rüber, aber *gesagt* habe ich es bestimmt sehr oft. Ich sage doch dauernd, auch heute abend, und ich habe es auch schon tausendmal geschrieben: In den

Vereinigten Staaten gibt es sehr viel Freiheit – und auch sehr viel Reichtum. Aber dieser Reichtum beleuchtet doch auch einen Skandal. Wenn man mal bedenkt, wie gut die USA in der Welt dastehen – so reich an Mitteln und so arm an Feinden – dann müßte hier doch der allgemeine Wohlstand, das Gesundheitsniveau usw. um eine Größenordnung über dem Rest der Welt liegen. Tut es aber nicht. In der Kindersterblichkeit nehmen wir unter den 20 Industrieländern den letzten Platz ein. Hier hat der amerikanische Kapitalismus in einen Skandal geführt. Aber – wir sind eine freie Gesellschaft. Und – wir stellen böse Sachen in der Welt an. Stimmt doch, oder? Hier muß ja kein Widerspruch liegen. Mit athenischen Maßstäben gemessen, besaß auch Griechenland eine freie Gesellschaft. Und doch war es bösartig in seiner imperialistischen Politik. Zwischen der inneren Freiheit einer Gesellschaft und ihrem Verhalten nach außen besteht – wenn überhaupt – nur eine äußerst schwache Korrelation.

In der Säuglingssterblichkeit liegen die USA unter zwanzig Industriestaaten auf Platz 20, noch hinter Ostdeutschland, Irland, Spanien etc. (*Wall Street Journal*, 19.10.88)
Necessary Illusions S. 357 Anm. 8

In früheren Jahren hatte es gewaltige Propagandafeldzüge gegeben, um in der Allgemeinheit grassierende Abweichungen auszutilgen – vor allem kurz nach dem Zweiten Weltkrieg, als eine Welle von Sozialreformen über die Erde ging.

Diese wurden von den USA – nicht nur im eigenen Land – erbittert und weitgehend erfolgreich bekämpft; einzig in Europa und Japan verfehlten die Attacken auf die Demokratie und die Arbeiterbewegungen zum Teil ihr Ziel, schloß man doch in diesen Ländern eine Art »Gesellschaftsvertrag« ab und setzte so unsittliche Ideen wie medizinische Versorgung, Arbeiterrechte und andere Abweichungen von dem rechten Wege durch, den wir als Türhüter und Muster bewachen.

In den USA selbst brach sich die Reformwelle an der intensiven Gegenpropaganda der Handelskammer und des Werberats, die unter Einsatz von 100 Millionen Dollar eine Kampagne über alle Medien laufen ließen, um dem amerikanischen Volk das Amerikanische Wirtschaftssystem – oder was sie darunter verstanden – zu »verkaufen«. Offiziell nannte man diese Kampagne »ein wichtiges Projekt, der Bevölkerung der USA die wirtschaftlichen ›Tatsachen des Lebens‹ beizubringen.« Wie das führende Wirtschaftsmagazin *Fortune* berichtete, setzten die Großunternehmen »umfangreiche Indoktrinationsprogramme für ihre Angestellten« in Gang, in deren Verlauf sie die ihnen ausgelieferten Mitarbeiter/-innen in »Wirtschaftlichen Fortbildungskursen« versammelten und auf ihre Loyalität gegenüber dem System des »freien Unternehmertums« – also auf ihren »Amerikanismus« – testeten. Dies geschah in einem »atemberaubenden« Umfang (so der damalige *Fortune*-Redakteur Daniel Bell) und war nichts anderes als der Versuch der Unternehmer, den Demokratisierungsimpuls aus der Zeit der großen Depression zu stoppen und die ideologische Hegemonie des »freien Unternehmertums« wiederherzustellen. Nach einer Umfrage der *American Management Association* waren für viele Wirtschaftsführer »Wirtschaftserziehung« und »Propaganda« zu Synonymen geworden, wollten sie doch erreichen, »daß unsere Leute richtig denken«.

Wie das AMA ebenfalls berichtete, »zielten diese Kampagnen häufig gleichzeitig« auf den Kommunismus, den Sozialismus sowie auf bestimmte politische Parteien und Gewerkschaften. »Viele Arbeitgeber erblickten darin einen ›Kampf um die Herzen‹ mit den Gewerkschaften« – ein ziemlich ungleicher Kampf, bedenkt man die verfügbaren Mittel, einschließlich der damals wie heute gratis einspringenden privatwirtschaftlich organisierten Medien.

Das Ergebnis war unübersehbar: Die USA schlossen sich auf dem Feld der sozialen Fragen und der menschlichen Grundrechte aus der Gemeinschaft der übrigen Industrieländer aus. Einzig die Krankenversicherung hat man jetzt wieder aufgegriffen, nachdem die Wirtschaft das überbürokratisierte und ineffiziente private System als eine allzu drückende Belastung zu empfinden begonnen hatte; aber auch hier sind es die USA allein, die – wiederum gegen eine weitverbreitete Opposition – ein rückständiges (nämlich nicht auf Steuern gegründetes) System durchdrücken, das auf Kosten der Allgemeinheit geht und vor allem den Interessen einiger mächtiger Versicherungsgesellschaften dient, die es aufziehen und verwalten werden.

»The Clinton Vision – The Rationale and Rhetoric of U. S. Foreign Policy: Enlargement, Democracy, and Free Markets« in *Z Magazine* Dezember 1993; dt.: *Clintons Vision* (Trotzdem Verlag 1994) S. 26

AUS »FIRING LINE« (1969)

William F. Buckley
Sie beginnen Ihre Argumentationskette an einem für Sie günstigen Zeitpunkt der Geschichte ...

Chomsky
Drum sage ich immer, man muß richtig anfangen. Man muß richtig anfangen ...

Buckley
Das Drama der Nachkriegszeit ist doch ...

Chomsky
Klar.

Buckley
... liegt doch darin, daß die kommunistischen Imperialisten durch Terrorismus und ... und durch Unterdrückung der Freiheit zu diesem Blutvergießen beitragen. Und nicht nur das – was schon traurig genug ist – sondern sie haben anscheinend auch Sie um Ihre rationale Beobachtungsgabe gebracht.

Chomsky
Darf ich mal was sagen?

Buckley
Sicher.

Chomsky
Das stimmt etwa zu fünf Prozent und ... na ja, vielleicht zu zehn Prozent. Jedenfalls stimmt es ...

Buckley
Was sollen diese Zahlen?

Chomsky
Darf ich mal ausreden?

Buckley
Aber gewiß doch.

Chomsky
Also es trifft zwar zu, daß der stalinisti-

Als eingehendere Behandlung empfiehlt Chomsky hierzu:
Alex Carey, *Managing Public Opinion: The Corporate Offensive* (MS, University of New South Wales 1986);
leicht verändert in: S. Frenkel (Hrsg.), *Union Strategy and Industrial Change* (New South Wales University Press 1978);
ausschnittsweise in *City Lights Review* Nr. 3 (San Francisco 1989)

Edward S. Herman und Noam Chomsky haben *Manufacturing Consent* Alex Carey gewidmet.

Zur Situation in den USA vgl.:
»**The Third World at Home**«, *Year 501: The Conquest Continues*, S. 275-288
»**The Home Front**«, *Deterring Democracy*, S. 69-88
»**The Domestic Scene**«, *On Power and Ideology*, S. 113-135

sche Imperialismus sich Teile der Erde brutal unterworfen hat, vor allem in Osteuropa, und sie immer noch beherrscht – aber in anderen großen Regionen haben wir genau dasselbe gemacht. Es gibt im Kalten Krieg eine Wechselwirkung. Wissen Sie, diese ... was Sie da gerade vorgeführt haben, das ist doch ein Kalter-Kriegs-Mythos, der vielleicht vor 10 Jahren vertretbar war, inzwischen aber dem Stand der Forschung völlig widerspricht.

Buckley
Dann fragen Sie doch mal einen Tschechen ...

Chomsky
Und fragen Sie doch mal einen Guatemalteken oder einen Dominikaner – einen Bürger der Dominikanischen Republik – fragen Sie jemanden aus Südvietnam oder aus Thailand oder aus ...

Buckley
Also wenn Sie nicht mal erkennen, daß ein Unterschied besteht zwischen unserer Aktion in Guatemala und dem, was die Sowjets in Prag gemacht haben ...

Chomsky
Wo liegt denn der Unterschied?

Buckley
... dann haben wir wohl wirklich ein Problem.

Chomsky
Erklären Sie mir doch mal den Unterschied.

(Glocke)

Buckley
Tut mir leid.

In der linken Hand hielt Buckley einen Knopf, mit dem er offensichtlich das Zeichen zum Umschalten auf Werbung oder Pause geben konnte. Im Film ist zu erkennen, wie sein Daumen genau in dem Moment über dem Knopf schwebt, als Chomsky, der im Verlauf der Sendung mehrmals unterbrochen worden war, darum bat, endlich seinen Satz zu Ende führen zu dürfen. Buckley machte dann seinen Punkt, ließ aber Chomsky nicht mehr zu Ende kommen, sondern schaltete um. Nach dem Ende der Unterbrechung ging er auf Chomskys Argumentation nicht mehr ein.

Zum Kalten Krieg vgl. »Cold War: Fact and Fancy«, *Deterring Democracy*, S. 9-68

Zu Guatemala vgl. *Turning the Tide* und *On Power and Ideology*

Zur Dominikanischen Republik vgl.:
The Political Economy of Human Rights, Bd. 1 S. 242-250
Year 501: The Conquest Continues, Kap. 7-8
»The Fruits of Victory: The Caribbean«, *Deterring Democracy*, S. 233-235

Zu Thailand vgl. *The Political Economy of Human Rights*, Bd. 1 S. 218-229

ERIN MILLS TOWN CENTRE

Zunächst weißes Bild, dann Schnitt zum Coast Bastion Inn, Nanaimo, Kanada

Chomsky
Wie läßt sich erreichen, daß die Medien demokratischer werden und besser reagieren? Viel Spielraum gibt es da nicht – das wäre etwa so, als wollte man die Konzerne demokratisieren. Da gibt es wirklich nur eines: sie abschaffen. Natürlich, wenn jemand viel Macht repräsentiert, läßt sich schon ... also wenn z.B. jemand von der Kirche in einer Aktionärsversammlung lautstark gegen Investitionen in Südafrika polemisiert, dann kann das schon mal eine gewisse Wirkung haben. Es geht nicht spurlos unter; aber die wahren Machtverhältnisse tastet man dadurch nicht an, denn das wäre der Umsturz der Gesellschaftsordnung. Solange man aber eine solche Revolution – also eine Verlagerung der Macht – nicht ernsthaft will, so lange behalten die Medien ihre heutige Struktur und vertreten dieselben Interessen wie heute. Ich will damit nicht sagen, daß man es nicht versuchen sollte. Man kann immer versuchen, die Grenzen des Systems zu verschieben.

Fortsetzung (nicht im Film gezeigt)
Schließlich bilden Großbetriebe und Konzerne auf dem Gebiet der Wirtschaft das Gegenstück zu dem, was in der Politik Faschismus genannt wird. Ihre Entscheidungsstruktur ist top-down aufgebaut: Jemand gibt Befehle, die dann weiter unten ausgeführt werden.

Wenn man mal in einer Demonstration mitläuft und dann wieder nach Hause geht, dann ist das zwar auch etwas, aber damit können die Mächtigen leben. Anders ist es, wenn anhaltender und wachsender Druck ausgeübt wird, wenn Organisationen die Sache in Gang halten, wenn die Menschen Lehren aus ihren Erfahrungen ziehen, um es beim nächsten Mal besser zu machen: Damit können sie nicht leben.

What Uncle Sam Really Wants S. 98

BÜRGERINITIATIVE, NANAIMO

Junger Mann
Um eine gute Presse zu haben, braucht man nichts weiter als ein oder zwei Menschen, die sich als anständige Journalisten verstehen.

Chomsky
Genau. Das ist wichtig, und das führt uns auf einen Punkt zurück, der vorher schon mal aufkam. Die Welt ist nun mal kompliziert und nicht monolithisch. Auch die einzelnen Massenmedien sind komplex und nicht ohne innere Widersprüche. Einerseits sollen sie indoktrinieren und entmündigen, andererseits besitzen sie ein Berufsethos.

SARAH MCCLENDON NEWS SERVICE, WASHINGTON

Sprecher
Sie ist ihre eigene Chefin. Sie arbeitet für ein ganzes Sammelsurium kleinerer Abnehmer überall im Land, schreibt Zeitungsartikel und Rundfunkkommentare. Seit nahezu 40 Jahren schießt diese Texanerin mit der Lederlunge, wie sie auch genannt wird, ihre Fragen auf die großen Tiere ab.

Sarah McClendon
Heutzutage hat so mancher junge Mann hierzulande jede Illusion über die Regierung verloren.

Richard Nixon
Nun, es ist sehr gut, daß Sie das allgemeine Interesse auf diese Frage lenken.

Ronald Reagan
Nicht, daß wir keine Pressekonferenzen abgehalten hätten. Aber ich habe die ganze Zeit darauf gewartet, daß Sarah wieder auftaucht.

Sarah McClendon
Sehr freundlich, Mr.President, vielen Dank auch. Darf ich Sie vielleicht auf ein ernstes Problem ansprechen?

Sprecher
McClendons unverwechselbare und häufig schockierende Fragen zielen vor allem darauf ab, Informationen herauszukitzeln.

Sarah McClendon
Ich möchte Sie – und Ihren neuen Mann da – fragen, wie seiner Meinung nach die Öffentlichkeit ... *(der Rest geht im allgemeinen Gelächter unter)*

Sprecher
Kenntnisreich und hartnäckig, wie sie ist, kann sie ihre Zielperson gewöhnlich festnageln.

Ich habe eigentlich eine hohe Meinung von den US-Medien, denn ihre Professionalität ist beachtlich, wenigstens im engeren technischen Sinn. Wenn ich also bei einem Ereignis irgendwo auf der Welt die Wahl hätte zwischen einem erfahrenen amerikanischen Reporter und einem Reporter aus einem der anderen, mir vertrauten Länder, dann würde ich wohl im großen und ganzen dem Bericht des Amerikaners den Vorzug geben. Es gibt dort gewiß ein hohes berufliches Niveau im engeren Sinn – will sagen, es wird nicht gelogen. Gut, einige tun auch das, aber übers Ganze gesehen wollen unsere Reporter doch herausfinden, was passiert ist (immer im engen technischen Sinn). Falsch liegen sie eben in der Auswahl der Themen, in ihren stillschweigenden Annahmen, die in die Berichterstattung einfließen, in den Hervorhebungen, den Untertönen usw.

Aus einem Interview mit Joop van Tijn, Humanist TV, Niederlande, 10.06.89

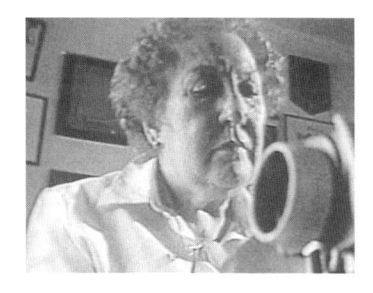

Die Journalistin und Autorin Sarah Newcomb McClendon wurde 1910 geboren. 1946 gründete sie in Washington den *Sarah McClendon News Service*. 1978 erschien ihr Buch *My Eight Presidents*; seitdem hat sie über drei weitere berichtet.

Neben der Arbeit für ihre Nachrichtenagentur liefert sie Beiträge für *Esquire*, *Penthouse*, *Diplomat* und andere Zeitschriften.

Unter den zahlreichen Auszeichnungen, die ihr verliehen wurden, finden sich der *Women of Conscience Award* des Nationalen Frauenrats (1983) und der erste *President's Award for Journalism in Washington* der Nationalen Journalistinnen-Vereinigung (1990). Sie hat auch im Weiblichen Armeekorps gedient und im Beratungsausschuß für Frauen in den Streitkräften mitgearbeitet.

IM NATIONAL PRESS CLUB, WASHINGTON

Sarah McClendon
Versetzen Sie sich mal in die Lage eines Journalisten. Sie möchten ehrlich sein, und Sie grämen sich zu Tode über Ihr Land, und Sie sehen, wie krank es ist, und sehen dieses schwächliche Weiße Haus und diesen schwächlichen Kongreß. Was würden Sie da als Reporter tun?

Chomsky
Also viele Journalisten leisten in meinen Augen ganz hervorragende Arbeit. Ich habe viele Freunde bei der Presse, die sind spitzenmäßig. Was Sie da ...

Sarah McClendon
Ich weiß, die sind gut oder versuchen es wenigstens. Aber Sie, was täten Sie ...

Chomsky
Also zunächst mal muß man das System durchschaut haben. Gute Journalisten können das. Man muß wissen, von wo der Druck kommt, wem man verpflichtet ist, welche Wege offen und welche versperrt sind.

Diese Pressekonferenz war von FAIR eigens für die in Washington tätigen Medien organisiert worden, um einmal gegenüber dem Medienkritiker Noam Chomsky »den Spieß umzudrehen«. Es erschienen etwa 40 Menschen, darunter nicht ein einziger Vertreter der großen US-Zeitungen, obgleich diese sämtlich eingeladen worden waren.

AMERICAN CIVIL LIBERTIES UNION, ROCHESTER

Chomsky
Zum Beispiel unmittelbar nach den Anhörungen über die Iran-Contra-Affäre, da ging vielen guten Reportern auf: Hoppla, jetzt geht einige Monate lang alles etwas offener zu, jetzt könnte man doch Berichte über Sachen durchdrücken, über die man vorher nicht mal zu sprechen gewagt hätte.

Mann
Nach Watergate auch.

Chomsky
Nach Watergate genauso. Aber dann wird alles wieder dicht gemacht – bis zum nächsten Mal.

Im Falle von Watergate bestand das Verbrechen darin, daß die Republikanische Partei aus Gründen, die bis heute im dunkeln liegen, eine Truppe, die geradewegs aus der »Police Academy« hätte kommen können, beauftragt hatte, in das Hauptquartier der Demokratischen Partei einzudringen. Soweit das eigentliche Vergehen; daneben gab es noch einige Begleitaffären.

Zeitgleich mit den Anhörungen zu Watergate wurde im Zuge diverser Gerichtsverfahren und durch Berufung auf das »Freedom of Information Act« *[Gesetz, das den von Aktivitäten der Regierung incl. der Geheimdienste Betroffenen ein Recht auf Akteneinsicht gibt]* enthüllt, daß das FBI bereits seit 12 oder 13 Jahren regelmäßig Einbrüche in Büros der Socialist Workers Party – einer legalen politischen Partei – verübt hatte. Ziel war es, die Parteiaktivitäten zu stören und vor allem die Mitgliederlisten zu entwenden; mit diesen konnte man dann die Neueingetretenen einschüchtern, sie um ihre Arbeitsplätze bringen usw. Dies war eine viel ernstere Sache; schließlich war hier nicht ein Grüppchen kleiner Gauner am Werk gewesen, sondern die politische Polizei der Nation. Und nicht irgendein übereifriger Kampfhahn hatte es betrieben, sondern verschiedene Regierungen hielten systematisch daran fest. Watergate hat der Demokratischen Partei nicht geschadet; hier aber wurde eine legale politische Partei in die größten Schwierigkeiten gebracht. Kam dazu etwas bei den Watergate-Anhörungen zur Sprache? Nicht ein Wort.

Wo liegt der Unterschied? Einfach darin: Die Demokratische Partei ist – im Gegensatz zur Socialist Workers Party – eine Repräsentantin der Macht. Die Anhörungen haben also das Grundprinzip vorgeführt, das da lautet: »Die Mächtigen wissen sich zu schützen.«
Chronicles of Dissent S. 136-137

Mehr zur Iran-Contra-Affäre auf S. 213

Zu Watergate vgl.:
Manufacturing Consent Kap. 6
»**Watergate: Small Potatoes**«, *Radical Priorities*, S. 175-177

»AMERICAN FOCUS«, WASHINGTON

Chomsky
Ich glaube, die meisten Menschen verinnerlichen die Werte. Das ist ganz einfach und funktioniert fast immer: Hat man seine Werte erst einmal verinnerlicht, dann kann man sich – in einem gewissen Sinne sogar zu Recht – einbilden, man besäße Handlungsfreiheit.

Man paßt sich ein wenig an und spürt, daß darin ein Privileg liegt. Weil es nützlich ist, glaubt man bald selbst an das, was man sagt. In diesem Augenblick hat man das System aus Indoktrinierung, Täuschung und Verzerrung bereits verinnerlicht und ist ein williges Mitglied der privilegierten Elite geworden, der Herrin über die Gedanken und die Indoktrinierung. Das ist überall so, ob unten oder oben. Es dürfte kaum einen Menschen geben, der diese sogenannte »kognitive Dissonanz« aushalten kann: an etwas glauben, aber etwas anderes sagen. Man fühlt sich genötigt, gewisse Dinge zu sagen, und sehr bald glaubt man selbst daran, schon weil es gar nicht anders geht.

Aus einem Interview mit David Barsamian, *Language and Politics* S. 653-654

BILDSCHIRM IN EINER TV-WERK-
STATT WÄHREND DES GOLFKRIEGS
(18.01.90)

Sprecher
Also auf zum Weißen Haus, wo unser kampferprobter Korrespondent Frank Sesno uns wohl etwas über Selbstzensur erzählen kann. Dieses Trägheitsnavigationssystem bleibt doch immer eingeschaltet, oder? Wie sieht das aus mit der offiziellen Zensur, Frank?

Frank Sesno *(CNN-Reporter)*
Es gibt keine Selbstzensur. Was ich erfahre, gebe ich weiter – sofern nicht wirklich zwingende Gründe dagegen sprechen. Ich behaupte ja nicht, daß ich nicht auch mal gern im Oval Office wäre, um wie der Präsident einen Blick auf die vielen Karten und Diagramme dort zu werfen. Aber das ist unmöglich, unrealistisch und wahrscheinlich auch gar nicht wünschenswert.

Die Eigentumskonzentration bei den Medien ist sehr hoch und nimmt immer noch zu. Außerdem gehören die Inhaber der Spitzenpositionen sowie diejenigen, die als Kommentatoren zu Ansehen kommen, derselben privilegierten Eliteschicht an, deren Einstellungen, Blickwinkel und Ziele sie vermutlich ebenso teilen, wie sich darin ihre eigenen Klasseninteressen widerspiegeln. Journalisten, die neu in diese Welt einsteigen, werden kaum erfolgreich sein, solange sie sich dem ideologischen Druck nicht beugen, was gewöhnlich dadurch geschieht, daß sie die entsprechenden Wertvorstellungen verinnerlichen. Es fällt schwer, etwas zu sagen, an das man nicht glaubt, und wer sich nicht anpaßt, wird alsbald vermittels der bekannten Mechanismen ausgesiebt.
Necessary Illusions S. 8

AUS »JOOP VAN TIJN IN GESPRECK MET«, HUMANIST TV, NIEDERLANDE

Joop van Tijn *(Journalist)*
Hallo.

Chomsky
Hi, wie geht's?

Joop van Tijn
Bestens. Wenn Sie dort bitte Platz nehmen würden. Willkommen in Holland. Zunächst werde ich Sie mal kurz vorstellen.

(in die Kamera, auf Niederländisch)
Professor Chomsky, Noam Chomsky, ist 60 Jahre alt und so ziemlich der umstrittenste Intellektuelle in den USA. Das ist zwar eigentlich eine Binsenwahrheit, aber genau so wird er immer bezeichnet.

MELDUNG ÜBER EINE BÜCHERVERBRENNUNG

Nachrichtensendung von City TV (Toronto, Kanada) vom 25.09.87

Thalia Assuras *(Reporterin)*
Man hat Chomsky den Einstein der modernen Linguistik genannt. Für die *New York Times* ist er »vielleicht der bedeutendste Intellektuelle der Gegenwart.« Und doch hat sein Auftreten hier zu Protesten geführt.

Bui Son *(Vereinigung Freier Vietnamesen in Kanada)*
Dieses Buch vergiftet die Welt, es steckt voller Lügen, und wir Vietnamesen wollen es hier verbrennen.

Alle Demonstranten
Vietnam! Vietnam!

Khanh Lekim *(Vietnamesisches Menschenrechtskomitee)*
Er sagt, in Vietnam würden keine Menschenrechte verletzt und in Kambodscha keine Verbrechen begangen. Er hat unrecht.

Bui Son
Aufgrund seiner beruflichen Stellung ... unter Hinweis darauf vergiftet Chomsky die Welt – und dagegen protestieren wir.

Vollständiger Text

Thalia Assuras
Mit Empörung haben Mitglieder der vietnamesischen und kambodschanischen Gemeinde auf einen Vortrag reagiert, den ein weltberühmter Gelehrter an der Universität Toronto gehalten hat. Der Vortrag lief in der Reihe des *Toronto Star*, und die 1700 Plätze in der Convocation Hall waren heute nachmittag ausverkauft. Redner war der Buchautor Noam Chomsky. Man hat Chomsky den Einstein der modernen Linguistik genannt. Für die *New York Times* ist er »vielleicht der bedeutendste Intellektuelle der Gegenwart.« Und doch hat sein Auftreten hier zu Protesten geführt.

Bui Son
Dieses Buch vergiftet die Welt, es steckt voller Lügen, und wir Vietnamesen wollen es hier verbrennen.

Alle Demonstranten
Vietnam! Vietnam!

Thalia Assuras
Das Buch, um das es geht, hat er zusammen mit Edward S. Herman geschrieben. Es heißt *After the Cataclysm: Imperial Ideology and Post-War Reconstruction in Indochina* [Der Titel wird hier verdreht, er lautet richtig: *After the Cataclysm: Postwar Indochina and the Reconstruction of Imperial Ideology (The Political Economy of Human Rights* Bd. 2)]

Khanh Lekim
Er behauptet, niemand sei in irgendein Lager gekommen. Wir haben solche Gefangene hier unter uns. Er behauptet, wenn Leute aus Vietnam flüchten, dann nicht wegen des Kommunismus, sondern aus anderen Gründen. Er sagt, in Vietnam würden keine Menschenrechte verletzt und in Kambodscha keine Verbrechen begangen. Er hat unrecht.

Bui Son
Aufgrund seiner beruflichen Stellung ... unter Hinweis darauf vergiftet Chomsky die Welt – und dagegen protestieren wir.

Thalia Assuras
Nach Chomskys Aussage verfolgt das Buch unter anderem das Ziel, das wahre Ausmaß der in Kambodscha und anderen Ländern verübten Greueltaten zu ermitteln. Auch vergleicht es die veröffentlichten Zahlen mit anderen Quellen.

»THIRD EAR«

Chomsky
Bei Kambodscha bestand die allgemein übliche Darstellung in den Medien darin, daß Pol Pot zugegeben – sich sogar gerühmt – hätte, zwei Millionen Menschen in einer einzigen Genozidaktion umgebracht zu haben. Nach den damaligen Erkenntnissen des US-Geheimdienstes betrug die Zahl der Toten aber nur einige Zehn- oder allenfalls Hunderttausende, und sie waren auch keinem Genozid zum Opfer gefallen, sondern extrem schlechten Lebensbedingungen, Erschöpfung und so weiter. Unsere Aussage ist dann, daß das nach unserer Meinung die zuverlässigste Schätzung sein dürfte.
(zu Kambodscha siehe auch ab S. 92)

AUS »THIRD EAR«

Chomsky
Ich habe nichts dagegen, wenn ich angegriffen werde. Was mich stört, sind die Lügen. Intellektuelle können wirklich wunderbar lügen – sie sind geradezu Profis auf diesem Gebiet. Verleumdung ist nämlich ein phantastischer Trick, weil man nicht darauf reagieren kann. Was soll ich denn sagen, wenn mich jemand einen Antisemiten nennt? Daß ich keiner bin? Oder man schimpft Sie einen Rassisten oder einen Nazi oder sonstwas – Sie ziehen immer den Kürzeren. Sie können auf solche Angriffe einfach nichts entgegnen, und deshalb gewinnt immer der, der den Schmutz geworfen hat.

Zu anderen Lügen und Verleumdungen, denen Chomsky ausgesetzt war, vgl. : »The Chorus and Cassandra: What Everyone Knows About Noam Chomsky« von Christopher Hitchens in *Grand Street* Herbst 1985

… deshalb gewinnt immer der, der den Schmutz geworfen hat.

GRONINGEN

Frits Bolkestein *(niederländischer Verteidigungsminister)*
Professor Chomsky scheint für alle Menschen, an denen er etwas auszusetzen hat, nur zwei Schubladen bereitzuhalten: Entweder sie lügen oder sie sind dumm. Jetzt passen Sie mal auf: Ich nehme den Fall Robert Faurisson her. Wie war das doch gleich?

Wer kennt nicht Noam Chomsky vom MIT – entweder als Linguist oder wegen seiner linken politischen Aktivitäten. Aber nur in Frankreich ist bekannt, daß er auch enge Verbindungen zur aktuellen Neonazi-Szene unterhält, ja gewissermaßen der oberste Schutzpatron dieser Bewegung ist. Es geht ihm wie einem Bigamisten: Wie dieser seine beiden Familien voreinander verbergen muß, so muß auch Chomsky darauf sehen, daß seine liberalen und linken Leser und Zuhörer nichts über seine Neigung zu den Neonazis erfahren.
Chomsky macht geltend, seine Kontakte mit den Neonazis bezögen sich ausschließlich darauf, für deren Redefreiheit einzutreten. Er stünde auch nicht hinter dem wichtigsten Glaubensartikel der Neonazis, demzufolge der Holocaust nie stattgefunden habe. Allerdings haben ihn derartige Dementis nicht von seiner wiederholten und langandauernden Zusammenarbeit mit der Neonazi-Bewegung abgehalten. Und was besonders den französischen Neonazis geholfen hat: Er wirbt für ihre Gruppen mit seinem wissenschaftlichen Ruf.
Werner Cohn, *The Hidden Alliances of Noam Chomsky* **(40-seitige Kampfschrift der »Americans for a Safe Israel« 1988)**

Wer jemals in seine eigene FBI-Akte Einblick genommen hat, der weiß, daß die meisten Geheimdienste völlig unfähig sind. Deshalb geht ja bei denen auch so viel schief. Es klappt einfach nicht, und dafür gibt es viele Gründe. Zum Teil hängt es damit zusammen, wie sie mit den Informationen umgehen. Die Weitergabe geschieht üblicherweise durch ideologische Fanatiker, die alles auf ihre eigene abseitige Weise mißverstehen. Schaut man beispielsweise in die eigene Akte, wo man ja die Fakten kennt, dann stellt man fest: Ja, die Angaben stehen in einer losen Beziehung zu den Tatsachen; man kann rekonstruieren, wovon die Rede ist. Doch bis das Material erst mal seinen Weg durch den ideologischen Fanatismus der Geheimdienste gemacht hat, sind die merkwürdigsten Verzerrungen eingetreten.
Aus »Noam Chomsky: Questions and Answers with Community Activists, University Common Ministry, Laramie, Wyoming« 10.02.89

HUMANIST TV, NIEDERLANDE

Joop van Tijn
Einzelheiten ersparen wir uns, weil …

Chomsky
Die sind aber wichtig.

Joop van Tijn
Ich möchte nur eine Frage zum Fall Faurisson stellen.

Chomsky
Also kommt es nun auf die Fakten an oder nicht?

Joop van Tijn
Natürlich, ja.

Chomsky
So, dann möchte ich Ihnen bitte die Fakten vorlegen.

Joop van Tijn
Hm.

BATTERSEA ARTS CENTRE, LONDON

Zorniger Mann
Jawohl – Faurisson hat gesagt, daß der Massenmord an den Juden im Holocaust eine Geschichtslüge ist …

Frau aus dem Publikum
Könnten wir bitte die nächste Frage hören?

Zorniger Mann
Nein.

Chomsky
Doch, doch, das ist schon wichtig, das hat auch viel mit unserem Thema zu tun.

Frau aus dem Publikum
Verschwinden Sie!

RADIO KUOW, SEATTLE

Ross Reynolds
Sie sind ja sehr umstritten. Aber den schärfsten Widerspruch haben sie doch wohl geerntet, als Sie diesen französischen Intellektuellen verteidigten, der behauptet hatte, es habe im Zweiten Weltkrieg überhaupt keine Nazi-Todeslager gegeben, und der deswegen seinen Job an der Uni verlor.

CAFE IN PARIS

Robert Faurisson
Ich heiße Robert Faurisson. Ich bin 60 Jahre alt und Professor an der Universität von Lyon. Dort hinter mir sehen Sie das Pariser Gerichtsgebäude, das *Palais de Justice*. Dort wurde ich zu Beginn der achtziger Jahre viele Male verurteilt; verklagt hatten mich neun – zumeist jüdische – Vereinigungen. Ich wurde beschuldigt, Haß zu schüren, d. h. Rassenhaß, sowie Rassendiskriminierung und Geschichtsfälschung betrieben zu haben.

Die seit 30 Jahren andauernden Forschungen revisionistischer Autoren haben ergeben:
1. Hitlers »Gaskammern« hat es nie gegeben.
2. Der »Völkermord« (auch »versuchter Völkermord«) an den Juden hat nie stattgefunden. In anderen Worten: Hitler hat weder den Befehl noch die Erlaubnis gegeben, jemanden wegen seiner Rasse oder Religion zu töten.
3. Die sogenannten »Gaskammern« und der sogenannte »Völkermord« sind eine einzige Lüge.
4. Diese hauptsächlich von den Zionisten in die Welt gesetzte Lüge hat einen riesigen politischen und finanziellen Betrug möglich gemacht, dessen Hauptnutznießer der Staat Israel ist.
5. Die Opfer dieses Betruges sind in der Hauptsache das deutsche Volk (nicht die Regierung) sowie das gesamte palästinensische Volk.
6. Durch die gewaltige Macht der offiziellen Informationsmedien konnte bislang der Erfolg dieser Lüge gesichert und die Redefreiheit derjenigen, die ihr widersprechen, beschnitten werden.
7. Die Nutznießer dieses Betruges wissen, daß dessen Tage gezählt sind. So verfälschen sie Ziel und Art der revisionistischen Forschung. Das durchdachte und gerechtfertigte Bemühen um die historische Wahrheit wird bei ihnen mit den Etiketten »Wiederaufflammen des Nazismus« und »Geschichtsfälschung« belegt.
Robert Faurisson, »The ›Problem of the Gas Chambers‹« (o. D.)

GRONINGEN

Frits Bolkestein
Damals unterschrieb Professor Chomsky zusammen mit anderen Intellektuellen eine Petition; in der heißt es, Faurisson sei ein angesehener Literaturprofessor, der nichts weiter getan habe, als seine Forschungsergebnisse zu publizieren.

AM PANTHEON, PARIS

Mark Achbar
Vielleicht fangen wir einfach mal mit der Faurisson-Sache an. Welche Rolle spielten Sie dabei?

Pierre Guillaume *(Faurissons Verleger)*
Es gab über 500 Unterschriften, wohl eher 600. Zumeist von – äh – *universitaires* ...

Serge Thion *(Indochina-Experte)*
Hochschullehrer.

Pierre Guillaume
... Hochschullehrern.

Mark Achbar
Und die anderen vierhundertneunundneunzig? Wieso redet man immer nur über Chomskys Unterschrift?

Serge Thion
Na ja, wohl weil Chomsky für sich allein schon so etwas wie eine politische Macht darstellt.

HUMANIST TV, NIEDERLANDE

Chomsky
Ich unterschrieb eine Petition an das Gericht, es solle Faurissons Bürgerrechte respektieren. Die französische Presse – der anscheinend die Redefreiheit nichts bedeutet – zog daraus den Schluß, nur weil ich mich für seine Bürgerrechte einsetzte, verträte ich auch seine Theorien.

Der Begriff »Ergebnisse« an sich ist völlig neutral. Es liegt kein Widerspruch in einer Aussage wie der folgenden: »Die Forschungsergebnisse, die er publizierte, wurden als wertlos/irrelevant/gefälscht erachtet...«
»His Right to Say It« von Noam Chomsky in *The Nation* 28.02.81 S. 231.
Weitere Auszüge aus diesem Artikel auf S. 188-190

Pierre Guillaume gibt die Zeitschrift *Annales d'Histoire Révisionniste* heraus, zu der er auch Beiträge liefert. Er verlegt Faurissons Werke in Frankreich.

Über Serge Thion sagt Chomsky, er sei »ein libertär-sozialistischer Wissenschaftler und für seine Opposition gegenüber dem Totalitarismus in jeglicher Form bekannt«. Gemeinsam mit Guillaume veröffentlichte er zahlreiche Artikel über »Die Faurisson-Affäre«. In jüngster Zeit bestreitet er, Initiator der Petition gewesen zu sein, und benennt stattdessen den amerikanischen Revisionisten Mark Weber vom *Institute for Historical Review* in Kalifornien.

Im Panthéon liegt Voltaire begraben.

Der Kampf für die Freiheit der Rede ist von entscheidender Bedeutung, bildet diese doch das Herzstück eines ganzen Systems von Freiheiten und Rechten. Eine der zentralen Fragen, die in der Moderne abgehandelt werden, lautet: Darf der Staat den Inhalt von Mitteilungen verbieten – und falls ja, in welchen Fällen? (...) Eine restriktive oder zumindest vorsichtige Haltung zu dieser Frage findet sich selbst bei denen, die man als die führenden Libertären kennt. Ein kritischer Punkt ist die Staatsverleumdung, also der Gedanke, der Staat könne allein durch das gesprochene Wort kriminell angegriffen werden – mit den Worten des Rechtshistorikers Harry Kalven »das Markenzeichen aller geschlossenen Gesellschaften der Welt«. Keine Gesellschaft, sie mag noch so viele gute Eigenschaften aufweisen, ist frei, solange sie Gesetze gegen Staatsverleumdung duldet. Im England des späten 17. Jahrhunderts wurden Menschen für dieses Vergehen verstümmelt, kastriert, geköpft und geviertelt. Im gesamten 18. Jahrhundert bestand Konsens darüber, daß die angestammten Autoritäten sich nur halten konnten, solange alle umstürzlerischen Diskussionen unterblieben; auch sei »jegliche Beeinträchtigung des guten Rufs der Regierung, gleich ob real oder nur gedacht«, gewaltsam zu unterdrücken (Leonard Levy). »Der gemeine Bürger kann nicht Richter seiner Oberherrn sein (...) Denn dies würde jegliches Regiment verstören«, schrieb ein Verleger. Ein Wahrheitsbeweis war keine Entschuldigung, sondern galt im Gegenteil als noch verbrecherischer als eine falsche Anschuldigung, war er doch geeignet, die Autoritäten besonders stark in Verruf zu bringen.

Im übrigen verfährt man in unserer freisinnigeren Gegenwart mit Abweichlern ganz ähnlich. Falsche oder lächerlich wirkende Angriffe stellen kein Problem dar; wovor die Gesellschaft geschützt werden muß, ist jener gewissenlose Mensch, der mit seiner Kritik unbequeme Wahrheiten öffentlich macht. Auch in den nordamerikanischen Kolonien hielt man am Grundsatz der Staatsverleumdung fest. In den Jahren der Revolution herrschte notorische Intoleranz. Thomas Jefferson, führender Streiter für die Freiheit in Amerika, schloß sich der Auffassung an, Strafe habe auch der verdient, der »Verrat in Gedanken, nicht im Tun« begangen habe; politisch Verdächtige ließ er internieren. Er war sich mit den übrigen Gründervätern darin einig, daß »verräterische oder respektlose Äußerungen« gegen die Autorität des Nationalstaats oder der Einzelstaaten kriminell seien. Leonard Levy schreibt: »Während der Revolution waren Jefferson, Washington, Paine sowie die beiden Adams überzeugt davon, daß in der Frage der Unabhängigkeit ernsthafte politische Meinungsunterschiede nicht toleriert werden konnten und daß die einzige akzeptable Haltung die vollständige Hingabe an die patriotische Sache war. Die Freiheit, diese zu preisen, war unbegrenzt – sie zu kritisieren, gleich Null.«

Gleich beim Ausbruch der Revolution forderte der Kontinental-Kongreß die Einzelstaaten auf, durch Gesetze zu verhindern, daß die Menschen »getäuscht und zu einer irrigen Meinung verleitet« würden. Die Jeffersons mußten um 1800 erst selbst Zielscheibe solcher repressiven Maßnahmen werden, ehe sie sich zu ihrem eigenen Schutz entschlossen, freiheitlichere Gedanken zu entwickeln – was sie freilich nicht an einer Kehrtwendung hinderte, sobald sie ihrerseits an die Macht gekommen waren.

Noch bis zum Ersten Weltkrieg stand die Redefreiheit in den USA auf sehr schwachen Füßen, und es dauerte bis 1964, bis der Oberste Gerichtshof den Straftatbestand der Staatsverleumdung abschaffte. In einem Urteil von 1969 schließlich garantierte der Gerichtshof die völlige Redefreiheit mit der einzigen Ausnahme der »Aufforderung zu sofortigem gesetzlosen Handeln«. So hatte das Gericht endlich – zweihundert Jahre nach der Revolution – jene Position eingenommen, aus der heraus Jeremy Bentham 1776 gefordert hatte, eine freie Regierung müsse es »Unzufriedenen« gestatten, »ihren Unmut zu äußern, ihre Pläne zu entwickeln und überhaupt Opposition in jeglicher Form zu betreiben, ausgenommen aktive Rebellion, bevor die Exekutive sich das Recht zur Einmischung nehmen darf.« Der Grad an Freiheit, der in dieser Entscheidung des Obersten Gerichtshofs formuliert wird, hat in meinen Augen in der Welt nicht seinesgleichen. So wird man etwa in Kanada immer noch für die Verbreitung »falscher Nachrichten« eingesperrt, weil dies nach einem Gesetz von 1275 zum Schutz des Königs strafbar ist.

Noch rückständiger ist man in Europa. Ein krasser Fall ist Frankreich; dort herrscht eine besonders breite Kluft zwischen der selbstgefälligen Rhetorik und einer verbreiteten repressiven Praxis, die nur deswegen niemandem auffällt, weil jeder sich an sie gewöhnt hat. Auch Großbritannien zieht der Redefreiheit enge Grenzen; das Land leistet sich ja sogar zu seiner Schande ein Gesetz gegen Gotteslästerung. Besonders springen hier die Reaktionen der sogenannten »Konservativen« in der Rushdie-Affäre ins Auge. Als Salman Rushdie wegen Staatsverleumdung und Gotteslästerung angeklagt wurde, entschied der Oberste Gerichtshof, das gesetzliche Verbot der Gotteslästerung gelte nur innerhalb der christlichen Kirche, nicht aber für den Islam, und Staatsverleumdung liege auch nur vor, wenn sich die verbalen Angriffe »gegen Ihre Majestät persönlich, gegen die Regierung Ihrer Majestät oder gegen eine andere staatliche Institution« richteten. Somit hat das Gericht zwar konzediert, daß das Gesetz in England ausschließlich die heimischen Autoritäten vor Kritik schützt, im übrigen aber ein Prinzip bestätigt, welchem ansonsten Khomeini, Stalin, Goebbels und ande-

GRONINGEN

Frits Bolkestein
Und dann schrieb Faurisson ein Buch, in dem er den Beweis zu führen suchte, die Gaskammern der Nazis habe es nie gegeben.

IN EINEM AUTO IN PARIS

Robert Faurisson
Wir bestreiten die Tatsache eines Ausrottungsplans und der Ausrottung – speziell in Gaskammern oder Gaswagen.

GRONINGEN

Frits Bolkestein
Zu diesem Buch hat Professor Chomsky ein Vorwort geschrieben. Er nennt darin Faurisson »einen ziemlich unpolitischen Liberalen«.

IN EINEM AUTO IN PARIS

Robert Faurisson
Ein Kommunist ist ein Mensch, ein Jude ist ein Mensch, ein Nazi ist ein Mensch, und ich bin ein Mensch.

Mark Achbar
Sind Sie Nazi?

Robert Faurisson
Ich bin kein Nazi.

Mark Achbar
Wo würden Sie sich politisch einordnen?

Robert Faurisson
Bei gar nichts.

re Feinde der Freiheit huldigten. Hier würde wohl auch Conor Cruise O'Brien Unterstützung erfahren, der als irischer Minister für Post und Fernmeldewesen durch eine Abänderung des Rundfunkgesetzes es der Anstalt ermöglicht hat, eine Ausstrahlung zu verweigern, sofern diese nach Ansicht des Ministers »geeignet ist, die Staatsautorität zu untergraben.«

Wir sollten auch bedenken, daß es nicht etwa der Erste Verfassungszusatz ist, dem wir in den USA die Redefreiheit verdanken, sondern daß es hierzu langer und intensiver Anstrengungen des Volkes bedurfte, vor allem durch die Arbeiterbewegung sowie die Bürgerrechts- und Antikriegsbewegung der sechziger Jahre. »Ein Pergament schützt nicht vor Tyrannei«, schreibt James Madison. Bloße Worte können keine Rechte garantieren; man gewinnt und sichert sie nur durch Kampf.

Schließlich sollte man sich noch in Erinnerung rufen, daß Fortschritte für das Recht auf freie Rede häufig gerade dort erkämpft wurden, wo es um besonders abscheuliche oder inakzeptable Äußerungen ging. So stellte das Urteil des Obersten Gerichtshofs von 1969 den Ku Klux Klan von Verfolgung frei, nachdem auf einer Versammlung bewaffneter Kapuzenmänner um ein Flammenkreuz Rufe ertönt waren, »die Nigger zu begraben« und »die Juden nach Israel zurückzuschicken.«

Deterring Democracy S. 398-401

BATTERSEA ARTS CENTRE, LONDON

Zorniger Mann
Sie haben doch dieses Vorwort geschrieben, und da ...

Chomsky
Nein. Das ist nicht mein Vorwort, denn ich habe nie ein Vorwort geschrieben. Und Sie wissen das auch ganz genau.

Zorniger Mann
Ja, ja ... Vidal Naquet ...

Chomsky
Er spielt auf eine Äußerung von mir über Bürgerrechte an, die in ein Buch übernommen wurde, wo Faurisson ... also bitte ...

Zorniger Mann *(brüllt)*
Sie sind doch Linguist ...

Chomsky
Jawohl!

Zorniger Mann
... wenn Sie also schreiben, dann bedeuten Ihre Worte auch etwas!

Chomsky
Stimmt. Und wenn ich schreibe, ...

Zorniger Mann
Und wenn Sie jemanden als unpolitischen Liberalen bezeichnen, dessen Ansichten durch seine Worte, Ergebnisse oder Schlußfolgerungen Gewicht erhalten, dann stellt das ein Urteil dar, und zwar eine positive Beurteilung dieser Ansichten!

Chomsky
Aber ganz im Gegenteil ...

Chomsky hat unablässig bestritten, Faurissons Ansichten zu teilen oder ihn gar aktiv zu unterstützen. Wenn es daher Menschen geben sollte, die sich in dieser Sache auf Chomsky berufen, dann ist das eine Folge davon, daß man ihn durch bewußt falsche Darstellung seines Standpunkts als Anhänger Faurissons erscheinen ließ und dadurch auch Faurisson selbst mehr Kredit verschafft hat, nur um in Wirklichkeit Chomsky aufs Korn nehmen zu können. Wie Chomsky ebenfalls vermerkt hat, wurde beispielsweise der Holocaust-Leugner Arthur Butz, Dozent an der Northwestern University, völlig ignoriert und blieb daher ohne Wirkung in der Öffentlichkeit. Niemand stellte seine Bürgerrechte in Frage, und noch seine abseitigsten Ideen wurden selbst von den schärfsten Widersachern nicht zu einer *cause célèbre* gemacht.

In einem Beitrag unter dem Titel »The Judgment of History« schreibt Gitta Serenyi im *New Statesman* vom 17.07.81: »Im April schlug ich vor, Arthur Butz, der auch zu denen gehört, die den Holocaust als ›Schwindel‹ bezeichnen, zu stellen. Es hieß dann aber in den akademischen Kreisen, man würde dadurch nur einen Propagandisten, den niemand ernst nehmen kann, ›aufwerten‹. Wie jedoch der Fall Faurisson gezeigt hat, ist ein solches Urteil fragwürdig.« Man versteht nicht, wie Serenyi so argumentieren konnte. Faurisson kam ja eben dadurch, daß er »gestellt« wurde, zu seiner großen Publizität. Ähnlich attackiert, würde auch Butz diesen Nutzen ernten. Auch Faurisson wurde nicht etwa durch seine Ergebnisse »aufgewertet«, sondern als jemand, dem ein Bürgerrecht verweigert wurde – auch das eine Folge der offenen Auseinandersetzung.

Edward S. Herman, »Pol Pot, Faurisson, and the Process of Derogation«, in *Noam Chomsky: Critical Assessments* **(a. a. O.)**

Der »zornige Mann« hielt ein Exemplar von *The Hidden Alliances of Noam Chomsky* in der Hand. Siehe S. 175

HUMANIST TV, NIEDERLANDE

Chomsky
Kann ich mit den Fakten fortfahren?

Joop van Tijn
Gewiß, stundenlang können Sie das. Es gibt doch aber wohl einige Fakten, die ... na ja, OK.

Chomsky
Also dieses sogenannte Vorwort. Der Mensch, der diese Petition organisiert hatte, bat mich um ein Statement zur Redefreiheit. Dabei sollte es auch darum gehen, daß es einen Unterschied macht, ob ich dafür eintrete, daß jemand seine Meinung frei äußern kann, oder ob ich mich dem anschließe, was er da vorbringt. Ich habe mich also hingesetzt und eine ziemlich triviale Erklärung verfaßt, die betitelt war »Einige grundsätzliche Bemerkungen zur Redefreiheit«. Ich habe ihm dann gesagt: »Machen Sie damit, was Sie wollen.«

AM PANTHEON, PARIS

Serge Thion
Pierre hat also ein Buch herausgebracht mit all den Argumenten, die Faurisson vor Gericht vorbrachte. Und wir dachten dann, es wäre doch eine gute Idee, diesen Text von Noam Chomsky als eine Art Warnung zu verwenden, als ein Vorwort, daß es hier um die Redefreiheit geht, um die Gedankenfreiheit und auch um die Freiheit der Forschung.

Der Titel des Buches lautet *Mémoire en Défense contre ceux qui m'accusent de falsifier l'Histoire* (Plädoyer zur Verteidigung gegen jene, die mich der Geschichtsfälschung bezichtigen)

Auf der Umschlagseite von Faurissons Buch *Mémoire en Défense* ... wird Chomskys Beitrag als *avis* bezeichnet (Meinung, Urteil, Rat, Warnung, Notiz). Im Text heißt es dann »Vorwort«.

HUMANIST TV, NIEDERLANDE

Joop van Tijn
Warum haben Sie in letzter Sekunde versucht, es zurückzuziehen, es ...

Chomsky
Also das ist das einzige, was ich dabei bedauere. Das ist ...

Joop van Tijn
Aber das ist doch das einzig Wichtige.

Chomsky
Ist es nicht.

Joop van Tijn
Ist es doch.

Chomsky
Ist es nicht.

Joop van Tijn
Aber damit haben Sie doch ...

Chomsky
Sie meinen, mit dem Versuch, es zurückzuziehen?

Joop van Tijn
Damit haben Sie doch sagen wollen, Sie hielten es für falsch ...

Chomsky
Stimmt nicht. Was habe ich denn damals ... Sehen Sie, ich schrieb einen Brief, der wurde bekannt, und darin heißt es: So, wie die Dinge sich entwickelt haben, ist die französische Intelligenzschicht schlichtweg unfähig, das Ganze zu verstehen. Wenn nun meine Äußerungen über die Redefreiheit in das Buch übernommen würden – von dem Buch hatte ich nichts gewußt – dann würde alles nur noch schlimmer.

Im nachhinein gesehen, hätte ich es [den Rückziehversuch] vielleicht doch nicht machen sollen. Gut, Leute wie Alan Dershowitz, die in Sachen arabisch-israelischer Konflikt jegliche Gedanken- und Redefreiheit bekämpfen, hätten dadurch weniger Ansatzpunkte gehabt – ich weiß es nicht. Taktische Gründe mögen also vielleicht dafür gesprochen haben, aber ich finde nicht, daß man so vorgehen sollte. Man soll das tun, was man für richtig hält, nicht nur was einem einen taktischen Vorteil einbringt.
Chronicles of Dissent S. 264

Es hat schon viel umstrittenere Fälle gegeben, in denen ich für diesen Grundsatz eingetreten bin. Beispielsweise bei Personen, die ich für wirkliche Kriegsverbrecher halte, und dies auf dem Höhepunkt des Vietnamkriegs – oder bei Wissenschaftlern, die Schwarze für genetisch minderwertig halten, und dies in einem Land, wo die Schwarzen nur wenig Gutes erlebt haben und wo derartige Lehren geeignet sind, den immer noch bestehenden Rassismus erneut anzuheizen. Man mag ja von Faurisson halten, was man will, aber niemand wirft ihm schwere Kriegsverbrechen vor noch bezeichnet er die Juden als genetisch minderwertig, und überhaupt genießt er nicht einmal einen winzigen Bruchteil des Rückhalts, der in diesen anderen Fällen zu registrieren ist – bei denen im übrigen meine Verteidigung der Grundsätze, die auch weiterhin die meinen sind, nicht die mindeste Kritik hervorrief.
Radical Priorities S. 16

Vgl. auch »The Treachery of the Intelligentsia: A French Travesty«, *Language and Politics*, S. 308-323

Die französische Intelligenzschicht ist schlichtweg unfähig zu verstehen, worum es geht.

Um Klarheit zu schaffen, wäre es daher besser, die beiden Sachen deutlich zu trennen. Im Rückblick finde ich nun allerdings, ich hätte das vielleicht doch nicht tun sollen. Ich hätte lieber sagen sollen: Gut, es soll so veröffentlicht werden. Denn das sollte es auf jeden Fall. Nur – ganz abgesehen davon, sehe ich diese Sache nicht nur als trivial an, sondern als geradezu winzig, wenn man sie mit meinen anderen Äußerungen zur Redefreiheit vergleicht.

UNIVERSITY OF WASHINGTON, SEATTLE

Chomsky
Meiner Meinung nach hat der Staat kein Recht, darüber zu bestimmen, wie die geschichtliche Wahrheit lauten soll, und alle zu bestrafen, die davon abweichen. Dieses Recht werde ich dem Staat nicht gewähren, selbst wenn vielleicht jemand behauptet …

Student
Bestreiten Sie nun, daß es jemals Gaskammern gegeben hat?

Chomsky
Natürlich nicht. Was ich sagen will, ist folgendes: Wenn man an die Redefreiheit glaubt, dann ist das eine Redefreiheit für Meinungen, die einem nicht gefallen. Goebbels war auch für die Redefreiheit – bei Ansichten, die ihm paßten. Stimmt's? Stalin genauso. Wenn Sie also für Redefreiheit eintreten, dann bedeutet das die Freiheit, eine Meinung zu äußern, die Sie widerlich finden. Andernfalls wären Sie überhaupt nicht für Redefreiheit. Zur Redefreiheit kann man nur zwei Haltungen einnehmen, und jeder trifft seine Wahl.

Meiner Meinung nach hat der Staat kein Recht, darüber zu bestimmen, wie die geschichtliche Wahrheit lauten soll, und dann alle zu bestrafen, die davon abweichen.

BATTERSEA ARTS CENTRE, LONDON

Chomsky
Wenn ich mich vor die anstößigsten Äußerungen stelle – ich meine, vor Leute, die wirklich übelste Vorstellungen verbreiten – dann sagt bestimmt jeder Kommissar zu mir: Sie vertreten dieselben Ansichten wie jener Mensch. Da bin ich ganz sicher. Ich vertrete aber gar nicht seine Meinung – ich vertrete sein Recht, sie zu äußern. Das ist wirklich der entscheidende Unterschied, und spätestens seit dem 18. Jahrhundert haben das auch alle verstanden – nur die Faschisten nicht.

UNIVERSITY OF WASHINGTON, SEATTLE

Frau
Aber es gibt doch so etwas wie Objektivität oder wissenschaftliche Objektivität oder Realität? Wie können Sie als Wissenschaftler diesen Standpunkt einnehmen?

Chomsky
Sehen Sie mal, ich sage doch nicht, daß ich seine Ansichten verteidige. Wenn jemand eine wissenschaftliche Abhandlung publiziert und ich anderer Meinung bin, dann sage ich doch auch nicht, der Staat soll ihn einsperren, oder?

Frau
Sicher. Aber Sie müssen ihn doch nicht so direkt unterstützen ...

Chomsky
Ich unterstütze ihn doch gar nicht.

Zur Diskussion über Redefreiheit, Staatsverleumdung (Kritik an der Regierung) und Zensur vgl. *Necessary Illusions* S. 123-133 sowie S. 337-355

Frau
… und sagen, ich unterstütze ihn, weil …

Chomsky
Aber nein!

Frau
… weil jeder das Recht haben soll, zu sagen, was er will.

Chomsky
Ja, aber … also gut. Jetzt nehmen wir mal an, er wird wegen Fälschung vor Gericht gestellt. Dann verteidige ich ihn, selbst wenn ich anderer Meinung bin als er. Und genau das ist doch in …

Frau
Aber er stand doch nicht vor Gericht.

Chomsky
Oh, da sind Sie aber im Irrtum.

Frau
Also wann haben Sie diesen Text, in dem Sie sich vor ihn stellen, geschrieben – ich meine dieses …

Chomsky
Als er vor Gericht gestellt wurde. Und überhaupt habe ich ihn nur in der Weise unterstützt, daß ich gesagt habe, die Redefreiheit gelte auch für ihn – Punkt.

AUS »SPEAKING OUT: CRISIS IN THE MIDDLE EAST«
TVOntario (Bildungskanal) 12.12.85

Yossi Olmert
Diese Sache mit dem Holocaust, den es angeblich gar nicht gegeben hat, ist zweifellos ein ganz typisches Beispiel.

TVOntario ist das nicht-kommerzielle Bildungsfernsehen der kanadischen Provinz Ontario. »Speaking Out« ist eine einstündige Livesendung über aktuelle Themen mit telefonischer Zuschauerbeteiligung.

In dieser Sendung im Jahre 1985 diskutierte Chomsky mit Professor Yossi Olmert von der Universität Tel Aviv (nachmals israelischer Regierungssprecher) über die Nahostkrise.

Chomsky
Wie viele …

Yossi Olmert
Nehmen wir ein anderes Beispiel – aus dem Nahen Osten.

Chomsky
Wie viele Zeitungen in Amerika – oder sonstwo – nehmen Faurisson ernst? Wie viele sind es in Frankreich …

Yossi Olmert
Als ich damals …

Chomsky
… was meinen Sie, wieviel Prozent?

Yossi Olmert
Sofort.

Chomsky
Größer als Null?

Yossi Olmert
Sofort.

Chomsky
Größer als Null?

Yossi Olmert
Sofort – ich komme gleich darauf.

Chomsky
Haben Sie jemals in irgendeiner Zeitung irgend etwas darüber gelesen …

Yossi Olmert
Sie fragen dauernd, und ich versuche zu antworten.

Chomsky
… oder gibt es irgendeine Zeitung, die ihn nicht als Verrückten bezeichnet hätte?

TVOntario

Telefonbericht – SPEAKING OUT – 12.12.85
ISRAEL UND DER NAHE OSTEN
Gäste:
Prof. Josef Olmert, Univ. Tel Aviv, Berater der israelischen Regierung, Korrespondent zahlreicher Zeitungen, Funk- und Fernsehanstalten
Noam Chomsky, Professor für Linguistik am MIT, Autor von THE FATEFUL TRIANGLE und anderer Bücher; schreibt in der Presse und hält häufig Vorträge.

ANRUFE (ZUGESCHALTET)
Toronto   3
Burlington   1 (21.00 Uhr)

ANRUFE (NICHT ZUGESCHALTET)
Toronto   10
Ottawa   1
NACHTRÄGLICH
Toronto   12
Ottawa   1

IMPULSZÄHLER (VERSUCHE, IN DIE SENDUNG ZU GELANGEN):   25.809
TELEFONWAHL-STIMMEN: 5.484
GESAMTZAHL ANRUFE: 31.321

Abstimmungsfrage der Telefonwahl:
HABEN DIE PALÄSTINENSER EIN ANRECHT AUF SELBSTBESTIMMUNG IN EINEM TEILGEBIET DES EHEMALIGEN PALÄSTINA?
Ja   3.627
Nein   1.857

Anmerkung
Bei Studiogästen dieses Kalibers ist es so gut wie unmöglich, überhaupt Anrufer in die Sendung hineinzunehmen; wir konnten schon über die vier froh sein. Wie stark der Ansturm war, läßt sich daraus erschließen, daß fast alle Anrufe, die uns überhaupt erreichten, Ortsgespräche waren. Um sicherzugehen, daß sich in der Sendung vorher genügend Substanz angesammelt hatte, blendeten wir die Telefonnummer erst um 21:30:15 Uhr ein. Die Debatte war so hitzig, daß es bei dem komplexen und sensiblen Thema besonders lange dauerte, bis das Signallicht durchkam. Wir mußten sogar den POSTKORB-Teil halbieren und den Rest im Eiltempo abwickeln, nur um die Sendezeit einzuhalten. Die Anzahl der abgegebenen Telefonstimmen bildet einen Spitzenwert für diese Saison (und unter Berücksichtigung der veränderten Sendezeit auch für die vorhergehenden Perioden); die binnen 25 Minuten vom Impulszähler registrierten Anrufversuche stellen ebenfalls eine Rekordzahl dar. Wie die Bell-Telefongesellschaft uns wissen ließ, haben wir ihre Vermittlungszentrale überlastet.

Yossi Olmert
OK. Ich versuch's mal – ich versuch's mal. Ich meine, als ich die Sache verfolgt habe …

Chomsky
Das ist doch eine ganz einfache Frage.

Yossi Olmert
… als ich die Sache vor 5 oder 6 Jahren verfolgte, erfuhr ich, daß Noam Chomsky sogar von einigen seiner Anhänger heftig kritisiert wurde, weil man in seinem Verhalten eine antiisraelische Kampagne sah.

BATTERSEA ARTS CENTRE, LONDON

Chomsky
Ich habe in der Vergangenheit in Bezug auf die Personen, die den Holocaust leugnen, eine weit extremere Haltung eingenommen als Sie hier. Lesen Sie mal meine allerersten Artikel; da sage ich, man verhält sich bereits unmenschlich, sobald man sich auch nur auf eine Diskussion darüber einläßt, ob die Nazis diese Greuel wirklich begangen haben. Wenn Sie also meine Meinung dazu hören wollen: Sie sollten über diese Sache nicht mal diskutieren. Aber wenn jemand unbedingt Faurisson widerlegen möchte, dann dürfte das gewiß nicht schwerfallen.

Mir fällt eine ausgezeichnete Untersuchung über Hitlers Osteuropa-Politik ein, die ich vor einigen Jahren in einer Stimmung grimmiger Faszination gelesen habe. Der Autor hatte sich alle Mühe gegeben, kühl, wissenschaftlich und objektiv zu bleiben und die menschlichen Reaktionen zu unterdrücken, die notwendigerweise aufgewühlt werden, wenn man mit dem Plan konfrontiert ist, Millionen menschlicher Wesen zu versklaven oder zu vernichten und so die Erben der geistigen Kulturwerte des Okzidents in die Lage zu versetzen, ungestört eine höhere Gesellschaftsform zu errichten. Sobald wir aber diese elementaren menschlichen Reaktionen unter Kontrolle halten, begeben wir uns bereits in die Erörterung technischer Probleme mit der Nazi-Intelligenz: Ist es überhaupt technisch möglich, Millionen von Leichen zu beseitigen? Soll man sie an Ort und Stelle verscharren oder in ihre »natürliche Heimat im Osten« zurückschicken, damit die neue Hochkultur zum Nutzen der Menschheit erblühen kann? Sind die Juden wirklich ein Krebsgeschwür, das die Lebenskraft des deutschen Volkes zerfrißt? Und so weiter und so weiter. Ganz ohne es zu merken, fand ich mich in diesen Morast wahnwitziger Rationalität hineingezogen und legte mir Argumente zurecht, um die Konstrukte der Bormanns und Rosenbergs zum Einsturz zu bringen.
Wer die Anmaßung, gewisse Fragestellungen dürften rational diskutiert werden, für legitim hält und sich somit auf die Ebene von Argument und Gegenargument, von Taktik und technischer Realisierbarkeit, von Zitaten und Fußnoten begibt, der hat schon dadurch seine Humanität preisgegeben.
Einleitung zu *American Power and the New Mandarins* S. 8-9

Im September 1993 veröffentlichte Jean-Claude Pressac, ein ehemaliger Anhänger Faurissons, *Les Crématoires d'Auschwitz.* Er gibt darin eine genaue technische Beschreibung der Konstruktion und Funktionsweise der Gaskammern und Verbrennungsöfen. Als erster Vertreter eines westlichen Landes hatte Pressac Einblick in die umfangreichen Auschwitz-Akten erhalten, welche 1945 den Sowjets in die Hände gefallen waren. Im *Nouvel Observateur* (30.09. bis 06.10.93) berichtet Pressac, wie diese Forschungen seine schon vorher aufgekommenen Zweifel an Faurissons Behauptungen bekräftigten. Er veröffentlicht derartige Untersuchungen seit 10 Jahren und findet seine Forschungsergebnisse durch die Moskauer Dokumente bestätigt.
Sabrina Matthews

Der Artikel in der *New York Times* über meine Verwicklung in die »Faurisson-Affäre« trug die Überschrift »Französischer Sturm im Cognacglas«. Wenn damit gemeint war, die Vorgänge hätten nicht einmal die Bezeichnung »Sturm im Wasserglas« verdient, dann kann ich dem zustimmen. Dennoch ist dazu in Europa – und zum Teil auch hier – die Tinte in Strömen geflossen, und weil die Berichterstattung nicht gerade erhellend war, sollte ich vielleicht kurz die Tatsachen aus meiner Sicht darlegen und auch einige Worte über die Grundsatzfragen verlieren, die sich hier stellen (…)
Im Herbst bat Serge Thion, ein libertär-sozialistischer und für seine Opposition gegenüber dem Totalitarismus in jeglicher Form bekannter Wissenschafter, mich um meine Unterschrift unter eine Petition an die französischen Behörden, sie möchten »Robert Faurissons Sicherheit und freie Ausübung seiner gesetzlichen Rechte« garantieren. (…)
Diese Petition stieß auf lebhaften Protest. Im *Nouvel Observateur* schrieb Claude Roy, »der von Chomsky erlassene Aufruf« verteidige Faurissons Ansichten. Roy stellte meinen Standpunkt als einen Versuch dar, den Unterschied zwischen den Vereinigten Staa-

ten und Nazideutschland wegzuinterpretieren. Pierre Vidal-Naquet beurteilte die Petition in *Esprit* als »skandalös«, denn es würden darin »seine ›Schlußfolgerungen‹ als echte Entdeckungen vorgestellt«. Vidal-Naquet hatte einen Satz in der Petition mißverstanden, in dem es hieß: »Seit der Veröffentlichung seiner Ergebnisse mußte Professor Faurisson …«. Der Begriff »Ergebnisse« an sich ist völlig neutral. Es liegt kein Widerspruch in einer Aussage wie der folgenden: »Die Forschungsergebnisse, die er publizierte, wurden als wertlos/irrelevant/gefälscht erachtet…«. Die Petition sagte nichts über die Qualität von Faurissons Arbeiten aus, denn die Fragen, um die es ging, waren ganz andere (…)

Was Faurisson vorträgt, steht in diametralem Gegensatz zu meinen Überzeugungen, die ich auch vielfach in Büchern vertreten habe, (so etwa in *Peace in the Middle East?*, wo der Holocaust als »der phantastischste Ausbruch kollektiven Wahnsinns in der Geschichte der Menschheit« bezeichnet wird). Doch es ist von geradezu elementarer Bedeutung, daß man die Freiheit des Wortes (und das schließt die akademische Freiheit mit ein) nicht auf Äußerungen beschränken darf, die einem zusagen. Daher muß diese Freiheit gerade für solche Meinungen besonders engagiert verteidigt werden, die überwiegend auf Ablehnung und Verachtung treffen. Man kann sehr leicht den verteidigen, der dieser Hilfe gar nicht bedarf, oder mit in den Chor derjenigen einfallen, die einmütig – und häufig zu Recht – über einen amtlichen Feind und Menschenrechtsverletzer herfallen.

Etwas später erfuhr ich dann, daß meine Erklärung in ein Buch aufgenommen werden sollte, in dem Faurisson sich gegen eine gerichtliche Anklage zu verteidigen suchte. Dies hatte zwar nicht in meiner Absicht gelegen, aber es widersprach auch nicht den Anweisungen, die ich gegeben hatte.

In einem Brief, den mir Jean-Pierre Fay schrieb – Fay war ein bekannter antifaschistischer Schriftsteller und Aktivist – stimmte er mir zwar im Grundsatz zu, bat mich jedoch dringend, meinen Text zurückzuziehen; andernfalls würde man bei dem in Frankreich herrschenden Klima meinen Kampf um Faurissons Recht auf freie Meinungsäußerung als inhaltliche Parteinahme interpretieren. In meiner Antwort schloß ich mich seinem Urteil an; ich verlangte, meine Erklärung solle nicht erscheinen, aber da war es bereits zu spät, um die Veröffentlichung noch zu stoppen (…)

Nach einer weitverbreiteten Meinung sollte ein besonderer Skandal darin liegen, daß ich mich für Faurissons Recht auf das freie Wort eingesetzt hatte, ohne mir vorher seine Arbeiten genauer angeschaut zu haben. Das halte ich nun allerdings für eine merkwürdige Lehre; denn würde man sich danach richten, dann gäbe es für unpopuläre Meinungen überhaupt keinen Rechtsschutz. Faurisson besitzt nicht den geringsten Einfluß in Frankreich, weder auf die Presse noch in der Wissenschaft. Wer ihn widerlegen oder verdammen will, hat dazu jede Möglichkeit. Daß ich selbst in schärfster Opposition zu ihm stehe, ist – wie ich bereits sagte – belegt. Will man ein Buch mit rationalen Gründen verurteilen, dann muß man es zumindest sorgfältig gelesen haben, mögen die darin präsentierten Erkenntnisse auch noch so gespenstisch sein; man muß die Belege nachprüfen usw. Einer der bizarrsten Anwürfe lautete, ich habe – indem ich dies verweigerte – mein Desinteresse an 6 Millionen ermordeter Juden verraten. Nun, diese Kritik würde allerdings jeden treffen, der sich genau so wenig für Faurissons Arbeiten interessiert wie ich. Wenn ich das Recht der freien Meinung verteidige, dann übernehme doch ich keine besondere Verpflichtung dafür, die fraglichen Äußerungen zu studieren oder auch nur zur Kenntnis zu nehmen. Beispielsweise habe ich Petitionen zugunsten gefährdeter osteuropäischer Dissidenten unterschrieben (und mehr als das), ohne viel über ihre Ansichten zu wissen (sie interessieren mich auch nicht, zumal ich sie in einigen Fällen für ziemlich abstoßend halte, was ich aber niemals verlauten lasse, eben weil es absolut nichts mit der Kernfrage zu tun hat). Ich kann mich nicht erinnern, jemals wegen solcher Schritte kritisiert worden zu sein.

Hier muß ich aber noch etwas anmerken. Unter den Fällen, wo ich mich für Bürgerrechte und die akademische Freiheit stark gemacht habe, gab es einige, die erheblich kontroverser waren. So sprach ich mich auf dem Höhepunkt des Vietnamkriegs dagegen aus, Personen, die in meinen Augen wirkliche Kriegsverbrecher waren, aus politischen oder ideologischen Gründen die Lehrbefugnis zu entziehen. Die gleiche Haltung habe ich in Bezug auf Wissenschaftler eingenommen, die eine genetisch bedingte Unterlegenheit der Schwarzen »bewiesen« haben wollen, und das in einem Land, wo die Schwarzen nur wenig Gutes erfahren haben und wo derartige Lehren von Rassisten und Neonazis aufgegriffen werden. Man mag ja von Faurisson halten, was man will, aber niemand wirft ihm vor, schwere Kriegsverbrechen propagiert oder die Juden als genetisch minderwertig bezeichnet zu haben (er schreibt übrigens von dem »heroischen Aufstand des Warschauer Ghettos« und rühmt jene, die »todesmutig für die gerechte Sache und gegen den Nazismus kämpften»; aber auch dies hat nichts mit seinen Bürgerrechten zu tun). Im Jahre 1969 schrieb ich sogar, es sei falsch, an den Universitäten die Forschungen zur Aufstandsbekämpfung zu verbieten, auch wenn diese zu Mord und Zerstörung führen – heute wäre ich mir da übrigens nicht mehr so sicher. Gegen all diese doch erheblich umstritteneren Aktionen erhob sich auch nicht der leiseste Einspruch; das beweist doch, daß diejenigen, die das Recht auf ungestrafte Meinungsäußerung nicht gelten lassen wollen und auf jede Verteidigung dieses Rechts mit Abscheu reagieren, reichlich selektiv vorgehen.

Interessant ist auch, wie der PEN-Club in Paris reagiert hat. PEN verurteilte meinen Beitrag mit der Begründung, Faurisson habe dadurch ausgerechnet in einer Zeit des wachsenden Antisemitismus Publicity erhalten. Es mutet merkwürdig an, wenn eine Organisation, die für die Freiheit der Schriftstellerei eintritt, sich dann aufregt, als Faurissons Verteidigung gegen seine Ankläger das Ohr der Öffentlichkeit erreicht. Faurisson verdankt seine Publicity in erster Linie seinem Prozeß und einer Presse, die in meiner Verteidigung seiner Bürgerrechte einen Skandal erblicken wollte (...)

Was nun das von PEN beklagte Wiederaufleben des Antisemitismus und der rassistischen Ausschreitungen angeht, so erhebt sich doch die Frage, ob es wirklich angemessen ist, Veröffentlichungen, durch die rassistische Gewalt und Unterdrückung bestärkt werden könnten, mit dem Entzug von Bürgerrechten zu beantworten. Läge die bessere Antwort nicht vielmehr darin, nach den Gründen für diese unheilvollen Entwicklungen zu suchen und diese nach Möglichkeit abzustellen? Ich denke, für jeden, der die als fundamental angesehenen Ideale der westlichen Demokratie hochhält und um die wirklichen Übel besorgt ist, die uns bedrohen, dürfte die Antwort klar sein.

»His Right to Say It« in The Nation 28.02.81 S. 231-234

Seit diesem einen Tag mit Faurisson überlege ich mir ernsthaft, woher wir eigentlich wissen, was wir zu wissen glauben, und welche Anforderungen wir an Beweise stellen. Was weiß ich über die Gaskammern? Da ich jüdisch erzogen bin und schon als Kind an unzähligen Wohltätigkeitsaktionen unter dem Banner »Nie wieder!« beteiligt war, scheint das Wissen sozusagen angeboren zu sein. Aus jüngerer Zeit kommt einem natürlich Claude Lanzmanns *Shoah*-Dokumentation in den Sinn: mit den Geständnissen von Nazis, mit dem Bericht eines Mannes, der die Leichen aus den Gaskammern holte, mit vielen Aussagen anderer Zeugen und Überlebenden der Nazigreuel. Ich habe die Werke angesehener Historiker über den Holocaust gelesen, etwa von Raoul Hilberg, der auch in *Shoah* auftritt. Ich habe im Laufe der Zeit mit verschiedenen Überlebenden gesprochen, darunter Sarah Nomberg Prytzyk, Autorin des Buches *Auschwitz: True Tales of a Grotesque Land* (University of North Carolina Press 1985). Und jetzt also Pressac mit *seinen* Dokumenten.

Anscheinend leben die Leute, die wie Faurisson und die anderen Revisionisten dieses überwältigende Beweismaterial ablehnen, in einem parallelen Universum. Glauben sie, die Deutschen hätten alle wahrheitsliebenden Juden umgebracht und nur einige Lügner übriggelassen? Ich selbst könnte um nichts in der Welt Faurissons Denkweise nachvollziehen. Geradezu unheimlich wurde die Sache dadurch, daß er ja kein dumpfer Irrer ist. Er vermittelt zumindest einen Anschein von Rationalität, und auch die Lyoner Universität legt vermutlich einen gewissen Qualitätsmaßstab bei der Auswahl der dort tätigen Personen an.

Seine Methode, Aufmerksamkeit zu erregen, besteht darin, immer anstößigere Behauptungen aufzustellen. Er hält beklatschte Vorträge vor Grüppchen von Neonazis (einer ist in dem schwedischen Film *The Truth Shall Set You Free* zu sehen). Und doch konnte ich bei ihm keinen inneren Judenhaß erkennen. Vielleicht war ich auch betäubt vor Entsetzen über seine Behauptungen. Sollte er derartige Gefühle hegen, dann hat er sie jedenfalls vor mir gut verborgen – schließlich wußte er über meine Abstammung Bescheid, wir hatten ja darüber gesprochen. Er wollte nur eines: mich *überzeugen*. Er suchte pausenlos Streit, um dann seine Geschichtsversion wiederkäuen zu können. »Ich mache aus Ihnen schon noch einen Revisionisten«, drohte er mir. Als ich einmal zwischen zwei Interviews mit Chomsky im Zug nach Holland saß, sprach ich mit ihm über das Faurisson-Phänomen. Seiner Meinung nach muß man sich nur wie ein Laserstrahl auf eine genügend enge Auswahl von Beweisen konzentrieren, um schließlich nicht einmal mehr an die Existenz der Schwerkraft zu glauben. – MA

[Wie Du schreibst] kannst Du nicht verstehen, was diese Holocaust-Revisionisten eigentlich antreibt; alles wirkt so gespenstisch. Mir erscheint das gar nicht so ungewöhnlich. Zweifel am Holocaust sind schließlich weit verbreitet, und niemand zuckt auch nur mit der Wimper, denn man ist ja nicht grundsätzlich dagegen. Das beste Beispiel ist der Artikel von Edward Alexander, Mitarbeiter von Werner Cohn [siehe S. 175], im Congress Monthly, *wo er den Holocaust und andere Naziverbrechen mit der Bemerkung abtut, diese »Phantasiegeschichten sind geplatzt«. Hat sich irgendwer darüber erregt? Jeder weiß davon, vor allem seit dem Artikel von Alex Cockburn in* The Nation *vom 17.08.92, und dem Briefwechsel vom 15.02.93. Jedenfalls ist dies der weitaus bekannteste und prominenteste Fall einer Entlastung der Nazis und Leugnung des Holocaust. Hast Du auch nur einen Funken Interesse irgendwo bemerkt? Was schließt Du daraus? Natürlich spricht Alexander hier gar nicht von den Juden, sondern von den Roma, die gleichzeitig umgebracht wurden, und zwar auf dieselbe Weise, aus denselben Gründen und etwa im gleichen Verhältnis zu ihrer Gesamtzahl. Ich will damit nicht suggerieren, diese beiden Varianten der Holocaust-Lüge lägen moralisch auf einer Ebene: Es ist allemal viel schlimmer, die Naziverbrechen an den Roma abzustreiten, denn die werden weiterhin gnadenlos verfolgt und sogar noch aus Deutschland ausgewiesen, zurück zu den osteuropäischen Pogromen. Man braucht nicht lange über all dies nachzudenken, um zu verstehen, was da vorgeht. – NC*

CAFE IN PARIS

Robert Faurisson
Redefreiheit und das ganze Zeug läßt mich kalt. Ich muß gewinnen – nur darauf kommt es an. Und ich werde auch gewinnen.

Mark Achbar *(zum Kameramann)*
Schnitt.

Anti-Holocaust-Historiker von Jugendlichen zusammengeschlagen

Clermont-Ferrand (Reuter)

Ein französischer Historiker, der den Tod von Millionen Juden im Nazi-Holocaust abstreitet, wurde gestern so schwer zusammengeschlagen, daß er operiert werden mußte.
Der Sechzigjährige namens Robert Faurisson war von drei Jugendlichen angegriffen worden, als er in Vichy seinen Hund ausführte. Er erlitt einen Kieferbruch, mehrere Rippenbrüche sowie schwere Kopfverletzungen. Ein Sprecher des Krankenhauses in der zentralfranzösischen Großstadt Clermont-Ferrand, wohin der Verletzte zwecks Operation überführt wurde, bezeichnete seinen Zustand als stabil.
»Er war bei Bewußtsein, konnte aber nicht sprechen«, berichtete ein Feuerwehrmann aus Vichy, der Erste Hilfe geleistet hatte. »Sein Kiefer war zerschmettert; sie haben ihm das ganze Gesicht zerschlagen.«
Zu dem Überfall bekannte sich eine bislang unbekannte Gruppe, die sich »Söhne des Gedenkens an die Juden« nennt (…) [In einer Erklärung der Gruppe] heißt es: »Professor Faurisson war der erste, aber er wird nicht der letzte gewesen sein. Hüte sich jeder, der [den Holocaust] ableugnet.«
Faurisson ist ein führendes Mitglied der revisionistischen Schule in der Geschichtswissenschaft. Diese Schule vertritt die Auffassung, es gäbe keine Beweise dafür, daß im Zweiten Weltkrieg sechs Millionen Juden in den Konzentrationslagern der Nazis vergast worden seien.

Montreal Gazette **19.09.89**

Den Opfern des Holocaust ist nicht damit gedient, wenn man eine zentrale Doktrin ihrer Mörder übernimmt.

COAST BASTION INN, NANAIMO, KANADA

Frau
Ich bin nur eine ganz normale Mutter und möchte nicht eines Tages mit meinen Enkelkindern dastehen und etwas Entsetzliches erleben und mich dann fragen, warum ich nichts getan habe. Bei Ihnen sieht ja jeder, was Sie tun. Ich möchte nun ganz praktisch fragen: Was meinen Sie, wo man seine Energie am besten einsetzen soll? Denn das hier heute abend, das überwältigt ... das kommt mir alles so riesig vor, man kann doch nicht mal dran kratzen.

Chomsky
Die Welt verändert sich, wenn viele Menschen unablässig daran arbeiten. Das tun sie: in ihrer Gemeinde, an ihrem Arbeitsplatz, wo sie auch sein mögen. So legen sie das Fundament für die Massenbewegungen, die die Veränderungen bewirken. Es ist noch nie anders gewesen. Denken Sie an die Abschaffung der Sklaverei oder an die demokratischen Revolutionen – Sie können nehmen, was Sie wollen, jedesmal ist es so abgelaufen. Die Geschichtsbücher vermitteln davon ein falsches Bild. In denen gibt es nur ein paar Führergestalten – Menschen wie George Washington oder Martin Luther King. Das soll nicht heißen, daß diese Personen unbedeutend waren. Natürlich war Martin Luther King ein bedeutender Mann, aber die Bürgerrechtsbewegung bestand nicht nur aus ihm allein. Wenn die Bücher über Martin Luther King berichten können, dann deshalb, weil viele Menschen in den Südstaaten aktiv waren – Menschen, deren Namen wir nie erfahren werden, die vergessen sind, die vielleicht sogar umgebracht wurden.

Es gibt zur Lösung unserer Probleme weder Zaubersprüche noch Wunderrezepte, sondern nur die altbekannten Methoden: Ehrliche Suche nach Erkenntnis, Lernen, Organisation; ein Handeln, das entweder die Kosten staatlicher Gewaltanwendung in die Höhe treibt oder die Grundlagen für Veränderungen in den Institutionen schafft; schließlich jenes niemals nachlassende Engagement, das der Desillusionierung trotzt, das den vielen Rückschlägen und den dünn gesäten Erfolgen gewachsen ist und das von der Hoffnung auf eine lichtere Zukunft lebt.
Turning the Tide S. 253

In Albany, Georgia, einem Städtchen im tiefsten Süden, in dem noch der Hauch der Sklaverei hing, fanden im Winter 1961/62 und im folgenden Jahr Massendemonstrationen statt. Von den 22.000 farbigen Einwohnern von Albany landeten über 1000 im Gefängnis – wegen ihrer Umzüge, Versammlungen und Proteste gegen Rassentrennung und Diskriminierung. Wie in allen Demonstrationen, die in der Folgezeit über den Süden hinwegrollten, waren auch hier kleine Kinder beteiligt; eine ganze Generation lernte zu handeln. Als nach einer der Massenverhaftungen der Polizeichef von Albany die Namen der vor ihm aufgereihten Häftlinge aufnahm, erblickte er vor sich einen etwa neunjährigen farbigen Jungen. »Wie heißt du?« Der Junge sah ihm gerade in die Augen und antwortete: »Freedom, Freedom.«
Howard Zinn, *A People's History of the United States* **(Harper and Row 1980) S. 446**

INTERVIEW MIT PAUL ANDREWS IN DER *SEATTLE TIMES*

Chomsky
Zuerst müssen mal Aktivisten da sein, Menschen, die Betroffenheit empfinden, die sich für eine Sache oder sogar für eine andere Gesellschaftsordnung einsetzen. Erst danach können Leute wie ich auf den Plan treten und als Prominente wirken. Das geht nur, wenn die anderen die Arbeit tun.

HUMANIST RADIO, NIEDERLANDE

Chomsky
Ich halte wohl jedes Jahr Hunderte von Vorträgen, ich schreibe Bücher, ich sitze 20 Stunden pro Woche über Briefen – aber all das zielt nicht etwa auf die Politiker oder auf die Intelligenz, sondern es ist für den sogenannten »Mann auf der Straße« bestimmt. Ich erwarte nämlich von diesen Menschen nicht mehr als das, was sie bereits sind. Sie sollen die Welt zu verstehen suchen, und sie sollen ihren positiven Antrieben folgen. Viele wollen das ja auch, nur müssen sie erst mal verstehen ... also was das betrifft, so weise ich den Leuten eigentlich nur den Kurs zur geistigen Selbstverteidigung.

Die, die von jeher die Opfer waren, blicken in eine trübe Zukunft. Trübe, aber doch nicht ganz ohne Hoffnung. Die Verdammten dieser Erde kämpfen weiter für ihre Rechte, und ihr Mut und ihre Beharrlichkeit sind erstaunlich. In den Industrieländern andererseits, wo der Bolschewismus zusammenbricht und der Kapitalismus schon längst aufgegeben ist, eröffnen sich neue Chancen für ein Wiederaufleben bislang verschütteter libertär-sozialistischer und radikaldemokratischer Ideale über die Mitsprache der Menschen am Arbeitsplatz und bei den Investitionen, also über mehr Demokratie für das Volk in dem Maße, wie die Macht der Einzelnen abnimmt. Es sind noch ferne Hoffnungen, aber auch nicht ferner, als vor 250 Jahren die Möglichkeit einer parlamentarischen Demokratie und einer Verfügung über elementare Bürgerrechte zu liegen schienen. Wer ist so klug, mit Gewißheit zu sagen, was menschliche Willenskraft erreichen kann?
Wir müssen eine Art Pascalscher Wette abschließen: Rechnen wir mit dem Schlimmsten, so wird es auch eintreten; nehmen wir aber den Kampf für Freiheit und Gerechtigkeit auf, so können wir diesem Ziel immerhin näherkommen.
Deterring Democracy S. 64

Einen »Kapitalismus« hat es – wenn man darunter ein System freier Marktwirtschaft versteht – in den entwickelten Ländern schon früher kaum jemals gegeben und gibt es jetzt noch viel weniger; die Gründe dafür habe ich vielfach dargelegt. Es gab im 19. Jahrhundert in den USA und in Großbritannien eine Art »Eigentümerkapitalismus«. Ihm folgte Anfang des 20. Jahrhunderts der Manager-Kapitalismus in der USA und noch später der kontrollierte Staatskapitalismus in Japan und in den ostasiatischen Schwellenländern. Bereits in den 30er Jahren befanden sich praktisch alle kapitalistischen Länder auf dem Weg in einen faschistoiden Staatskapitalismus. Nach dem Krieg nahm die Entwicklung unterschiedliche Formen an – in den USA hauptsächlich die des Militär-Keynesianismus. Es wäre völlig verfehlt, so etwas als »Kapitalismus« zu bezeichnen. Seit 30 Jahren wird das System mehr und mehr durch massive staatliche Interventionen am Laufen gehalten – ganz abgesehen von der starken militär-keynesianischen Komponente, die in praktisch allen florierenden Branchen zu finden ist. Außerdem haben sich die Spielregeln gewaltig durch das Aufkommen der transnationalen Konzerne gewandelt, die ausgedehnte Oligopole bilden, strategisch mit den Regierungen zusammenarbeiten und eigene regierungsähnliche Institutionen betreiben. Es verrät Realismus, wenn manche dieses System als »Konzern-Merkantilismus« bezeichnen. – NC

Zur Rolle der Schulen siehe S. 157

Vgl. auch:
· **Auszug aus »Toward a Humanistic Conception of Education«** in *Work, Technology, and Education* S. 48
· **»The Function of the University in a Time of Crisis«** in *For Reasons of State* S. 298-315
· **»Some Thoughts on Intellectuals and the Schools«** in *American Power and the New Mandarins*, S. 309-321

AUS »NON-CORPORATE NEWS«
(OFFENER KANAL), LYNN,
MASSACHUSETTS, USA

Ed Robinson
Was meinen Sie denn damit? Was für Kurse sollen das denn sein?

Chomsky
Also in die Schule wollte ich sie eigentlich nicht schicken, denn da lernen sie's bestimmt nicht.

Die Gesellschafts- und Verhaltenswissenschaften verdienen ernsthaft studiert zu werden, nicht nur, weil sie auch *per se* Interessantes zu bieten haben, sondern weil uns dadurch erst klar wird, wie wenig sie über die wirklich drängenden Menschheits- und Gesellschaftsprobleme aussagen.

Es liegt eine Tragik darin, daß aus den Vereinigten Staaten – in Toynbees Worten – »der Anführer einer weltweiten antirevolutionären Bewegung zum Schutz egoistischer Interessen« geworden ist. Eigentlich müßten die Schule und die Intellektuellen in Amerika ihren Blick vor allem auf diese unbeschreibliche Tragödie richten (…)
Man sollte vielleicht nicht darüber lächeln, wenn ich den Schulen vorschlage, (…) den Schülern Abwehrtechniken zu vermitteln, mit deren Hilfe diese sich vor der ständig anrollenden Welle der Regierungspropaganda und vor der naturgegebenen Einseitigkeit der Massenmedien schützen können. Und um zum Thema zurückzukommen: Sie sollten sich auch vor der ebenso naturgegebenen Neigung schützen, genau wie große Teile der amerikanischen Intelligenz ihr Leben nicht an Wahrheit und Gerechtigkeit auszurichten, sondern an der Macht und deren möglichst wirksamer Ausübung (…)
Den Intellektuellen ist stets die Rolle eines leidenschaftslosen Kritikers zugekommen – zumindest haben sie sich so sehen wollen. Da sie aber diese Rolle weitgehend eingebüßt haben, muß die Schule in demselben Maße praktisch eine Selbstverteidigungshaltung ihnen gegenüber einnehmen (…)
In jedem Lehrplan einer zivilisierten Gesellschaft müßte die Geschichte des Imperialismus und seiner Apologeten – möglichst unter dem Blickwinkel derjenigen, auf die seine Waffen gerichtet sind – eine zentrale Stellung einnehmen. Aber auch andere Aspekte der intellektuellen Selbstverteidigung sollten nicht übersehen werden. Im Zeitalter von Naturwissenschaft und Technik wird ganz selbstverständlich deren Prestige als ideologisches Instrument eingesetzt. Insbesondere bedient man sich in der Politik gern der Gesellschafts- und Verhaltenswissenschaften, um nationale oder andere Sonderinteressen zu fördern und gleichzeitig zu tarnen. Zwar sind zum einen in einer Gesellschaft, die ihnen Prestige und Wohlstand verspricht, die Intellektuellen der heftigen Versuchung ausgesetzt, eine sogenannte »pragmatische Haltung« einzunehmen (…); anstatt die im In- und Ausland existierende Machtverteilung und die sich daraus ergebenden politischen Realitäten kritisch zu hinterfragen oder gar an ihrer Veränderung zu arbeiten, pflegt man sie dann zu »akzeptieren« (…) Auch besteht in dieser Phase die Versuchung, die eingenommene Position – die vielleicht immerhin historisch gerechtfertigt werden kann – mit einer sehr allgemeinen ideologischen Rechtfertigung zu untermauern. Doch darüber hinaus ist damit zu rechnen, daß die politische Elite sich der Terminologie der Gesellschafts- und Verhaltenswissenschaften bedient, um ihre Handlungsweise gegen kritische Analysen zu immunisieren – schließlich wird sich ja auch kein Laie anmaßen, Physikern und Ingenieuren erzählen zu wollen, wie man einen Atomreaktor baut (…)
Die Gesellschafts- und Verhaltenswissenschaften verdienen ernsthaft studiert zu werden, nicht nur, weil sie auch *per se* Interessantes zu bieten haben, sondern weil uns dadurch erst klar wird, wie wenig sie über die wirklich drängenden Menschheits- und Gesellschaftsprobleme aussagen (…) So können wir uns wirksam vor der zu erwartenden Propaganda schützen und die wahre Natur der Tricks erkennen, durch die uns der eigentliche Gehalt von Innen- und Außenpolitik verborgen bleiben soll.
American Power and the New Mandarins,
S. 313-318

TV-SCHIRM IN EINER HOCHHAUS-WOHNUNG

Chomsky

Dazu muß man einen unabhängigen Geist entwickeln. Allerdings ist das ungeheuer schwer, solange man allein ist. Unser System isoliert aber den Einzelnen – und das ist der Witz bei der Sache. Jeder Mensch sitzt allein vor seiner Glotze. Unter diesen Bedingungen kann man aber Ideen oder Gedanken nur schwer entwickeln. Man kann auch nicht als Einzelner gegen die ganze Welt kämpfen. Gut, es kommt vor, aber verdammt selten. Es geht nur, wenn man sich organisiert. Will man also geistige Selbstverteidigung lernen, so bedarf es dazu eines politischen und organisatorischen Umfelds.

BÜRGERINITIATIVE, NANAIMO

Chomsky

Es ist durchaus sinnvoll, zu beobachten, was die Institutionen tun, und sich daran zu orientieren. Denn auf was sie aus sind, das müssen wir bekämpfen. Wenn sie die Menschen voneinander isolieren wollen, bringen wir sie zusammen. Ihr müßt in eurer Gemeinde nach Ausgangspunkten für alternative Aktionen suchen, nach Menschen, die dieselben Sorgen haben – wenn auch vielleicht auf unterschiedlichen Gebieten, aber im Kern mit vergleichbaren Wertvorstellungen. Und die ebenfalls den Leuten beibringen möchten, wie sie sich gegen fremde Mächte zur Wehr setzen können, und die ihr Leben in die eigene Hand nehmen und anderen Menschen beistehen wollen. Hier gibt es viele Gemeinsamkeiten. Ihr erfahrt etwas über eure eigenen Wertvorstellungen; ihr lernt, euch zu verteidigen – und dies alles geschieht gemeinsam.

Sehr viele Menschen sind im Grunde anständig, auch wenn sie schlecht informiert und heftiger Propaganda ausgesetzt sind. Solange niemand der Propaganda entgegentritt, zeigt sie Wirkung; unter die Oberfläche dringt allerdings kaum etwas. Bei vielen genügt es schon, daß sie Fragen stellen und ihre Intelligenz und ihren instinktiven Anstand einsetzen, und sie werden sich alsbald aus dem Fangnetz der Doktrinen befreien und beginnen, auf die eine oder andere Weise Menschen beizustehen, die besondere Not und Unterdrückung erleiden müssen.

Aus einem Interview mit *Open Road* (Vancouver, Kanada), abgedruckt in *Language and Politics* S. 389

Wenn man die bürgerlichen Freiheiten verteidigen will, ist es am besten, eine Bewegung für gesellschaftlichen Wandel aufzubauen und dieser ein positives und weitgespanntes Programm zu geben, das auf freie und offene Diskussion setzt und vielfältige Aktionsmöglichkeiten eröffnet. Das Potential für eine solche Bewegung ist mit Sicherheit vorhanden. Offen bleibt, ob sie eines Tages Wirklichkeit wird. Denn es droht ja nicht nur die Repression von außen; auch Fraktionskämpfe, Dogmatismus, unüberlegte Aktionen und taktische Manipulationen können gefährlich werden (…)

Eine linke Bewegung kann auf lange Sicht nur dann auf Erfolg hoffen, wenn sie sich über das Wesen der heutigen Gesellschaft im klaren ist und die Mehrheit mit ihrer Zukunftsvision überzeugt (…)

Jeder weiß, daß in einer fortgeschrittenen Industriegesellschaft die Massen erheblich mehr zu verlieren haben als nur ihre Ketten; das zu bestreiten wäre unsinnig. Ihnen wird vielmehr sehr daran gelegen sein, die herrschende Ordnung beizubehalten. Jede ernstzunehmende radikale Bewegung muß daher ein hohes geistiges Niveau anstreben – das hat schon André Gorz richtig gesehen. Immer nur die Litanei von der Ungerechtigkeit und der Unterdrückung herzubeten, kann nicht genügen (…) Die Bewegung darf auch nicht in die Illusion verfallen, eine »Avantgardepartei« könne alle Wahrheit und Tugend bei sich bündeln, die Macht im Staat ergreifen und wie durch ein Wunder die Revolution herbeiführen, worauf dann endlich die Gesellschaft auf der Grundlage demokratischer Strukturen und vertretbarer Wertvorstellungen erblühen wird (…) Und um den Kampf gegen den Imperialismus – wie auch gegen die der Gesellschaft von den immer stärker werdenden internationalen Wirtschaftsinstitutionen drohenden Zwänge und Eingriffe – führen zu können, muß sich die radikale Bewegung international organisieren, und zwar auch in ihrem kulturellen Selbstverständnis. Wenn wir hier versagen, bleiben vielleicht nur noch Tyrannei und Unglück (…) Was die Wirtschaftswissenschaftler »externe Kosten« nennen, läßt sich nicht mehr in Fußnoten verstecken; soviel hat sich inzwischen herumgesprochen. Wer auch nur eine Minute über die Probleme unserer Gesellschaft nachdenkt, wird auf die sozialen Kosten stoßen, die mit Produktion und Konsum, mit der fortschreitenden Umweltzerstörung und der völlig irrationalen Nutzung unserer technischen Mittel verbunden sind – weil ein auf Profit und maximales Wachstum gegründetes System gegenüber der Maximalversorgung mit Gütern für den persönlichen Gebrauch eine insgesamt bessere Lebensqualität völlig vernachlässigt und somit Bedürfnissen, die nur kollektiv zu definieren sind, überhaupt nicht gerecht werden kann.

Radical Priorities S. 221-223

Oft nehmen die Herrschenden und ihre Ideologen gar kein Blatt vor den Mund. So trägt ein Leitartikel der *Financial Times* – Autor ist James Morgan, Wirtschaftskorrespondent des *BBC World Service* – den Untertitel »Nach dem Zusammenbruch des Ostblocks herrschen IWF und G7 über die Welt und können ein neues imperiales Zeitalter eröffnen.« Endlich naht sich also die Erfüllung von Churchills Vision: Wir werden nicht mehr von diesen »hungrigen Völkern« bedrängt, die »immer mehr haben wollen« und die Ruhe der Reichen stören. Jetzt also obliegt »die Errichtung einer neuen Weltordnung der G7, dem IWF, der Weltbank und dem GATT«, wobei »eine indirekte Herrschaft dadurch ausgeübt wird, daß die Führer der Entwicklungsländer in das Geflecht der neuen Herrscherklasse eingebunden werden« – daß es die alte ist, sollte nicht überraschen. Lokale Statthalter dürfen am Wohlstand teilhaben, vorausgesetzt, sie erfüllen ihre Pflichten gegenüber den wahren Herren. Morgan verkennt auch nicht »die Heuchelei der reichen Nationen, wenn sie von der Dritten Welt die Öffnung der Märkte verlangen, aber ihre eigenen abschotten«. Er hätte auch den Bericht der Weltbank erwähnen können, demzufolge durch den Protektionismus der Industrieländer das Einkommen der Länder des Südens doppelt so stark geschmälert wird, wie die gesamte Entwicklungshilfe beträgt, die ohnehin zum größten Teil nur in Exportförderung besteht und auf die bessergestellten Schichten der »Entwicklungsländer« zielt (wer mehr hat, kann mehr konsumieren). Oder wie wäre es mit der UNCTAD-Schätzung der NTB-Auswirkungen *[nontariff barriers, über die Zollschranken hinausgehende Handelshemmnisse]*: 20 Prozent Exportrückgang der Dritten Welt im Jahreswert von mehreren Milliarden Dollar. Oder mit der Schätzung der Weltbank, daß die NTBs sich auf 31 Prozent der Industrieprodukte des Südens auswirken, im Norden aber nur auf 18 Prozent. Oder nehmen wir den Jahresbericht 1992 des *UN Human Development Program* über den wachsenden Abstand zwischen Reich und Arm in der Menschheit: die reichste Milliarde verfügt über 83 Prozent des Gesamtvermögens, die ärmste über gerade 1,4 Prozent. Und wenn sich dieser Abstand seit 1960 verdoppelt hat, dann ist das – so der Bericht – auf die Politik der Weltbank und des Währungsfonds zurückzuführen sowie darauf, daß von den 24 Industrieländern 20 heute einen stärkeren Protektionismus ausüben als vor 10 Jahren; hierzu zählen auch die USA mit ihrer Reagan-Revolution (Verdoppelung des Anteils der von Schutzmaßnahmen betroffenen Importe). Düsteres Fazit des *Economist*: »Jahrzehntelange Entwicklungskredite haben nur dazu geführt, daß die armen Länder jetzt Jahr für Jahr mehr als 21 Mrd Dollar in die Tresore der Reichen transferieren.«

Year 501: The Conquest Continues S. 61-62

UNIVERSITY OF WYOMING, LARAMIE

Frau
Was könnte ich als Biologin, als Durchschnittsmensch denn lesen, um diese Filter in unserer Presse zu umgehen? Könnten Sie da einen oder zwei Titel nennen?

Chomsky
Also zu dieser Frage: »Von welchen Medien kann ich die richtigen Antworten erwarten?« will ich nichts sagen, denn darauf gibt es wohl keine Antwort. Richtig ist immer das, was Sie als richtig empfinden. Was ich sage, ist vielleicht alles falsch. Könnte doch sein, oder? Ich bin doch nicht der liebe Gott. Das müssen Sie schon selbst herausbekommen. Natürlich könnte ich irgend etwas nennen, was ich gerade für gut halte; aber ich wüßte nicht, warum Sie das besonders ernst nehmen sollten.

MALASPINA COLLEGE, NANAIMO

Frau
Welchen Einfluß – oder welches Potential – haben Ihrer Ansicht nach die alternativen Medien? Ich meine vor allem das Potential, und unter alternativen Medien – ich will das definieren – verstehe ich Medien, die nicht vom Staat oder von der Wirtschaft, sondern von den Bürgern kontrolliert werden.

Chomsky
Genau, das hat die Menschen immer verbunden. Nur wenn Menschen miteinander in Wechselwirkung treten können, schaffen sie etwas Konstruktives.

Nicht was man liest ist wichtig, sondern wie man liest. Die Menschen müssen sich klarmachen, daß immer und immer wieder versucht wird, sie zu manipulieren. Das soll nicht heißen, daß die Fakten nicht auch verfügbar wären.
Aus einem Interview mit Paul Andrews, *Seattle Times.*

Man muß die Medien nur kritisch und zynisch genug verfolgen, muß viel lesen, muß die Vorgänge durchschauen, muß sich nur bewußt werden, daß einem eine ganz bestimmte Brille aufgedrängt werden soll – dann kann man sich auch wehren.
Aus einem Interview mit David Barsamian im MIT, Februar 1990.

BÜRO IM MIT

Chomsky
Ich habe das immer für eine gute Sache gehalten, die soweit wie möglich gefördert und vorangetrieben werden muß. Aber es wird sehr schwer werden. Die Alternativmedien mögen noch so wichtig sein – gegen die Konzentration der Macht werden sie hart zu kämpfen haben.
Zwar gibt es auch kleinere Erfolgserlebnisse, aber selbst die erfordern von den Beteiligten einen unglaublichen Einsatz. Nehmen wir beispielsweise das *Z Magazine*. Das ist eine überregionale Zeitschrift, aber gemacht wird sie von genau zwei Leuten ohne finanzielle Reserven.

BÜRO DES *Z MAGAZINE*, BOSTON

Mark Achbar
Erzählt uns doch mal was über das *Z Magazine*. Was ist das und worin unterscheidet es sich von anderen Zeitschriften?

Michael Albert *(zu Lydia Sargent)*
Fang du an.

Lydia Sargent
Ich anfangen? Nein danke.

Michael Albert
Wir wollten eine Zeitschrift machen, in der alle Aspekte der Politik zur Sprache kommen: die Wirtschaft, die Rassenfrage, die Geschlechterfrage, die Herrschaftsfrage, die politischen Beziehungen. Wir wollten sie aber auch so gestalten, daß die Leserschaft nicht nur versteht, was da vorgeht, sondern darüber nachdenkt, was man anstreben sollte

Michael Albert und Lydia Sargent gründeten *South End Press* im Jahre 1978, um dem in den USA bestehenden Mangel an progressiven Veröffentlichungen über die Beziehungen zwischen den Rassen, Klassen und Geschlechtern und über andere innenpolitische Probleme abzuhelfen.
Zehn Jahre darauf gründeten die beiden das *Z Magazine*. Sie teilen sich in die Redaktions- und Produktionsarbeiten; bei anderen Pflichten geht ihnen Eric Sargent zur Hand (sie leben zusammen; Eric ist Lydias Sohn). Auch wenn Albert sofort einräumt, daß das Z-Kollektiv nicht ohne weiteres als Vorbild dienen kann, so empfiehlt er doch denen, die sich für das Verlagswesen interessieren, einen Blick auf die Struktur von South End Press. Zusammen mit Robin Hahnel hat er ein Buch geschrieben, *Looking Forward: Participatory Economics for the Twenty-first Century* (South End Press 1991); es liefert eine genaue Beschreibung des ideellen Hintergrunds und der praktischen Aktivitäten eines fiktiven Verlages namens Northstart Press (zu dem South End Press Modell gestanden hat).
Z Magazine ist eine Vierteljahreszeitschrift über Strategien und Visionen. Es hat 15.000 Abonnenten und setzt 8-9000 Exemplare im freien Verkauf ab.
Insgesamt gibt es in Amerika über 500 alternative Blätter mit lokaler, regionaler oder nationaler Verbreitung, und Z Magazine ist eines davon.
Lydia Sargent, *Z Magazine*

und was man verbessern kann. Und Kultur und Humor wollten wir auch noch anbieten. Es sollte ein Magazin sein, das den Menschen etwas bedeutet, aus dem sie etwas für sich gewinnen können und in das sie sich einbringen können.

Lydia Sargent
Und dann wollten wir etwas bieten, das wir bei den bereits existierenden Zeitschriften vermißt haben, nämlich einen aktivistischen Schwerpunkt setzen und damit den vielen Bewegungen im Land von Nutzen sein. Eine Zeitschrift, die die Leute begeistern und ihnen eine Art Strategie oder sogar eine Vision vom besseren Leben vermitteln kann – so eine Zeitschrift war nirgends zu finden.

IM MIT

Chomsky
South End Press ist erfolgreich – oder besser gesagt, hat bislang überlebt. Der Verlag bildet eine kleine Kooperative und verfügt auch nur über sehr begrenzte Mittel, bringt aber eine Menge Bücher heraus. Doch obwohl darunter viele gute Bücher sind, es ist so gut wie unmöglich, ein Buch von South End mal irgendwo rezensiert zu bekommen.

Nehmen wir etwa den *Boston Globe* (...) Manchmal ist es geradezu komisch – zum Beispiel im letzten Herbst. Die Nationale Vereinigung der Englischlehrer hat einen sogenannten »Orwell-Preis« gestiftet; er wird alljährlich für die beste Entlarvung einer gespaltenen Zunge verliehen, und zwei Jahre zuvor hatte ich ihn für mein Buch *On Power and Ideology* erhalten. Nun also bekamen Ed Herman und ich ihn für *Manufacturing Consent*. Etwa zur selben Zeit, ich glaube im November, machte eine – übrigens ziemlich linksliberale – Journalistin für den *Boston Globe* ein Interview mit dem Menschen, der für diesen Preis zuständig ist. Es las sich alles sehr positiv: Tolle Idee, so einen Preis gegen gespaltene Zungen zu verleihen. Sie führte dann auch einige Namen von Preisträgern aus den letzten Jahren auf, Ted Koppel und andere. Allerdings gab es eine auffällige Lücke: Ausgerechnet die Gewinner dieses Jahres blieben unerwähnt. Nun war es meines Wissens das erstemal, daß jemand den Preis zweimal bekommen hatte. Und dann handelten die beiden derart ausgezeichneten Bücher auch noch von den Medien. Also nichts in der Art von Ted Koppel – es war eine Medienkritik, nicht mehr und nicht weniger. Und darüber konnte sie natürlich nichts bringen. South End Press hat furchtbar kämpfen müssen, bis endlich mal eines ihrer Bücher rezensiert wurde; man kann es übrigens im *Publisher's Weekly* nachlesen. So ist es eben; Ihnen muß ich das ja nicht erzählen. Ohne Geldmittel, ohne Rückhalt bei Inserenten, ohne Zugriff auf die lautstarken Medien hat man nur eine äußerst begrenzte Reichweite. Nur mit harter Arbeit läßt sich dann überhaupt etwas erreichen, und es ist wichtig zu wissen, welche Kompensationsmöglichkeiten es gibt. So besteht zwischen vielen Dissidenten eine Kooperation. Ich zum Beispiel stehe stundenlang am Kopierer und produziere Papiere für Freunde im Ausland, die dort in derselben Lage sind wie ich hier, und dasselbe tun sie für mich. Ich habe ja kein Forschungsbudget für diese Sachen, kriege auch keinen Sonderurlaub dafür, und doch habe ich auf diese Weise einen besseren Zugang zu den Quellen als die etablierten Wissenschaftler – oder auch als der CIA. Die haben eben keinen hellwachen Typ in Israel sitzen, der die hebräischen Zeitungen für sie durchsieht, die wichtigen Sachen ausschneidet und analysiert und das Ergebnis herschickt – aber ich schon.

Aus einem Interview mit David Barsamian im MIT, Februar 1990.

VERLAG »SOUTH END PRESS«,
BOSTON

Karin Aguilar-San Juan
Unsere Titelauswahl und Geschäftspolitik beruht auf Grundsätzen, die für die großen Verlage mit ihren Bindungen an die Großunternehmen nicht in Frage kommen. Wir besorgen uns die Manuskripte, die für die Bewegung relevant sind, und unsere Produktentscheidungen richten sich danach, ob die Menschen sich unsere Bücher leisten können und ob ein Buch herauskommen sollte, weil vielleicht tausend Leute darauf warten, auch wenn wir damit kein Geld verdienen können. Gerade heutzutage, bei den vielen Fusionen und Übernahmen, legen wir auf diese Kriterien besonderen Wert.

Loie Hayes
Und dann machen wir – wenn ein Buch produziert wird – die Arbeit auch alle gemeinsam und lernen dabei alles Mögliche. Wir büßen dabei zwar etwas an Produktivität ein, aber jeder von uns hat Einfluß und kann zu den übrigen sagen: »Das sehe ich aber anders.« Wenn solche Entscheidungen anstehen, steuern alle ihre Intelligenz bei, nicht nur, wer zufällig die längste Erfahrung besitzt oder die »beste« Schule besucht hat und deswegen meint, der »beste« Redakteur zu sein, und alle Entscheidungen allein treffen will.

South End Press **ist ein gemeinnützig arbeitendes Buchverlags-Kollektiv.** 175 Titel wurden bereits produziert. Seit seiner Gründung im Jahre 1978 versucht der Verlag, vor allem für solche Leser zu arbeiten, die die Gesellschaft von Grund auf verändern möchten oder die nach Wegen suchen, dies zu erreichen.
Die Bücher des Verlages sollen der Förderung kritischen Denkens und konstruktiven Handelns in den entscheidenden sozialen und ökologischen Fragen im In- und Ausland dienen. Auch sollen sie den unterschiedlichsten demokratischen Bewegungen in der Gesellschaft eine Stimme verleihen und Alternativen zu den Produkten der Großverlage anbieten.
Gemeinsam mit *Z Magazine, Speak Out!* (einer Rednervermittlungsagentur), dem *Publishers Support Project* und dem *New Liberation News Service* arbeitet *South End Press* im *Institute for Social and Cultural Change* an der Verbreitung von Informationen und kritischen Analysen. Ähnliche Ziele werden auch von anderen progressiven Organisationen in vielen Ländern verfolgt.

BÜRO DES Z MAGAZINE, BOSTON

David Barsamian
Seit etwa 10 Jahren weisen die Hörerradios in den USA einen erheblichen Zuwachs auf; sie sind vielleicht das am schnellsten wachsende Medium. Gründe dafür gibt es viele, aber vor allem ist es enorm billig und erreicht Gemeinden, die vorher keinen Zugang zu diesem Medium hatten.
Wir sehen es ja in Boulder (Colorado). Noam Chomsky ist in den letzten sechs Jahren wohl dreimal dort gewesen und hat eine riesige Zuhörerschaft angezogen. Das aber ist teilweise dem Sender KGNU zu verdanken, denn wir spielen seine Bandaufnahmen ab, wir übertragen seine Interviews und seine Vorträge, und wenn er dann selbst nach Boulder kommt, können die Leute einschalten und ihm zuhören. Er bringt ja auch keine exotischen oder esoterischen Sachen, sondern spricht über Dinge, die jeder kennt. Er hat das übrigens auch schon selbst bemerkt.

Chomsky
In so einem Hörerradio wird den Leuten Tag für Tag ein neuer Blick auf die Welt und ein anderes Verständnis der Dinge geboten und nicht nur das, was die großen Medien ihnen vorführen wollen. Sie können es sich nicht nur anhören, sie können selbst darauf Einfluß nehmen, können ihre Gedanken einbringen, können Erfahrungen machen und so fort. Ja, und so werden die Menschen zu wahren Menschen. So übernehmen sie ihre menschliche Rolle als Beteiligte im politischen und gesellschaftlichen System.

In Frankreich verfügen viele lokal operierende Gruppen über eigene Radiosender. Einer der bekanntesten ist *Radio Zinezine*, das der progressiven Kooperative Longo Mai in der Haute Provence gehört und rund um die Uhr sendet. Dieser Sender ist zu einer bedeutenden Gemeinschaftseinrichtung geworden, über die viele zuvor isoliert lebende Landwirte informiert und aktiviert werden können. Auch in manchen Regionen [der USA] läßt sich der potentielle Wert nicht-kommerzieller Stationen ausmachen, so etwa bei Radio Pacifica, mit dessen Weltsicht, Berichtsniveau und Diskussionsfreiheit kaum eines der großen Medien mithalten kann. Und auch die Öffentlichen Kanäle *1) stellen – trotz der Rückschläge, die sie in der Ära Reagan/Bush hinnehmen mußten – immer noch eine mögliche Alternative dar, deren Wiederbelebung und Stärkung jedem am Herzen liegen sollte, der sich dem Propagandasystem entgegenstellen will. Auch die anhaltende Kommerzialisierung der Öffentlich-rechtlichen Sender *2) müßte entschieden bekämpft werden. Eine demokratische politische Ordnung bedarf auf lange Sicht einer erheblich ausgeweiteten Einwirkungsmöglichkeit auf die Medien, verbunden mit einem verbessertem Zugang. Es ist für die ganze Fortschrittsbewegung wichtig, intensiv zu diskutieren, wie dies erreicht werden kann; eine grundlegende Medienreform muß in die politischen Programme Eingang finden.
»**Conclusions**« in *Manufacturing Consent* S. 307

*1) *Public radio/TV:* Mit öffentlichen Mitteln arbeitender Sender
*2) *Publicly-owned station:* Staatseigener Sender

Warum brauchen wir das Radio? Edward Said hat es »die oppositionelle Form« genannt, denn im Gegensatz zum Fernsehen, wo man ständig hinter dem effektvollen Filmschnipsel her ist, sei es für das Radio wichtig, »anders zu denken, nämlich linear – nicht in Bildern zu denken, sondern mit der Vernunft«. Im Radio kann man sich einmischen.
Seit 1978 bin ich ein solcher Einmischer, ein Kämpfer im Äther. Meine »Organisation«, *Alternative Radio*, ist Teil einer florierenden Bewegung lokaler nicht-kommerzieller Sender mit unabhängigen Produzenten. Ich selbst produziere und vertreibe jede Woche ein politisches 60-Minuten-Programm. Es wird von über 100 Sendern in

Kanada und den USA ausgestrahlt und gelangt außerdem über Kurzwelle in mehr als 70 Länder. Die Technik ist einfach, die Kosten niedrig. Bei all ihren Medienproblemen haben die USA doch unter allen Ländern das am besten ausgebildete Netz von Regional- oder Hörerradios.

Alternative Radio nahm einen bizarren Anfang. Es war 1986, und ich unternahm damals etwas Unerhörtes: Ich buchte auf dem Satelliten einen Block von dreieinhalb Stunden Noam Chomsky – ein Vortrag von 90 Minuten, gefolgt von vier Interviews zu je 30 Minuten. Es war meine erste landesweite Sendung; niemand hatte mir gesagt, daß die meisten Sender nur halbstündige oder allenfalls einstündige Blöcke bringen. Es war eben das sprichwörtliche Lehrgeld. Immerhin wurde die Ausstrahlung durch das Pacifica-Netz verbreitet und löste eine gewaltige Hörerreaktion aus – der Weg für AR war vorgezeichnet.

An diesem Satellitensystem hängen Hunderte von Sendern wie an einer elektronischen Nabelschnur. Betrieben wird das Ganze vom *National Public Radio*. Aber keine Angst – die wollen nur unser Geld. Nie habe ich auch nur einen Pieps zum Inhalt eines meiner Programme von denen vernommen. Mehr als 400 Stationen haben *downlinks*, können also die Sendungen über ihre Schüsseln empfangen. Die Einspeisung von Programmen erfolgt über ca. 20 *uplinks*. Das Arbeiten mit den vom Satelliten gesetzten Terminen ist wie ein unablässiger Reiz. Man hat sozusagen ständig ein Magnetband als Damoklesschwert über dem Kopf schweben. Das Programm muß kurz vor der vereinbarten Zeit am *uplink* bereitstehen. Die einzelnen Stationen rufen das Programm dann vom Satelliten ab und strahlen es zu einer bestimmten Uhrzeit aus. Man kann auch *live* über den Satelliten senden, zum Beispiel bei den Nachrichten oder bei besonderen Anlässen wie Hearings oder Demonstrationen. Nähere Auskünfte über das Satellitensystem und seine Benutzung erteilt NPR, 2025 M Street NW, Washington, D. C. 20036, USA, Tel. (202) 822-2323.

Zweifellos ist das Radio unter allen elektronischen Medien das billigste. Und es ist dasjenige, das mir am meisten zusagt. Das Radio hat etwas Intimes; es bemächtigt sich nicht der Vorstellungskraft seiner Hörer. Für das gesprochene Wort – wie bei mir – ist es sowieso ideal. Ein Thema kann in einer Stunde gut abgehandelt werden. Die AR-Programme befassen sich mit den übrigen Medien, der US-Außenpolitik, dem Rassismus und den Rechten der indigenen Völker, mit der Umwelt sowie mit Wirtschaftsthemen wie NAFTA/GATT und anderem. Leider ist das Satellitensystem auf die USA beschränkt; nach Kanada, Australien usw. muß ich also Bänder verschicken. Das ist natürlich teuer und unpraktisch und auch schlecht für die Tonqualität. Ich warte wirklich darauf, daß wir eines schönen Tages endlich über ein globales Netz verfügen.

Und wie trägt sich das alles? Nun, durch den Direktverkauf von Audiokassetten und Niederschriften an die Hörer. Den Sendern berechne ich nichts; schließlich möchte ich ja, daß die Programme ausgestrahlt werden, also muß für die Stationen alles möglichst einfach und schmerzlos sein. Mein Ziel ist es, die verschiedenen Ansichten und Blickwinkel zu verbreiten. Was habe ich davon, wenn ich ein Programm produziere und es dann ein Ladenhüter wird?

Wer mehr wissen oder eine lokale Radiostation aufziehen möchte, sollte sich an folgende Adresse wenden: National Federation of Community Broadcasters, 666 11th Street NW, Washington, D. C. 20001, USA, Tel. (202) 393-2355. NFCB ist eine zentrale Vertretungs- und Dienstleistungsorganisation für Lokal- und Regionalsender. Sie vertreiben auch *Audio Craft*, einen nützlichen Ratgeber zur Produktionstechnik, geschrieben vom Radiozauberer Randy Thom.

Außerhalb der USA kann man sich an AMARC wenden, die *World Association of Community Broadcasters*, 3575 Blvd. St. Laurent, Suite 704, Montreal, Que. H2X 2T7, Canada. Bruce Girard von AMARC hat ein Buch mit dem Titel *A Passion for Radio* herausgegeben, das über die Situation der lokalen Radios in verschiedenen Ländern informiert. AMARC verfügt auch über Fachliteratur in englischer, spanischer und französischer Sprache.

In Ermangelung eines guten örtlichen Senders kann man progressive Programme auch über Kurzwelle empfangen, nämlich vom Sender *Radio for Peace International*. Er steht in Santa Ana, Costa Rica. Sende- und Frequenzpläne können angefordert werden bei RPI, PO Box 10869, Eugene, OR 97440, USA.

Das Lokal- oder Hörerradio bietet, mit den Worten von William Barlow von der Howard University, »mehr demokratische Möglichkeiten als jedes andere Massenmedium in den USA.« Alle politisch Engagierten sollten das Radio als Aktions- und Mobilisationsmedium ernsthaft in Erwägung ziehen. Im ersten Heft der *Z Papers* schreibt Edward Herman: »Eine umfassende Demokratisierung der Medien kann nur in Verbindung mit einer durchgreifenden politischen Revolution erfolgen.« Genau davon reden wir. Gerade wird die Fusion zwischen Bell Atlantic und TCI angekündigt. Der Trend zur immer stärkeren Konzentration von Macht und Kapital setzt sich fort. Ganze Berge von Papier belegen die Beherrschung der Medien durch Wirtschaft und Industrie. Wir haben unsere Hausaufgaben gemacht, und obwohl solche Kritik auch noch weiter geäußert werden kann, erscheint es mir doch aus psychologischen wie politischen Gründen erforderlich, positive Alternativen aufzuzeigen. Dies ist für uns lebenswichtig – das Radio bietet uns die Möglichkeit dazu.

David Barsamian, »Alternative Radio – Audio Combat« in *Z Papers* (Oktober/Dezember 1993).

AUS »NON-CORPORATE NEWS«, LYNN

Ed Robinson

Hallo, hier ist »Non-Corporate News«. Mein Name ist Ed Robinson. Was ist Non-Corporate News und warum brauchen wir diese Sendung?

(im Off)

Ich wollte nicht schon wieder so eine Filmvorführung in einer Stadtbücherei machen. Ich wollte selbst etwas ausdrücken. Ich versprach mir mehr Spaß an der Sache, und vielleicht könnten andere dabei mitmachen. Wir würden nicht nur einen Film zeigen, sondern selbst einen machen. An dem hiesigen Kabelsender hängen drei Gemeinden, Lynn, Swampton und Salem, mit zusammen 30.000 Menschen – vielleicht auch 30.000 Haushalte, da bin ich mir nicht ganz sicher – aber jedenfalls können das viele Leute sehen, und zwar genau die, die nicht ins Kino gehen. Wir kommen also zu denen ins Haus, und wenn sie dann durch die Kanäle zappen, entwickeln sie vielleicht ein ganz neues Weltbild.

Wenn ich an einen alten Freund schreibe, dauert es gewöhnlich mindestens sechs Wochen, bis ich eine Antwort erhalte. Als ich 1986 zum ersten Mal an Noam Chomsky schrieb – ich hatte gerade sein Buch *Turning the Tide* gelesen – reagierte er binnen einer Woche. Das mag etwas über meine Freunde oder über Noam Chomsky aussagen – ich bin mir da nicht ganz sicher.

Ich bat ihn damals, mir andere vergleichbare Bücher zu empfehlen, und lud ihn außerdem zu einem Vortrag an der University of Massachusetts ein. Damals erschien mir dieser Vorschlag ungewöhnlich.

Sein Buch warf mich förmlich um; es veränderte mein gesamtes Weltbild und machte mich zu einem politischen Aktivisten, d. h. ich schloß mich der *Central America Solidarity Association* an der Universität an. 1990 gründete ich den Sender *Non-Corporate News*; ich hoffte, dadurch die Leute zu erreichen, die abends zu müde sind, um noch in Vorträge zu gehen, und bei denen ich mir ähnliche Reaktionen wünschte.

Anfangs hatte ich geglaubt, ich könnte mich auf Originalmaterial beschränken. Dies stellte sich aber sofort als unmöglich heraus, denn schon für die Produktion der 30 Sekunden kurzen Einleitung benötigte ich – zusammen mit zwei Studenten – vier Stunden. Es dauerte nicht lange, und wir verwendeten 90 Prozent unserer Sendezeit auf professionelle Videos, die wir vom *American Friends Service Committee* ausgeliehen hatten. Ich selbst verwandelte mich in Laufe der Zeit in einen geradezu fanatischen Copyright-Verletzer.

Als erstes brachte *Non-Corporate News* natürlich ein Interview mit Noam Chomsky; Ausschnitte daraus sind auch in *Manufacturing Consent: Noam Chomsky and the Media* zu sehen. Als das Video sendereif war, schrieb ich an Noam und schickte ihm einen Zeitungsausschnitt mit der entsprechenden Programmankündigung auf dem Kanal *Warner Cable*. In seiner Antwort teilte er mir mit, er habe ein »besonderes Verhältnis« zu Warner Communications (die jetzt zu Time-Warner gehören). Diese hätten nämlich 1974 den Vertrieb eines seiner Bücher abgewürgt (Näheres dazu in einer Vorbemerkung zu Band 1 von *The Political Economy of Human Rights*). Ich solle doch unbedingt Warner Communications davon in Kenntnis setzen, daß er im *Warner Cable* zu sehen sein werde.

In den 60er Jahren – oder war es Anfang der 70er – schrieb Abbie Hoffman *Steal This Book*. Jetzt haben wir die Neunziger, und da solltet ihr alle dem Rat folgen: »Kopiert dieses Video« und es über euren lokalen Offenen Kanal*) schicken. Wer die Zeit dafür hat, der soll sein eigenes Video machen und das ausstrahlen lassen. Über Offene Kanäle ist das kostenlos, und man kann auch kostenlos lernen, wie das geht.

Ed Robinson (November 1993)

*) In den USA verbreitete Form eines öffentlich lizenzierten Privatkanals, der für Beiträge aus dem Publikum offen sein muß.

In einer Fußnote zu *Manufacturing Consent* schreiben Herman und Chomsky: »Das Verkabelungsgesetz (*Cable Franchise and Telecommunications Act*) von 1984 gibt den Städten das Recht, Offene Kanäle anzufordern; andererseits dürfen die Kabelgesellschaften diese Kanäle bei unzureichender Auslastung auch anderweitig verwenden. So könnte also zu geringe Nutzung dazu beitragen, daß die Offenen Kanäle sterben.« Und auf S. 307 heißt es: »Die Kommunikation über Kabel und Satelliten war nur am Anfang rein kommerziellen Interessen ausgeliefert; inzwischen hat ihre wachsende Verbreitung das Netz-Oligopol geschwächt und ermöglicht eine verstärkte Nutzung durch lokale Gruppen. Es gibt in den USA bereits an die 3000 Offene Kanäle, über die allwöchentlich 20.000 Stunden lokaler Programme laufen. Es gibt auch schon Produzenten von Programmen, die landesweit über Satellit ausgestrahlt werden (z. B. *Deep-Dish Television*); außerdem Hunderte lokaler Produzenten, die natürlich alle unter Geldnot leiden.«

BÜRO IM MIT

Chomsky

Es entwickelt sich so eine Art kooperativer Netzwerke. Hier habe ich zum Beispiel einen Stoß Papier, den ein Freund von mir in Los Angeles zusammengestellt hat. Er verfolgt die gesamte Los-Angeles-Presse und liest auch viele britische Zeitungen und wertet sie aus. Auf diese Weise brauche ich nicht die ganzen Filmrezensionen zu lesen oder den lokalen Klatsch und bekomme doch die Perle, die gelegentlich dabei ist und die man erwischt, wenn man viele Zeitungen sorgfältig, intelligent und kritisch durchforstet. Damit beschäftigen sich nun eine Menge Leute, die sich auch untereinander austauschen.

HARVARD UNIVERSITY

Edward S. Herman
(Co-Autor von Manufacturing Consent: The Political Economy of the Mass Media *und* The Political Economy of Human Rights*)*

Wir haben also dieses zweibändige Werk geschrieben. Ganz zu Anfang trafen wir uns einige Wochen lang, aber danach schrieben wir die zwei Bände, praktisch ohne uns zu sehen; alles lief übers Telefon, über Briefe und über den Austausch von Manuskripten. Da wird viel über die Post kommuniziert. Meine Chomsky-Akte mißt beinahe einen Meter.

Meine Zusammenarbeit mit Chomsky erwuchs aus gemeinsamen Interessen und Ansichten. Außerdem verspürten wir die Synergieeffekte der Zusammenarbeit: Unsere Gedanken flossen ineinander, desgleichen die Worte, sie auszudrücken; wir konnten unsere Texte gegenlesen und überhaupt gemeinsam alles schneller voranbringen. Persönlich haben wir uns kaum je gesehen, aber es gab eine intensive Korrespondenz mit Artikeln, Gedanken und Kommentaren zu dem, was draußen ablief. Einer hatte vielleicht eine Idee – oder einen ganzen Schwarm davon – und benötigte Hilfe bei der Klärung und Ausarbeitung, und genau dabei wollte der andere mitwirken, weil ihm die Sache grundsätzlich gefiel. Auch psychologisch liegt in gelegentlichen gemeinsamen Aktivitäten eine Stütze: Ich weiß, da ist jemand, dem meine Gedanken zusagen, ich bin also mit meinen Ideen nicht völlig ausgegrenzt. Ich kann mich gar nicht mehr erinnern, wer als erster den Vorschlag machte, gemeinsam vorzugehen, und um welche Frage es dabei ging; es ergab sich einfach von selbst und wirkte offensichtlich ebenso effizienzsteigernd wie psychologisch aufbauend.

Als wir beschlossen, *Manufacturing Consent* gemeinsam anzugehen, waren wir beide mit anderen Projekten für den Pantheon-Verlag im Verzug; ich plante ein Buch über die Medien, Chomsky eines über Medienfragen. Und indem wir so über unsere Probleme reden, kommt uns beiden gleichzeitig der Gedanke, unsere Kräfte zu bündeln und dadurch ein einziges Werk über die Medien zu schaffen, und zwar in kürzerer Zeit und auf einem höheren Niveau, als es jeder für sich allein vermocht hätte. Mir schwebte bereits ein Kapitel über ein theoretisches Modell vor (»Propagandamodell«), dem Chomsky weitgehend zustimmte, und auch auf anderen Gebieten hatte jeder von uns Vorarbeiten geleistet und genauere Kenntnisse erworben. Wir hatten sogar schon so viel Material vorliegen, daß wir den Bereich, den das Buch abdecken sollte, ziemlich bald verkleinern mußten; ursprünglich hatten wir nämlich auch noch ein umfangreiches Kapitel über den Terrorismus vorgesehen (u. a. mit einem Vergleich des Medienbildes der terroristischen Staaten Libyen und Südafrika) sowie weitere über einige innenpolitische Fragen (Reaganomics, Abwürgen der Umweltpolitik). Sobald wir mit der Arbeit an den ersten Kapiteln begannen, blähten die sich auf wie Luftballons – wir kamen um tiefe Einschnitte wirklich nicht herum.

Wir legten sogleich eine Verteilung der Zuständigkeiten fest und behielten diese bis zum Schluß bei; unklar blieb nur, wer das Schlußkapitel übernehmen würde. Ich hatte das Vorwort und die ersten vier Kapitel; Chomsky hatte die Kapitel 5 und 6 und schrieb auch den ersten Entwurf für Kapitel 7. Jeder lieferte auch die jeweiligen Anhänge zu seinen Kapiteln. Skizzen und Gliederungen tauschten wir laufend aus, vor allem zum ersten Kapitel, in dem ein Modell vorgestellt wurde, das im folgenden Anwendung finden sollte. Zu Kapitel 1 gab es also ungewöhnlich viele Diskussionen und Abstimmungen. Die Manuskripte zu jedem Kapitel wurden ausgetauscht. Am tiefsten war die gegenseitige Durchdringung beim Vorwort, bei Kapitel 1 und in den Schlußfolgerungen. Im übrigen blieb es jedem überlassen, bei seiner Arbeit die Kommentare des anderen zu berücksichtigen. Über das fertige Werk bestanden kaum noch Meinungsunterschiede. Die Zusammenarbeit war einfach angenehm und effizient. Jeder fühlte sich durch die sorgfältigen Korrekturen und Anmerkungen des anderen in seiner Arbeit bestärkt.

Noch etwas in Parenthese: In einer besonders dummen Besprechung von *Manufacturing Consent*, die in *Tikkun* erschien, versuchte Carlin Romano mit großem Aufwand nachzuweisen, das Propagandamodell habe allein schon deshalb einen künstlich-mechanischen Charakter, weil es aus Chomskys linguistischen Theorien abgeleitet worden sei. Damit stand er zwar nicht allein, aber diese Meinung ist in mehrfacher Hinsicht absurd, vor allem weil ich wirklich der Hauptverantwortliche für das Modell war und es viel enger an meine früheren Analysen in *Corporate Control, Corporate Power* anknüpft als an irgendeine andere Quelle.

Aus Antworten von Edward S. Herman auf Fragen des Journalisten David Peterson (unveröffentlicht)

Ich habe an der University of California in Berkeley meinen Ph. D. in Wirtschaftswissenschaften gemacht. In diesem Feld habe ich dann hauptsächlich auf den Gebieten Geld- und Bankwesen, Finanzinstitutionen sowie Struktur und Politik der Konzerne gearbeitet (einschließlich Konkurrenz- und Monopolfragen). Von 1958 bis zu meiner vorgezogenen Emeritierung lehrte ich an der Wharton School of Economics der Universität von Pennsylvanien. Ich hielt auch Seminare über Medien an der dortigen Annenberg School; ein Seminar über Vorurteile in den Medien lief bis 1992.

Während meiner Wharton-Zeit habe ich viele Bücher über Finanzinstitutionen und -kontrollen geschrieben; dazu gehörte auch eine Untersuchung über die Treuhandfunktion der Banken und eine andere über Interessenkonflikte im Spar- und Kreditwesen (da gibt es viele). Mein vielleicht wichtigstes Buch, auch für die Allgemeinheit, ist *Corporate Control, Corporate Power* (Cambridge University Press 1981); es behandelt die Zentralisierung und Steuerung der großen US-Konzerne sowie die Chancen einer Reform von innen heraus (die mir gering erschienen). Meine Themen verschoben sich nach und nach fast automatisch von den Finanzinstitutionen und ihrer Macht über das Konzernsystem als solches bis hin zu den Medien.

Ansporn erfuhr ich dabei durch mein wachsendes Interesse an der Außenpolitik. Ich engagierte mich, wollte meine Meinung zu Gehör bringen und herausfinden, wie die Medien mit außenpolitischen Fragen umgehen (...)

War die Außenpolitik vorher nur ein Interessengebiet unter mehreren gewesen, so nahm sie in den Jahren des Vietnamkriegs den zentralen Platz ein. 1966 und 1971 veröffentlichte ich Bücher zum Vietnamkrieg. In dieser Zeit lernte ich Chomsky kennen, denn wir hatten das gleiche Interesse und dieselben Ansichten über den Krieg und die Außenpolitik; damals setzte auch unsere Zusammenarbeit ein (ich glaube, alles begann mit einem Artikel in *Ramparts*: »Saigon Corruption Crisis: The Search for an Honest Quisling«). [Ein Quisling ist ein Verräter, der in seinem Land mit Besatzern kollaboriert, insbesondere in einer Marionettenregierung]. 1973 produzierten wir auch einen schmalen Band über das heiße Eisen der »Blutbäder« (man erwartete allgemein ein solches, sollten sich die USA wirklich aus Vietnam zurückziehen). Dieses Büchlein sollte später eine gewisse Berühmtheit erlangen, als die Muttergesellschaft (Warner) unseres Verlegers (Warner Modular) aus lauter Abscheu über unser Produkt nicht nur das Buch vernichten ließ, sondern gleich die ganze Tochterfirma liquidierte. Nachzulesen ist diese Episode im Vorwort zu unserem Buch *The Washington Connection and Third World Fascism* - dieses eine überarbeitete und erweiterte Fassung des vernichteten Vorläuferbandes, erschienen 1979 bei South End Press und Black Rose Books. Gleichzeitig erschien im selben Verlag ein Folgeband mit dem Titel *After the Cataclysm: Postwar Indochina and the Reconstruction of Imperial Ideology* [Beide Bände bilden zusammen *The Political Economy of Human Rights;*]. 1988 nahmen wir mit *Manufacturing Consent* unsere Zusammenarbeit erneut auf. Seit einigen Jahren reden wir gelegentlich über ein weiteres gemeinsames Projekt, eine neu zu schreibende Geschichte des Vietnamkriegs; aber ich bin mir nicht sicher, ob es jemals dazu kommt.

In den 80ern und frühen 90ern habe ich weiter über außenpolitische Frage geschrieben: Zwei Bücher über den Terrorismus, eines über »Wahlen durch Demonstrationen« und noch einige andere. Außerdem schreibe ich regelmäßig für *Z Magazine* und *Lies of Our Times*.

Edward S. Herman

BÜRO IM MIT

Chomsky
Am Ende verfügt man dann über Möglichkeiten, wie sie wohl kein Geheimdienst hat, geschweige denn ein Wissenschaftler. Also: Wenn man kein Geld hat, können auch Menschen etwas tun.

HUMANIST TV, NIEDERLANDE

Chomsky
Die Waffenlieferungen an den Iran beispielsweise habe ich in Niederschriften von BBC-Sendungen entdeckt, und dann habe ich auch irgendwo ein Interview mit einem israelischen Botschafter gelesen und wiederum irgendwas in israelischen Zeitungen. Also die Informationen sind schon da, aber eben nur für einen Fanatiker – so jemand, der einen großen Teil seiner Zeit und Energie darauf verwendet, alles zu durchforschen, die Lügen von heute mit der Wahrheit von gestern zu vergleichen und so weiter. Das ist eine echte Forschungsaufgabe, und es wäre völlig sinnlos, von der gesamten Bevölkerung zu erwarten, daß sie sich in jeder Einzelfrage so etwas auflädt.

Philip Tibenham (BBC Reporter)
So stellten der Sturz des Schah und die Rückkehr Khomeinis für Israel eine Katastrophe dar. Jetzt gab es plötzlich ein weiteres antizionistisches Moslemregime. Den Israelis war dringend an einer Wiederherstellung des früheren Verhältnisses zum Iran gelegen. Im Oktober 1980 wurde der Iran von seinem Nachbarn Irak angegriffen, der auf die Ölfelder von Khusistan aus war. Hier war die ideale Chance für Israel, dem iranischen Militär Beistand zu leisten, denn das waren genau die Leute, die man gern im Iran an der Macht gesehen hätte (…)

David Kimche (israelischer Außenminister, vormals Vizechef des Geheimdienstes Mossad)
Ihr größtes Problem ist derzeit: Ihnen fehlen Ersatzteile und amerikanische Waffen. Außerdem benötigen sie Munition, Granaten, Bomben usw. Da liegen ihre größten Probleme.

Tibenham
Das heißt also: Insoweit Israel gern die iranische Armee gestärkt sähe, würde es israelischen Interessen dienen, wenn die USA dieses Material an den Iran lieferten?

Kimche
Na ja, ich möchte hier nicht direkt aussprechen, was doch auf der Hand liegt. Ich habe unsere Position deutlich gemacht. Ja, wir hätten gern eine starke Armee im Iran.

Tibenham
Aber eigentlich denken Sie dabei an eine Machtübernahme durch die Armee?

Kimche
Doch, möglicherweise (…)

Richard Helms (ehemals CIA-Chef und US-Botschafter im Iran)
Wenn man einen Putsch inszeniert, um einen Regierungswechsel herbeizuführen oder den Gang der Dinge zu beeinflussen, dann benötigt man natürlich eine reale Basis – also Waffen, Menschen, Gruppen, die mitmachen und etwas riskieren. All das ist nötig, denn wir leben in der Praxis und spielen kein theoretisches Modell durch. Die USA suchen ganz zweifellos herauszufinden, was sie in dieses Spiel mit einbringen können.
BBC »Panorama«, 01.02.82

Vgl. auch *The Fateful Triangle* S. 458-459 und *The Culture of Terrorism* S. 174

Chomsky
Wenn ich sage, die Fakten seien verfügbar, dann meine ich nicht, daß das Volk sie auch kennt. Beispielsweise gab es Informationen über Waffenverkäufe der USA an den Iran.

Joop van Tijn
Entschuldigung, Sie sagten doch, die Informationen hätten gedruckt vorgelegen.

Chomsky
Ich möchte noch mal betonen, was ich vorhin schon sagte. Informationen können gedruckt vorliegen und trotzdem für die Menschen nicht verfügbar sein. Denn sehen Sie mal, wer findet die gedruckte Information? Der fleißige Forscher, der viel Zeit und Energie darauf verwendet, sie zusammenzutragen und ihre Bedeutung herauszufin-

den. Für die große Mehrheit existiert die Information einfach nicht. Wenn zum Beispiel in einer einstündigen BBC-Sendung von 1982 dieselben hochrangigen Beamten, die wir dann später in den Iran-Contra-Anhörungen wieder zu Gesicht bekommen sollten, erklären, warum sie Waffen – also amerikanische Waffen – in den Iran schicken, und ich lese das: Dann weiß zwar ich es, aber doch nicht das amerikanische Volk. Und wenn ich dann weiter lese, daß der israelische Botschafter irgendwo in einem Interview gesagt hat: »Unsere Waffenlieferungen an den Iran« (das war 1982) »erfolgen in Abstimmung auf höchster Ebene mit den USA«, dann kann ich das alles zusammenfügen und etwas daraus machen. Ich investiere viel Arbeit und mir wird klar, die USA verfolgen hier nur eine ganz klassische Politik – nämlich die Politik, auf die man immer dann zurückgreift, wenn man eine Regierung stürzen will. Um eine Regierung zu Fall zu bringen, bewaffnet man am besten die Armee des betreffenden Landes. Wenn Sie auch nur ein wenig von der Geschichte wissen, dann erkennen Sie das Muster – beispielsweise wie die USA bei Allende in Chile vorgegangen sind. Um die Regierung zu stürzen, bewaffne man das Militär. Dieselbe Politik wurde mit Sukarno in Indonesien verfolgt. Statt uns mit einer Regierung direkt anzulegen, stützen wir immer die Armee. Und wer fleißig genug gräbt, der findet heraus, daß Verteidigungsminister McNamara sich das hinterher auch gutgeschrieben hat. Fragt ihn ein Kongreßabgeordneter: »Welchen Sinn hatte es, Waffen nach Indonesien zu schicken? Hat es sich bezahlt gemacht?« Und er antwortet: »Jawohl, es hat sich bezahlt gemacht.« Dann weiß man auch über einen Untersuchungsausschuß des Repräsentantenhauses Bescheid, in dem dargelegt wurde, die Grundlagen für den Putsch seien unter anderem auch durch die Verbindungen der USA zum indonesischen Militär gelegt worden.

Joop van Tijn
Aber entschuldigen Sie, die Frage ist doch, wie erreicht man, daß das amerikanische Volk genau so gut informiert ist wie Sie, genau so privilegiert, daß es auch alles so gut zusammensetzen kann?

Chomsky
Einer muß es eben tun. Ich hab's ja gerade angedeutet. Wenn ich durchschauen will, was sich in den Iran-Contra-Anhörungen abspielte, dann muß ich wissen: Was geschah in Chile? Und was in Indonesien? Welche klassischen politischen Mittel setzt man ein, wenn man eine Regierung zu Fall bringen möchte? Was hat der israelische Botschafter gesagt? Was haben Kimche und Jacob Nimrodi gesagt? Man muß all diese Detailinformationen auffinden und ins Auge fassen können und dann – aha! das paßt genau ins klassische Schema. Wenn man das tut, fügt sich alles zusammen. Aber man kann doch nicht erwarten, daß der Durchschnittsbürger sich diese ganze Arbeit macht. Sie haben vorhin gefragt, worum es in unserem Buch [*Manufacturing Consent*] geht. Also dieses Buch soll eine Hilfe sein; es soll nicht unbedingt bestimmte Einzelfälle erklären, sondern es soll den Menschen zu erkennen helfen, wie das System die Tatsachen verzerrt, denn dann sind sie in der Lage, in anderen Fällen diese Verzerrungen zu kompensieren.
Aus einem Interview mit Joop van Tijn in Humanist TV, Niederlande, 10.06.89

HUMANIST TV, NIEDERLANDE

Chomsky
Ich bin kein Freund von falscher Bescheidenheit. Ich weiß, was ich kann und was ich besonders gut kann – zum Beispiel Analysen, Studien, Forschung, Sie wissen schon. Also sowas kann ich, und ich glaube auch so ungefähr zu verstehen, wie es in der Welt zugeht – soweit man das überhaupt kann.
Dies ist nun aber eine äußerst nützliche Quelle für die Menschen, die sich aktiv organisieren und dafür engagieren, daß die Welt irgendwo ein kleines Stück besser wird. Und wenn man dabei mithelfen oder mitmachen kann, dann ist das … dann fühlt man sich belohnt.

UNIVERSITY OF WASHINGTON, SEATTLE

Frau
Können Sie sich eigentlich vorstellen, daß Menschen wie ich – also ganz naive Menschen – eines Tages wieder stolz auf die Vereinigten Staaten sein können? Sollte man sich das überhaupt wünschen? Denn es könnte ja sein, daß gerade weil jeder unbedingt aufs eigene Land stolz sein will … daß wir gerade deshalb so leicht von den Mächten manipuliert werden können, über die Sie hier gesprochen haben.

Chomsky
Also zunächst muß man sich fragen, was man mit dem eigenen Land meint. Denn wenn man damit die Regierung meint, dann glaube ich nicht, daß man jemals darauf stolz sein kann *(Beifall)* – oder auf irgendeine Regierung – also jedenfalls nicht auf unsere Regierung. Man sollte es auch nicht. Staaten sind

Ich bin wirklich nicht darauf aus, die Leute zu irgend etwas zu überreden – ich möchte es nicht, und ich will auch den Grund dafür nennen. Ich möchte, daß die Menschen sich selbst überreden können. Ich sage ihnen, was ich denke, und hoffe natürlich, sie von meiner Wahrheit zu überzeugen; doch noch lieber ist es mir, wenn sie sich von einer ihnen gemäßen Wahrheit überzeugen lassen. Die Menschen erfahren ja viele Einblicke überhaupt nicht, die sie durch bestimmte Informationen gewinnen könnten. Und genau die möchte ich liefern, mehr nicht. Im großen und ganzen ist meinen Zuhörern das wohl auch klar. Darum kommen sie, das wollen sie hören.
Chronicles of Dissent **S. 119**

David Barsamian
Was denken Sie vom Staat? Sind Sie ein Isolationist? Wie würden Sie sich politisch charakterisieren?

Chomsky
Vermutlich gehen Sie davon aus, daß es Staaten geben muß. Diese stellen aber in der Geschichte eine temporäre Phase dar. Über den Staat zu diskutieren, das ist so, als würde man fragen: Welches Feudalsystem wäre das beste für uns? Welche Form der Sklaverei wäre die beste? In einer bestimmten historischen Phase mochte es durchaus sinnvoll gewesen sein, nach der besten Form der Sklaverei – der am wenigsten schrecklichen – zu fragen. Man konnte dann über die verschiedenen Arten von Sklaverei diskutieren und nach der besten suchen. So ist die Frage einfach falsch gestellt, denn sie setzt die Notwendigkeit von Zwang und Fremdbestimmung voraus. Sie sind aber nicht notwendig (…) Jetzt hängen wir im Staatssystem drin – zumindest für eine gewisse Zeit. Und genau so hing die Welt für eine gewisse Zeit im System der Sklaverei. Es wird nicht andauern – soviel ist zu erwarten. Und auch wenn dieses System auf Dauer angelegt wäre, könnte es nicht lange überleben, denn es ist ein tödliches System.
Aus einem Interview mit David Barsamian, in *Language and Politics*, **S. 745**

Davon auszugehen, daß es den Staat geben muß, das ist so, als würde man fragen: Welches Feudalsystem wäre das beste für uns? Welche Form der Sklaverei wäre die beste?

gewalttätige Institutionen. In jedem Land, nicht nur bei uns, steht die Regierung für eine bestimmte Machtstruktur, und sie wendet dabei normalerweise Gewalt an. Näherungsweise könnte man sagen, daß die Staaten um so mehr Gewalt ausüben, je mächtiger sie sind. Wenn ihr euch nur mal die Geschichte Amerikas anschaut – da gibt es nichts, das man gern weitererzählen würde. Wie kommt es denn, daß wir hier sind? Weil an die 10 Millionen Eingeborene ausgerottet wurden. Keine schöne Sache.

Noch in den 60er Jahren hat man immer nur an Cowboys und Indianer gedacht. Sogar die Wissenschaft konnte erst in den 70ern ernsthaft an die Fakten rühren. Zum Beispiel an die Tatsache, daß es viel mehr Eingeborene – vielleicht 10 Millionen mehr – gegeben hatte, als immer behauptet wurde; daß sie über eine hochentwickelte Kultur verfügten; daß das, was sich dann abspielte, an Völkermord grenzte. Wir haben zweihundert Jahre durchlebt, ohne dieser Wahrheit ins Gesicht zu sehen. Die 60er haben immerhin bewirkt, daß man jetzt so langsam mal über die Tatsachen nachdenken kann. Das ist doch schon ein Fortschritt.

»AMERICAN FOCUS«, WASHINGTON

Elizabeth Sikorovsky
Glauben Sie, daß diese Aktionen, die vor 20 Jahren abliefen, sich bis in unsere Zeit in der Gesellschaft auswirken?

Chomsky
Die Institutionen wurden dadurch nicht verändert. Aber die Aktionen haben erhebliche kulturelle Veränderungen mit sich gebracht. Man muß bedenken, daß diese Bewegungen aus den 60er Jahre in den 70ern und 80ern immer weiter um sich gegriffen haben, in andere Bereiche der Gesellschaft und auf anderen Problemfeldern. Vieles von dem, was damals die Leute schockierte, ist heute ganz selbstverständlich. Nehmen Sie nur den Feminismus: In den 60ern gab es ihn kaum; heute ist er im allgemeinen Bewußtsein verankert. Die Ökologiebewegung setzte in den 70ern ein. Die Solidarität mit der Dritten Welt bestand in den 60ern auch nur in sehr eingeschränktem Maße; eigentlich ging es nur um Vietnam. Und dann war das alles in den 60ern eine reine Studentenbewegung. Heute ist das anders – heute ist es der Mainstream in den USA.

Anscheinend gelingt es vielen amerikanischen Intellektuellen ebenso, sich damit abzufinden, daß mit den technischen Mittel der USA die Bauerngesellschaft Indochinas systematisch zerstört wird, wie viele ihrer Vorgänger sich mit Stalins Säuberungen arrangieren konnten, oder mit Hiroshima und Nagasaki. Auf die Jugend der sechziger Jahre trifft dies nicht mehr zu, und das spricht für sie. Ich vermute, ihre prägende Erfahrung war Vietnam – diese Schlächtereien, diese Täuschungsmanöver, der zaghafte Widerstand, die schmachvollen Rechtfertigungen – und diese Erfahrung wird sich noch lange auswirken. Zwar mündet ihr Abscheu gelegentlich in eine Anti-Haltung zu Technik und Wissenschaft oder sogar in Irrationalismen, aber überwiegend – jedenfalls ist das meine Erfahrung – haben sie erkannt, mit wieviel Kraft und Durchhaltevermögen sie sich engagieren müssen, um Indochina vor der völligen Vernichtung zu bewahren, und wie tiefgreifend die Vereinigten Staaten – ihre Institutionen und ihre gesamte Kultur – sich werden verändern müssen, soll nicht ein ähnliches Schicksal andere Gemeinschaften treffen, die ebenfalls nach Unabhängigkeit streben. Das sind gewaltige, fast erdrückend schwere Aufgaben, und so wenden sich viele lieber wieder ihren Privatangelegenheiten zu – aber nicht aus Apathie, wie oft gesagt wird. Es herrscht eben nicht die Apathie der fünfziger Jahre; vielmehr können diejenigen, die wirklich aktiv werden, aus einem Reservoir aus Sympathie und Unterstützung schöpfen.
Radical Priorities S. 234

**Es gibt wirklich eine furchtbare Hysterie in Sachen »political correctness«. Dazu zählen bösartige Reden ebenso wie eine Flut von Bestsellern voller mehr oder weniger zurechtgebastelter Geschichten über angebliche Horrorzustände an den Universitäten sowie von Zeitungsartikeln, Nachrichten, Sportberichten, Kommentaren (...)
Dieses Phänomen ist aber keineswegs aus dem Nichts entstanden. Ein wichtiges Element der Klassenkämpfe in der Nach-Wohlstands-Gesellschaft ist die weitgehende Übernahme der ideologischen Führerschaft durch die Rechte. Massenhaft entstehen rechtslastige Denklabors; es gibt eine Kampagne zur Stärkung des konservativer Einflusses auf die ideologisch bedeutsamen Sektoren der Hochschulen (...) und es hat sich ein Arsenal von Instrumenten herausgebildet, mit denen das Denken und Reden möglichst eng auf das reaktionäre Ende des ohnehin schmalen Spektrums beschränkt werden soll (...)
So kann der nächste Schritt für den, der in das Management kultureller Hintergründe Einblick hat, keine Überraschung mehr bedeuten. Zuerst gab es eine Periode intensiver ideologischer Auseinandersetzungen um die politischen und Lehrinstitutionen, die mit einem eindrucksvollen Sieg der Wirtschaftslobby und der Rechten endete. Was lag nun näher, als einen weiteren Propagandafeldzug zu starten und zu behaupten, Linksfaschisten hätten das Kommando über das gesamte Kulturleben ergriffen und ihm ihre radikalen Normen aufgezwungen.**
Year 501: The Conquest Continues S. 53-54

AUS »A WORLD OF IDEAS« (1988)

Bill Moyers
Warum schreiben Sie eigentlich immer noch, daß die Menschen sich isoliert fühlen, wenn es doch auch in Ihrer Erinnerung früher viel weniger Konformismus gab als heute?

Chomsky
Weil den meisten Menschen klar geworden ist, daß ihre wahren Interessen, Sorgen und Nöte sich in den organisierten Institutionen überhaupt nicht wiederfinden. Sie sehen sich auch nicht in sinnvoller Weise am politischen System beteiligt. Sie glauben nicht, daß die Medien ihnen die Wahrheit sagen oder auch nur ihre Sorgen aufgreifen. Also versuchen sie, außerhalb der etablierten Institutionen etwas zu tun.

Bill Moyers
Wir bekommen zwar unsere gewählten Führer immer öfter zu Gesicht, aber wir wissen immer weniger, was sie eigentlich tun. *(In die Kamera)* Und das bewirkt dieses Medium.

Chomsky
Sehr gut gesagt. Sehen Sie, die Präsidentenwahl ist doch fast an einem Punkt angelangt, wo die Allgemeinheit sie als Wahlentscheidung überhaupt nicht mehr ernst nimmt.

Ist eine Gesellschaft einmal entpolitisiert, dann sind die Menschen schon intelligent genug zu merken, daß ihre Stimme zu den wirklich wichtigen Dingen überhaupt nicht gefragt ist. Statt dessen stimmen sie für Coca-Cola oder Pepsi-Cola. Parteien gibt es nicht, nicht einmal im – bereits eingeschränkten – westeuropäischen Sinn. Ich will die Verhältnisse in Westeuropa gewiß nicht überbewerten; aber wenn man sich das sozio-ökonomische Spektrum derjenigen Hälfte unserer Bevölkerung – ca. 45 Prozent – anschaut, die nicht zur Wahl gehen, dann sind das fast genau die gleichen Schichten, die in Europa für eine reformistische Arbeiterpartei stimmen, also für die Sozialdemokraten, die Labour Party, die Kommunisten. Die Zusammensetzung dieser Wähler entspricht ungefähr der Gruppe der Nichtwähler in den USA. Und daß diese nicht zur Wahl gehen, liegt wahrscheinlich daran, daß sie sich nicht vertreten fühlen.

Aus einem 1984 geführten Interview mit dem finnischen Rundfunkjournalisten Hannu Reime, abgedruckt in *Language and Politics***, S. 600**

INSTRUCCIONES

1. Se puede usar cualquier clase de pluma o lapiz.
2. Si Ud. quiere votar por un candidato cuyo nombre esta en la lista ponga una X o la marca ✓ en el cuadro que sigue al nombre del candidato.
3. Para votar por una persona cuyo nombre no esta escrito en la lista escriba el nombre al lado derecho de la columna en la que aparece el título del puesto.
4. Cualquier otra marca o escritura, o cualquier borradura hecha en esta papeleta afuera de los cuadros de votar o espacios en blanco suministrados para votar, anulará la papeleta completamente.

REPUBLICAN	C	f CONSERVATIVE	Z	ANARCHIST LIBERTARIAN SOCIALIST
FOR PRESIDENT PARA PRESIDENTE George Bush AND Y Dan Quayle FOR VICE-PRESIDENT PARA VICE-PRESIDENTE 1B ☐		FOR PRESIDENT PARA PRESIDENTE George Bush AND Y Dan Quayle FOR VICE-PRESIDENT PARA VICE-PRESIDENTE 1C ☐		FOR PRESIDENT PARA PRESIDENTE A. Noam Chomsky ANARCHIST LIBERTARIAN SOCIALIST 1Z ☑
	f CONSERVATIVE			

Den meisten Menschen ist klar geworden, daß ihre wahren Interessen, Sorgen und Nöte sich in den organisierten Institutionen überhaupt nicht wiederfinden.

VOR DEM WEISSEN HAUS, WASHINGTON

Peter Wintonick mitten in einer Gruppe von Jungen

Peter Wintonick
Was haltet ihr denn davon, was im Weißen Haus vorgeht?

1. Junge
Ich meine, es ist zu sehr abgeschirmt.

2. Junge
Sie müßten rauskommen, ja? Zu den Leuten reden.

Peter Wintonick
Wer soll zu den Leuten reden?

1. und 2. Junge
George Bush.

Man darf nicht vergessen, daß in den USA das Spektrum des politischen Diskurses und die Basis der politischen Macht außerordentlich schmal sind und daß dies unser Land von vielen anderen demokratischen Industriestaaten unterscheidet. Die USA sind das einzige Land ohne eine organisierte Bewegung, die auch nur die vorsichtigsten Reformvarianten des Sozialismus vertreten würde. Es gibt zwei politische Parteien, die von einigen ziemlich zutreffend als zwei Fraktionen ein und derselben »Partei des Eigentums« charakterisiert werden und die sich in ihrer Festlegung auf kapitalistische Institutionen und Ideologien einig sind. Ihre Außenpolitik seit dem Zweiten Weltkrieg galt fast durchweg als »überparteilich« – will sagen, außenpolitisch waren wir ein Einparteienstaat. Ihre gelegentlichen Meinungsverschiedenheiten beschränken sich auf die Rolle des Staates: Während die Republikaner generell größeres Gewicht auf den Einfluß der Privatwirtschaft legen, neigen die Demokraten in der Sozial- und Wirtschaftspolitik eher staatlichen Interventionen zu (…)
Aus »The Carter Administration: Myth and Reality« in *Radical Priorities* S. 137 (auch S. 138-166)

AUS »A WORLD OF IDEAS« (1988)

Chomsky
Das bedeutet also, die politischen Systeme funktionieren zunehmend ohne Input aus der Allgemeinheit. Es läuft immer mehr darauf hinaus, daß die Menschen die Entscheidungen, die ihnen vorgelegt werden, gar nicht mehr ratifizieren – schlimmer noch, sie beteiligen sich überhaupt nicht mehr an dem Prozeß, sie machen sich nicht einmal mehr die Mühe einer Ratifizierung. Jeder geht davon aus, daß die Entscheidungen ohnehin durchgezogen werden, ganz gleich, was er oder sie in der Wahlkabine tut.

Moyers
Was wäre denn eine Ratifizierung?

Chomsky
Bei einer Ratifizierung stünde ich als Wähler vor zwei Alternativen. Ich gehe dann in die Wahlkabine und drücke einen von zwei Knöpfen, je nach meiner Präferenz. Das ist natürlich eine eingeschränkte Form der Demokratie. Wenn eine Demokratie einen echten Sinn haben soll, dann müßte ich auch bei der Vorbereitung der Entscheidung einbezogen sein, also bei der Formulierung der Alternativen – das wäre dann wirklich demokratisch. Davon sind wir aber noch weit entfernt. Wir sind ja sogar auf dem besten Wege, die Ratifizierung aufzugeben. Die Wahlen sind ein inszeniertes Theater; die PR-Branche bestimmt, was jemand sagen darf; die Kandidaten wählen ihre Worte auf der Grundlage von Querschnittstests ihrer Wirkung. Irgendwie scheinen die Leute gar nicht zu erkennen, wieviel Verachtung sie damit der Demokratie bezeigen.

Während der Ära Reagan hat die kapitalistische Demokratie beachtliche Fortschritte gemacht. Acht Jahre lang funktionierte die US-Regierung de facto ohne Chef. Das ist nicht ganz unwichtig. Es wäre ausgesprochen unfair, den Menschen Ronald Reagan für die in seinem Namen betriebene Politik verantwortlich zu machen. Denn obwohl die gebildeten Kreise sich die größte Mühe gaben, die Formalien mit der gebotenen Würde ablaufen zu lassen, war es ein offenes Geheimnis, daß Reagan von der Politik seiner Regierung nur die nebulösesten Vorstellungen hatte. Sobald ihn sein Stab einmal nicht sorgfältig genug gebrieft hatte, gab er Äußerungen von sich, die nur deshalb nicht peinlich wirkten, weil sie sowieso niemand ernst nahm. Die Iran-Contra-Anhörungen wurden von der Frage beherrscht: »Konnte Reagan sich an das Vorgehen seiner Behörden erinnern, hat er überhaupt davon gewußt?« Aber diese Frage konnte eben gar nicht ernstgenommen werden. Daß das Gegenteil behauptet wurde, gehört mit zur Verschleierung. Im übrigen zeigt sich ein gewisser Realismus in dem Desinteresse der Öffentlichkeit an Enthüllungen von der Art, Reagan sei seinerzeit in die illegalen Aktionen zugunsten der Contras verwickelt gewesen, wo er doch (laut seinen eigenen Worten im Kongreß) nichts davon gewußt haben will.

Reagan hatte zu lächeln, mit seiner sympathischen Stimme vom Teleprompter abzulesen, ein paar Witze zu erzählen und die Zuschauer in ihrem erwünschten Tiefschlaf zu halten. Seine Eignung für das Präsidialamt bestand allein darin, daß er lesen konnte, was die Reichen ihm aufschrieben und wofür sie gut bezahlen. Reagan hatte das ja schon jahrelang getan. Seine Leistungen fanden den Beifall seiner Zahlmeister, und Spaß schien er auch noch daran zu finden. So verbrachte er alles in allem eine schöne Zeit; er genoß Prunk und Pomp der Macht und darf sich jetzt des angenehmen Ruhesitzes erfreuen, den seine dankbaren Wohltäter ihm hergerichtet haben. Wenn im Gefolge der Bosse Berge verstümmelter Leichen in den Massengräbern der salvadorianischen Todesschwadronen zurückbleiben oder Hunderttausende von Obdachlosen auf der Straße, dann ist das eigentlich gar nicht sein Bier. Man macht einen Schauspieler eben nicht für den Inhalt der Worte haftbar, die über seine Lippen kommen.
Deterring Democracy S. 73-74

IM KAPITOL, WASHINGTON

Reporter
Der feierliche Augenblick naht. Aber zunächst wird Don Quayle vereidigt.

Ausrufer
Bitte begeben Sie sich auf Ihre Plätze.

George Bush *(in seiner Antrittsrede)*
Zum erstenmal in diesem Jahrhundert, ja vielleicht in der Geschichte, muß die Menschheit nicht mehr nach einem System suchen, das ihr Überleben garantiert. Wir müssen nicht mehr nächtelang über die beste Regierungsform diskutieren. Keinem König müssen wir Gerechtigkeit abringen; wir können sie aus uns selbst heraus abrufen. Heute ist die Zukunft eine Tür, durch die wir ungehindert in den Raum, genannt »die Zukunft«, schreiten können. Große Nationen sind auf dem Weg zu Demokratie; sie durchschreiten das Tor zur Freiheit. Die Völker der Welt fordern Redefreiheit und Gedankenfreiheit, um auf der anderen Seite der Tür jene moralische und geistige Genugtuung zu finden, wie sie nur die Freiheit bieten kann. Wir wissen, wie wir allen Menschen mehr Gerechtigkeit und Wohlstand sichern können: mittels freier Märkte, freier Rede, freier Wahlen und freier, von keiner Staatsmacht behinderter Ausübung ihres Willens. Auch der Welt draußen verheißen wir neue Aktionen und ein erneuertes Gelöbnis. Wir werden stark bleiben, zum Schutz des Friedens. Wer aber die Hand ausstreckt, kann sie nur schwer zur Faust ballen. Amerika ist nur da heilig, wo es höchsten moralischen Grundsätzen gehorcht. Unser aller Wille ist heute: Der Nation ein freundlicheres Antlitz, der Welt ein angenehmeres Aussehen.

Da reden die Leute vom »freien Markt«. Aber klar doch. Sie und ich können völlig frei beschließen, eine Autofabrik aufzumachen und gegen General Motors zu konkurrieren. Niemand wird uns daran hindern. Doch diese Freiheit ist ohne Bedeutung. Oder wir könnten, sagen wir mal, eine Zeitung gründen und darin Sachen schreiben, die die *Los Angeles Times* nicht bringt. Niemand hindert uns daran. Nur sind ganz zufällig die Machtverhältnisse so, daß nur bestimmte Optionen offenstehen – und in dem begrenzten Rahmen dieser Optionen, so verkünden die Mächtigen, soll Freiheit herrschen. Das ist aber eine ziemlich einseitige Sicht der Freiheit. Der Grundsatz ist schon richtig, aber es hängt von den gesellschaftlichen Strukturen ab, wie sich die Freiheit auswirken kann. Wenn die einzige Freiheit darin besteht, daß man objektiv keine andere Möglichkeit hat, als sich irgendeinem Machtsystem anzupassen, dann ist das keine Freiheit.
Aus einem Interview mit David Barsamian in *Language and Democracy* **S. 758**

Wie die Wahlen auch ausgehen mögen, die Quellen der Macht im Lande bleiben im Grunde unverändert. An den Schaltstellen der Exekutive, wo die Innen- wie die Außenpolitik mehr und mehr bestimmt wird, sitzen zum größten Teil Vertreter der Großunternehmen und einiger Anwaltskanzleien, die sich auf Konzerninteressen spezialisiert haben. Durchgesetzt werden also weniger die Bereichsinteressen des einen oder anderen Sektors der Privatwirtschaft als vielmehr die übergreifenden Interessen des Konzernkapitalismus. Es wird also niemanden überraschen, wenn dem Staat im wesentlichen die Aufgabe verbleibt, die innen- und außenpolitischen Entwicklungen gemäß den Interessen der Privatwirtschaft und ihrer Oberen zu steuern – nur pflegt man das in der Presse und in gelehrten Kreisen geflissentlich zu übersehen.
Aus einem Interview mit dem Telekonferenz-Techniker Richard Titus an der Athabasca University in Edmonton, Kanada, in *Language and Politics* **S. 477-486**

Zum »freien« Markt, »freien« Unternehmertum und zur »Demokratie« in der Dritten Welt vgl. *Year 501: The Conquest Continues* Kap. 2, 3, 4
Zur Demokratie in der Industriegesellschaft vgl. *Deterring Democracy* Kap. 11

Wir müssen nicht mehr nächtelang über die beste Regierungsform diskutieren.

George Bush

UNIVERSITÄTSGELÄNDE, LARAMIE

Mann
Ich komme noch mal auf Ihre frühere Bemerkung zurück, daß man dem Kapitalismus entkommen oder ihn abschaffen müßte. Da frage ich mich nun, was für ein System Sie an seine Stelle setzen würden – also eines, das auch funktioniert.

Chomsky
Ich? Nun, ich würde ...

Mann
Wenn jemand die Macht besäße, so etwas in Gang zu setzen – wozu würden Sie ihm raten?

Chomsky
Nun, seit Hunderten von Jahren sprechen wir von der »Lohnsklaverei«, und die jedenfalls ist unerträglich. Es darf doch nicht sein, daß die Menschen sich selbst vermieten müssen, nur um zu überleben. Meines Erachtens müßten die Wirtschaftsunternehmen demokratisch betrieben werden, also von den Beteiligten, von den Gemeinden, in denen sie angesiedelt sind, und wohl auch über freie Zusammenschlüsse.

Es darf doch nicht sein, daß Menschen sich selbst vermieten müssen, um überleben zu können.

AUS »THE JAY INTERVIEW«,
WEEKEND TV, LONDON (1974)

Peter Jay
Hat es in der Geschichte schon einmal nennenswerte und länger andauernde Annäherungen an das anarchistische Gesellschaftsideal gegeben?

Chomsky
Es gab kleine, also nicht sehr kopfstarke Gruppierungen, die darin ganz erfolgreich waren. Aber es gibt auch einige Beispiele für libertäre Revolutionen in großem Maßstab und mit weitgehend anarchistischem Charakter. Bei den ersteren, also den kleinen langlebigen Einheiten, denke ich vor allem an die israelischen Kibbuzim. Diese wurden über lange Jahre – ob es heute noch der Fall ist, weiß ich nicht – nach anarchistischen Prinzipien betrieben.
Es gab also eine direkte Leitung durch die Werktätigen; Landwirtschaft, Gewerbe, Dienstleistungen und Privatleben bildeten eine Einheit; alle beteiligten sich aktiv und egalitär an der Selbstverwaltung. Ich meine schon, daß sie außerordentlich erfolgreich waren. Und ein gutes Beispiel – eigentlich das beste, das ich kenne – für eine wirklich große anarchistische oder doch stark anarchistisch geprägte Umwälzung ist die Spanische Revolution von 1936. Man weiß leider nicht, was dort noch hätte kommen können, denn diese anarchistische Revolution wurde ja gewaltsam unterdrückt; aber solange sie im Gange war, demonstrierte sie doch in überzeugender Weise, daß eine mittellose Arbeiterschaft dazu fähig war, sich ganz ohne Zwang und Führung zu organisieren und ihr Leben höchst erfolgreich selbst in die Hand zu nehmen.

Das Kibbuz, in dem wir damals wohnten, war etwa 20 Jahre alt und sehr arm. Es gab nur harte Arbeit und wenig zu essen. Aber es gefiel mir in vielerlei Hinsicht. Wenn ich mal vom gesamten Umfeld absah, empfand ich es einfach als eine erfolgreich funktionierende libertäre Gemeinschaft. Ich hoffte auch auf eine gesunde Mischung von körperlicher und geistiger Arbeit.
Meine Frau wollte damals auf jeden Fall wieder dorthin, und viel fehlte nicht daran, daß wir es getan hätten. Hier bei uns gab es nichts, was mich besonders gehalten hätte. Auf eine akademische Karriere konnte ich nicht rechnen, mir war auch nicht viel daran gelegen. Eigentlich hielt mich also nichts zurück. Demgegenüber interessierten mich die Kibbuzim sehr, denn es hatte mir dort gut gefallen. Allerdings gab es auch Dinge, die mir weniger gefallen hatten. Insbesondere herrschte ein erschreckender ideologischer Konformismus. Ich hätte vermutlich nicht lange in dieser Umgebung leben können, denn ich war ein radikaler Anti-Leninist und Nonkonformist; was mich außerdem störte – eigentlich noch zu wenig – waren die Exklusivität und der institutionalisierte Rassismus.
The Chomsky Reader S. 9

»The Jay Interview« ist abgedruckt unter dem Titel »The Relevance of Anarcho-Syndicalism« in *Radical Priorities* S. 245-261

Zur »Lohnsklaverei« vgl. *The Chomsky Reader* S. 139-155

Vgl. auch:
»Notes on Anarchism« in *For Reasons of State* S. 370-384
Die Debatte Chomsky/Foucault in *Reflexive Water* (a. a. O.) S. 169-175
»Noam Chomsky's Anarchism« von Paul Marshall in *Our Generation* Bd. 22 Nr. 1+2, Herbst 1990/Frühjahr 1991, S. 1-15

Peter Jay
Wenn der libertäre Sozialismus oder Anarchismus als Lebensweise Erfolg haben soll – wie sehr hängt das dann davon ab, daß der Mensch seine Natur grundlegend verändert, sei es nun in seiner Motivation, im Altruismus, in seinen Kenntnissen oder auch in seiner Raffinesse?

Chomsky
Nicht nur hängt es von dieser Umstellung ab, sondern in meinen Augen dient der libertäre Sozialismus allein dem Ziel, hierzu einen Beitrag zu leisten. Er wird zu einem geistig-spirituellen Wandel beitragen, nämlich genau zu jener großen Wende in dem Bild, das die Menschen von sich selbst haben, und in ihrer Fähigkeit zum Handeln, zum Entscheiden, zum Erschaffen, zum Produzieren und zum Forschen. Also zu eben jener geistigen Wende, der die in der linksmarxistischen Tradition stehenden Denker – von Rosa Luxemburg bis zu den Anarchosyndikalisten – stets so großes Gewicht beimaßen. Man ist also einerseits auf den Geisteswandel angewiesen und will andererseits Institutionen aufbauen, die zu diesem Wandel beitragen (…)

Im Original-Interview fährt Chomsky fort:
(…) zu einem Wandel im Charakter unserer Arbeit und unserer schöpferischen Tätigkeiten, auch indem neue soziale Bindungen und Interaktionen zwischen den Menschen zu neuen Institutionen führen, die wiederum neue Züge in ihnen erblühen lassen. Hieraus entstehen dann weitere libertäre Gebilde, in denen die befreiten Menschen mitarbeiten können. So sehe ich die Evolution des Sozialismus.
Das gesamte einstündige Interview ist abgedruckt in *Radical Priorities* S. 245-261

James Peck (Herausgeber des Chomsky Reader*)*
Welche Rolle würde denn in einer anarchistischen Gesellschaft den Intellektuellen zukommen?

Chomsky
Das wären Arbeiter des Geistes-Menschen, die eben mehr mit dem Kopf als mit den Händen arbeiten. Ich meine aber, in einer anständigen Gesellschaftsordnung müßte es eine Mischung der Aufgaben geben; damit wäre auch Marx grundsätzlich einverstanden. Ein anarchistisch geprägtes Gesellschaftsmodell hält für die organisierte Geisteswelt, für die Berufsintellektuellen, keine privilegierte Rolle bereit, sondern führt zu einer Verwischung der Unterschiede zwischen Kopf- und Handarbeitern. Letztere sollen auch aktiv bei der geistigen Bewältigung ihrer Arbeitsprozesse mitmachen, also bei der Setzung der Ziele, der Organisation, der Planung usw. Die, die berufsmäßig Wissen ansammeln und anwenden, hätten kein bevorzugtes Anrecht auf die Führung der Gesellschaft; allein aus der Tatsache, daß sie diese Ausbildung oder Begabung haben, könnten weder Macht noch Prestige abgeleitet werden. Natürlich üben derartige Ansichten nicht gerade eine besondere Anziehungskraft auf die Intelligenzschicht aus.

The Chomsky Reader »Interview« S. 21

Zu Humboldts »Freiheitsinstinkt« beim Menschen vgl.
»Language and Freedom« in *The Chomsky Reader* S. 148-149
»Humboldt« in *Language and Politics* S. 386, 468, 566, 756

Zur linksmarxistischen Tradition vgl.
»Interview«, *The Chomsky Reader* S. 19-23
Chomskys Einleitung zu: Daniel Guérin, *Anarchism* (Monthly Review Press 1970)
Rudolph Rocker, *Anarcho-Syndicalism* (Pluto Press 1989)

Millionen von Menschen auf der ganzen Welt suchen nach besseren Lebensverhältnissen, denn ihre Grundbedürfnisse können innerhalb der überkommenen gesellschaftlichen, ökonomischen und technischen Strukturen nicht mehr gestillt werden. Es gibt aber durchaus lebensfähige Alternativen, von denen eine Linderung dieser Probleme erwartet werden kann. Ein Beleg dafür sind die Tausende erfolgreicher *intentional communities*, die überall entstanden sind.
Für diejenigen, die in Gemeinschaften leben oder damit sympathisieren und die Verbindung und Kooperation suchen, will die *Fellowship for Intentional Communities* als Netzwerk zur gegenseitigen Vertrauensbildung und Information unter diesen Gemeinschaften dienen. Wir wollen auch der Welt von Erfahrungen mit Kooperation in der Praxis berichten; dazu gibt es Bücher, Workshops, Diskussionsforen und andere Projekte. Wir möchten, daß den alternativen Gemeinschaften überall auf der Erde bewußt wird, wie zahlreich sie schon sind, so daß auch diejenigen, die mit einer solchen Kooperative arbeiten möchten oder für sich persönlich dort eine Heimat suchen, sich an uns wenden können.
Aus einer Information der *Fellowship for Intentional Communities*

Student
Was halten Sie vom Sozialismus und Kommunismus?

Chomsky
Das kommt darauf an, was Sie damit meinen. Die meisten dieser Begriffe haben ja praktisch jede Bedeutung verloren; wir müssen das also erst mal festlegen. Wenn Sozialismus und Kommunismus das bedeuten, wofür sie einmal standen, dann bin ich sehr dafür – und die überwältigende Mehrheit der Amerikaner auch. Sowas wird einem natürlich im Staatsbürgerkunde-Unterricht nicht erzählt. Es gibt ja oft Umfragen über alles mögliche. Manchmal werden auch Fragen zur Verfassung gestellt; die Ergebnisse sind ziemlich erheiternd. Die Menschen haben die merkwürdigsten Vorstellungen über die Verfassung. So hat man 1987 gefragt, ob sich in der Verfassung das folgende Gesellschaftsprinzip findet: »Jeder nach seinen Fähigkeiten, jedem nach seinen Bedürfnissen.« 75 Prozent [glaubten, es stünde drin].
Genau das aber ist Kommunismus. Im Kommunismus gilt für die Gesellschaft das Prinzip, man müsse so produktiv arbeiten, wie man kann, und würde dafür das erhalten, was man benötigt. Ein einfacher Gedanke (die obige Formulierung stammt von Karl Marx). Niemand sagt es, man darf es gar nicht aussprechen, und doch hält die große Mehrheit es für ein so gutes Prinzip, daß sie glaubt, es stünde in der Verfassung. Man kann sich auch andere Bereiche anschauen – beispielsweise die Sozialpolitik. Das ist nun weder Kommunismus noch Sozialismus, sondern ganz gemäßigte Sozialdemokratie. Was halten die Leute davon?
Man kann fragen: »Was ist Ihnen lieber, Sozialausgaben oder Militärausgaben?« Die Regierung hat also X Dollars und soll sie zwischen Militär und z. B. Gesundheit aufteilen. Dann ergibt sich ein enormes Übergewicht zugunsten der Sozialausgaben: 4:1, 7:1, je nachdem, wie die Frage formuliert wurde. Die Bevölkerung tendiert insgesamt zu einer liberalen Sozialdemokratie à la New Deal.
Wenn man unter Sozialismus und Kommunismus versteht, daß die Werktätigen über die Produktion entscheiden und jede Gemeinde über das, was in ihr vorgeht; wenn man damit Demokratie meint, das Ende der Lohnsklaverei, eine rationale Planung der Gesellschaft, jeder nach seinen Fähigkeiten etc.: Ja, dann halte ich alle diese Dinge für gut und wünschenswert, denn in ihnen verkörpern sich die Ideale der politischen Revolutionen des 18. Jahrhunderts – Ideale, die zwar formuliert, aber nie geglaubt wurden. Eine derartige Entwicklung hielte ich für sehr gesund. Doch bedenken Sie bitte: Hier in den USA kann man darüber nicht einmal diskutieren; niemand hat sich damit zu befassen. Das ist sehr wichtig, und es führt uns auf die Frage zurück, die anfangs gestellt wurde. Würden diese Dinge in unsere Lehrpläne Eingang finden, dürfte man darüber nachdenken und reden und seine unausgesprochenen Gefühle äußern, dann würde man für die etablierten Mächte sofort eine Bedrohung darstellen. Und darum verschließt sich unser Bildungssystem vor ihnen.

»Fragen und Antworten für Soziologie-Anfänger«, aufgenommen von David Barsamian an der University of Wyoming, Laramie, 21.02.89

Was Bakunin und Kropotkin und auch anderen (…) vorschwebte, war eine durchorganisierte Gesellschaftsform, allerdings eine, die auf organischen Einheiten oder Gemeinschaften aufgebaut war. Hierunter verstand man im allgemeinen den Arbeitsplatz und das Wohnviertel, aus denen sich dann über föderale Gebilde eine hochintegrierte Gesellschaft definierte, im nationalen Rahmen oder sogar darüber hinaus. Es können auch vielfältige und weitreichende Entscheidungen getroffen werden, aber dies geschieht durch Delegierte, die sich stets ihrer jeweiligen Gemeinschaft zugehörig fühlen, aus der sie kommen, zu der sie zurückkehren und in der sie leben (…)
Gegen die repräsentative Demokratie wie etwa in den USA oder in Großbritannien richten Anarchisten dieser Richtung eine zweifache Kritik. Erstens herrscht in diesem System ein zentrales Machtmonopol des Staates, und zweitens beschränkt sich – was schlimmer ist – die repräsentative Demokratie auf die politische Ebene und bleibt ohne nennenswerten Einfluß auf die wirtschaftliche Ebene. Für diese Anarchisten war immer klar, daß der Kern einer ernsthaften Befreiung des Menschen – ja, jeder demokratischen Praxis, die diesen Namen verdient – nur in einer demokratischen Mitbestimmung über die eigene produktive Sphäre liegen kann. Solange also der Einzelne gezwungen ist, sich auf dem Arbeitsmarkt an jeden zu verdingen, der beliebt, ihn zu nehmen; solange der Einzelne in der Produktion nur die Rolle eines Hilfswerkzeugs spielen kann – so lange bestimmen Zwang und Repression derart das Bild, daß man nur in einem äußerst eingeschränkten Sinn von Demokratie sprechen kann – wenn überhaupt.
Infolge der Industrialisierung und des allgemeinen technischen Fortschritts bieten sich jetzt Möglichkeiten für Selbstverwaltung in einem nie zuvor gekannten Ausmaß. Hier liegt nämlich der rational begründbare Weg einer komplexen Industriegesellschaft. Die Werktätigen können ohne weiteres über ihre eigenen Angelegenheiten am Arbeitsplatz bestimmen; darüber hinaus können sie aber auch weiterreichende Entscheidungen über die Wirtschaftsstruktur, die gesellschaftlichen Institutionen, die Regionalplanung usw. fällen.
***Radical Priorities* S. 245-249**

»AMERICAN FOCUS«, WASHINGTON

Karine Kleinhaus
Sie haben ja mal geschrieben, man müsse an die Geistesprodukte begabter Köpfe immer so herangehen, daß man sie erstens richtig versteht und zweitens von den darin befindlichen Irrtümern säubert. Wie ist denn das nun mit Ihren Ideen – was glauben Sie, was wird wahrscheinlich untergehen und was wird von den Denkern der Zukunft aufgegriffen werden?

Chomsky
Na, ich denke, fast alles wird untergehen. Beispielsweise – also man muß schon unterscheiden. In meinem Hauptgebiet, wenn ich da immer noch auf dem Stand von vor 10 Jahren wäre, würde ich vermuten, es sei tot. Inzwischen bin ich weiter, ich lese den Artikel eines Studenten, ich sehe, daß ich etwas ändern muß, und so erlebe ich den Fortschritt. In den gesellschaftlichen und politischen Fragen andererseits meine ich, daß die einfachen Dinge einigermaßen klar sind. Ich glaube nicht einmal, daß ... gut, vielleicht sind einige Sachen wirklich schwierig und kompliziert, aber die haben wir jedenfalls noch nicht verstanden. Was wir von der Gesellschaft wissen, ist alles ganz einfach zu verstehen. Und an diesen simplen Dingen wird sich wohl auch nicht viel ändern.

Viele, die sich über den Anarchismus äußern, tun ihn leichthin ab. Er sei utopisch, formlos, primitiv, sei überhaupt mit den Realitäten einer komplexen Gesellschaft unvereinbar. Nur könnte man gerade andersherum argumentieren: Wir sehen uns in jeder Phase der Geschichte vor die Aufgabe gestellt, diejenigen Formen von Autorität und Unterdrückung zu beseitigen, die uns aus einer früheren Periode überliefert sind, inzwischen aber zum Überleben, zur Absicherung oder zur ökonomischen Entwicklung nicht mehr benötigt werden, und die die vorhandenen materiellen und zivilisatorischen Mangelerscheinungen – statt sie zu lindern – eher noch verstärken. Wenn dies aber so ist, dann gibt es kein jetzt und für alle Zukunft gültiges Rezept für gesellschaftlichen Wandel, so wenig, wie die jeweils anzustrebenden Ziele unverändert bleiben können. Wir wissen doch noch kaum etwas über die Natur des Menschen und über die Bandbreite der gesellschaftlichen Möglichkeiten, so daß bei jeder Doktrin mit Langzeit-Anspruch äußerste Skepsis angebracht ist. Es ist dieselbe Skepsis, die wir empfinden sollten, wenn man uns irgendwelche Formen von Unterdrückung oder autokratischer Herrschaft mit der »Natur des Menschen« oder mit den »Bedingungen der Effizienz« oder mit der »Komplexität des modernen Lebens« zu begründen sucht.

Auf der anderen Seite haben wir zu allen Zeiten Anlaß, nach bestem Wissen an der jeweils gerade aktuellen Umsetzung und Weiterführung dieses eindeutigen Trends der Menschheitsentwicklung mitzuwirken.
For Reasons of State S. 371

Für mich gehört der Marxismus in die Geschichte der organisierten Religionen. Man könnte überhaupt die Faustregel aufstellen: Ist ein Begriffssystem nach einem Menschen benannt, dann unterliegt es keinem rationalen Diskurs, sondern ist eben Religion. Kein Physiker bezeichnet sich als Einsteinianer. Genauso wäre es verrückt, sich einen Chomskianer zu nennen. In Wirklichkeit gibt es eben Individuen, die zur rechten Zeit am rechten Ort waren oder vielleicht zufällig die richtigen Gehirnwellen hatten, und die dann etwas Interessantes unternommen haben. Aber ich kenne keinen, dem nicht auch irgendwelche Fehler unterlaufen wären und dessen Resultate nicht umgehend von anderen verbessert worden sind. Wer sich also als Marxist oder Freudianer oder so etwas sieht, der betet nur vor irgendeinem Altar.

Von Marx weiß ich, daß er eine ganz interessante Theorie über ein ziemlich abstraktes Modell des Kapitalismus im 19. Jahrhundert aufgestellt hat. Er war ein fähiger Journalist. Auch zu Fragen der Geschichte hatte er einige reizvolle Ideen. Aber wenn man nach Aussagen darüber sucht, wie eine postkapitalistische Gesellschaft aussehen könnte, dann findet man in seinen gesammelten Werken vielleicht fünf Sätze.
»Noam Chomsky: Anarchy in the USA« von Charles M. Young in *Rolling Stone* **28.05.92 S. 47**

Wie Henry Kissinger einmal treffend bemerkt, hat in unserem »Zeitalter der Experten auch der Experte seine Wählerschaft – nämlich diejenigen, deren Interessen die allgemein verbreiteten Meinungen zu dienen haben. Denn schließlich ist er ja gerade dadurch zum Experten geworden, daß er den Konsens auf hohem Niveau definiert und ausgearbeitet hat.«
Towards a New Cold War S. 91

Ein Experte ist ein Mensch, der den Konsens der Mächtigen in Worte faßt.

AUS »NON-CORPORATE NEWS«, LYNN (1990)

Chomsky
Der Punkt ist doch: Jeder muß arbeiten. Und genau deshalb ist das Propagandasystem so erfolgreich. Wer hat schon die Zeit und die Energie und das Engagement für diesen ständigen Kampf, den es kostet, um solchen Figuren wie Mac-Neil/Lehrer oder Dan Rather zu entkommen. Da ist es doch viel leichter, man kommt von der Arbeit, man ist müde nach dem harten Tag, man sitzt abends nicht noch über einem Forschungsprojekt – also stellt man die Glotze an und denkt sich nichts dabei, oder man überfliegt die Schlagzeilen in der Zeitung und dann guckt man die Sportsendung. So funktioniert im Grunde diese systematische Indoktrinierung. Natürlich sind die anderen Sachen auch vorhanden, aber es kostet eben Mühe, sie aufzufinden.

Der nebenstehende Ausschnitt aus einem Interview mit »Non-Corporate News« wurde von uns wie folgt zubereitet: Zunächst sieht man die Kamera auf ihrem Gestell sowie den Kameramann.
Anschließend erfolgt ein Schnitt zum Blickwinkel der Videokamera: Chomsky erscheint auf einem TV-Schirm; er spricht über die geistige Disziplin, die erforderlich ist, um die von Leuten wie MacNeil/Lehrer oder Dan Rather aufgerichteten Denkbarrieren zu überwinden. Indem die Kamera langsam zurückfährt, werden auf einer Videowand 39 andere TV-Schirme sichtbar; sie umgeben das Bild, auf dem Chomsky spricht, und sind sämtlich auf verschiedene Sender eingestellt. Während nun aber Chomsky normal spricht, scheinen die Programme der 39 übrigen Geräte im Zeitraffer abzulaufen.
Der entstehende starke visuelle Effekt illustriert Chomskys Aussage, daß es großer Anstrengungen bedarf, um in der Flut von Information und Desinformation die sinnvollen Inhalte zu erkennen, und daß bei jeder Begegnung mit den Medien kritische Wachsamkeit geboten ist – *Manufacturing Consent: Noam Chomsky and the Media* nicht ausgenommen.

Und so sind wir vorgegangen:
Brian Duchscherer, unser Animationsspezialist, hatte die technische Leitung dieser Aufnahme. Auf eine Schiene, die auf die Videowand zuführte, hatten wir eine Einzelbild-Filmkamera montiert. Nach jedem Einzelbild (F8, 1 sec) verschob Brian die Kamera von Hand um einige Millimeter auf der Schiene nach hinten. Die genaue Distanz war mit einem Computerprogramm von David Verrall so berechnet worden, daß die gesamte »Bewegung« der Kamera in drei Phasen zerfiel: eine Beschleunigungsphase, eine Phase mit konstanter Rückwärtsgeschwindigkeit und eine Abbremsphase. Robin Bain, der Kameraassistent, achtete auf die Scharfeinstellung. Das Videoband mit Chomsky auf dem zentralen Schirm wurde für jede Aufnahme der Filmkamera um ein Standbild weitergeschaltet. Die Qualität des altmodischen Panasonic-Videogerätes (Standbildstabilität, Bildzählung) übertraf alle modernen Heimgeräte. Zum Ausgleich der Bildfrequenzen von Video- und Filmkamera (30/sec gegenüber 24) wurde jedes 3. oder 4. Videobild übersprungen. Pro Einzelbild benötigten wir etwa 30 Sekunden; derweil liefen auf den 39 umgebenden Bildschirmen die großen TV-Programme normal weiter. Die gesamte Szene, die 40 Sekunden läuft, also aus 960 Einzelbildern besteht, kostete uns 2 Wochen Vorbereitungszeit und beschäftigte 6 Personen 15 Stunden lang. – MA

AMERICAN CIVIL LIBERTIES UNION, ROCHESTER

Chomsky

Die Entwicklung der modernen industriellen Zivilisation vollzieht sich innerhalb eines Systems passend gewählter Mythen. Angetrieben wird sie vom Gewinnstreben des Einzelnen, dieses wird für legitim, sogar für lobenswert angesehen, denn wie der Klassiker gesagt hat: Das Laster des einzelnen dient dem Nutzen aller. Wir wissen aber seit langem, daß jede Gesellschaft, die auf diesem Grundsatz aufgebaut ist, sich im Lauf der Zeit selbst zerstören muß. Sie kann mit der inhärenten Ungerechtigkeit und allem Leiden nur so lange existieren, wie sie glauben machen kann, zwar seien der menschlichen Zerstörungskraft Grenzen gesetzt, die Erde hingegen sei eine unerschöpfliche Rohstoffquelle und eine Mülltonne von unbegrenztem Fassungsvermögen. In unserer Epoche kann nur eine von zwei Alternativen eintreffen: Entweder nimmt das Volk seine Geschicke selbst in die Hand, stellt das Interesse der Gemeinschaft in den Vordergrund und läßt sich durch Werte wie Solidarität, Mitgefühl und Anteilnahme leiten – oder bald wird niemand mehr ein Geschick in die Hand nehmen können. Solange eine spezialisierte Klasse über Macht verfügt, wird ihre Politik von den Partialinteressen, denen sie dient, bestimmt sein. Wenn wir aber überleben wollen – und erst recht, wenn Gerechtigkeit herrschen soll – dann benötigen wir eine rationale Planung der Gesellschaft unter Berücksichtigung der Interessen der Gemeinschaft – und das ist heute die Menschheit als ganzes.

Der Raubkapitalismus hat ein komplexes Industriesystem und eine hochentwickelte Technik hervorgebracht. Er hat demokratische Praktiken verbreitet und einige liberale Wertvorstellungen gefördert – beides allerdings mit Einschränkungen, die inzwischen unter Druck stehen und eines Tages beseitigt werden müssen. Das System paßt einfach nicht mehr in die Mitte des 20. Jahrhunderts. Menschliche Bedürfnisse, die sich nur kollektiv definieren lassen, kann es nicht befriedigen; stattdessen verkündet es die zutiefst unmenschliche, unerträgliche Lehre vom Menschen als Konkurrenzwesen, das nur Reichtum und Macht für sich zu maximieren sucht und sich den Marktbeziehungen, der Ausbeutung und verschiedenen Herrschaftsansprüchen unterwirft. Aber ein autokratischer Staat ist auch keine annehmbare Ersatzlösung, so wenig wie der in den USA hervorgetretene militaristische Staatskapitalismus oder der bürokratische Wohlfahrtsstaat das Wunschziel menschlichen Trachtens sein kann.
Aus *Language and Freedom*, abgedruckt im *Chomsky Reader* S. 153 (Vgl. auch S. 139-155)
Im Wirtschaftsteil der *New York Times* findet sich eine Notiz über ein vertrauliches Memorandum der Weltbank, das dem *Economist* zugespielt worden war und in dem es [aus der Feder des Weltbank-Chefökonomen Lawrence Summers] heißt: »Mal ganz unter uns: Müßte nicht die Weltbank eigentlich eine *verstärkte* Verlagerung von schmutzigen Industrien [in die Dritte Welt] fördern?« Summers erklärt uns auch, warum das sinnvoll wäre: So würde beispielsweise ein krebserregender Schadstoff viel schlimmere Folgen »in einem Land haben, wo die Männer das Alter erreichen, in dem man Prostatakrebs bekommt, als in einem Land, wo 20 Prozent der Menschen vor Vollen-

GRONINGEN

Chomsky

Es stellt sich also die Frage: Dürfen privilegierte Eliten die Massenkommunikationsmittel beherrschen, und dürfen sie diese Macht so einsetzen, wie es angeblich geboten ist – nämlich um notwendige Illusionen zu schaffen und um die dumpfe Mehrheit zu manipulieren, zu täuschen und von der politischen Bühne fernzuhalten?

Oder kürzer formuliert: Stellen Demokratie und Freiheit Risiken dar, die abgewendet werden müssen, oder sind es Werte, die zu bewahren sind?

dung des fünften Lebensjahres sterben«. Da die armen Länder »*unter*-verschmutzt« sind, ist es nur vernünftig, den »schmutzigen Industrien« einen Umzug dorthin nahezulegen (…)

Wie wahr. Wir können entweder dieses Argument als *reductio ad absurdum* auffassen, also als gegen die Ideologie gerichtet, oder es logisch zu Ende führen. Dann müßten die reichen Länder schon aus ökonomischer Ratio ihre Umweltverschmutzung in die Dritte Welt exportieren, und dort müßte man auf solche »Irrwege« wie etwa die Bemühungen um wirtschaftliche Entwicklung oder um den Schutz der Bevölkerung verzichten. Der Kapitalismus jedenfalls könnte so die Umweltkrise überstehen (…)

Als man Summers das Memorandum vorhielt, erwiderte er, er hätte damit nur »die Diskussion etwas in Schwung bringen wollen«; bei anderer Gelegenheit sollte es eine »sarkastische Reaktion« auf einen anderen Textentwurf der Weltbank gewesen sein.
***Year 501: The Conquest Continues* S. 107-108**

Der Kapitalismus kann sich ohne weiteres mit dem Gedanken befreunden, daß zwar der einzelne Mensch als Produktionswerkzeug austauschbar ist, daß aber die Existenz der Umwelt sichergestellt werden muß; denn sie soll ja durch die Herren von Wirtschaft und Politik ausgebeutet werden. Radikal-emanzipatorische Bewegungen sind nicht notwendig antikapitalistisch; Autorität und Herrschaft gibt es nicht nur im Kapitalismus.
Aus einem Interview in *Open Road* (Vancouver, Kanada), abgedruckt in *Language and Politics* S. 391

Es leuchtet ein, daß eine Ideologie im allgemeinen die Maske liefert, hinter der sich das Eigeninteresse verbirgt. Intellektuelle werden demnach in Fragen der Geschichte oder Politik einer elitären Position zuneigen: Sie werden Volksbewegungen, die für eine Mitwirkung der Massen an Entscheidungen eintreten, ablehnen und sich stattdessen dafür stark machen, die Aufsichtsfunktion über den gesellschaftlichen Wandel denen zu übertragen, die über das angeblich dazu erforderliche Wissen verfügen. Einer der wesentlichsten Kritikpunkte der Anarchisten am Marxismus wurde von Bakunin so formuliert: »Würde das Volk der Theorie des Herrn Marx folgen, dann dürfte es [den Staat] nicht zerstören, sondern müßte ihn im Gegenteil stärken und gänzlich in die Hände seiner Wohltäter, Vormunde und Lehrer legen – der Führer der Kommunistischen Partei, also von Herrn Marx und seinen Freunden, welche dann die Befreiung [der Menschheit] auf ihre Weise herbeiführen werden. Die Zügel der Regierung werden einer starken Hand übergeben, bedarf doch das unwissende Volk einer äußerst gestrengen Vormundschaft (…)«

Auch in der liberalen Ideologie unserer Zeit spielt die Abneigung gegenüber Massenbewegungen und insbesondere gegen jede Art gesellschaftlichen Wandels, der nicht der Kontrolle durch privilegierte Eliten unterliegt, eine tragende Rolle.
***The Chomsky Reader* S. 83-85**

Chomsky
In unserer Zeit, die vielleicht das Endstadium der Menschheit darstellt, sind Freiheit und Demokratie nicht nur Werte, die wir hochhalten müssen – sie könnten Vorbedingung für unser Überleben sein. Vielen Dank.

ROWE CONFERENCE CENTER

Linda Trichter-Metcalf

Er ist da oben und denkt nach. Er entschlüsselt diesen tonnenschweren Informationsblock und bringt ihn in ein Ordnungssystem, und dadurch erweckt er in einem das Gefühl: Das kannst du auch, es gibt also doch einen Schlüssel dazu. Und man meint zu spüren, da ist eine Quelle, ein Sammelpunkt, ein … na ja, für die Leute, die eine eigene Meinung haben, bei denen man aber keinen Sammelpunkt sieht. Und da ist in mir der Wunsch erwacht, noch einmal in die politische Szene einzusteigen, der ich doch 30 Jahre lang völlig entfremdet war.

Linda Trichter Metcalf, Ph. D., nahm an einem Seminar im Rowe Conference Center teil, bei dem 60 Menschen drei Tage lang mit Noam Chomsky diskutierten.
Zusammen mit Tobin Simon, Ph. D. , hält sie am Rowe Center Seminare über Texte zur sogenannten Propriozeption. Hierunter versteht man in der Physiologie die Kinästhesie oder Tiefensensibilität – also Empfindungssignale aus dem Körperinnern. Mit Hilfe der Signale, die bestimmte Nerven (Propriorezeptoren) zum Gehirn leiten, wird der Körper über seine eigene Stellung, Bewegung und Kraftausübung orientiert.
Analog zur Propriozeption wollen Trichter Metcalf und Simon in dem, was andere als Spiritualität bezeichnen, eine Art innerer Intelligenz sehen. Ihrer Auffassung nach ist es diese innere Intelligenz, die uns den Zugang zu unseren eigenen Gedanken verschafft und uns erlaubt, diese voneinander zu unterscheiden – kurz, durch die wir uns selbst erkennen können.

BÜRO IM MIT

David Barsamian
Sie geben doch Hunderte von Interviews und Vorträgen, Sie schlagen sich mit Massakern in Osttimor und Invasionen in Panama herum, mit Todesschwadronen und anderen Schrecklichkeiten. Wie schaffen Sie es, immer weiterzumachen? Brennen Sie nicht langsam aus?

Fortsetzung rechts

*(die **fett** gedruckte Passage ist im Film enthalten)*

Chomsky
Ich könnte jetzt etwas über meine persönlichen Gefühle sagen, aber auch hier frage ich mich, ob das irgend jemanden interessiert.

David Barsamian
Auf welches Reservoir in Ihrem Inneren greifen Sie zurück, wenn Sie mal verzweifelt sind?

Chomsky
Na ja, man möchte doch noch in den Spiegel schauen können. Es gibt immer Möglichkeiten, sich Mut zuzusprechen, wenn es mal nötig ist. Heute ist es doch schon viel besser als vor 25 Jahren, ja selbst als noch vor 10 Jahren. Beispielsweise hätte ich vor 20 Jahren nicht in irgendeinem Nest in Kansas auf Leute treffen können, die so aktiv und engagiert waren, daß sie besser Bescheid wußten als ich selbst. Als ich so um 1964 mit meinen Vorträgen anfing, sah es absolut hoffnungslos aus. Einen Vortrag zu halten, das hieß, jemand lud zwei Nachbarn ein und ich unterhielt mich mit denen im Wohnzimmer; oder ich kam in eine Kirche und da war ein Betrunkener und einer, der auf mich losgehen wollte, und sonst nur noch die Organisatoren. Oder wenn wir damals eine öffentliche Versammlung an der Universität machten – ich weiß noch, am MIT hatten wir etwas über Vietnam, Venezuela usw. angekündigt – dann konnten wir nur hoffen, daß wenigstens mehr Zuhörer als Organisatoren kommen würden. Und dann diese wahnsinnige Feindseligkeit. Die erste öffentliche Versammlung unter freiem Himmel, auf der ich sprach, fand im Oktober 1965 auf dem Boston Common statt; das war ein internationaler Protesttag gegen den Indochinakrieg, organisiert von Studenten, wie das meiste damals. Es war wirklich die erste größere öffentliche Versammlung, auch mit einem Demonstrationszug zum Common. Es waren wohl 200 bis 300 Polizisten da, und ich muß sagen, wir waren sehr froh darüber, denn sie waren unser einziger Schutz gegen einen gewaltsamen Tod. Die Menge war überaus feindselig eingestellt. Es waren meistens Studenten, die von der Universität herüber kamen und drauf und dran waren, uns umzubringen. Dabei waren unsere Forderungen wirklich sehr zahm – man genierte sich beinahe, sie auszusprechen. Wir sagten nämlich nur: »Stoppt die Bombardierung von Nordvietnam.« Denn was war mit den dreimal so intensiven Bombardements in Südvietnam? Davon durfte man nicht einmal sprechen. So ging das bis Mitte 1966. Versammlungen unter freiem Himmel in Boston waren unmöglich, man wäre von Studenten – und anderen – umgebracht worden. Ich habe mich damals total hilflos gefühlt; ich dachte mir, das hat doch alles keinen Zweck.

David Barsamian
Und jetzt haben Sie also mehr Hoffnung?

Chomsky
Ob man mehr Hoffnung hat oder nicht, hängt nicht von den Gegebenheiten ab, sondern ist eine Sache der Persönlichkeit. In vieler Hinsicht liegen die Dinge jetzt besser als früher. Ich denke, das allgemeine kulturelle Niveau im Lande ist erheblich gestiegen, also das Diskursniveau und der Kenntnisstand der Öffentlichkeit. Freilich nicht bei den gebildeten Schichten – da hat sich nichts geändert. Aber über die Verbesserung bei den übrigen kann es gar keinen Zweifel geben, und das wirkt natürlich ermutigend. Sicher, man kann sich auch demotivieren lassen – man braucht nur an das geradezu geologisch langsame Kriechtempo der Entwicklung denken und an den endlosen Weg, der noch vor uns liegt, bis sich das Ganze in der praktischen Politik bemerkbar macht. Aber das ist eben eine

BAHNHOF IN MEDIA

Schaffner
Uff. Ich muß los. Muß die Leute in die Stadt bringen.

Peter Wintonick
OK. Vielleicht könnten Sie für uns »Einsteigen bitte!« rufen.

Schaffner
OK. Einsteigen bitte!

Peter Wintonick
Bye bye!

Schaffner
Bye bye!

(Abspann setzt ein)

PETER WINTONICK FUMMELT AN DER KLAPPE HERUM

Piep!

(Die Glühbirne an der elektronischen Klappe leuchtet nicht)

Mark Achbar
Nee. Ich hab' nichts gesehen. Klopf doch mal ans Mikro.

(Peter klopft ans Mikrofon)

Bumm.

VOR DEM GERICHTSGEBÄUDE IN MEDIA

Mann
Vielen Dank. Good bye, Kanada!

Frau
Bye!

Sache der Stimmung, nicht der objektiven Realität. Ich meine auch nicht, daß man sich groß darüber den Kopf zerbrechen sollte. Denn auch wenn man gar nichts tut, geht man doch eine Art Pascalscher Wette ein. In der Umwelt zum Beispiel: Objektiv gesehen, lassen sich gute Argumente dafür angeben, daß es in hundert oder zweihundert Jahren nur noch Küchenschaben geben wird. Das ist gut möglich – ganz gleich, was wir anstellen. Andererseits könnte man doch wenigstens versuchen, irgend etwas zu unternehmen, um den Lauf der Dinge zu ändern. Man steht eben vor der Alternative: Tut man nichts, dann weiß man schon vorher, was passieren wird. Tut man aber etwas, dann hat man vielleicht eine Chance.

David Barsamian
Und Sie treten dafür ein, etwas zu tun.

Chomsky
Ich versuche es.

Unter dem Titel »Substitutions for the ›Evil Empire‹« abgedruckt in *Chronicles of Dissent*

BÜRO IM MIT

Ed Robinson
Jetzt habe ich die Stunde, die wir vereinbart hatten, schon überzogen. Ich danke Ihnen.

HUMANIST TV, NIEDERLANDE

Mann
Als Sie ihn vorstellten, sagten Sie, er käme von Harvard.

Chomsky
Oh, das hab' ich bemerkt.

Joop van Tijn
Oh ja – tatsächlich. Wir werden's rausschneiden.

RADIO KUWR, LARAMIE

Marci Randall Miller
Tut mir leid, daß ich Ihnen nur so wenig Zeit zum Antworten lassen konnte.

Chomsky
Ist schon OK. Es ging ja. Sind wir in zwei Minuten durchgekommen, oder …

Marci Randall Miller
Doch, wir sind ganz gut zurechtgekommen. Außerdem gibt es dadurch weniger Sport, das kann mir nur recht sein.

NATIONAL PRESS CLUB, WASHINGTON

Sarah McClendon
Diese armen Menschen da draußen – die haben doch keine Ahnung, was los ist. Wenn die wüßten, was Sie hier heute erzählt haben, dann würd's aber anders.

Chomsky
Dann gäb's 'ne Revolution.

Sarah McClendon
Vielen Dank.

Die Universitäten haben die Aufgabe, für das Wissen und die Ausbildung zu sorgen, ohne die eine hochentwickelte Industriegesellschaft nicht überleben kann. Dazu müssen sie aber dem nicht unbeträchtlichen Teil der Jugend, der sie durchläuft, ein hinreichendes Maß an Freiheit und Offenheit bieten (…)

In einer modernen Industriegesellschaft besteht ein Bedarf an vergleichsweise freien und offenen Zentren des Studierens und des Denkens. Dies bedeutet jedoch, daß Irrationalismen, autokratische Strukturen, Täuschung und Ungerechtigkeit auf immer stärkeren Widerstand stoßen werden. Nachschub an Menschen und Ideen wird aus diesen Zentren in die radikalen oder reformistischen sozialen Bewegungen fließen; gleichzeitig werden sie sich über die Aussichten auf ein sinnerfülltes gesellschaftliches Handeln »radikalisieren«.

Jede Initiative für sozialen Wandel muß erfolglos bleiben, es sei denn, sie mache sich die modernsten geistigen und technischen Errungenschaften zu eigen und wurzele in den produktivsten und kreativsten Volksschichten. Viel wird insbesondere davon abhängen, wie die Intelligenzschicht ihre Rolle sieht: als Sozialingenieure oder aber als Teil der Werktätigen. Wenn frühere Revolutionen ihren Verheißungen untreu geworden sind, dann häufig infolge der Bereitschaft der Intelligenz, sich der neuen herrschenden Klasse anzuschließen – im Staatskapitalismus westlicher Prägung also den staatlichen und privaten Mächten. In dem Maße, wie in der Industriegesellschaft zunehmend Facharbeiter, Ingenieure, Wissenschaftler und andere Kopfarbeiter eine Rolle in der Produktion spielen, könnte eine neue revolutionäre Massenbewegung entstehen. Neu wäre an dieser Bewegung insbesondere, daß ihr nicht die Gefahr droht, durch eine Avantgarde-Intelligenz verraten zu werden, die sich von der Arbeiterschaft abwendet und lieber an ihrer Kontrolle mitwirkt, direkt oder unter Einsatz der von ihr selbst entwickelten ideologischen Hilfsmittel. Man möchte wenigstens hoffen, daß es so kommt.
Radical Priorities S. 234-235

AUS »THIRD EAR«

Jonathan Steinberg
Und in diesem optimistischen Ton haben Sie vielen herzlichen Dank, Professor Chomsky.

»AMERICAN FOCUS«, WASHINGTON

Bill Turnley
Na, wie ist es denn gelaufen?

Elizabeth Sikorovsky
Ich glaube, es war irgendwie – hat sich alles ziemlich technisch angehört. Und es hat auch keinen Rhythmus gehabt.

GEORGETOWN UNIVERSITY, WASHINGTON

Mann
Haben Sie schon mal daran gedacht, Präsident zu werden?
(Gelächter)

Chomsky
Wenn ich Präsidentschaftskandidat wäre, würde ich den Leuten als erstes empfehlen, mich nicht zu wählen.

VOR DEM MIT

Carol Chomsky
Dieser Mensch muß jetzt nach Hause, *aber wirklich*.

Mann
Und die Leute halten immer noch die Boston Celtics für die Weltmeister.

Carol Chomsky
Könnten Sie ... würden Sie ihn *bitte* gehen lassen?

Chomsky
Danke.

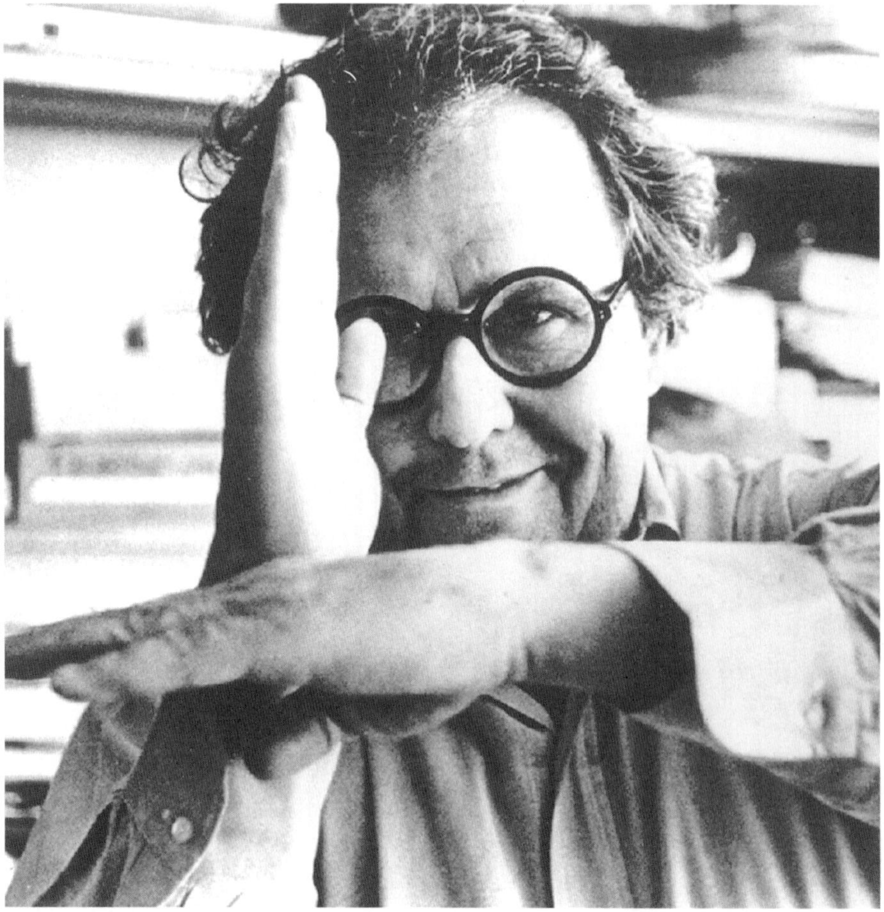

DE ANTONIO, EMILE (1920–1989)

Nennt mich einfach »d«

Emile de Antonio, der Erzvater des politischen Dokumentarfilms, ist in der ganzen Welt nur als »d« bekannt. Aus den Nachrufen und offiziellen Personalien erfahren wir, daß er am 15. Dezember 1989 starb. Der *Boston Globe* nannte ihn ein »radikales Leuchtfeuer«, der sich seiner »linken politischen Einstellung nie schämte«. Die *New York Times*, das Blatt, in dem Geschichte geschrieben wird, brachte eine Notiz über den Herztod eines 70jährigen unorthodoxen Filmemachers vor seiner Wohnung in East Village, während der zweite Schiedsrichter in Geschmacksfragen, die Filmzeitschrift *Variety*, in großen Lettern verkündete: »Dokumacher de Antonio mit 70 gestorben – er attackierte das System«.

Ich selbst habe de Antonio ein wenig anders in Erinnerung. Zum erstenmal begegnete ich dem »maitre **d**« vor einigen Jahren in Toronto, wo er sich einige Tage aufhielt, um mit uns zusammen Ron Manns Film **Poetry in Motion** fertigzustellen. Seine einleuchtenden Ideen über Filmstrukturen hinterließen ihre Spuren in meinem Kopf und auch in dem Film. Jeder der vielen jungen politischen Filmemacher, die ständig in seinem New Yorker Büro auftauchten, konnte auf seinen Beistand zählen.

De Antonio war ein geborener Kämpfer. Als einziger Filmemacher stand er auf Richard Nixons Liste Amtlicher Feinde. Zuweilen legte er sich mit dem gesamten Hofstaat an. Wiederum gab es Zeiten, da er einzig gegen seine persönlichen Dämonen kämpfte. Hätte es jemals den radikalen Heerzug gegeben, dann wäre ein progressiver General de Antonio an der Spitze der »Kampfgruppe Medien« in die Schlacht gegen die Unterdrücker marschiert. Sein Krieg – das war der unablässige Kampf für die Freiheit und Unabhängigkeit der Meinungsäußerung. Es war der Krieg, der die verborgenen Wahrheiten sichtbar macht und dadurch die überlieferte, die offizielle Geschichtsschreibung zu Fall bringt und der die Katastrophe stoppt, die eine wildgewordene Staatsmacht auslöst. Seine Stärke lag in seinem Sinn für den historischen Augenblick und in seiner Liebe zum Leben. Er konnte wunderbar erzählen, er war gleichermaßen Archivar und Anthropologe, er wußte die Reichen zu umspielen und schlug sich doch nicht leichter durch als wir alle. Wo immer die Theorie von den »Großen Männern« unpopulär geworden ist, gibt er ein gutes Feindbild ab.

d entstammt privilegierten Kreisen; in Harvard gehörte er demselben Jahrgang an wie John F. Kennedy (1940). Er sah sich selbst als einen »Marxisten unter Kapitalisten«, wurde Mitglied der Liga Junger Kommunisten und der John Reed Society. (Doch später distanzierte er sich vom orthodoxen Marxismus bereits zu einem Zeitpunkt, als das noch längst nicht zum guten Ton gehörte). Im Zweiten Weltkrieg kämpfte er in der US Army gegen die Faschisten. Während seiner Militärzeit las er viel. »Vor vielen Jahren, als ich noch jung war, las ich einmal einen Essay über Descartes von Sartre, der mit den Worten schließt: ›Nicht indem wir der Unsterblichkeit nachjagen, gewinnen wir das ewige Leben; nicht in der Abarbeitung ausgedörrter Prinzipien, die nur dank ihrer negativen Leere die Jahrhunderte überdauern, können wir das Absolute erreichen. Nein, es ist unsere eigene Zeit, in der wir leidenschaftlich kämpfen müssen, die wir leidenschaftliche lieben müssen und mit der zugleich unterzugehen wir bereit sein müssen.‹«

ds weitere Karriere stellt sich so dar: Doktorand für Englische Literatur, Lehrer, Übersetzer von Opernlibretti, Agent eines Künstlers und eines Fotografen, Hafenarbeiter, Binnenschiffer. Berühmte und berüchtigte Namen der New Yorker Kunstszene waren unter seinen Freunden – John Cage, Robert

Die Idee zu einem Film über Noam Chomsky war drei Männern unabhängig voneinander gekommen: Emile de Antonio, Peter Wintonick und mir. Glücklicherweise lebten zwei von ihnen lange genug, um den Plan in die Tat umzusetzen. Dem, der es nicht mehr erleben sollte, und dem Volk von Osttimor ist unser Film gewidmet. – MA

Frank, Frank Stella und und und. Sein Leben war das eines Bohemien, chaotisch, kreiste um Alkohol und Frauen. Er war mehrmals verheiratet. Warhol drehte einmal einen Film darüber, wie er in Echtzeit einen ganzen Liter Whisky herunterkippte – und dann fast an Alkoholvergiftung starb. Er hatte bereits die Midlife-40 erreicht, als er sich dem Filmen zuwandte – lebender Beweis, daß niemand die Hoffnung aufgeben sollte.

Als er mit ansehen mußte, wie Kennedy dem Gipfel der Macht zustrebte, richtete er seine radikalen Überzeugungen gegen die amerikanische Regierung; er bediente sich dazu des Mediums Film, für das er bis dahin nie etwas übrig gehabt hatte. Zunächst arbeitete er vorhandenes Material in komplexe Collagen um; einen Sprecher gab es nicht, das wäre ihm faschistisch und herablassend vorgekommen. Was er schließlich fertigbrachte, war nichts weniger als eine komplette Neudefinition des Genres »Dokumentarfilm«. So schreibt er einmal: »Der Dokumentarfilm ist entweder politisch und subversiv, oder er ist überhaupt nichts. In einem reichen Gewerbe muß er eine arme Kunstgattung darstellen. Er muß das Geschöpf eines einzelnen sein, kein Industrieprodukt. Und er muß arm bleiben, denn er darf sich nicht am Eskapismus der Reichen beteiligen, der sich mit Hunger, Wohnungselend, imperialistischen Kriegen und einer alles zerfressenden Drogenkultur arrangiert hat (...) Wir haben geradezu die Pflicht, streitige, zutiefst politische Themen aufzugreifen. Objektiv zu sein, ist ein Ding der Unmöglichkeit; wir sollten es gar nicht erst versuchen. Es gilt, neue Formen zu entdecken, aggressiv zu sein, alles in Frage zu stellen. Niemand sollte sich davor fürchten, Fehler zu machen, denn Fehler sind Lehrmeister (...) Wo kein Freiraum für Fehler offensteht, herrscht abstrakte technische Perfektion; das zeigen übrigens auch die meisten Filme. Darum lasse ich meine Filme absichtlich roh und ungezuckert – meine Freunde nennen so etwas *l'art brut*.« Seine Filme bezeichnete er als »politisches Theater. Für mich liegt die wichtigste Opposition in der Form. Mir ist die *art brut* immer lieber gewesen als alles Polierte, nicht nur in Hollywood, sondern in allen ›gut gemachten‹ Filmen.«

Gleich sein erster Film war ein großer Erfolg: **Point of Order** (1963, 97 Min., S/W). Der Film behandelt die Anhörungen, die der rechte Senator Joseph McCarthy 1954 in der Armee veranstaltete; Grundlage waren 188 Stunden Verschnitt der CBS-Tagesschau und die Hilfe des Verleihers Dan Talbot. Es war der erste Nachkriegs-Dokumentarfilm ohne Sprecher; er verdankte sich wesentlich John Cages Idee, daß alles Kunst sein könne. 1966 entstand **That's Where the Action Is**, ein S/W-Film über den Wahlkampf von 1965 um das New Yorker Bürgermeisteramt. Dann kam **Rush to Judgment** (1967, 110 Min., S/W), ein Film, der die falschen Fragen zu Kennedys Ermordung und zu dem diesbezüglichen Bericht der Warren-Kommission stellte und der ihm Nachstellungen von seiten des FBI und diverser Polizeitruppen einbrachte.

In dem Klassiker **In the Year of the Pig** (1969, 101 Min., S/W) hob d die Kunst der Collage auf eine neue Ebene. Wie kein Film davor oder danach durchdringt er die Vorgeschichte und den Charakter der kriegerischen Verwicklung der USA in Vietnam. Es war ein brillant aufgebautes Plädoyer und wurde für einen *Academy Award* nominiert. Über diese »Ehre« sagte d: »Ich sollte einen schwarzen Schlips tragen und ein Lächeln aufsetzen. Ich bin nicht hingegangen. Ich habe den Preis auch nicht bekommen (...) Hätte ich ihn bekommen, wäre der Krieg vielleicht früher zu Ende gegangen. Gelegentlich lösen Dokumentarfilme ja wirklich ehrliche Kritik aus. In Los Angeles gab es einen Einbruch in das Kino; man ruinierte die Leinwand mit Teer durch das Wort VERRÄTER. Daraufhin sagte der Veranstalter die Vorführung ab.«

America Is Hard to See (1970, 101 Min., S/W) drehte sich um die Präsidentschaftskandidatur Eugene McCarthys, 1968 der Hoffnungsträger der Demokratischen Partei. In **Millhouse: A White Comedy** (1971, 93 Min., S/W) wurde anhand von Nixons Karriere demonstriert, wie die Medien demokratische Prozesse manipulieren können. Dazu d: »Kann man nicht die Filme, die im Weißen Haus so viel Furore gemacht haben, an einer Hand aufzählen? (...) Die Tatsache, auf Nixons Liste Amtlicher Feinde zu kommen, bedeutete für mich eine größere Ehre als jeder *Academy Award*.«

In **Painters Painting** (1972, 116 Min., S/W und C) treten die modernen Künstler aus **d**s Freundeskreis auf: Rauschenberg, Johns, Stella, Warhol usw. – also die Männer und Frauen, die New York zur internationalen Kunstmetropole gemacht hatten. Auf Kritik, dieser Film sei apolitisch, erwiderte er: »Ob das politisch ist? Das Leben besteht nicht nur aus Politik. Ich bin nicht Lenin. Ich liebe meine Frau; ich lese; ich habe auch getrunken und bin ins Schwimmbad gegangen. Ich bin nicht immer konsequent (...)«

Underground (1976, 88 Min., C; mit Haskell Wexler und Mary Lampson) entstand unter konspirativen Bedingungen in einem Fluchtversteck für untergetauchte Mitglieder der Revolutionsbewegung *Weather Underground*. Der Film löste eine Schlacht mit dem FBI aus, die enormen Widerhall in der Öffentlichkeit fand. Das FBI suchte nach den Kontaktpersonen der Filmemacher und schreckte dabei auch nicht vor Personenüberwachung, Telefonabhören und Einbrüchen zurück. Trotz gerichtlicher Strafandrohungen verweigerten d und seine Leute die Herausgabe des Films. Hollywood eilte ihnen zu Hilfe; in einer Solidaritätserklärung, die unter anderen die Unterschriften von Warren Beatty, Sally Field und Jack Nicholson trug, wurde das Vorgehen der Regierung bedauert und das Recht verteidigt, Filme über jedes beliebige Thema zu drehen.

In dem Streifen *In the King of Prussia* (1983, 92 Min., C, Video/35mm) wird der Prozeß gegen die »Plowshares 8« nachgestellt. Es war dies eine Gruppe radikaler Katholiken, die als Ausdruck ihres zivilen Ungehorsam versucht hatten, die Verkleidungen an der Spitze zweier Atomraketen zu zerstören.

In seinem letzten Film, **Mr. Hoover and I**, legt de Antonio eine Art Autobiographie vor. Er beruht auf **d**s Lebensgeschichte sowie auf 10.000 Blatt seiner FBI-Akten, die ihm aufgrund des *Freedom of Information Act* offenbart worden waren. Hier zeigt **d** sich – und die Form des Mediums Film – sozusagen nackt.

»In den USA versieht man das Wort ›radikal‹ mit dem Anstrich des Unausgeglichenen; ein Radikaler, das ist jemand, der um einer abstrakten, abseitigen, unsichtbaren Idee willen alles andere preisgeben würde. Dabei läßt sich ›radikal‹ auf einen völlig akzeptablen lateinischen Begriff zurückführen – den der ›Grundlage‹. Ein radikaler Lösungsvorschlag ist nicht etwas Verrücktes, sondern ist einer, der an der Wurzel ansetzt, am Kern der Sache. Eine solche radikale Lösung brauchen wir in diesem Land, in dem die Wirtschaft in Trümmer fällt und die Außenpolitik auf der Drohung ruht, die Welt auszulöschen. Es ist Allgemeingut geworden, die Tugend in Geld zu messen: Je reicher, desto tugendhafter. Also sollen die Armen leiden, und zwar indem sie den Reichen dienen. Für mich ist das einfach der obszönste Gedanke, den dieses Land zu meinen Lebzeiten hervorgebracht hat. Gegen solche Ideen kämpfe ich. Und sollte es mein Leben kosten, dann war es das wert – jedenfalls mein Leben.«

Meine Erinnerungen bleiben frisch wie **d**s Worte. Eine Woche nach seinem Tod wollte ich seine Witwe Nancy anrufen, wählte aber aus einem schicksalhaften Irrtum heraus seine Büronummer. Der Anrufbeantworter tönte gespensterhaft: »Hier spricht Emile de Antonio. Ich bin gerade nicht da ...« **d** mochte seinen Körper und diesen Planeten verlassen haben – doch nicht dauerhaft. Er lebt weiter in seinem großen Werk, das er der Welt als Beispiel und als Anstoß zum Nachdenken hinterlassen hat. Er war ein großartiger Lehrer. Seiner Inspiration haben wir es zu danken, wenn wir jetzt die hohlen Ideale der bürgerlichen Filmkunst hinterfragen und uns lieber darauf konzentrieren, in unseren Filmen kompromißlos die Wirklichkeit zu durchleuchten, mit ihnen den Unterdrückten dieser Erde zu dienen und zugleich die selbstauferlegte Unterdrückung aufzuheben, die den Ausdrucksformen unserer eigenen Visionen Grenzen setzt.

Peter Wintonick

Chronologie der Entstehung des Films

21. Oktober 1967: Gerade den Kinderschuhen entwachsen, hört Peter Wintonick von der Verhaftung des berühmten amerikanischen Kinderarztes Benjamin Spock (während einer Protestveranstaltung gegen den Vietnamkrieg vor dem Pentagon in Washington). Schriftsteller Norman Mailer und Linguist Noam Chomsky teilen sich eine Gefängniszelle, nachdem sie sich zusammen mit einigen hundert Demonstranten trotz mehrmaliger Aufforderung weigern, »sich zu entfernen«.

1984: Peter Wintonick und Mark Achbar begegnen sich zum erstenmal in Toronto bei einem Treffen der Mitwirkenden an Peter Watkins' 14-stündigem Filmprojekt »The Journey«, das vom atomaren Frieden und den Massenmedien handelt.

1985: An der Unversität Toronto erfolgt ein erstes Gespräch zwischen Mark Achbar und Noam Chomsky, nachdem dieser seinen Vortrag mit dem Titel »Auf dem Weg zum globalen Krieg« beendet hat. Achbar ist zunächst recht nervös, doch findet er den einst von der *New York Times* als »möglicherweise bedeutendsten Intellektuellen der Gegenwart« bezeichneten Chomsky geradezu entwaffnend zugänglich.

1986: Peter Wintonick ist (ohne Achbars Wissen) unter den Zuhörern eines Vortrags von Chomsky an der Universität von Kingston. Daraufhin schlägt er einem Produzenten bei der Nationalen Filmbehörde (NFB) »ganz nebenbei« einen Film über Chomsky vor; der Vorschlag wird »ganz nebenbei« abgelehnt.

1987: Mark Achbar ist davon überzeugt, daß die Massenmedien Chomsky weitgehend totschweigen. Gemeinsam mit Freunden (und ohne Wissen von Wintonick) beginnt Achbar in Toronto, einen Film über Chomsky zu entwerfen. Die Zusammenarbeit scheitert jedoch schmerzhaft an grundsätzlichen Meinungsunterschieden.

11. Mai 1987: Chomsky begrüßt den Vorschlag für einen Film über seine politischen Analysen: »Ich habe mit Interesse von Ihrem Filmprojekt gehört. Ich freue mich selbstverständlich darüber und halte es für eine nützliche Idee.«

1988: Wintonick und Achbar entdecken bei einer Flasche Scotch endlich die Gemeinsamkeit ihrer Absichten und beschließen, das Filmprojekt von Montreal aus weiterzuführen. Sie lassen ihre Produktionsfirma unter dem Namen *Necessary Illusions* registrieren und verbringen den Rest des Jahres damit, Filmentwürfe zu schreiben, Unterstützerbriefe zu sammeln und Förderanträge auszufüllen. Der staatliche kanadische Kulturfonds gibt Achbar 16.000 kan. Dollar, Wintonick erhält 5.000 kan. Dollar von einem Privatmann. Der US-Schauspieler Ed Asner schickt einen begeisterten Unterstützerbrief und 250 US-Dollar.

1988: Im August begeben sich die beiden Filmemacher mit zwei handbetriebenen 16mm-Bolex-Kameras im Gepäck nach Long Island, um den Druck des Buches *Manufacturing Consent: The Political Economy of the Mass Media* zu filmen. In Japan wird mit Hilfe eines örtlichen Drehteams gefilmt, wie Chomsky den mit 350.000 US-Dollar dotierten Kyoto-Preis, den höchsten japanischen Wissenschaftspreis, entgegennimmt. Im Oktober erstehen die Filmemacher aus Regierungsbeständen eine motorisierte 16mm-Filmkamera, die zuvor den kanadischen »Mounties« gedient hatte. Drehorte sind Toronto und Hamilton, wo Chomsky die angesehenen »Massey Lectures« für das CBC-Radio aufzeichnet (später unter dem Titel *Necessary Illusions: Thought Control in a Democratic Society* ein kanadischer Paperback-Bestseller).

März 1989: Wintonick und Achbar treffen während der kanadischen Filmpreisverleihung auf einen Mann mit Hörgerät, der an der Zeremonie kein Interesse zu haben scheint. Das Hörgerät stellt sich als Walkman-Radio heraus, auf dem der »Schwerhörige« ein Baseballspiel verfolgt. Es ist der Philantrop Nick Laidlaw, der in der Vergangenheit Künstler, Sportler und Intellektuelle unterstützt hat. Die beiden Filmemacher erhalten von ihm ein Jahr lang monatlich je 1000 kan. Dollar. Leider sollte Nick Laidlaw die Vollendung des Films nicht mehr erleben.

April 1989: Francis Miquet, ein Schüler Wintonicks, steigt bei *Necessary Illusions* ein; er arbeitet als Koordinator, in Archiven, in der Finanzierung, als Kameramann, beim Ton und Schnitt, schließlich als Zweiter Produzent. Am PC wird eine 40-seitige Projektbeschreibung entworfen. 4000 persönlich gehaltene Schreiben gehen an kanadische Adressen und ins Ausland – an alle erdenklichen Firmen und Privatstiftungen, an wohlhabende Filmproduzenten sowie an sämtliche nordamerikanische und europäische Fernsehanstalten. George Lucas, Steven Spielberg, CBS, CBC und Coca-Cola lehnen höflich, aber bestimmt ab, während das niederländische, finnische und norwegische Fernsehen den Film blind bestellen (»Zahlung bei Lieferung«).

Oktober 1989: Den Filmemachern geht das Geld aus. Dutzende von Filmdosen mit abgedrehtem, aber unentwickeltem Filmmaterial stapeln sich in Achbars Wohnzimmer. Die beiden bauen die Dosen ansprechend auf, machen einige verschwommene Polaroidfotos davon und schicken diese an die Studiochefs des NFB, zusammen mit einem Bittbrief, man möge doch helfen, die Bilder ans Licht zu bringen.

Januar 1990: Das NFB stellt seine technischen Dienste zur Verfügung; die Filme können endlich entwickelt werden.

1990–1991: Die Filmemacher verzichten auf die Hälfte ihres ohnehin mageren Gehalts und drehen sporadisch in Großbritannien, Frankreich, Deutschland, den Niederlanden sowie in den USA und im kanadischen Nanaimo. Zwischendurch bemühen sie sich um weitere Finanzquellen. Sie erhalten Unterstützung von *Media Network*, einer gemeinnützigen Spendenverwaltungsorganisation in New York, sowie in ähnlicher Weise von der kirchlichen TV-Station *Vision/TV* in Kanada. Eine Lizenzvorauszahlung löst weitere Beiträge von Investoren aus. Außerdem steuern Hunderte von Organisationen und Einzelpersonen Anteile bei.
Während des Internationalen Filmfestivals in Guelph, Kanada, erhält eine zweieinhalbstündige Video-Grobfassung des Films den höchsten Publikumszuspruch. Bei einem zufälligen Gespräch mit dem Vorführer fällt der Hinweis auf die »weltweit größte fest installierte Kaufhaus-Videowand«, die in einem nahegelegenen Einkaufszentrum zu finden sein soll. Zu einer Besichtigung des Redaktionsgebäudes der *New York Times* im Februar 1991 sind Kameras nicht zugelassen. Ein Gespräch mit dem Redakteur Karl E. Meyer wird jedoch gestattet. Nach dem Interview filmt das Team im Gebäude heimlich weiter.

1991–1992: Während Wintonick weiter am Film schneidet, werden die frei gestalteten Szenen entworfen und gedreht. In einem Abschnitt kleiden sich die Filmemacher in Arztkittel und »sezieren« einen ursprünglich in der Londoner *Times* erschienenen Artikel über Osttimor; sie stellen damit grafisch dar, wie entscheidende Passagen vor dem Abdruck in der *New York Times* zensiert wurden. Anschließend vergessen sie, sich wieder umzuziehen, was bei den NFB-Technikern ziemliche Verwirrung hervorruft. In den Film werden Tricksequenzen eingearbeitet, und bereits vorliegende Szenen werden in neue Zusammenhänge gebracht oder auf öffentlichen Bildschirmen in Einkaufszentren oder im Sportstadion abgefilmt. Der Schnitt des Films zieht sich ein weiteres Jahr hin. Schnittassistentin Katharine Asals und Francis Miquet, der mittlerweile am Tonschnitt arbeitet, setzen die Suche nach weiterem Archivmaterial fort und kümmern sich um die Urheberrechte.

Anfang 1992: Die Filmemacher stellen fest, daß sie genügend Filmmaterial für einen abendfüllenden Dokumentarfilm und für eine mehrteilige Fernsehserie haben. Der Film verlängert sich von 75 auf 165 Minuten und erhält eine Pause.

18. Juni 1992: Die erste Kopie des Films erlebt ihre Premiere beim Internationalen Filmfestival in Sydney. *Manufacturing Consent* erhält unter 47 Filmen den Publikumspreis – dem auf weit über 50 Festivals weltweit noch viele Preise folgen werden.

Peter Wintonick ist seit über zwanzig Jahren im Filmgeschäft. In *Manufacturing Consent: Noam Chomsky and the Media* verbindet er seine Erfahrungen in verschiedenen Bereichen des Filmemachens und seinen politischen Aktivismus mit seinem Interesse an den Medien.

In den letzten Jahren war er: Produzent für die kanadischen Drehaufnahmen und Leiter der Nachbereitung von Peter Watkins' 14-stündigem Mega-Dokumentarfilm **The Journey** über den nuklearen Frieden, Entwicklungspolitik und die Medien; Associate-Producer und für den Schnitt verantwortlich bei Nettie Wilds **A Rustling of Leaves: Inside the Philippine Revolution** über die Situation auf den Philippinen (»Beliebtester Film« Berlin 1989; »People's Choice« Montreal 1989); ebenfalls für den Schnitt verantwortlich bei Ron Manns Experimentalfilm **Comic Book Confidential** (»Best Documentary« Kanada; »Hugo Award« Chicago); Produzent und Regisseur von **The New Cinema**, einer Videodokumentation über den Unabhängigen Film (»Blue Ribbon Award« des *American Film Festival*).

Ganz früher führte er Regie bei Industriefilmen und anderen audiovisuellen Produktionen; außerdem hat er Spielfilme geschnitten. Für Kanadas führende Filmzeitschrift *Cinema Canada* schrieb er viele geistvolle Beiträge über neue Trends im jungen unabhängigen Film und über die Zukunft der kanadischen Filmindustrie. Zudem gehörte er der Auswahljury des *International Festival of New Cinema & Video* in Montreal an. An der dortigen Universität hält er Vorlesungen über Filmgeschichte.

Während seiner Zeit im Dschungel des kommerziellen Filmgeschäfts arbeitete er an der Seite einiger der dort heimischen Tiger (und auch einiger Schlangen). Nachdem er das Filmhandwerk am Algonquin College in Ottawa gelernt hatte, erfolgte seine Einführung in die Welt des Films und der Politik durch den Schnitt von Wahlkampffilmen des damaligen Premierministers Pierre Trudeau. Peter hat im Lauf der Jahre vielen jungen, unabhängigen Filmemachern bei der Produktion und beim Schnitt mit Rat und Tat zur Seite gestanden.

Mark Achbar hat seine umfassenden kreativen und technischen Fähigkeiten seit 1975 in über 50 Filmen, Videos und Büchern unter Beweis gestellt.

In einer Reihe von Produktionen (Experimentalfilme und -videos, Dokumentationen zur gesellschaftlichen Aufklärung, selbst Industriefilme) agierte er in unterschiedlichen Kombinationen als Regisseur, Produzent, Autor, Kameramann und Cutter.

Er begann mit Verwaltungs- und technischen Tätigkeiten (Kamera, Mikrofon, Schnitt) bei: **Family Bay**, einer Familienserie für das kanadische öffentliche Fernsehen CBC und den amerikanischen *Disney Channel*; **Spread Your Wings**, einer kreativitätsfördernden Jugendserie für das CBC; **Partners in Development**, einem Werbefilm für die staatliche kanadische Entwicklungshilfeorganisation; **When We First Met** für den US-Sender HBO.

Sein Filmdiplom erwarb Mark an der Syracuse University (USA); anschließend überstand er seine Lehrzeit in Hollywood bei *Bill Daily's Hocus Pocus Gang*. Seitdem arbeitet er kontinuierlich mit kritischen Filmemachern zusammen, etwa: als Kameramann bei Keith Hladys **There Is a Rally** über die große Friedensdemonstration 1982 in New York; als Kameramann und *Associate Producer* in Jim Morris' **Stag Hotel** über das Leben in einem verkommenen Hotel (»Bester Dokumentarfilm« Athen); für den Schnitt verantwortlich bei Peter Monets **East Timor, Betrayed But Not Beaten** (mit Noam Chomsky) über Kanadas Rolle beim Völkermord in Osttimor.

Schließlich arbeitete er drei Jahre lang an Peter Watkins' Friedensepos **The Journey** mit; er filmte, interviewte, recherchierte, kümmerte sich um die Finanzierung und entwarf das EDV-System. Zudem recherchierte, koordinierte und redigierte er das Buch *At Work in the Fields of the Bomb* von Robert Del Tredici (dt. »Unsere Bombe«, Zweitausendeins 1988), ein Bild- und Textband über die Wasserstoffbombe. Das Buch wurde mit dem begehrten »Olive Branch« ausgezeichnet.

1986 wurden Mark und sein Mitautor und Regisseur Robert Boyle mit ihrem 75-Minuten-Film **The Canadian Conspiracy** (über eine satirisch-fiktive kanadische Machtergreifung in den USA) für einen Fernsehpreis für das »Beste Drehbuch« nominiert. Der Film errang auch den Gemini-Preis als »Best Entertainment Special« und wurde für einen »International Emmy« nominiert.

Manufacturing Consent: Noam Chomsky and the Media ist Marks erster abendfüllender Dokumentarfilm.

Dank

Dieses Buch verdankt seine Entstehung vielen Menschen. Mein besonderer Dank gilt:

Peter Wintonick und Francis Miquet, meine Freunde und Partner, für den Einsatz der knappen Mittel von Necessary Illusions in diesem Projekt; Linda Barton und Dimitrios Roussopoulos von Black Rose Books für Vertrauen und Zuspruch; Rodolfo Borello und Andrew Forster für einfühlsame und professionelle Gestaltungsarbeit unter unmenschlichem Zeitdruck; Jane Broderick für die Schlußredaktion und die Erstellung des Index unter demselben Zeitdruck; Merrily Weisbord und Robert Del Tredici, die mich in die Printmedien einwiesen; Caroline Voight, Stacy Chappel und Robert Kwak für ihre Tastenkunst am Satzcomputer sowie Susan Grey für zusätzliche Recherchen; Blake Gulband und Nat Klym für praktische Ratschläge; dem National Film Board of Canada – dort vor allem Steven Morris, Trevor Gregg, Maurice Paradis und David Verrall – für Kooperation und technische Hilfe; David Pollack von Inframe Productions sowie Colin Pearson für ihre großzügige technische Unterstützung bei der Umwandlung von Videobildern, außerdem Jason Levy für seinen Zeitaufwand; Martine Coté und Kate McDonell für Hilfe bei der Bildverarbeitung; Cha Cha Da Vinci und Leah Léger, die das Leben der »Simpsons« am Bildschirm verfolgten; Christine Burt für taktvolle Urteile; Elaine Shatenstein und Cleo Paskal für wertvolle redaktionelle Hinweise; John Schoeffel für laufende nützliche Anregungen; David Barsamian für seine Interviews, die so viel für den Film und das Buch bedeuten; Carlos Otero für sein Vorbild und für die Scheidung des Wichtigen vom Unwichtigen; Sabrina Mathews, deren Neugier die Auswahl des Hintergrundmaterials bestimmte und deren Energie den Laden am laufen hielt; Edward S. Herman, dessen Kapitel in *Manufacturing Consent:* ›The Political Economy of the Mass Media‹ unserem Film ein inhaltliches Konzept lieferten; Carol Chomsky, die uns großzügig Familienfotos für den Film überließ und uns sehr bei der Bearbeitung der Rohfassungen unterstützte; und an Noam Chomsky, dessen Lebenswerk sechs Jahre lang im Zentrum meiner Arbeit stand, für seinen Zuspruch, seine unerschöpfliche Energie, die bereitwillige Beantwortung aller Fragen und Bitten und schließlich die distanzierte Toleranz, mit der er unsere Kameras ertrug und dadurch den Film erst möglich machte, der diesem Buch zugrundeliegt.

Personen- und Namensregister

Abramovitch, Ingrid 136
Accuracy In Media (AIM) 55
Achbar, Mark 13, 44, 88, 127, 225, 229
    Faurisson-Affäre 178, 180ff
    New York Times 53, 85
    Entstehung des Films 7f, 10, 44, 120
    Z-Magazine 198
ACLU s. American Civil Liberties Union
Afghanistan 75, 149, 152
Aguilar-Sanjuan, Karin 200
Ägypten 75
Albert, Michael 32, 86, 198
Alexander, Edward 190
Alfonso, Carlos 99
Alternative Medien s. Medien, Presse, Radio, TV
Alternative Verlage 198ff
American Civil Liberties Union 169, 221
Amnesty International 117, 119
Anarchismus 28ff, 45, 47, 216ff
Anderson, Benedict 97, 100
Antikommunismus, s. Kommunismus, Medien
Antisemitismus 42, 174ff
Antonio, Emile de, s. d
APODETI (Politische Partei in Ost-Timor) 97
Aquino, Corazón 140
Arafat, Yassir 122, 123
Aristoteles 15
Arts and Humanities Citation Index 15
Ärzte gegen den Atomkrieg 72
Asals, Katherine 69, 93
Assuras, Thalia 173
Auletta, Ken 83
Australien 94, 96ff, 109ff, 130, 136, 202

Bagdikian, Ben 60
Bakunin, Michail 218, 222
Barsamian, David 201f
    Interviews 28, 33, 45, 50, 62, 131, 201, 208, 214, 224
Bauslaugh, Gary 17
Behaviorismus 24f
Belgien 138
Bentham, Jeremy 179
Berman, Ed 81f

Bibel 15, 156
Bildungssystem 46, 157f, 194, 226
Black Rose Books 7, 205
Bochner, Lloyd 79
Bolkestein, Frits 128ff, 175, 178, 180
Brière, Elaine 94, 98, 100, 115
Buckley, William F., (jr.) 65ff, 149, 163ff
Bui Son 173
Bürgerlicher Ungehorsam 65
Bürgerrechtsbewegung 34, 192
Buried Alive (Film) 99
Burt-Wintonick, Mira 23
Bush, George (sen.) 70ff, 74, 76, 212, 214
Butz, Arthur 181

Carter, Jimmy 100, 144, 155
Castro, Fidel 15
Chamorro, Edgar 140-142
Chile 207
China 106
Chomsky, Carol 42, 64, 86, 227
Chomsky, Noam
    Anarchismus 28, 219
    Ausbildung 46
    Bibliographie 15
    Bildung 157f
    Bürgerrechte 196
    Faurisson-Affäre 178ff
    Friedensbewegung 7
    Frühe Aktivitäten/Schriften 32, 47, 63ff
    Geschichte 54, 219
    Golfkrieg 71f
    Herman, Edward S. 204f
    Holocaust-Lüge 188
    Interview/Zensur 145
    Israel 120ff, 206
    Judentum/Zionismus 44, 216
    Kambodscha 101ff
    Kapitalismus 193, 221f
    Kindheit/Hintergrund 42, 45, 48, 62f
    Kommunismus/Sozialismus 218, 219
    Kyoto-Preis 10, 42
    Manufacturing Consent 9, 14, 38, 86, 120
    Marginalisierung der Massen 86, 88, 211
    Medien 56ff, 69, 75, 86, 92, 101, 108, 127, 138, 147f, 199, 201ff
    Medienprofil 136

Neo-Nazismus 175
New York Times 53f, 110f
Ost-Timor 93ff, 97ff, 108ff, 114
Propaganda 195
Propaganda-Modell 53ff, 220
Redefreiheit 179, 189
Sprache 21ff
USA 56, 74ff, 100, 120, 121, 138ff, 192
Zitate 15
Zukunft 33f, 215ff, 221
Chomskysche Revolution 21, 23
Churchill, Winston 138, 196
CIA 74, 102, 103, 131, 152, 154
Cicero, 15
CODEHUCA 74
Cohn, Werner 175
Committee to Protect Journalists 97
Contadora-Friedensprozess 74, 141
Contras 75, 139-143, 151, 169
Cronkite, Walter 97

d (Emile de Antonio) 229-231
d'Aubuisson, Roberto 144
Davis, Elmer 73
Davis, Fred 126
Democracy's Diary (Film), 35
Demokratie 16, 18, 30, 32, 35ff, 56, 59, 68, 131, 137, 141ff, 150, 162, 190, 193, 213f, 218, 222ff
Desjardins, Lynn 69
Dewey, John 46
Dewey-Schule 46
Diem, Ngo Dinh 150
Diggers (Englische Revolution) 37
DiMaggio, Joe 90
Dominikanische Republik 75
Donahue, Phil 89
Dönitz, Karl 155
Dowell, Pat 86
Dunn, James S. 97, 109, 111

East Timor Action Network (ETAN) 94, 112
East Timor Alert Network 94
Eisenhower, Dwight 154
El Salvador 119, 139ff, 150
Elders, Fons 30ff, 65

Elite 34, 37f, 42, 51ff, 58, 61, 106, 127, 134, 137, 150, 157, 170f, 194, 222
Elliott, Kimberly A. 71
Erin Mills.Town Centre 13, 61, 86, 127, 165

Fairness and Accuracy in Reporting (FAIR) 72, 145f, 168
Farbige 192
Faurisson, Robert 135, 175ff, 180f, 188ff
Fellini, Federico 86
Feminismus 34, 210
Fernsehen s. TV
Filter 57, 59ff, 106
Findlay, Mary Lou 20
Flak 55
Flook, Kelvin 13
Ford, Gerald 98, 100, 155
Foucault, Michel 29ff
Frankreich 75, 179, 201
Freie Arbeiter Stimme 47
Freiheit 217
FRETILIN 95ff, 110f
Freud, Sigmund 15
Friedensbewegung 32, 63, 210
Frum, Barbara 20
Frum, David 116f
Fünfte Freiheit 138

Gaddhafi, Moamar 149
Galbraith, John Kenneth 53
Genocid s. Völkermord
Gewalt 18, 29ff, 56, 65, 74, 97, 100, 119, 145, 150f, 155, 179, 192
Goebbels, Josef 179, 184
Golfkrieg 69ff, 75ff, 171
Greene, Lorne 72f, 75
Greenfield, Jeff 146ff
Griechenland 154, 162
Großbritannien 36f, 75, 148, 179
Guatemala 119
Guillaume, Pierre 178

Hanley, Bob 79
Hansen, Jeff 147
Harris, Zelig 23
Hayes, Loie 200
Hegel, G.W.H. 15

Helms, Richard 206
Heng Samrin 101
Herman, Edward S. 7, 9, 106, 117, 135, 181, 199, 202, 204f
Hill & Knowlton 76-77
Hitler, Adolf 42, 44, 68, 99, 139, 141f, 177, 188
Hoffman, Abbie 203
Holocaust-Lüge 177-178, 186, 188, 190, 191
Honduras 119, 121, 157
Hufbauer, Gary 71
Hume, David 21
Hun Sen 103
Hussein, Saddam 69f, 155

Ian, Janis 89
Indianer 209
Indochina 18, 155, 210, 224
Indonesien 100, 109, 114f, 154, 207
Intellektuelle 19, 32, 45, 59, 63, 68, 129, 137, 139, 148, 157, 174, 178, 194, 210, 217, 222
Intentional communities 217
Intifada 121ff
Irak 76f, 159, 206
Iran 74, 149f, 206f, 213
Irland 162
Irvine, Reed 56
Israel 75, 110ff, 159, 187, 206

Jakubowicz, Celia 22, 118
Japan 10, 18, 24, 42, 115
Jay, Peter 216
Jefferson Thomas 39, 179
Jennings Peter 52f, 92
Jensen Carl 60
Jordanien 75
Journalism (Film) 35, 88

Kalter Krieg 164
Kambodscha (Kampuchea) 91, 101ff, 129, 134, 173
Kanada
    Chomsky 136
    Manufacturing Consent 108, 136
    Medien 101, 108, 116, 138, 187
    Redefreiheit 179

Rüstungsexporte 100, 115
Kapitalismus 193, 214, 221f
Kennan, George 40
Kennedy, John F. 131, 153, 154
Khomeini 149
Kibbuz 216
Kimche, David 206
King, Martin Luther Jr., 192
Kissinger, Henry 98, 139, 155, 219
Klassenkampf 30
Kleinhaus, Karine 62, 135, 219
Kohen, Arnold 107, 109f
Kommunismus 106, 163f, 218
Kommunistische Partei 59
Konsensfabrikation, s. Manufacturing Consent
Kopernikus 21
Koppel, Ted 146, 199
Kropotin, Pjotr 218
Kuba 106
Kurden 69, 117
Kuwait 71, 76f
Kyoto-Preis 42

La Dolce Vita (Film) 86f
Lanzmann, Claude 190
Laos 54, 155
Lateinamerika s. Mittelamerika
Lawton, John 138
Lehrer, Jim 159
LeMay, Curtis 68
Lenin, W.I. 15
Lesnik, Howard 27
Levellers (Englische Revolution) 37
Levine, Eleanor 9
Levy, Leonard 179
Libanon 137, 154-155
Liberalismus 34
Libertärer Sozialismus 216f
Libyen 149
Linguistik 20, 21, 28
Linville Ron 51
Lippmann, Walter 38f
Locke, John 21
Low Intensity Conflict (LIC) 74, 150
Luxemburg, Rosa 131, 217
Lydon, Chris 139ff

MacInnis, Craig 90
MacNeil, Robert 159
Mailer, Norman 62, 134
Manufacturing Consent (Buch) 38, 51, 54
Manufacturing Consent (Film)
  Chomsky zum Film 9, 86
  Entstehung 7ff, 13, 112
  Inhalt 120, 145
  Ost-Timor 112
  Reaktionen 53, 89f, 108, 136
  TV-Ausstrahlung 136
Mao Tsedong 15, 102
Mars 25, 118
Marx, Karl 15, 32, 67, 102
Marxismus 218f, 222
Massachusetts Institute of Technology 15, 19, 28, 33, 62ff, 90, 139, 175, 224
Massenmedien, s. Medien, Presse, Radio, TV
Mathews, Sabrina 188
McChesney, Robert W. 106
McClendon, Sarah 167f, 226
McGillivray, James 29
McNamara, Robert 207
Media (Pennsylvania) 80ff, 132f, 225
Medien
  Accuracy In Media 55
  alternative Medien 198ff
  Archiv 145
  Center for Studies in Communication 70
  Chomsky 42, 136, 168
  Committee to Protect Journalists 97
  Dokumentarfilm 126
  Echo 187
  Eigentümer-Einfluss 57ff, 127, 166, 171
  El Salvador 143
  Fairness 145f
  Faurisson-Affäre 180ff
  Fernsehen 60
  Filmstudios 60
  Filter 57ff, 61, 106
  Funktion 57, 88, 92
  Gesellschaftliche Verantwortung 116, 118
  Golfkrieg 69ff
  Intellektuelle 19
  Iran-Contra-Anhörung 169
  Israel 206
  Journalismus 35
  Kambodscha 102ff, 173,
  Kleinstadt 80ff
  Kriegspropaganda 70, 75
  Kürze 148f
  Manufacturing Consent (Film) 13
  Massen 86, 88, 211
  Nachrichtenauswahl 79
  Osttimor 103ff
  Propagandamodell 51, 204
  Radio 60
  Redefreiheit 180ff
  Rolle 57, 88, 92
  Sarah McClendon News Service 167
  Selbstzensur 171
  Studentenpresse 58
  Themensetzung 16, 52ff, 78
  USA/Ausland 138f, 148, 167.
  TV 60
  Verschwörungstheorien 59
  Vorurteile 59, 106, 132f
  Watergate 169
  Wirtschaftsmedien 196
  World Association of Community Broadcasters 202
  Zielgruppe 50
Meyer, Karl E. 52ff, 85, 106, 108ff, 112f
Milton, John 12
Miquet, Francis 13
Miskito-Indianer 141
MIT Progressions (Film) 32
Mittelamerika 74, 118f, 130, 139ff
Morgan James, 196
Morgan Jim, 83ff
Morton Brian, 135
Moscovitch, Arlene 126
Moyers, Bill, 18f, 59, 136, 211, 213
Moynihan, Daniel Patrick 99

Naher Osten 69ff, 75ff, 120ff, 159f
Necessary Illusions 13
Neonazis s.a. Antisemitismus, Faurisson-Affäre, Holocaust-Lüge
Neptun 149, 158
Newsreel (Film) 65

Nicaragua 74f, 139ff, 150
Niebuhr, Reinhold 40
Nietzsche, Friedrich 31
Nim Chimpsky 20
Nimitz (Admiral) 155
Nixon, Richard 64, 155, 169
Nordvietnam s. Vietnamkrieg
Noriega, Manuel 74
Notwendige Illusionen 41
Nürnberger Grundsätze; - Prozess 65, 150, 154f

Öffentliche Meinung 38
Öffentlichkeitsarbeit 16, 50, 107
Ökologie-Bewegung 210
Ökonomisch motivierte Propaganda 162
Olmert, Yossi 186ff
On the Spot (Film) 79, 126
Opfer 64f, 103, 105, 116, 119, 131, 173, 193
Orwell-Preis 199
Osttimor 74, 93ff, 105, 107ff, 129f, 154

Palästinenser 75, 119ff
Palestine Liberation Organization s. PLO
Panama 75
Pascalsche Wette 225
Peck, James 217
PEN 190
Penney, Louise 94
Pentagon 19, 71
Perot, Ross 136
Petitto, Laura Ann 20
Philippinen 140, 154
Piaget, Jean 22
Pinochet, Augusto 150
Platon 15
PLO 75, 121f
Podhoretz, Norman 32
Pol Pot 93, 103, 173
Political Correctness 210
Portugal 95, 97, 110
Posner, Vladimir 59
Pragmatismus 46
Pressac, Jean-Claude 188
Presse
    Alternativpresse 54, 72, 198ff, 205
    Eigentumsverhältnisse 60
    Lokalpresse 81f
    Wirtschaftspresse 127, 162
Propaganda 50, 76f, 105, 162, 194, 195
Propagandamodell 51f, 56, 92, 204
Public Relations 16, 50

Quisling 205

Rabin, Yitzhak 122
Radio
    Alternative Radios 44, 121ff, 127, 201f
    Eigentumsverhältnisse 60
    Hörerradio 201ff
    Kanada 116
    Lokalsender 14, 16, 49, 52, 61, 86, 107, 127, 177, 201, 226
    Nationale Sender 21, 23, 27, 32, 47, 63, 94, 116, 161, 174, 201f, 227
    Studentensender 38, 62, 135, 161, 210, 219, 227
    USA 148
Radioprogramme; -sender 16, 21, 23, 27, 32, 38, 47, 62f, 94, 107f, 116, 135, 161f, 170, 174, 210, 219f, 227
Ramirez, Atilio 144
Ramos-Horta, José 97, 99
Randall Miller, Marci 14, 16, 86, 127, 226
Ransom, David 160
Reagan, Ronald 18, 155, 167, 213
Redefreiheit 25, 175, 179, 189
Rée, Jonathan 28
Reime, Hannu 211
RESIST 62
Reynolds, Ross 49, 177
Rivera y Damas 144
Robinson, Ed 194, 203, 226
Rockefeller, David 16
Rojas, Modesta 140
Roma 190
Romero, Oscar 143f
Roosevelt, F.D. 138
Rosenberg, Alfred 188
Rote Khmer 92, 101ff
Rousseau, J.J. 119
Roussopoulos, Dimitrios 7
Rushdie, Salman 179
Russell, Bertrand 15

Salisbury, Harrison 54
Sandinistas 139ff
Sanktion 65, 71, 99f, 114
Sargent, Lydia 198f
Saudi-Arabien 70, 78
Schone, Mark 90
Schott, Jeffrey J. 71
Senkow, Bodhan 80
Serenyi, Gitta 181
Serpent's Tail (Verlag) 28, 137, 158, 161
Sesno, Frank 171
Shackleton, Greg 96
Shakespeare, William 15
Sihanouk (Prinz Sihanouk) 101
Sikorovsky, Elizabeth 38, 161, 210, 227
Silber, John 139-144
Sinti s. Roma
Skinner, B.F. 24f
Social Science Citation Index 15
Somoza, Anastasio 139ff
South End Press (Verlag) 198ff
Sowjetunion 59, 75, 123
Sozialismus 37, 44, 216ff
Spanien 47, 136, 162, 216
Speak Out! 200
Spock, Benjamin 62
Sport 89f
Sprache 20ff, 42
Staat 29f, 32, 34, 41, 65, 137, 161, 179, 184, 193, 208, 212, 214, 221
Stalin, Josef 104, 179, 184
Steinberg, Jonathan 21, 23, 27, 32, 47, 63, 227
Steiner, George 136
Stone, Gerald 109ff
Südostasien 92, 119
Suharto 114, 150
Sutrisno, Try 114
Syrien 75

Taylor, Telford 155
Technik 18, 29
Terrorismus 150
Thailand 101, 103, 164
Theologie 40
Thieu, Nguyen Van 150

Thion, Serge 178, 182, 188
Tibenham, Philip 206
Timor s. Osttimor
Timorese Democratic Union s. UDT
Titus, Richard 100, 214
Tokio-Prozesse 151
Totalitarismus 33, 34, 189
Toynbee, A. 194
Trichter Metcalf, Linda 223
Trilateral Commission 16
True Levellers (Englische Revolution) 37
Truman, Harry 154
Turner, Ed 70, 71
Turnley, Bill 227
TV
    Archiv 145
    Echo 187
    Eigentumsverhältnisse 60
    FAIR-Analyse 145f
    Offener Kanal 51, 53, 57, 194, 203, 220
    Wahlen 147
TV-Programme, -Sender 18ff, 24, 28ff, 42, 51ff, 57, 59, 61, 66, 69ff, 76f, 108, 116, 136, 138, 144ff, 159, 164f, 171ff, 176, 182f, 193, 206ff, 211ff, 216f, 220, 226

UdSSR s. Sowjetunion
UDT (Timorese Democratic Union) 97, 110
Ungarn 66, 136
UNO, 18, 71, 75, 94, 97, 99, 108, 115, 121ff
USA
    Alternativmedien 168f, 198ff
    Außenpolitik 40, 56, 70f
    Bürgerrechtsbewegung 65, 192
    Chomsky 136
    Chomsky/Bolkestein-Debatte 129f
    Erziehung 157f
    Freiheit 138, 161f
    Indianer 209
    Indonesien 114
    Interventionen 18, 74, 119, 152
    Iran-Contra-Affäre 151, 208
    Israel 120ff
    Kalter Krieg 164
    Kambodscha 102, 103
    Kapitalismus 221f
    Kindersterblichkeit 162
    Macht 138
    Medienberichte 69f, 72, 105, 144
    Mittelamerika 139ff
    Nürnberger Grundsätze 154f
    Osttimor 97ff
    Propaganda 76f, 162
    Redefreiheit 179
    Rüstungsproduktion 18
    Staatsterrorismus 150
    Wahlkampf-Interessen 56
    Waffenlieferungen 114ff
    Wahlsystem 211f

Van Tijn, Joop 172, 176, 182f, 206f, 226
Vereinigte Staaten von Amerika s. USA
Vereinte Nationen s. UNO
Verlagswesen s. Medien, Presse
Verschwörungstheorien 55, 59f, 88, 109, 131
Vier Freiheiten 138
Vietnamese Human Rights Committee 173
Vietnamkrieg 18, 62ff, 100, 152, 154f
    Antikriegsbewegung, 210, 224
    Chomsky 63, 205
    MIT 32
    Öffentlichkeit 157
Völkermord 103, 113f, 154ff, 173, 209
Völkerrecht 65, 74f, 99, 154

Wahlkampf 56
War for Men's Minds (Film) 72f, 75
Washington, George 179, 192
Watergate 169
Weißes Haus 15, 212
Werbung 51, 55, 61, 82f, 85
Wintonick, Peter 13, 15, 23, 44, 80f, 128, 132f, 212, 225
Wirtschaftseinfluss 61, 162, 165, 205, 211
Wirtschaftsmedien 196
Wirtschaftspresse 127
Wirtschaftspropaganda 162
Wirtschaftssystem 18, 29ff, 214, 221
Wolfe, Tom 59
Woollacott, Martin 137
Worthington, Peter 161

Yamashita 154
Yeats, William 135
Yergin, Daniel 21
Young, Charles M. 86, 219

Zeitungen/Zeitschriften
    Boston Globe 199
    Columbia Journalism Review 108
    Crónica del Pueblo 144
    Economist 61
    Extra! 71f
    Financial Times 127
    Fortune 162
    Guardian 137
    Harper's 76, 89
    Independiente 144
    Jerusalem Post 136
    Lies of Our Times 54, 205
    Montreal Gazette 78
    Nation 135
    New Liberation News Service 200
    New York Review of Books 134
    New York Post 108
    New York Times 17, 35, 53f, 59f, 75f, 83ff, 87, 101, 103, 106, 108ff, 123, 188
    New Yorker 114
    Newsweek 111
    NRC Handelsblad 128
    Open Magazine 72
    Prawda 59
    Radical Philosophy 28
    Seattle Times 193 197
    Sunday Times 102
    Times 109ff
    Town Talk 81f
    Village Voice 108
    Washington Post 52, 107, 110
    Washington Times 136
    Z-Magazine 32, 72, 198ff, 202, 205
Zigeuner s. Roma
Zionismus 32, 44
Ziviler Ungehorsam 65
Zweiter Weltkrieg 70, 73, 75, 154f

Noam Chomsky
Ein Porträt

Anarchist, politischer Analytiker und Professor für Linguistik und Philosophie am Massachusetts Institute of Technology (MIT) in Cambridge/Mass.. - Noam Chomsky, geboren am 7. Dezember 1928 in Philadelphia, ist all das und oftmals sogar in dieser Reihenfolge. Seine Vielseitigkeit, seine wissenschaftlichen und politischen Publikationen und Vorträge machen ihn zu einem der am meisten gelesenen und zitierten lebenden Publizisten. "Der einflussreichste westliche Intellektuelle" hatte ihn nicht zu unrecht die New York Times einst genannt, oder "den bekanntesten Dissidenten der Welt".

Aufgewachsen in einem antisemitischen Arbeiterviertel seiner Heimatstadt Philadelphia, beschäftigte er sich früh mit dem Bürgerkrieg und der anarchistischen Revolution in Spanien sowie mit den Schriften des anarcho-syndikalisten Rudolf Rocker. Er besuchte einen Kibbuz, gab aber den ursprünglichen Plan, für längere Zeit nach Israel zu gehen wegen der israelischen Politik bald wieder auf und studierte an der University of Pennsylvania, an der er 1955 seine Dissertation Syntactic Structures vorlegte. Im gleichen Jahr begann er sein wissenschaftliche Karriere am MIT, zuerst als Assistenzprofessor und seit 1961 als ordentlicher Professor für Linguistik und Philosophie. In den 60er Jahren wurde seine bahnbrechende linguistische Arbeit anerkannt und seitdem gilt er als einer der wichtigsten Theoretiker auf diesem Gebiet. Über das sprachwissenschaftlich interessierte Publikum hinaus wurde er allerdings als einer der bedeutendsten Kritiker der US-Außenpolitik, der weltpolitischen Entwicklungen und der Macht der Medien bekannt. Mit seinen detaillierten und faktenreichen Untersuchungen zerpflückte er den US-amerikanischen Mythos von der freiheitsliebenden und menschenfreundlichen demokratischen Supermacht. Zum Vietnamkrieg äußerte er sich ebenso wie zu Kuba, Haiti, Ost-Timor, der Türkei, Nicaragua und Lateinamerika, Palästina und dem Nahen Osten, den so genannten "Schurkenstaaten" und dem Golfkrieg, dem Krieg im Kosovo, den Menschenrechten, der Rolle des Staates oder zu den Folgen der kapitalistischen Globalisierung und einer neoliberalen Weltordnung. Immer wieder beschrieben und kritisiert werden von ihm die realen Verhältnisse von ökonomischer Ausbeutung und wirtschaftlicher, sozialer und politischer Macht, die heute die internationale Ordnung und die gesellschaftliche Realität innerhalb der einzelnen Länder bestimmen.
Sein besonderes Augenmerk gilt dabei der Funktion und Rolle der Medien und deren manipulativer Methoden bei der „Fabrikation von Konsens". Denn ohne eine weitgehende Akzeptanz in der Öffentlichkeit ist die von ihm kritisierte Politik nicht vorstellbar.

Chomsky erhielt für seine sprachwissenschaftlichen Forschungen zahlreiche akademische Ehrungen; seine politischen Analysen werden jedoch von denen, die ihn sonst wegen seiner linguistischen Erkenntnisse fortwährend loben, weitgehend totgeschwiegen. In den USA und Canada veröffentlicht er überwiegend in den kleinen progressiven und libertären Verlagen South End Press und Black Rose Books. In Deutschland sind seine Bücher und Texte im Trotzdem Verlag und bei den Verlagen Europa, Philo und Suhrkamp; in der Schweiz bei der Edition 8 (Zürich) zu finden. Seine Artikel werden regelmäßig in der Zeitschrift *Schwarzer Faden* (Trotzdem Verlag) und der *Le Monde Diplomatique* übersetzt und nachgedruckt.

Auswahlbibliographie Noam Chomsky

Übersetzungen

Noam Chomsky - Wege zur intellektuellen Selbstverteidigung. Medien, Demokratie und die Fabrikation von Konsens. Hg. von Mark Achbar. Grafenau: Trotzdem Verlagsgenossenschaft, 2001
Die politische Ökonomie der Menschenrechte. Politische Essays und Interviews. Grafenau: Trotzdem Verlag, 2000
Der neue Militärische Humanismus. Lektionen aus dem Kosovo. Zürich: edition 8, 2000
Profit over People. Neoliberalismus und globale Weltordnung. Hamburg: Europa, 2000
Sprache und Politik. Berlin: Philo, 1999
Haben und Nichthaben. Bodenheim: Philo, 1998
Probleme sprachlichen Wissens. Weinheim: Beltz-Athenäum, 1996
Clintons Vision. Grafenau: Trotzdem Verlag, 1994
Die Herren der Welt. Berlin: Mink Verlag, 1993
Die neue Weltordnung und der Golfkrieg. Mit Beiträgen von Noam Chomsky, Joel Beinin, Michael Emery, Howard Zinn und Craig Hulet. Grafenau: Trotzdem Verlag, 1992
Arbeit - Sprache - Freiheit. Münster: Trafik Verlag, 1987
Vom politischen Gebrauch der Waffen. Zur politischen Kultur der USA und den Perspektiven des Friedens. Wien: Guthmann & Peterson, 1987
Wirtschaft und Gewalt. Vom Kolonialismus zur neuen Weltordnung. Lüneburg: zu Klampen, 1993
Aus Staatsraison. Frankfurt: Suhrkamp, 1974
Über Erkenntnis und Freiheit. Frankfurt, Suhrkamp, 1973
Strukturen der Syntax. Mouton, 1973
Kambodscha, Laos, Nordvietnam. Im Krieg mit Asien II. Frankfurt: Suhrkamp, 1972
Indochina und die amerikanische Krise. Im Krieg mit Asien I. Frankfurt: Suhrkamp, 1972
Amerika und die neuen Mandarine. Frankfurt: Suhrkamp, 1969
Barsky, Robert F.: Noam Chomsky. Libertärer Querdenker. Zürich: Edition 8, 1999

Englischsprachige Titel

The New Miltary Humanism. Lessons from Kosovo. Common Courage Press, 1999
Profit Over People. Seven Stories, 1998
Perspectives on Power. Reflections on Human Nature and the Social Order. South End, 1996 / Pluto Press, 1996
Manufacturing Consent. Noam Chomsky and the Media. Achbar, Mark (Ed.). Black Rose Books, 1994
World Orders, Old and New. Columbia, 1994/1996 / Pluto Press, 1994
Letters from Lexington: Reflections on Propaganda. Common Courage, 1993.
Rethinking Camelot. South End, 1993.
The Year 501. South End, 1993
Deterring Democracy. Verso/Hill & Wang, 1991/1992
Necessary Illusions. Thought Control in Democratic Societies. South End, 1989
Language and Politics. Montreal, Black Rose Books, 1988
The Culture of Terrorism. South End, 1988

Zeitschriftenbeiträge

Der Kampf um größere Bewegungsfreiheit im Käfig. Interview von David Barsamian. In: Schwarzer Faden 68, Heft 2/99. S. 23-31, 8 DM.
Gesetze der Gier. Der Klassenkampf der Reichen und Mächtigen gegen den Rest der Welt. Übersetzt von Michael Schiffmann. In: Schwarzer Faden 64, Heft 2/98, S. 28-31, 8 DM
Unterstellte Zustimmung. Consent without Consent. Überlegungen zur Theorie und Praxis der Demokratie. Übersetzt von Helmut Richter. In: Schwarzer Faden 63, Heft 1/98, S. 17-26, 8 DM.
Ziele und Visionen. Übersetzung aus dem Englischen von Michael Schiffmann. In: Schwarzer Faden 60, Heft 1/97, S. 34-47, 8 DM.
The Clinton Vision. Übersetzung aus dem Z-Magazine von Helmut Richter. In: Dinge der Zeit. Heft 56/57, Mai 1994, S. 109-140
Das Abkommen zwischen Israel und Arafat. Übersetzung aus dem Z-Magazine von Wolfgang Haug. In: Dinge der Zeit. Heft 56/57, Mai 1994, S. 54-66
Kolonialisierung. Das Jahr 501 - Alte und neue Weltordnung. Übersetzung aus dem Englischen vom Heddernheimer Kulturverein. Teil 1 in: Schwarzer Faden 45, Heft 1/93, S. 25-35. Teil 2 in: Schwarzer Faden 47, Heft 3/93, S. 34-42
Desinformation und der Golfkrieg. In: Chomsky, Beinin u.a.: Die neue Weltordnung und der Golfkrieg. Essays. S. 100-122. Grafenau: Trotzdem Verlag, 1992.
Die neue Weltordnung. Vorlesung, Bates College, Lewiston, Maine. 1991. In: Chomsky u.a.: Die neue Weltordnung und der Golfkrieg. Essays. S. 11-38. Grafenau: Trotzdem Verlag, 1992.
"Es ist eine Barbarisierung des sozialen Lebens, die um sich greift." Interview von David Barsamian zur politischen Biographie. Übersetzung aus Our Generation, Kanada, von Andreas Ries. In: Schwarzer Faden 43, Heft 3/92, S. 26-33, 7 DM.
Drogenkrieg. Ein kleiner Exkurs Noam Chomsky´s aus einem Interview mit David Barsamian. Übersetzung aus Our Generation, Kanada, von Andreas Ries. In: Schwarzer Faden 42, Heft 2/92, S. 23-26, 7 DM.

Trotzdem Verlagsgenossenschaft gegründet

Nach einjähriger Vorbereitung fand am 1. April 2001 im Club Voltaire in Frankfurt die Gründungsversammlung der Trotzdem Verlagsgenossenschaft statt. Die jetzt gegründete Verlagsgenossenschaft wird in den nächsten Monaten den Trotzdem Verlag komplett mit allen Büchern und Rechten übernehmen und das Programm weiterführen. Auch personell kann der Verlag kontinuierlich weiterarbeiten, da die jetzigen Vorstandsmitglieder teils schon seit Jahren für den Verlag verantwortlich sind und auch die Umwandlung in eine Genossenschaft vorbereitet haben.

Die Genossenschaft ist Mitglied im Berliner Prüfungsverband der klein- und mittelständischen Genossenschaften. Der Prüfungsverband, der bereits die Gründung mit rechtlichen und wirtschaftlichen Ratschlägen und Informationen begleitet hat, wird auch in Zukunft mit seinen jährlichen Gutachten den Aufsichtsrat und die Mitgliederversammlung über die ökonomische Situation der Genossenschaft informieren. Die Mitgliedschaft in einem Prüfungsverband ist per Gesetz vorgeschrieben, um den Mitgliedern über die Gutachten unabhängige Informationen über die finanzielle Situation der Genossenschaft zu gewährleisten.
Regelmäßige Informationen über die Genossenschaft oder Einladungen zur Mitgliederversammlung werden im *Schwarzen Faden,* auf der web site (www.txt.de/trotzdem) und nach Möglichkeit in den Zeitschriften *Graswurzelrevolution* und *Contraste* zu lesen sein.

Die bisherigen Schwerpunkte im Trotzdem-Programm (u.a. anarchistische Theorie und Geschichte, Klassiker des Anarchismus, aktuelle libertäre Theorie und Wissenschaft, Staats- und Gesellschaftskritik) sollen konzentriert weitergeführt werden. Bücher von Noam Chomsky, Cornelius Castoriadis, Takis Fotopoulos, William Morris und gleich zwei Titel zur Erweiterung des Frankfurter Flughafens sind in Vorbereitung und werden bis Ende des Jahres 2001 erscheinen.

Mit der Gründung der Trotzdem Verlagsgenossenschaft ist es zum ersten Mal nach langer Zeit wieder gelungen, ein breites anarchistisches Projekt zu initiieren. Bisher haben etwa 140 Einzelpersonen, Gruppen oder Kollektive ihren Beitritt erklärt. Mit den Einlagen dieser Mitglieder ist die finanzielle Basis für die ersten Schritte der Genossenschaft - Übernahme des Verlags und Produktion der ersten Bücher - gesichert. Auf Dauer ist die dadurch entstandene Grundlage aber noch zu schmal. Um all die sonstigen Vorhaben und Ideen in Bücher umsetzen zu können, braucht die Genossenschaft weitere Mitglieder. Darum wird die Vorstellung des Genossenschaftsmodells und die Werbung neuer Mitglieder in Zukunft eine der wichtigsten Aufgaben sein. Zusammen mit Buch- und Infoläden, libertären Zentren oder anderen Interessierten sind bereits Veranstaltungen geplant, die über Modell, Programm, Pläne und Ideen der Trotzdem Verlagsgenossenschaft informieren werden.

Natürlich ist eine anarchistische Genossenschaft immer auch ein politisches Projekt. Mit ihren Anteilen sichern die Genossinnen und Genossen die publizistische Verbreitung libertärer Erfahrungen, Sichtweisen und Denkansätze und befruchten jenseits der jährlichen Mitgliederversammlung mit ihren Ideen, Vorschlägen, der Organisation von Veranstaltungen oder der Werbung neuer Mitglieder deren künftige Entwicklung.

Die Mitgliedschaft in der Genossenschaft steht allen Interessierten offen. Jedes Mitglied muss mindestens einen Anteil in Höhe von 250 Euro (ca. 500 DM) zeichnen, kann sich aber auch mit einem Vielfachen davon beteiligen. Die Genossenschaftsmitglieder bekommen einen Mitgliedsrabatt von 30% auf alle Bücher des Verlags.

Informationen über den Trotzdem Verlag, die Genossenschaft und die Möglichkeiten, sich an ihr zu beteiligen sind beim Verlag zu erhalten:
Trotzdem Verlag, Postfach 1159, 71117 Grafenau, Fax 07033 - 45264, trotzdemusf@t-online.de, www.txt.de/trotzdem

Trotzdem Verlagsgenossenschaft

Informationen zur Genossenschaft anfordern!

Noam Chomsky
Die politische Ökonomie der Menschenrechte
Aktuelle Aufsätze und Interviews zusammengestellt und übersetzt von Michael Schiffmann

ISBN: 3-931786-10-2,
Grafenau 2000, 32,- DM

Die Menschenrechte sind gegenwärtig eine wesentliche Legitimation westlicher Außenpolitik. Die Realpolitik reibt sich an dieser Leitlinie wenig. Chomskys Buch beinhaltet eine Fülle von Informationen zur aktuellen Menschenrechtspolitik und der Debatte um Neoliberalismus.

Murray Bookchin
Die Agonie der Stadt

ISBN: 3-922209-67-X,
320 S., 36,- DM

Das Standardwerk zu Social Ecology. Am Beispiel der Stadtentwicklung zeigt Murray Bookchin seinen Ansatz zur direkten Demokratie.

Claude Lanzmann
**Shoah -
die Geschichte der Massenvernichtung europäischer Juden**
Mit einem Vorwort von Simone de Beauvoir

ISBN: 3-922209-87-4
Grafenau 2000, 34,- DM

»Claude Lanzmanns große Kunstfertigkeit besteht unter anderem darin, uns den Holocaust aus der Perspektive der Opfer, aber auch aus der Perspektive der »Techniker« vorzuführen, die ihn ermöglicht haben und die jede Verantwortung ablehnen.«

Michael Wilk
**Macht, Herrschaft, Emanzipation
– Aspekte anarchistischer Staatskritik**

ISBN: 3-931786-10-2,
Grafenau 1999, 18,- DM

Diese Buch beleuchtet Aspekte von Macht und Herrschaft aus aktueller anarchistischer Sicht.

Alexander Berkmann
ABC des Anarchismus
ISBN: 3-931786-00-5,
127 S., 14,- DM
Eine leicht verständliche Einführung in die politischen Ideen des Anarchismus.

Seit mehr als zwanzig Jahren erscheint im Trotzdem Verlag ein engagiertes Programm. Unsere Bücher zu aktuellen politischen Themen sind längst Bestandteil der Diskussion um eine andere Gesellschaft.

Trotzdem Verlagsgenossenschaft

Mit einer Einlage von 500 DM können sich alle an der Genossenschaft beteiligen und sichern so dem Verlag eine dauerhafte finanzielle Basis. GenossenschaflerInnen sind an den wichtigen Entscheidungen beteiligt und erhalten alle gewünschten Verlagspublikationen zum Mitgliedsrabatt.

Peter Kropotkin
Der Anarchismus
ISBN: 3-922209-42-4,
160 S., 25,- DM
Dieser Band gibt eine ausführliche Darstellung der Geschichte des anarchistischen Denkens

G. Mergner/T. Kleinspehn
Mythen des spanischen Bürgerkrieges
Best.Nr. 3946, 4. Auflage,
169 S., 26,- DM
Eine kritische Auseinandersetzung mit linken Mythen des spanischen Bürgerkrieges

E-mail: TrotzdemuSf@t-online.de
www.txt.de/trotzdem

Postfach 1159 71117 Grafenau